听 感 格 局
——汉语语音感知特征初探

石 锋 编著

2019年·北京

图书在版编目(CIP)数据

听感格局:汉语语音感知特征初探/石锋编著.—北京:商务印书馆,2019
ISBN 978-7-100-16890-8

Ⅰ.①听… Ⅱ.①石… Ⅲ.①汉语—语音学—研究 Ⅳ.①H11

中国版本图书馆 CIP 数据核字(2018)第 280917 号

权利保留,侵权必究。

国家社会科学基金重大项目(13&ZD134)的阶段性成果

听 感 格 局
——汉语语音感知特征初探
石 锋 编著

商 务 印 书 馆 出 版
(北京王府井大街36号 邮政编码 100710)
商 务 印 书 馆 发 行
北京艺辉伊航图文有限公司印刷
ISBN 978-7-100-16890-8

2019年6月第1版　　开本 850×1168　1/32
2019年6月北京第1次印刷　印张 17¾
定价:59.00元

自　　序

我们在《语音格局——语音学与音系学的交汇点》(2008)和《语调格局——实验语言学的奠基石》(2013)之后，又一本书将要付梓，照例在前面向读者做些说明。这次要稍微长一点儿。

一、缘起

我们对听觉实验的探索性工作实际上最早是 2000 年，从测试粤语的长短 a 开始。一篇是香港话长短 a 听辨（石锋、刘艺 2001），一篇是广州话长短 a 听辨（石锋、麦耘 2003）。有字有词有句子，它不是简单的时长决定或者音质决定，而是时长和音质在不同语境下的互动作用。这给我留下了深刻的印象，引起我对听觉研究的浓厚兴趣。

早年间还看过王士元先生测试北京话第三声的变调（1967），利用 130 对上声＋上声和阳平＋上声的成对词语来测试北京话的上声变调。比如"有井"和"油井"，"骑马"和"起码"，北京人发音让人来听辨，正确率在 49.2%～54.2%，包括发音人自己也听不出来，在 50% 上下浮动。这就意味着是闭眼瞎蒙的结果。我曾经给学生举过例子，如果有一个试卷是 100 道选择题，选择对一道就给 1 分，错了就不给分。完全不会的人去做，一般会得 50 分左右。得 100 分的难度跟得零分的难度是一样的。所以听辨结果是

50％左右，说明了阳平＋上声和上声＋上声听起来是相同的，也就是，上上相连前字变成阳平。实际上人们说话当中，上声＋上声和阳平＋上声是有细微差别的，在听辨中把它范畴化了。

后来还有林焘、王士元(1984)的声调合成实验："掰的"改变"的"的音高，就听为"摆的"；"鲜鸡"改变"鸡"的音高，就听为"险机"。这证明相邻字音的音高变化会改变声调的感知范畴。联系到美国 Ladefoged 和 Broadbent(1957)把英语的 bit、bet、bat、but 这些词放在一个负载句里，改变负载句中的元音共振峰，这几个词就会听为不同的结果。证明了邻接元音的音质变化会影响元音的感知范畴。说明声调和元音的听辨都具有相对性，需要参照物。这都是听感测试的经典实例，给我们极大的启示，使我们对于听感测试总是跃跃欲试。

我们全面开始听觉实验是在 2010 年。当时语音声学格局出了《语音格局》和《实验音系学探索》两本书，在语调方面完成了陈述句、疑问句、焦点句的分析，《语调格局》和《语音平面实验录》也成书待印，我们终于可以有力量转向听觉。先头部队是 1 位博士生带领 3 位硕士生。以后逐年增加，3 年后超过 20 人，5 年后达到 40 余人。我们研究语调共投入超过 50 人，研究听觉力量超过 40 人。做一个格局就要这样投入三四十人，花上三五年时间。

当时我们团队所有人分为两个方向：功能语调和听觉实验。我们采用梯队型，前赴后继，前面梯队毕业了，后面补上。大兵团作战，双线出击，分工合作，平行推进。前进路上的"小碉堡"用硕士论文除掉；遇到"大炮楼"用博士论文解决。每位同学的论文工作具有双重意义：既为个人完成学业获得学位，又为整个团队继续前进打下基础，铺平道路。结果就完成了《汉语功能语调研究》

(2017)和这本《听感格局》。

二、目标

孔子讲过:"天何言哉?四时行焉,百物生焉。"即:天虽然不讲什么话,但是一年四季,万物生息,自然规律要你自己去认识去理解。这就是**无意识原理**:不管你是否知道是否明白,客观世界的规律照样起作用。你认识了它起作用,你不认识它照样起作用。客观世界的发展和变化都是连续的,所有的边界都是人为的。人认识客观世界,就是给它划分范畴,划出来一个范畴就认识一个东西,划不出来就认识不到。所以客观世界的连续性和人类认知的范畴性是一对永远存在的矛盾,对立统一。

语言学就是经验科学,实验科学,不是玄学。要把语言学建立在实证基础上,谈何容易?拉波夫继承导师遗训,做了几十年努力。我们要引入语音的证据,使语音平面跟三个平面会师。在这方面有三种人,第一种人拜在前人的脚下,这个前人也包括外国人。不少国人有崇洋媚外的恶习,见到洋人就顶礼膜拜。其实我们都出国多次,见怪不怪了。第二种人是踩在前人的脸上,拜在前人脚下的人往往脸一变就踩在前人脸上,就好像有人对上峰奴颜婢膝,转脸立刻对下属横眉立目。这好像是两个人,实际是一个人。第三种人是踏在前人肩上。我们要做第三种人。尊重前人,又不迷信他们。经过实证检验,真正流传下来的,是能够为社会造福、服务于人类发展的研究成果。

完整的语音格局应有三个方面:物理的、心理的和生理的。《语音格局》是讲语音物理方面的声学格局,我们做的时间最长,有

30多年。《听感格局》就是讲心理方面,从2010年做到现在。生理方面的我们做了一点点,以后还要做。听觉格局的意义跟声学格局是类似的。所谓声学格局就是设想人们交际说话都有一个声学空间,每一个人讲同样的话,语音在声学空间的分布模式都是一致的,所以张三说话李四可以听懂,李四说话王五可以听懂,因为系统一致,格局相同。听觉格局也是如此,设想有一个听觉空间,每一个人听到同样的话,在这个听觉空间里面听到的语音分布的位置都是一致的,这样不同的人才能相互交流。当然设想不是空想,是有实验依据的,有实验证明的。

  于是就产生一个问题:语音的声学格局与听觉格局之间是怎样的关系?这就涉及言语产生和言语感知的对应。在实际的交际中,往往是我们说话的时候,又都是听话者;而当我们听话的时候,又都是说话者。因此在言语分析中,一般的共识为言语产生和言语感知在总体上是对应的。从我们每个人同时作为说话者和听话者两方面来看,语音的声学格局与听觉格局之间的整体对应,表现出相同的结构,应该是不言而喻的。然而拉波夫发现语感和事实往往并不完全同步。有些进行中的音变,存在近似合并现象。不同语言背景的说话人在语感上有敏感度的差异。语音的生理发音和听觉辨识之间也有不完全同步的现象。

  我们讲语音学与音系学的结合。音系就是音位系统,包括两个事情,一是音位,二是系统。音位表现在实际的语言交际中。所有的母语者都有音位系统,一般四五岁的小孩就学会语言,建立了音位系统。研究者要尊重母语者的语感,尊重母语者的音位系统。研究语音首先要考虑音位,同时要考虑系统。离开音位和系统去研究语音就是脱离实际,那你研究的就不是语音。语音都是成音位、成系统的。我们就是要用语音实验的方法来探讨音位的表现，弄清系统的构成。

什么是音位？音位就是语音范畴。什么是音位系统？音位系统就是音位分布模式，表现为语音格局。西方学者也做了很多听感测试，但是他们的目的似乎不同。一般只是做出判断，贴个标签，这是范畴性的，那是非范畴性的，然后得胜回朝。音位怎么能是非范畴性的？语言中的音位范畴是客观存在的，不是你说非范畴性它就不是范畴，没有音位了。你不承认范畴怎么研究语言？研究语言都要承认范畴，这一点很重要。所有语言当中的音位都是范畴。音位的感知一定是范畴感知，不是范畴怎么区别意义？因此根本不用去证明音位是不是范畴。需要证明的是范畴的性质和边界的状态：范畴是连续型还是离散型？边界是动态的还是稳态的？我们的听觉格局就是把语言中一个一个的音位，得出数据，找出边界，在同一个空间中画出图形，得到它们的分布模式。只要是语言，就有格局在其中。实际上，自然界任何事物都有格局。

我们的听觉实验的目标就要追求这种格局，实现系统的可视化。实现可视化才能够进行观察，而任何科学研究都是源自于观察。我们经过近20人的工作成果，初步得到汉语普通话声调的听觉格局。另外又经过10余人的工作成果，初步得到普通话元音的听觉格局。还有近10人的努力工作，分别得到普通话塞音的发音方法和发音部位的听感边界的系列数据。这就是语音学和音系学的结合。目前我们还没有见到哪一位国外的学者对一种语言做过这样系统的听觉实验。

语音格局不是做出来就完成任务了，这只是刚刚起步。从不同的角度对初步的结果进行修改和完善，深入和拓展的空间是很广阔的。语音格局研究的理念和方法,可以用于不同语言和不同方言。汉语的方言数百种,世界的语言几千种。语音格局的类型和共性,语音格局的发展和变化,无数的语言奥秘等待我们去进行实证研究和实验探索。万里长征,我们才只走出了第一步。

三、原则

我们做声学和做听辨的实验设计,首先要对于所研究的语音内容有音系的理解、本质的认识。充分地查阅有关的历史文献和调查资料,掌握前人的研究成果,作为研究的基础。以前讲过的语音实验要和口耳之学结合起来。特别是对于语音本质的音系学分析是听辨和声学实验设计的重要基础。例如:普通话上声的本质是低平调,所谓"半上"其实是本调,单念时的高调尾不过是边界上的参照。基于这个认识可以把上声设计为低平调,就能够把它和其他调的界限找出来,如果把上声按照曲折的降升调来做,就得不到边界。再如,汉语普通话的基础元音,也就是能够做单韵母的元音,是 7 个,这也是透过现象看到的本质。这样才能够得到它的声学格局、听感格局。如果认识不到本质,被表面现象所迷惑,就得不到它的系统。

再如,辅音分为塞音、擦音、通音三大类。塞音的发音方法主要考虑噪音起始时间(VOT)和闭塞时长(GAP)两个参数的相对关系,发音部位还要考虑音轨的高低和聚散。擦音主要考虑频谱中心位置和分散度的大小。塞擦音是塞音加擦音。送气音就是塞音加喉擦音。通音包括鼻音和非鼻音,鼻音本身是通音,发音时要把鼻腔通道打开,叫作鼻通音。非鼻音的通音包括边通音,r 通音,全通音。边通音就是边音l,舌尖翘起顶在上颚,舌头两边开通。r通音跟边通音类似,也是舌尖翘起来,不过不接触上腭、舌头上面还有通路。全通音又叫半元音,就是i、u、y做零声母开头的音。辅音的听辨需要在辅音本身的性质和邻接元音的过渡两方面进行,得出发音方法和发音部位的边界数据。

听辨测试的实验设计最直接的参照依据,就是已有的声学实验的数据。因为声学表现和听觉辨识总体上是相互对应的,有高度的一致性。这样说话人和听话人才能够交际。我们对普通话的声调、元音、辅音都做过一些声学实验。也有其他学者的实验报告。这些数据和结论就是我们重要的参考。普通话元音听觉格局的实验当中,没有双元音的测试,因为我们是研究核心元音。听辨实验要关注主要矛盾,解决系统问题。我们把核心元音分成不同级别来分别实验。根据基础元音也即一级元音的测试结果,再考虑做好二级、三级、四级元音的测试,就是有韵头或韵尾的情况。

我们实验设计的一个基本原则是在实验条件允许的范围里,优先选择接近实际语言交际的方案。人们实际发生的语言交际是我们做研究的出发点和最后的目的地。因此,一是尽量采用真词做刺激的材料,二是尽量使用双字组作为刺激语音进行测试,这是我们提倡的做法。

具体选择实验词对的条件应遵循"单一变项原则"。就是两个词的参照字声母韵母声调都一样,只有实验字的一项不一样。这一项就是你要研究的对象内容:要研究声调就把它们的声调选得不一样,如,实验字在前的"烟花-眼花",在后的"天仙-天险";要研究声母就把它们声母选得不一样,如"排骨-白骨""淘宝-逃跑";要研究元音就把元音选得不一样,如"误期-预期""公务-公寓"。单一变项原则在科学实验中是一个通用原则。在语言研究中有人还不很了解。有一种方法叫"比字",好像有这种单一变项原则的意思。

四、方法

方法就是路径。听感分析的基本方法,可以分为声调的听感、元音的听感和辅音的听感。

声调的感知实验有两种方法:对角测试法和平行测试法。前者是借鉴王士元(1976)用"一"和"姨"做的阴平和阳平的系列刺激音进行听辨测试所做的扩展设计。对角线是二维,用于不同调型的声调之间的听感测试。后者是借鉴 Abramson(1979)研究泰语的三个平调的听辨测试所进行的扩展设计。平行线是一维,用于相同调型的声调之间的听感测试。

对角测试法(石锋等,2012)设定人们有一个声调听觉空间,用对角线把这个空间分为两半。为便于称说,规定开口在前的对角线为前对角线,开口在后的对角线为后对角线;开口在对角线以上的为上对角线,开口在对角线以下的为下对角线。这样就得到四种情况:

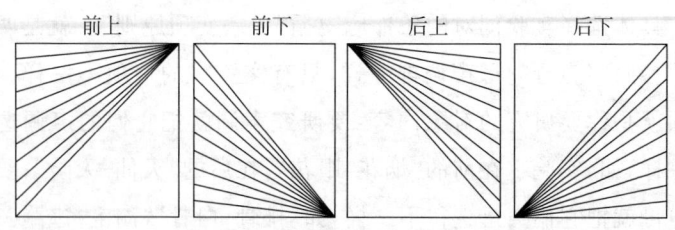

利用前对角线连续统可以得到声调起点的感知边界,利用后对角线连续统可以得到声调终点的感知边界。不同对角线的连续统做出来的测试结果可以交错匹配,就能够得出每一个声调的起点和终点。然后分别连接各调的起点和终点就得到它们的范畴边界。所以我们测试得到的是边界的极值,不是中间值。利用对角测试法就这样得出声调系统各声调听觉范畴的空间分布,进而能够建立起这一声调系统的听觉格局。

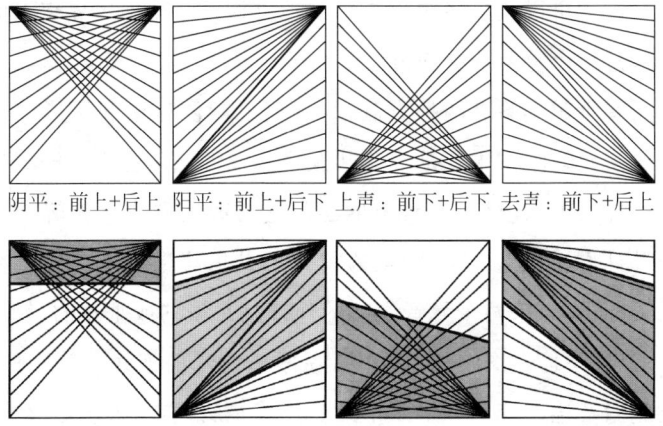

阴平:前上+后上　阳平:前上+后下　上声:前下+后下　去声:前下+后上

平行测试法用于调型相同的声调之间,例如高平调的阴平和低平调的上声。同一个声调跟不同声调之间的边界状态有时是不一样的。特别是调型相同的声调之间和调型不同的声调之间,边界状态往往不同。对于调型的区分采用对角线法,对于调阶的区分采用平行线法。普通话阴平和上声之间就是调阶的区分。调阶区分的声调之间具有动态的听觉边界,在前字和后字的不同位置上,边界移动将近50%。

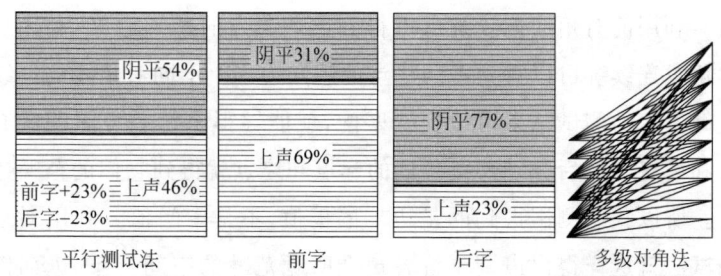

有时候可能在对角线连续统中得不到边界交点,只有边缘的界限。这就可以通过多级对角法或顶点移动法得出边界交点的位置。这是一个重要的补充方法。

元音听辨实验有两种方法,线性(一维)测试法和矩形(二维)测试法。元音测试主要是改变共振峰。线性法就是 F1、F2、F3 三个共振峰当中只改变一个,矩形法是同时改变两个共振峰。具体采用哪种方法,要参考声学实验得到的共振峰数据来决定。在声学元音图中,如果两个元音之间的连线是水平的或垂直的,就采用线性法(如下面左图中的 i 和 u),在两个元音的连线上等距取点,合成刺激音连续统。如果两个元音连线是斜线,就采用矩形法(如 i 和 e),先沿着连线依次等距取点,再分别做出各点对两条边线的垂线,得到各点跟两个共振峰的对应值,合成刺激音连续统。用合成的元音连续统进行听辨测试,考察二者之间感知边界的位置和状态。有时也可以同时采用两种方法,得出的结果互相补充。下面中图是普通话基础元音中舌面元音的听感格局图,右图是普通话基础元音中舌尖元音的听感格局图。

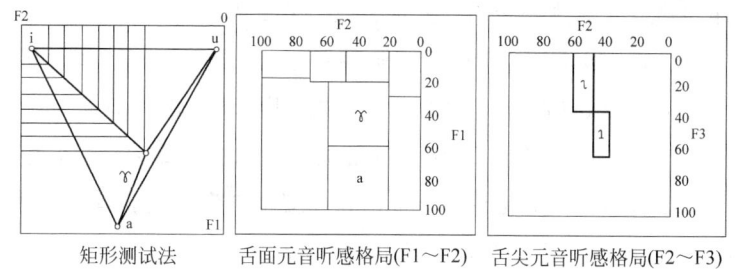

矩形测试法　　舌面元音听感格局(F1～F2)　　舌尖元音听感格局(F2～F3)

辅音的听辨测试一般是采取线性（单一维度）方式，每次改变辅音的一个特征参量，得到在这个维度上的边界位置。不同特征的边界位置和状态各不一样，例如塞音 VOT 的时间长短和过渡音征的频率高低都是各自不同的，不能放在一起来实验，要分别做出线性语音连续统进行测试。

在元音和辅音听觉测试中要注意的一个问题：用不同的声调发同样的元音和辅音，声学数据会有些微的差异。因此，合成用于测听的元音和辅音连续统的具体数值也会有微小的差别。

五、程序

听感实验的准备工作很多，过程繁杂。需要有良好的素养，清晰的思路，周密的安排。首先是选择适当的试验词对，前面已经讲过选择的条件和方法。找这种词对是很困难的事情，要千方百计，上天入地。语言的词汇那么多，茫茫大海，总能钓到几条鱼的，就看你是不是用心。好不容易找到几对，还要检查词频是不是接近，熟悉度是不是差不多。经过层层筛选，最后剩下可以用于实验测试的就很珍贵了。对于选出来的词对做词频检查，可以去查书或上网,熟悉度检测一般用五分量表或七分量表。

我们一般是用 Cooledit 软件把实验词对录音,用 Mini-Speech-Lab 软件测量它们的声学数据,用 Praat 软件脚本制作用于测试的刺激音连续统。做连续统的方法前面也讲过了,如对角线、矩形法等。最后是用 E-prime 软件编辑制作出实验程序文件。这些软件的使用方法都可以学会,并不难。

实验程序文件做好了之后先要自实验,就是你自己先听一遍,做一遍,看有什么问题,是不是可行。再做预实验,找三五个人、七八个人,来测试一下,看看结果。根据预实验结果,可以调整程序安排、语音播放间隔、语音播放音量、屏幕显示界面等。为正式测试做好充分准备。包括提前去实验室调试播放设备,调试好就不要再变动。如果有变动就要再调试,保证万无一失,不可掉以轻心。

联系参加听辨实验的被试人,是一个重要环节。一般要二十人左右或更多。最好是找非语言学和非心理学专业背景,男女人数平衡、听力正常、方言背景、汉语水平、右利手等,这些都要考虑到。要事先说明根据占用时间和任务难度给予适当报酬。使被试态度认真端正,以心情平静的状态进入实验过程。实验中注意观察,保证被试反应正常,程序运行顺利。

实验任务是采用真词判断。也就是让被试判断听到的是"大衣"还是"大姨",而不是让他选"阴平"或"阳平";让他选"读书"还是"图书",而不是问他"送气"或"不送气"。为什么一定要用这种二字组真词判断呢?有三条理由:第一条,更为接近语言交际的自然真实的状态。前面的实验原则已经讲过。没有哪个人说话时只听别人说的是什么声调、什么声母,都听的是哪个词、什么意思。

这就是语言交际的真实状态。第二条，便于被试做出反应。被试一般没有学过语言学。你问他"阴平、阳平""送气、不送气"，是考他的语言学知识呢，还是看他听觉是否敏感呢？给被试造成疑惑，这样你得到的结果就会有出入。第三条，这种真词判别有点儿类似于拉波夫的快速隐蔽调查法。隐蔽不是把自己藏在门后，而是把研究目的藏起来，不让被调查人知道。所以我们这个真词判断是把我们实验的目的隐蔽起来。表面上是让他判断哪个词，实际上得到声调、元音、辅音的结果。拉波夫讲过的"观察者悖论"：要在被观察者不被观察的时候去观察，才能得到真实的结果。隐蔽调查法就是解决这个悖论的一个途径。

测试完成后就是提取数据，要注意剔除伪迹，去掉离群值。每个实验都有这样的情况。然后统计得出各项参数。这要用到 SPSS 软件或者是 Excel 软件进行统计和作图。做出来的数据统计结果应再做检验，以免出错。这当中每一步都很重要，直接关系到最后的成败。结果出来后就是分析论证的事情了。

六、前景

目前为止，声调的听觉格局初步有了一个大体的结果，还不能说是最后的定论。元音的听觉格局刚刚有一个基础元音的眉目，后面还有不同层级的元音听辨。辅音只做出塞音的听觉测试，才开了一个头，还有擦音、通音等。研究尚未成功，未来任重道远。这跟我们的声学格局的顺序差不多。先是把声调的声学格局做出来，再做出元音的声学格局。辅音就比较复杂，分为塞音格局、擦音格局，通音当中只做了鼻音跟非鼻音的鼻化度测试，以后要有整体的格局。

影响语音听觉边界有各种因素,其中语言学因素是主要的,非语言学因素是次要的。涉及语言学的因素可能有:字频词频、熟悉度、实验字前后位置、参照字的声调类别和声韵结构、不同的声母/韵母/声调的影响,以及语速等。语言学因素影响的程度往往比较大,动辄就是10％～20％,甚至有的达到30％～40％。非语言学因素可能有:按键位置左右、屏幕选项左右、刺激音先后次序、被试性别、环境噪声等。非语言学因素影响的程度常常比较小,一般在5％左右,不是显著性差异。在研究中还会不断出现新的问题,让我们不断去思考解决。

语言学权威数不胜数,语言学巨著汗牛充栋,初学者从哪里起步?如果说语言的田野调查是现代语言学者的基本功,不经过田野调查就不了解语言的真实面貌和实际情况。那么,语言的实验研究就是当代语言学者的必修课,不经过语言实验,就不知道语言的存在状态和内部机制。

我们团队的做法是以实验研究为中心来带动语言学的学习。现在用语音软件进行初步的语言实验,成本很小,门槛很低,难度小于电子游戏。大学本科生做起来都游刃有余,更不要说研究生。因此,研究生一入学首先做实验,几天就学会,马上开始第一个实验。他自己在实践中就知道该看什么书、该听哪些课。一年级寒假之后就可以在研究生沙龙报告实验结果。

我们的沙龙报告不是报告写好的论文,而是实验结果和初步的分析思路。这是论文写作"想-说-写"过程中的重要步骤:在实验和测算过程中就会有初步认识和分析解决问题的想法。在报告时把模糊的思路用语言表达出来,经过老师的讲评和同学的讨论,就会形成清晰的条理,有助于下一步的"写"。第一年写出论文就可以参加学术会议的交流。学生们从中得到收获,激起兴趣,会一发而不可收,积极主动地去做拓展的实验。一般到写毕业论文的时候都会完成3—4个实验研究,有的甚至做了更多的实验,还愁论文写不出来吗?这样的学生去考博,导师都愿意要。这样的学生找工作,都会在面试中胜出。

这本《听感格局》并不是我们的工作总结,只是记录了我和我的学生们在这条探索语言奥秘的道路上努力跋涉的足迹,立此存照,作为继续前进的起点。本书各章节都曾发表过,收入本书时有的适当做了改动。语音的听感格局是一个全新的研究课题,我们的探索中不可避免会存在着不足和问题。希望得到同行和读者的批评指正,使我们的工作不断进步。

用实验方法研究语言是一条有前途的道路,是一个很广阔的领域,尤其欢迎年轻人来一试身手,大展宏图。它会使语言学插上现代科技的翅膀,会让语言学者充满信心走向未来。老师不再担心误人子弟,学生学会应该怎样学习。还是马克思那句话:"最先投入新生活的人,他们的命运是令人羡慕的。"能够用实验方法来研究语言,就是投入了新的学术生活,自有一番别样的人生体验。

努力吧!朋友们!

是为序。

石 锋

2018年3月13日

于天津静寓

目 录

第一章 总论 ··· 1
- 第一节 声调的听觉格局 ································· 1
- 第二节 基础元音的听感格局 ····························· 25
- 第三节 塞音送气/不送气的听辨范畴 ······················ 45
- 第四节 不送气塞音的部位听辨范畴 ······················· 57
- 第五节 上声的本质是低平调 ····························· 68

第二章 汉语普通话声调听辨实验 ······················ 80
- 第一节 阴平调的听感范畴 ······························· 80
- 第二节 上声调的听感范畴 ······························· 98
- 第三节 阴平和阳平的听感分界 ·························· 117
- 第四节 阴平和去声的听感分界 ·························· 136
- 第五节 阴平和上声的听感分界 ·························· 151
- 第六节 音高和时长对阴平和上声的听辨影响 ············· 167
- 第七节 阳平和上声的听感分界 ·························· 183
- 第八节 阳平和上声的听感分界的分级测试方法 ·········· 200
- 第九节 上声与去声的听感分界 ·························· 213

第三章 声调听辨实验的拓展 ························· 226
- 第一节 广州话平调的感知 ······························ 226

第二节 词内语境和刺激类型对普通话阴平-阳平
感知的影响 ………………………………… 241
第三节 阴平-上声感知实验对比研究 ………………… 265
第四节 雷琴音阴平-去声听辨跟真词实验的对比 …… 283

第四章 汉语普通话元音听辨 ……………………………… 303
第一节 元音感知影响因素 …………………………… 303
第二节 基础元音/i/和/y/连续感知实验研究………… 315
第三节 基础元音/i/和/y/孤立感知实验研究………… 328
第四节 元音/y/和/ə/在单字音中的听感边界测试 … 338
第五节 元音/y/和/ə/在二字组中的听感边界测试 … 359
第六节 元音/i/和/ə/的听感边界 …………………… 372
第七节 元音/a/和/ə/的听感边界 …………………… 395
第八节 元音/ə/和/u/的听感边界 …………………… 416
第九节 普通话舌尖元音听感实验研究 ……………… 431

第五章 汉语普通话辅音听辨 ……………………………… 458
第一节 塞音/p/-/pʰ/的听感分界 …………………… 458
第二节 塞音/k/-/kʰ/的听感分界 …………………… 469
第三节 中、韩学生汉语普通话送气/不送气舌尖塞音
听感实验对比分析 …………………………… 480
第四节 声母/n/-/l/分混的听感实验研究 …………… 502
第五节 鼻音韵尾/-n/和/-ŋ/分混的听感实验研究 …… 514

参考文献 ………………………………………………………… 533

第一章 总论

第一节 声调的听觉格局[*]

一、引言

1.1 概述——单字声调听辨

1.1.1 关于语音听辨的经典实验

  Ladefoged 和 Broadbent(1957)将合成的 bit、bet、bat、but 四个词放在负载句末,改变负载句中各元音的共振峰频率,发现被试对目标词的听辨情况会随负载句共振峰频率的变化而发生改变,从而证明了语言环境的变化对元音信息传递的影响。Fry 等(1962)用语音合成的方式得到若干英语单元音连续统,并通过辨认实验和区分实验得出稳定单元音不是范畴感知,而是连续感知的结论。Liberman 等(1957)通过改变与塞辅音相接的元音共振峰的过渡段,得到不同的塞辅音连续统,并采用区分实验证明了塞辅音的范畴感知。Pisoni(1973)重复上述实验,证实了同样结论。

---

[*] 本节原发表于《南开语言学刊》2015 年第 1 期,作者:荣蓉、王萍、梁磊、石锋。

1.1.2 关于声调听辨的有关实验

王士元(Wang,1976)研究汉语普通话的阳平和阴平之间的感知,被试分别为中国人和法国人。结果在中国被试中间得到范畴感知边界。Abramson(1979)通过合成,用单音节的音高连续体对泰语高中低三个平调进行感知实验,得到辨认曲线有明显的边界,区分曲线没有明显的高峰。因此认为泰语声调是非范畴的连续感知。Hallé 等(2004)对台湾"国语"的阴平-阳平、阳平-去声、上声-去声进行了声调感知实验,认为被试在感知过程中呈现出类范畴(quasi-categorical)的模式。刘娟(2004)研究阳平和上声的感知界限,实验中改变起点音高和拐点位置,结果认为属于连续感知,起点音高和拐点位置对于上声的感知具有互补作用。曹文(2010a、2010b)和王韫佳、李美京(2010)分别对普通话上声进行感知实验。两项实验均采用合成单音节语音刺激,形成以半音为单位的等差连续体。要求被试写出听到的调类,认为"结果不支持上声低平调的说法","上声的音系特征应包括低和降"。曹文(2010a、2010b)曾对双字组前字和后字的上声用平调进行感知实验,结果表明后字是阴平和去声时前字低平感知为上声的超过50%。

1.2 概述——连读声调听辨

王士元(Wang,1967)对北京话的上声变调问题进行听辨实验。实验利用130 对"上-上"与"阳-上"的同音词对"起码-骑马、粉厂-坟场"等,进行听辨实验,结果得分为49.2 到54.2。证实二者在中性话语中是相同的。这是最先在连读组中测听声调的实验。林焘、王士元(1984)利用合成语音和自然语音改变两字组后字音高和时长,结果"掰的"会听为"摆的","青天"会听为"请天",

"鲜鸡"会听为"险机"。证明参照字的音高和时长变化会使目标字的声调感知范畴发生改变。在声调感知实验中具有重大意义。

我们认为,连读声调感知应该受到高度重视。人类的语言是以连续的语音形式发出,并被听辨感知的。因此,连读声调的听辨更接近实际的言语交际。

1.3 概述——关于平调的论述

关于平调的定义,Maddieson(1978)提出:平调是一种以水平音高为其可接受的变体的声调。该定义不考虑那些由于和邻接声调及音段联合发音、跟语调模式重叠,以及因边界现象而产生的音高变体。

1.3.1 阴平调

普通话阴平调为高平调并无争议。石锋、冉启斌(2011)依据Maddieson的定义和普通话上声的实际表现,指出"普通话上声的本质是低平调"。对于声调本质的认识决定实验方案的设计。本节的实验设计中把涉及的阴平调和上声调都作为平调处理。本节关于阴平声调的听辨范畴的结论是综合了三个相关的听辨实验的结果,包括阴平-阳平、阴平-去声、阴平-上声的听辨分析。

1.3.2 上声调

关于上声的音系特征,学界看法不一,主要观点可以概括为以下4种:①上声是低平调(赵元任,1922、1933;王力,1979;吴宗济,1981;平井胜利,1982;林焘、王士元,1984;伊藤敬一,1986;余霭芹,1986;沈炯,1999;Yip,2002;曾金金,2008;石锋、冉启斌,2011);②上声是低降调(王洪君,2008;王韫佳、李美京,2010;曹文,2010a、2010b);③上声是升调(Bradley,1915;高本汉,1915/

1995;刘复,1924);④上声是曲折调(白涤洲,1934)。

朱晓农(Zhu,2012)提出纯粹的低调(pure low tone-PLT)和非纯粹的低调(non pure low tone-non PLT),认为二者依靠[+contourisity]来彼此区别,即 PLT 并不把[+contourisity]作为区别性特征,总体上它被感知为"低"(Low),普通话的上声就是 PLT(低平调)的典型代表。从类型学的角度来看,声调语言存在两种基本类型,调型类声调(contour tone)和调阶类声调(register tone)。(Trask,1996)Cao(2012)通过考察不同句重音位置的普通话上声的表现,探讨了音高凸显和声调类型的关系。结果表明:对于焦点重音的表现,上声调与其他调类不同,它并不提升"H"(高音点)、扩展调域,而是单纯降低 F0 的 L(低音点)。这说明虽然普通话是调型类声调系统,但上声是这个系统中唯一底层以"低"(L)为区别性特征的平调。

基于上述分析,本节以"上声的本质是低平调"的观点为依据,设计合成听感实验的刺激样品。对于上声听感范畴的考察由三个相关的听感实验组成:上声-阴平、上声-阳平、上声-去声的听感界限考察。以上实验都是将上声作为平调进行设计合成的。根据"对角测试法/半空间测试法"(石锋等,2012),即设定人们的声调听觉有一个空间,用对角线把这个空间分成两半。每次利用其中的一半,可以有前上、后上、前下、后下四种半空间。那么,上声-去声听辨利用了前下半空间,上声-阳平听辨利用了后下半空间。上声的整体听感空间包括:上声-去声起点处的分界、上声-阳平终点处的分界,以及上声-阴平两个平调之间的整体分界。

二、实验方法

2.1 语音材料的选择

2.1.1 词语选择原则

为了更好地反映真实的语言情况,我们采用了真实语言中的双音节词语作为语音材料,播放给被试。所选双音节词对的其中一个音节完全相同,另一个音节声母韵母相同,仅声调相互对立。

2.1.2 词语选择方法

每对词语中声韵调完全相同的字,我们称为参照字;每对词语中声母、韵母相同,声调相互对立的字,我们称为目标字。

按照目标字在词语中的位置,我们将词对分为前字组和后字组,前字组即目标字位于双字组中的前字,如:青天/晴天,后字组即目标字位于双字组中的后字,如:大虾/大侠。

按照参照字的调类,我们将词对分为阴平组(如:青天/晴天)、阳平组(如:称为/成为)、上声组(如:鸡眼/急眼)、去声组(天地/田地)。由于上声＋上声会产生连读变调,因此在上声与其他调类对立的实验中暂不设上声参照字组。

当然,使用真词进行实验,实验结果可能会受到词频、声韵调搭配频率等很多因素的影响。为了将影响减至最小,我们实验所用词对的选取是按照以下几个步骤进行的:

a. 查找词对

翻查《现代汉语词典》,找到若干符合要求的双字组词对,如:山西/陕西,图标/图表。

b. 词频统计

通过在《中国语言生活状况报告(2009)》(上)中的查找,我们找到所选词的词频序,选出词频序最为接近的60对常用词语(每组10对)作为备选词对。

c. 词语熟悉度调查

为减小书面语中的词频与词语的实际日常使用频率之间差异的影响,我们对备选词对中的词语进行了词语熟悉度调查。

此调查采用五点量表的熟悉度调查表,请调查参与者根据个人对该词语的实际使用情况为每个词语进行主观判断,判断选项为5个熟悉程度等级,调查参加者为南开大学学生,每个实验的调查均得到有效调查问卷表40～50份。我们对熟悉度调查结果进行整理和统计,剔除了同组两个词语之间的熟悉度分差大于30分的词对。

d. 选出最佳词对

通过以上步骤,我们选择出每组词频序和熟悉度最为接近的一对词语作为我们正式实验的语音材料。结果如下:

表1 语音材料词表

对比组	参照字调类	阴平/阳平	阴平/去声	阴平/上声	阳平/上声	上声/去声
前字对比组	阴平组	青天/晴天	中心/重心	山西/陕西	完婚/晚婚	火车/货车
	阳平组	称为/成为	单薄/淡薄	收服/手扶	沿袭/演习	几时/计时
	上声组	鸡眼/急眼	生产/盛产			
	去声组	天地/田地	兵变/病变	光大/广大	协作/写作	喜剧/戏剧
后字对比组	阴平组	出身/出神	发兵/发病	开刀/开导	军阀/军法	发火/发货
	阳平组	流星/流行	时间/实践	魔方/模仿	国旗/国企	防止/防治
	上声组	小汪/小王	厂家/厂价			
	去声组	大虾/大侠	教师/教室	地标/地表	大学/大雪	大使/大事

2.2 刺激音的合成制作

根据选取的语音材料,请一位普通话标准的男性发音人进行录音,他是老北京人,本人未曾学过或使用过其他方言,现为南开大学学生。录音在南开大学语音实验室进行,采用单声道录制,采样率为 11025Hz。实验采用了负载句的方法,由发音人以自然语速说出"我现在读的是××这个词",每个句子说 3 遍,各句随机乱序出现,共得到 12×3＝36 个句子。运用 Cooledit 软件从中切出目标词语。

采用 Mini-Speech-Lab 软件对录制的词对进行声学分析,得到发音人调域在 80Hz～160Hz,以 50Hz 为半音参考值换算,即 9～19 半音之间,时长平均在 140 毫秒左右。据此我们按一定的音高和时长标准对各组实验语音刺激进行调制合成,采用 Praat 自编脚本(由贝先明编写)进行处理。标准如下:

参照字:阴平音高为 19～19 半音,时长 160 毫秒;阳平 14～19 半音,160 毫秒;上声 9～9 半音,140 毫秒;位于前字的去声 19～14 半音,位于后字的去声 19～9 半音,140 毫秒。

目标字:阴平/阳平对比组,终点为 19 半音,起点以 1 半音为步幅从 19 半音降至 9 半音;阴平/去声对比组,起点为 19 半音,终点以 1 半音为步幅从 19 半音降至 9 半音;阴平/上声对比组,起点和终点均以 1 半音为步幅从 19 半音降至 9 半音;阳平/上声对比组,起点为 9 半音,终点以 1 半音为步幅从 19 半音降至 9 半音;去声/上声对比组,终点为 9 半音,起点以 1 半音为步幅从 19 半音降至 9 半音。各调时长同参照字。处理过程中,仅改变音高因素,对其他因素进行控制,使其保持一致。

各实验的具体语音合成制作图示如下:

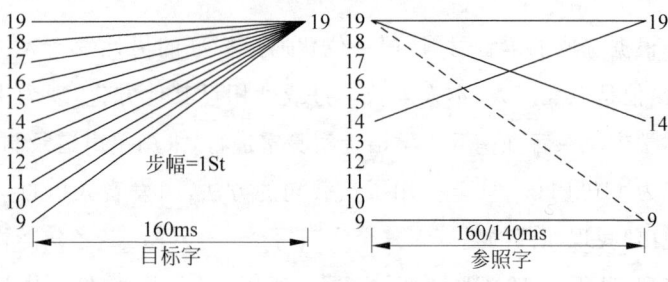

图 1　阴平/阳平听辨刺激合成示意图

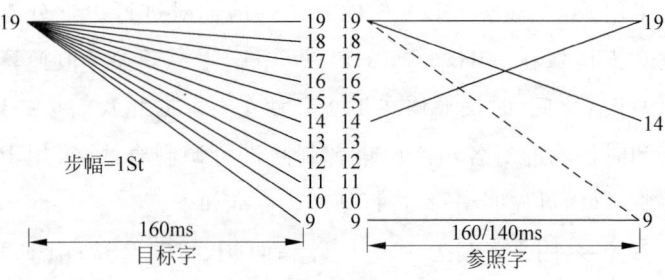

图 2　阴平/去声听辨刺激合成示意图

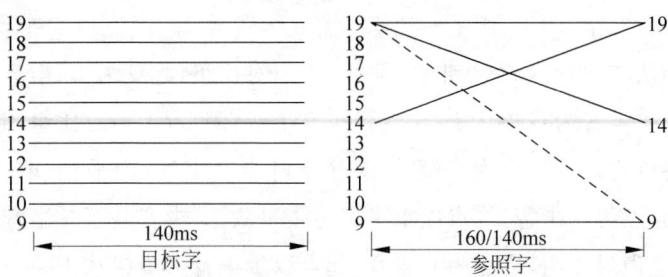

图 3　阴平/上声听辨刺激合成示意图

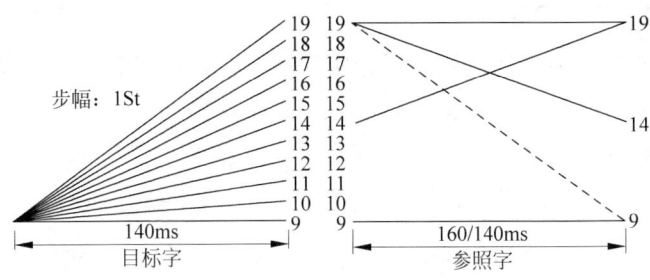

图 4　阳平/上声听辨刺激合成示意图

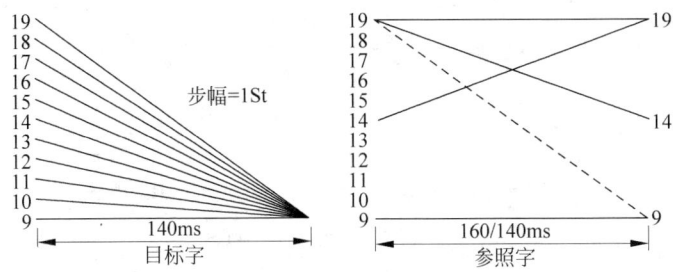

图 5　去声/上声听辨刺激合成示意图

由此,我们得到不同目标字位置(前字、后字)、不同相邻调类(阴平、阳平、上声、去声)、不同起点或终点音高(9St 至 19St)的实验刺激音。

2.3　实验程序

2.3.1　实验被试

参加实验的被试均为南开大学的学生,16 名男生,16 名女生,平均年龄 21.3 至 23.7 岁,身体健康,听力正常,均为右利手,母语为汉语普通话或北方方言,普通话标准。

2.3.2 实验呈现

实验分为辨认实验和区分实验两部分,均采用 E-prime 软件进行语音的播放和行为数据及反应时间的采集。

辨认实验采用的是每个词语刺激随机播放一次,要求被试判断听到的词语,并通过按键在两个词语选项间进行迫选。

区分实验采用判断异同的方式进行。由两个词语组成一个刺激对,两个刺激的目标字起始或终点音高间相差 2 个半音,同一刺激对中的两个刺激音之间间隔为 500 毫秒。每个刺激对随机播放一次,要求被试通过按键判断两个词语是否完全一样。

2.4 参数测算

听感边界位置(position of category boundary):即辨认实验两条辨认率曲线交点位置所对应的半音值(St)。

目标字声调感知范围:即每个目标字声调各占总调域的比率(以听感边界位置为界)(%)。

区分峰值(discrimination peak):区分实验中区分率的最大值(%)。

三、实验结果

3.1 实验一:阴平和阳平的听感实验(李幸河,2012)

各参照字调类组的辨认边界位置顺序,在前字对比组中为:阳平组(17.5St)>阴平组(17.4St)>上声组(16.8St)>去声组(14.8St);在后字对比组中为:阳平组(16.5St)>阴平组(16.1St)>去声组

(15.6St)＞上声组(10.6St)。

声调感知范围:目标字为前字时,阴平声调听感范围略小,为24%;目标字为后字时,阴平声调听感范围稍大,为28%。整体上在26±2%的范围中。即平均值阴平占26%,阳平占74%。

这个实验的意义是确定了阴平调跟阳平调的起点分界。

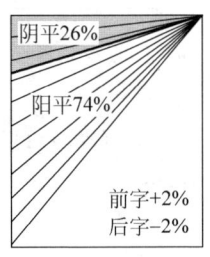

图6 阴平-阳平分界示意图

3.2 实验二:阴平和去声的听感实验(薛鑫,2012)

各参照字调类组的辨认边界位置顺序,在前字对比组中为:阴平组(17.5St)＞阳平组(16.6St)＞去声组(16.4St)＞上声组(16.3St);在后字对比组中为:上声组(16.6St)＞阴平组(16.2St)＞去声组(15.8St)＞阳平组(15.0St)。

声调感知范围:目标字为前字时,阴平声调听感范围略小,为23%;目标字为后字时,阴平声调听感范围稍大,为31%。整体上在27±4%的范围中。即平均值阴平占27%,去声占73%。

这个实验的意义是确定了阴平调跟去声调的终点分界。这里的终点27%与上一节的起点26%接近,相互对应。

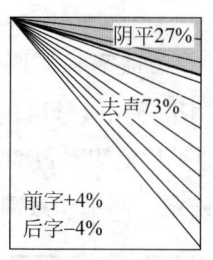

图 7　阴平-去声分界示意图

3.3　实验三:阴平和上声的听感实验(陈曦丹,2012)

各参照字调类组的辨认边界位置顺序,在前字对比组中为:阳平组(17St)＞阴平组(16.4St)＞去声组(14.4St);在后字对比组中为:阳平组(11.8St)＞去声组(11.7St)＞阴平组(10.4St)。

声调听感范围:目标字为前字时,阴平声调听感范围为31%,上声声调听感范围为69%;目标字为后字时,阴平声调听感范围为77%,上声声调听感范围为23%。上声调的听感范围在前字对比组比后字对比组高46%,差异较大,接近调域的一半。前字对比组中,感知为上声的范围远远大于阴平;而目标字在后时,感知为阴平的范围远远大于上声。

这个实验的意义是确定了阴平调跟上声调的调阶区分边界。

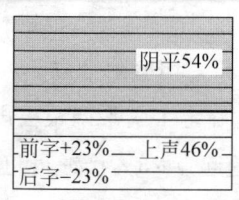

图 8　阴平-上声分界示意图

3.4 实验四:阳平和上声的听感实验(王秀秀,2012)

各参照字调类组的辨认边界位置顺序,在前字对比组中为:阳平组(19St)>阴平组(14.1St)>去声组(13.3St);在后字对比组中为:阳平组(13.6St)>去声组(12.6St)>阴平组(9St)。

声调听感范围:目标字为前字时,上声声调听感范围为65%;目标字为后字时,上声声调听感范围为27%。上声调的听感范围在前字对比组比后字对比组高38%,差异较大。前字对比组中,感知为上声的范围大于阳平;而目标字在后时,感知为阳平的范围远大于上声。

这个实验的意义是确定了上声调跟阳平调的终点分界。

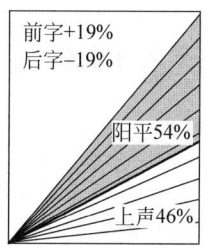

图9 阳平-上声分界示意图

3.5 实验五:去声和上声的听感实验(李舒,2012)

各参照字调类组的辨认边界位置顺序,在前字对比组中为:阴平组(17.8St)>阳平组(17.2St)>去声组(16.3St);在后字对比组中为:阳平组(16.1St)>阴平组(14.7St)>去声组(13.7St)。

声调听感范围:目标字为前字时,上声声调听感范围为81%;目标字为后字时,上声声调听感范围为58%。上声调的听感范围在前字对比组比后字对比组高 23％,差异较大。前字对比组中,感知为上声的范围远远大于去声;而目标字在后时,感知为去声的范围大幅增加。

这个实验的意义是确定了上声调跟去声调的起点分界。

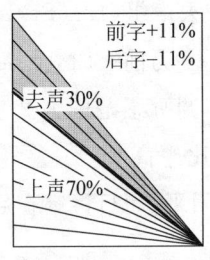

图 10　去声–上声分界示意图

四、普通话各调类的听感范畴

4.1　阴平调的听感范畴

综合实验一至三的数据,阴平与阳平听辨解决了阴平跟阳平在起点处的分界,阴平与去声听辨解决了阴平跟去声在终点处的分界;这是平调跟拱度调之间的范畴边界。阴平与上声听辨是考察阴平跟上声两个平调之间的整体分界状态。由此我们根据各组实验前后字组分界的平均值初步得到了阴平调的听感边界,如下图所示:汉语普通话阴平调听感范畴的起点在调域的 74％ 至 100％ 之间,终点在调域的 73％ 至 100％ 之间,起点与终点十分接近,均位于调域中的高调区域。

第一章　总论

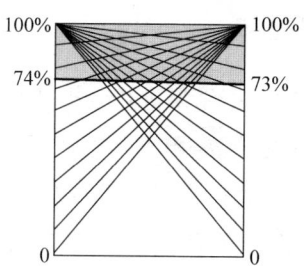

图 11　普通话阴平调的听感范畴示意图

4.2　上声调的听感范畴

综合实验三至实验五的数据,去声与上声听辨解决了去声跟上声在起点处的分界,阳平与上声听辨解决了阳平跟上声在终点处的分界。阴平与上声听辨是考察阴平跟上声两个平调之间的整体分界状态。由此我们根据各组实验前后字组分界的平均值初步得到了上声调的听感边界,如下图所示:汉语普通话上声调听感范畴的起点在调域的 0 至 70% 之间,终点在调域的 0 至 46% 之间,起点范围较终点略大,均位于调域的中低区域。

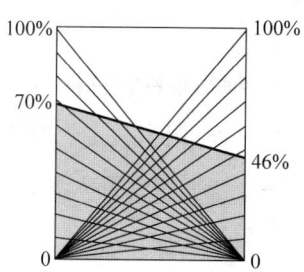

图 12　普通话上声调的听感范畴示意图

4.3 阳平调的听感范畴

综合实验一、四的数据结果进行分析,阴平与阳平听辨解决了阴平跟阳平在起点处的分界,阳平与上声听辨解决了阳平跟上声在终点处的分界。由此我们根据各组实验前后字组分界的平均值初步得到了阳平调的听感边界,如下图所示:汉语普通话阳平调听感范畴的起点在调域的 0 至 74% 之间,终点在调域的 46% 至 100% 之间,起点范围较终点略大,起点位于调域的中低区域,终点位于调域的中高区域。

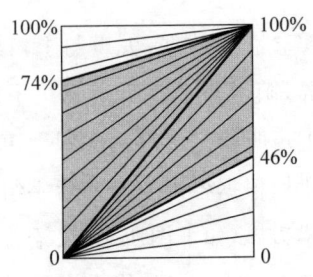

图 13　普通话阳平调的听感范畴示意图

4.4 去声调的听感范畴

综合实验二、五的数据结果进行分析,去声与上声听辨解决了去声跟上声在起点处的分界,阴平与去声听辨解决了阴平跟去声在终点处的分界。由此我们根据各组实验前后字组分界的平均值初步得到了去声调的听感边界,如下图所示:汉语普通话去声调听感范畴的起点在调域的 70% 至 100% 之间,终点在调域的 0 至 73% 之间,终点范围明显比起点偏大,起点位于调域的高调区域,终点位于调域的中低区域。

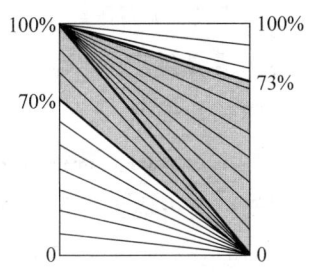

图 14 普通话去声调的听感范畴示意图

五、声调听感范畴边界的不同表现

5.1 稳态边界与动态边界

在进行以上分析的同时,我们发现,阴平/上声、阳平/上声、去声/上声这三组的听感分界与阴平/阳平、阴平/去声这两组的听感分界有一些不同的特征:阴平/阳平、阴平/去声组的听感边界在前字组与后字组基本一致,动程很小,边界位置较为稳定,我们称之为稳态边界;而上声调与其他声调之间的听觉感知分界在前字组和后字组会存在较大的差异,上声调在前字组的听感范畴较位于后字组时大 23% 至 46%,由于其听感分界在前后字不同位置上动程较大,我们称之为动态边界。

当位于前字时,无论与阴平、阳平或去声进行比较,上声调的听感范畴都是较占优势的,它的起点和终点分别占调域的 81% 和 65%;而位于后字时,上声调的听感范畴会有相当程度的缩小。

我们认为,动态边界的产生主要是由于上声处于前字和后字不同位置时受到音高下倾的作用不同。当位于后字位置时,其他声调和范畴会不同程度地下降,从而压缩上声的低范畴。因此,在后字位置的上声调的感知范围会有所缩小。

反向结合声学与听觉感知推论:低平调的标记性制约条件更强,当有后字参照音高时,上声调的低特征容易被听者感知,因此上声调在前字位置的感知范畴占优势;而位于后字时,上声调处于边界位置,缺少了后字参照的帮助,低特征难以被感知,于是处于边界位置的上声出现了"中音区尾音",即音高由低点略升,"以对偶关系支撑上声低音特征",即以尾音的高来为自身的低做参照(沈炯,1999),也就是说上声的214或213的曲折调实际是边界调的表现,是上声位于边界位置的变体。

5.2 调型区分与调阶区分

进一步对各调类组的分界进行分析,我们可以看到:阴平/上声前后字组之间的边界动程为46%,不但远远大于阴平/阳平组(4%)及阴平/去声组(8%),同时也大于阳平/上声组(38%)与去声/上声组(23%),其动态特征最为明显。

从区分类型上看,阴平/上声之间的区分与其他各组的区分有所不同:阴平/上声体现的是高平调与低平调在调阶上的分界,而其他各组均为两个调类在调型上的分界。由此可见,与调型区分相比,调阶区分边界的动态性更强。

综上所述,不同声调之间的范畴边界具有两种状态:稳态和动态。上声调与其他调类之间的范畴边界其动态性较强,这与上声调边界位置上的音位变体有关。此外,调型区分与调阶区分的范畴边界表现也存在差异,调阶区分的范畴边界比调型区分动态性更强。调型区分的声调之间也会有动态性大小的差别。

六、听觉空间与声学空间的比较

声调声学空间上,石锋、王萍(2006)对52位北京人的发音进行了语音实验和统计分析,每个声调按时间等距选取9个测量点,每个点上52位发音人的T值最大值连线与最小值连线之间的区域就是该调的极限分布。

我们将普通话四个调类的听感范畴与上述声调声学空间进行了比较。由于声学空间进行的是单字调的统计,为与双字组中声调的听觉空间进行比较,上声调我们只选取前半部分。对比情况如图15所示,汉语普通话声调的听觉空间与其声学空间之间具有很强的对应关系,各调类的听觉空间与声学空间范围基本对应,听觉感知范畴边界与声学极值分布基本一致。

在各调类之间关系上,如图16所示,声学空间的四个调类的极限分布之间有部分重叠,但重叠并非出现在同一声调的发音中;如图17所示,听觉空间的四个调类的范畴之间同样有很大部分的重叠,但重叠的部分都在起点或终点被范畴边界所隔开。二者也是相互对应的。

七、边界的影响因素

影响听感边界的因素有很多,其中目标字的前后位置和参照字的不同调类是影响边界的语言学因素,具有决定性影响。

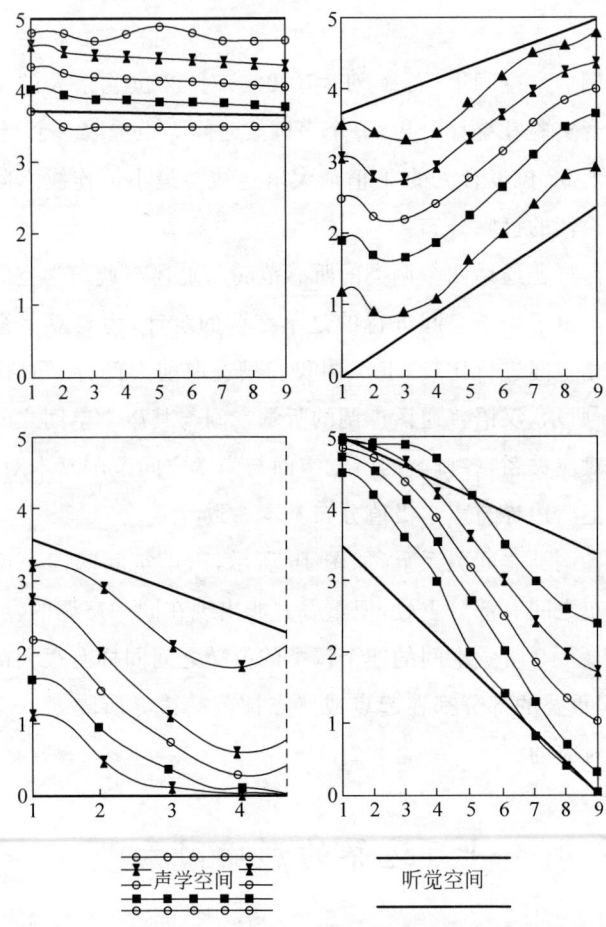

图 15 普通话四个声调声学空间与听觉空间分别对比

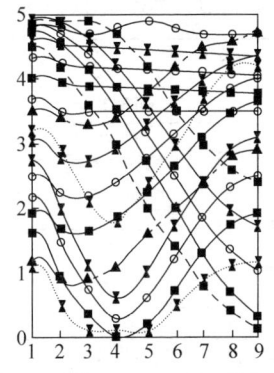 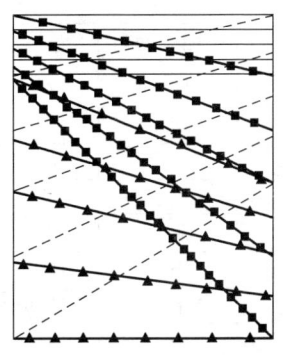

图 16　普通话四个声调的声学空间统计总图　　图 17　普通话四个声调的听觉空间分布总图

7.1　目标字的前后位置

综合各组实验结果,我们发现,前后字的不同位置会对辨认边界位置等数据产生一定影响。除上声在前后字位置上所表现出的动态边界外,每组实验的前字组的边界位置平均值均比后字组大,即目标字位于后字时边界位置对应半音值普遍要低于位于前字时。这与声学上的音高下倾现象是一致的。声学研究结果表明,受到生理因素的影响,语流中的音高普遍呈逐渐下倾趋势,语句中前面的韵律单位的调域普遍高于后面的调域。起因由发音生理造成,声学表现跟听感空间相互对应。

7.2　参照字的调类

如下表所示,参照字的不同调类对听感边界也具有重要的影响作用。

表 2　不同参照字调类条件下的各组声调感知边界位置(单位:半音)

对比组	参照字调类	阴/阳	阴/去	阴/上	阳/上	上/去
前字对比组	阴平	17.4	17.5	17.4	13.9	17.8
	阳平	17.5	16.6	17.6	16.4	17.2
	上声	16.8	16.3			
	去声	14.8	16.4	15.0	12.6	16.3
后字对比组	阴平	16.1	16.2	12.0	10	14.7
	阳平	16.5	15.0	12.9	12.6	16.1
	上声	10.6	16.6			
	去声	15.6	15.8	11.9	12.3	13.7

在各调类对比的实验数据中,我们分别在前字对比组与后字对比组中找到偏离其他参照字调类组的数据,经过整理,总结出如下几点规律:

a. 后面参照字为去声调时,前字上声调的听感范畴普遍偏小。

在前字对比组中,后接参照字为去声调的情况下,阴平/上声组中阴平的感知范畴稍稍扩大,上声的感知范畴稍稍缩小;阳平/上声组中阳平的感知范畴稍稍扩大,上声的感知范畴稍稍缩小;上声/去声组中去声的感知范畴稍稍扩大,上声的感知范畴稍稍缩小。即后接去声调时,上声调的听感范畴普遍收缩。

我们认为,这是由于"上声+去声"的时候,后字为全降调,是上声组的各参照字调类中唯一具有低点参照的(调域下线的 9 半音),会强化听者对前字上声调"低"的特征的要求。

b. 上声参照字后的阳平调听感范畴较小。

前面参照字为上声的后字对比组阴平/阳平间听感边界位置小于同组其他声调参照字后面的阴平/阳平起点边界位置。

其他三个非上声参照字的声调，如阴平、阳平、去声三个声调中都有高特征的成分，因此后面阴平/阳平起点边界位置也相应高一些。而上声参照字的声调只有低特征的成分，后字受降阶因素的影响作用，就使阴平/阳平起点边界相应降低一些。因此，与阴、阳、去三声相比，上声参照字后的阳平听感范畴最小。

c. 阳平参照字后的去声调和去声参照字前的阳平调听感范畴偏小。

前字为阴平/阳平的对比组中，以去声为参照后字时（阴/阳＋去），得到的感知边界位置对应半音值较其他声调的参照字小，即阴平听感范畴增大而阳平听感范畴缩小，可见去声调前的阳平调感知范畴缩小。

后字为阴平/去声的对比组中，以阳平为参照前字时（阳＋阴/去），得到的终点边界位置对应半音值较其他声调的参照字小，即阴平听感范畴增大而去声听感范畴缩小；后字为上声/去声的对比组中，以阳平为参照前字时（阳＋上/去），得到的起点边界位置对应半音值较其他参照字大，因去声是高降调，即上声听感范畴增大而去声听感范畴缩小。以上两项结果均说明阳平调后的去声调感知范畴缩小。

由此可见，去声调前的阳平调和阳平调后的去声调听感范畴偏小。（阳平/上声的去声前字组已经在规律 a 的影响范围中，不在此列。）

我们推测这三个实验中包含有"阳平＋去声"的组合，是普通话声调组合中唯一的升调＋降调序列，又都含有跟平调相联系的感知边界判断，这种音高变化的强对比作用，会使被试放宽对平调的感知限度，从而压缩非平调的空间，使它们听觉感知范畴缩小。

7.3 时长因素

我们通过三组目标字时长分别为 90 毫秒、120 毫秒、150 毫秒的阴平和上声的听感实验，证明了时长因素对汉语两个平调之间的感知效果及前字的阴平-上声的边界位置没有显著影响，但对于后字的阴平-上声之间的感知具有显著的影响作用：时长与边界位置对应的半音值呈显著的负相关关系。

7.4 刺激音的播放顺序

在播放区分实验的刺激对时，我们分先播放高阶刺激音和先播放低阶刺激音两种播放次序。根据实验结果我们发现，刺激音的播放顺序对区分峰值有显著影响，先播放低阶刺激音比先播放高阶刺激音被试更容易听出区别。我们认为，这与声学上的音高下倾也是相对应的，由于日常言语中的音高下倾规律，所以人们对后一韵律单位略低的情况并不敏感，反之则容易听出区别。

八、结语

本节是向普通话声调的听觉格局迈出的第一步。语音格局不仅有声学格局，还应该有听觉格局。声学实验的结果是听觉实验的基础。制定实验设计的方案是如此，分析实验结果的数据同样如此。在现有的结论中我们发现普通话声调的听觉感知特征与声学特征，无论在整体格局上，还是在主要影响因素上，均有很高的一致性，在总体上可以相互对应，相互解释。

本节引述的四个实验（实验一、二、四、五）使用了一种简便的对角（半空间）测试法：设定人们的声调听觉有一个空间，用对角线把这个空间分成两半。每次利用其中的一半，可以有前上、后上、前下、后下四种半空间。如阴平-阳平听辨利用了前上半空间，阴平-去声听辨利用了后上半空间。这可能碰巧适合普通话的声调听辨，写出来仅供参考。

第二节　基础元音的听感格局[*]

一、引言

1.1　元音的声学研究

每个人所发的各个元音在绝对的共振峰频率上有差异，但是在其声学元音图上的相对位置基本上是稳定的，这种相对位置是大脑感知语音的基础。(Joos,1948)石锋(2002a、2002b)从元音格局的角度考察了普通话元音的定位特征、内部变体的表现以及整体的分布关系，把普通话中的元音分为一级元音、二级元音、三级元音、四级元音四级。其中一级元音即本节指的"基础元音"，即可以出现在单韵母中的元音，共有7个，即/a、i、u、y、ɤ、ɿ、ʅ/。

王萍等(2008、2015)考察了汉语的北京话、广州话、上海话以

---

[*] 本节原发表于《南开语言学刊》2016年第1期，作者：刘掌才、秦鹏、石锋。

及英语、日语的一级元音在三维空间中的表现。结果表明:三维立体声学空间在表现各元音的空间分布及相对关系上能够更准确、更全面地对不同元音的分布进行定位,从而能够更真实地反映语音的实际表现。此后,又利用调整后的 V 值算法对 52 位北京人的汉语普通话基础元音进行了较大样本的声学实验和统计分析,发现了各个基础元音在高低、前后两个维度上的主体分布特点。

1.2 元音的听觉研究

Ladefoged 等(1957)把 bit、bet、bat、but 几个词放在负载句中,改变负载句中各元音的共振峰频率,发现被试对目标词的听辨情况会随负载句共振峰频率的变化而发生改变,证明了邻接的语音的变化对于元音信息的传递具有重要影响;Cheung 等(2003)考察了北京话舌尖元音/ɿ/-/ʅ/的听感特点,实验表明,第三共振峰(F3)是两个舌尖元音感知的重要征兆,但是他认为,北京话舌尖元音/ɿ/-/ʅ/为非范畴化感知。

黄荣佼(2013)使用双字音语料初步做出了普通话元音/i/-/y/之间的听感分界,耿爽爽(2013)、鹿牧(2013)又分别考察了/i/-/u/和/u/-/y/的听感边界情况,结果表明,普通话元音之间的听感分界呈现一定的动态性,边界状态受到目标字位置、参照字调类、刺激音顺序等因素的影响。随后我们在/i/-/ɤ/、/ɤ/-/u/、/ɿ/-/ʅ/等听感分界的考察中发现了类似的结果。

1.3 本节研究的目的

荣蓉等(2015)采用对角测试法/平行测试法对汉语普通话声调的听觉格局进行了研究,从而在语音听觉格局的研究上迈出了第一步，证明了听觉格局研究思路的可行性。

本节沿着这个思路出发，拟在以往研究的基础上，使用单字音实验语料，采用线性（一维）测试法和矩形（二维）测试法，通过相邻元音的听觉感知实验，对普通话 7 个基础元音的听感分界进行系统测试，得出其听感空间，并在此基础上进一步得到其听感范畴。每个元音的听感范畴整体组成初步的基础元音听觉格局，并与其声学格局做对比，从声学和听觉两个方面深化对普通话基础元音格局的认识，并为今后的研究提供有益借鉴。

二、实验方法

2.1 语音材料选择

各个实验设计均采用单字音进行。选择实验字组时，为避免声母和韵尾对听辨的影响，尽量选择由基础元音直接构成音节的字，每个实验根据调类选择四组实验字，如/i/-/ɤ/的听感实验选择"衣-婀（娜）、姨-鹅、椅-恶（心）、意-恶（人）"作为实验字组。实验时请被试在相应的两个字之间做出选择。两个舌尖元音无法单独构成音节，不得不在元音前加相应的辅音（舌尖前辅音/ts/、/tsʰ/、/s/和舌尖后辅音/tʂ/、/tʂʰ/、/ʂ/），构成如"资-知、紫-纸、字-致"一类的实验字组，阳平调的舌尖元音有的不成字，暂且留空（见表 1）。

实验尽量选取日常生活中最常见的字，但是实际选取时无法做到理想化，有的字并不常单独使用，有的字是多音字，遇到这种情况，实验中在辨认界面同时给出拼音或词语提示，如"阿（姨）-婀

（娜）"，并在实验前请被试充分熟悉。

表 1 实验字表

序号	实验名称	实验字组			
		阴平	阳平	上声	去声
一	/i/-/ɤ/的听感实验	衣—婀（娜）	姨—鹅	椅—恶（心）	意—恶（人）
二	/u/-/ɤ/的听感实验	乌—婀（娜）	吴—俄	午—恶（心）	物—饿
三	/y/-/ɤ/的听感实验	迂—婀（娜）	鱼—鹅	雨—恶（心）	寓—颚
四	/i/-/y/的听感实验	衣—迂	姨—鱼	以—雨	意—遇
五	/a/-/ɤ/的听感实验	阿（姨）—婀（娜）	啊（á）—俄	啊（ǎ）—恶（心）	啊（à）—饿
六	/ɿ/-/ʅ/的听感实验	资—知 疵—吃 思—湿	磁—持	紫—纸 此—尺 死—史	字—致 次—翅 四—是

2.2 刺激合成

根据选取的语音材料，请一位普通话标准的老北京人（男性）作为发音人，使用 Adobe Audition 3.0 软件进行录音，录音在安静的语音实验室进行，采样率设为 22050Hz，选取 16 位，单声道。所录制的语音材料作为刺激音合成的原始材料。

刺激音合成制作使用 Praat 自编脚本进行[①]，改动相应的元音共振峰数值以获得刺激音。根据各基础元音的声学特性，实验设计时，合成采用两种方法：线性测试法和矩形测试法。线性测试法就是在一个共振峰维度上合成刺激音连续统，考察在单一维度上的边界位置和状态，如/i/-/u/的听感实验就是只改动 F2 的数值

---

① 脚本程序由广东外语外贸大学贝先明先生提供。

进行合成。矩形测试法是在一个平面上同时改动两个共振峰维度合成刺激音连续统,如/i/-/ɤ/的听感实验就是同时改变F1和F2,沿着两元音连线依次等距取点,采用与各点对应的F1和F2值,合成元音连续统来进行听辨(如图1)。除此之外,其他各实验刺激音合成涉及共振峰维度、跨度范围等见表2。

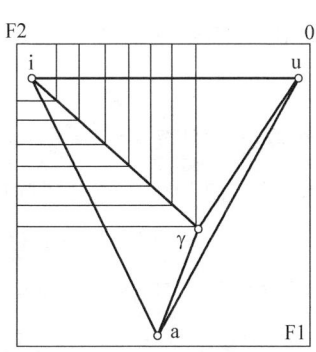

图1 元音的矩形测试法图示

表2 刺激音合成维度、跨度范围及边界(单位:Hz)[①]

维度 实验	F1			F2			F3		
	最小值	最大值	边界	最小值	最大值	边界	最小值	最大值	边界
/i/-/ɤ/	253	526	366	1188	2374	1622			
/i/-/y/				1763	2348	2029	1932	3115	2693
/y/-/ɤ/	243	511	402	1176	1922	1422			
/u/-/ɤ/	344	592	444	734	1028	927			
/a/-/ɤ/	454	913	662						
/ɿ/-/ʅ/				1107	1716	1443	1762	2669	2272

---

① 涉及改动两个共振峰的听感实验,其边界位置需要用两个共振峰的值来表示,比如/i/-/ɤ/听感实验的边界位置可以表示为(F1:366Hz,F2:1622Hz)。

2.3 实验程序

2.3.1 实验被试

每个听辨实验的被试人数平均为 24 人,均为京、津两地在校大学生,男女各半,听辨人母语为普通话或北方方言,身体健康,没有听力、视觉障碍,右利手,普通话标准。

2.3.2 实验呈现

听辨实验分为两部分:辨认实验和区分实验。[①] 辨认实验中,每个刺激音随机播放一次,同时在屏幕呈现候选实验字组,要求被试对所听到的刺激音做 A 或 B 的双向迫选;区分实验程序基本同辨认实验相同,只是被试需要对听到的一对刺激音进行相同或不同的判断。辨认和区分实验都采用 E-prime 软件进行播放和数据的收集。

2.3.3 参数测算

我们主要关注辨认边界位置和目标元音听感空间等参数。

边界位置(boundary position)指的是辨认实验的两条辨认曲线交点(辨认率 50% 处)所对应的刺激音序号体现在刺激连续统中的位置(Hz)。

元音听感空间(vowel perceptual space)指的是每个实验中两个元音各自占总音域跨度的比率(以边界位置为界)(%)。

[①] 本节主要对基本元音的听觉范畴进行探讨,数据主要依据辨认实验结果,区分实验及其结果从略。

三、实验结果

每一个实验的刺激连续统合成所参照的维度和区间范围不尽相同,以/i/-/ɤ/的实验为例,从/i/到/ɤ/,需要改动F1和F2两个维度,F1的跨度区间253Hz～526Hz,F2的跨度区间188Hz～2374Hz,感知边界就会相应地落在这两个维度的区间内(见表2)。

每一个感知实验的边界都会确定相应的两个元音的听感空间,每个元音的听感空间是探索该元音听觉范畴的基础,每个元音的听觉范畴就是该元音在总的元音听觉格局中的位置和范围。为了便于理解,下文分析中,先把所有相关实验在F1、F2、F3三个维度上的极值找出来(见表3),确定总体的格局框架,然后把每个实验里涉及的元音的听感空间进行归一化处理。归一化的实质就是在同一个总的听觉格局框架中,找到各个元音位置和范围。

表3 归一化参照(单位:Hz)[①]

共振峰维度	极大值	极小值
F1	945	243
F2	2374	560
F3	3166	1762

3.1 实验一:/i/-/ɤ/的听感实验(魏芳,2013)

边界值在四个调类中略有不同,总体上,F1的浮动范围为

[①] 该参照值依据的是所有基础元音听觉实验(包括双字组实验)在F1、F2和F3维度上的极大值和极小值,故某些值可能与表2体现的极限值有所不同,这里用极大/小值以示区别。

342Hz～384Hz，F2 为 1518Hz～1699Hz，边界平均值为(F1:366Hz, F2:1622Hz)。归一化处理后，为(F1:18%，F2:59%)。

图 2 是把实验一的两个元音的听感空间放在整个元音听觉格局框架中得出的结果。图中两个矩形框就分别是两个元音的听觉空间，具体说，/i/的听感空间在 F1 维度上跨度为 17%(1%～18%)，在 F2 维度上是 41%(59%～100%)；/ɤ/的听感空间在 F1 上是 22%(18%～40%)，在 F2 上是 24%(35%～59%)。可以用(F1×F2)来分别表示这两个元音的听感空间(即图中元音矩形框的面积)：/i/为(17%×41%)，/ɤ/为(22%×24%)。

这个实验的意义是确定/i/的听感范畴的下边界，以及/ɤ/范畴的左边界，并为/i/的右边界、/ɤ/的上边界的确定提供参考。[①]

3.2 实验二：/u/-/ɤ/的听感实验(黄旭男、石峰，2014)

这两个元音之间边界值的 F1 维度在四个调类的浮动范围是 434Hz～459Hz，F2 维度是 908Hz～956Hz，平均值为(F1:444Hz，F2:927Hz)，归一化处理结果为(F1:29%，F2:20%)。

如图 3 所示，/u/的听觉空间在 F1 维度上的跨度是 15%(14%～29%)，在 F2 上是 10%(10%～20%)；/ɤ/在 F1 上的跨度是 21%(29%～50%)，在 F2 上是 6%(20%～26%)。这样，这两个元音的听感空间可以表示为：/u/是(15%×10%)，/ɤ/是(21%×6%)。

---

① /i/的右边界的确定还要考虑/i/-/y/的听感实验，/ɤ/的上边界的确定还要考虑/y/-/ɤ/的听感实验。

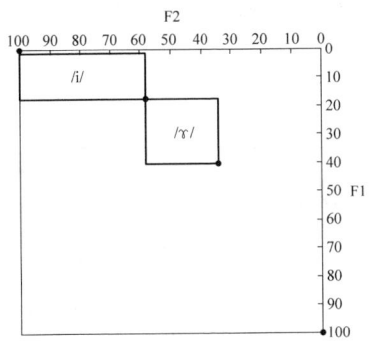
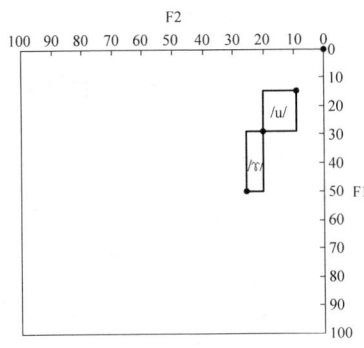

图 2　/i/和/ɤ/的听感空间　　　图 3　/u/和/ɤ/的听感空间

这个实验的意义是确定了/u/的听感范畴的下边界和左边界（即/ɤ/的右边界）。

3.3　实验三:/y/-/ɤ/的听感实验(刘掌才、石锋,2016)

二者之间的边界值在 F1 维度上四个调类的浮动范围为 388Hz～423Hz,在 F2 维度上是 1395Hz～1458Hz,平均值为(F1: 402Hz,F2:1422Hz),归一化处理结果为(F1:23%,F2:48%)。

如图 4 所示,/y/的听觉空间在 F1 维度上的跨度是 23%(0～23%),在 F2 上的跨度是 10%(48%～75%);/ɤ/在 F1 上的跨度是 15%(23%～38%),在 F2 上是 14%(34%～48%)。这样,这两个元音的听感空间可以表示为:/y/是(23%×10%),/ɤ/是(15%×14%)。

这个实验的意义是确定了/y/的听感范畴的右边界(同时,/y/的听感空间上边界达到了总格局的上限,可以看作/y/范畴的上边界),同时为/y/的下边界(即/ʏ/的上边界)的确定提供参考。①

3.4 实验四:/i/-/y/的听感实验(杨荣志,2016)

与前面的实验不同,/i/和/y/在F1-F2平面上的差别很小,为了便于考察,该实验需要放在F2-F3平面中进行。

四个调类之间,边界值在F2维度上的浮动范围为1937Hz~2118Hz,在F3维度上是2665Hz~2739Hz,平均值为(F2:2029Hz,F3:2693Hz),归一化处理后,结果为(F2:81%,F3:66%)。

如图5所示,/i/的听觉空间在F2维度上的跨度是18%(81%~99%),在F3上的跨度是30%(66%~96%);/y/在F2上的跨度是15%(66%~81%),在F3上是54%(12%~66%)。可以用(F2×F3)来分别表示这两个元音的听感空间。这样,这两个元音的听感空间分别为:/i/是(18%×30%),/y/是(15%×54%)。

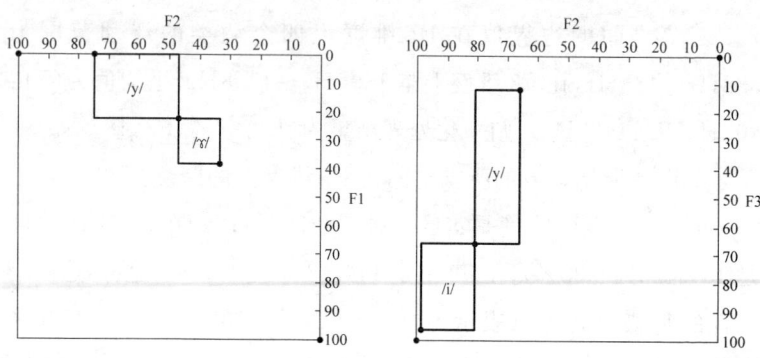

图4 /y/和/ʏ/的听感空间　　图5 /i/和/y/的听感空间

---

① 该边界的最终确定还要参考/i/-/ʏ/的实验结果。

这个实验的意义是在 F2-F3 平面中确定了/i/和/y/在 F2 维度上的边界,这个边界值可以投射到 F1-F2 平面,为/i/范畴的右边界(即/y/的左边界)的最终确定提供参考。

3.5 实验五:/a/-/ɤ/的听感实验(刘掌才、石锋,2015)

/a/和/ɤ/在 F2 维度上的差别不大,该实验采用线性测试法,只改动 F1 的参数,进行一维的测试。

边界值(仅有 F1)在各调类中的浮动范围是 623Hz～698Hz,平均为 662Hz,归一化后结果为 60%。我们仍然把该实验放到整体的格局框架中考察,得到图 6。如图所示,阴影部分为空白,是总的格局范围超出该实验的部分,/a/的听感空间为 36%(60%～96%),/ɤ/的听感空间恰好也是 36%(30%～36%)。

这个实验的意义是确定了/ɤ/范畴的下边界,即/a/范畴的上边界。

3.6 实验六:/ɿ/-/ʅ/的听感实验(陈畅,2016)

与/i/-/y/的听感实验类似,/ɿ/-/ʅ/的考察同样需要放到 F2-F3 平面中进行。

本实验在设计时不但考虑了调类的因素,还分别用了 z-zh、c-ch、s-sh 这样的不同的声母,以及不同的刺激音合成顺序(从/ɿ/到/ʅ/,以及从/ʅ/到/ɿ/)。本节重点考察/ɿ/和/ʅ/的边界情况,上述因素对边界的具体影响将另文讨论。

总体上,边界值在 F2 维度上的浮动范围为 1257Hz～1584Hz,在 F3 上为 1936Hz～2669Hz,平均为(F2:1443Hz,F3:2272Hz),归一化后结果为(F2:48%,F3:36%)。

图 7 中,实线矩形框 ABCD 代表/ɿ/的听感空间,DEFG 代表/ʅ/的听感空间(均为归一化后取平均的结果,虚线边框分别是从/ɿ/到/ʅ/以及从/ʅ/到/ɿ/测试产生的两个元音的听感空间)。这样,/ɿ/的空间跨度在 F2 维度上是 13%(48%～61%),在 F3 上是 35%(1%～36%);/ʅ/空间跨度在 F2 上是 10%(38%～48%),在 F3 上是 29%(36%～65%)。我们仍然可以用(F2×F3)来表示听感空间,平均来讲,/ɿ/的听感空间为(13%×35%),/ʅ/的听感空间为(10%×29%)。

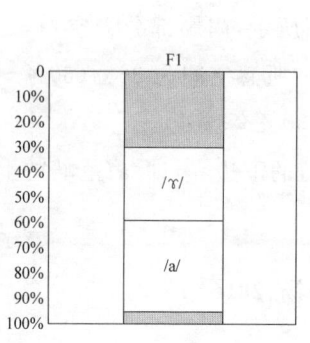

图 6　/a/和/ɤ/的听感空间

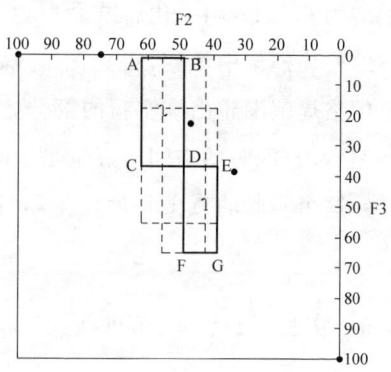

图 7　/ɿ/和/ʅ/的听感空间/范畴

这个实验的意义是确定/ɿ/和/ʅ/在 F2-F3 平面上的听感空间,因为在 F1-F2 平面上尚没有相关实验数据支持,本节暂将此作为/ɿ/和/ʅ/在 F2-F3 平面上的听感范畴。

四、各基础元音的听感范畴

听感空间是找到听感范畴的基础,我们仍然可以用格局中的矩形框来代表元音的听感范畴。使用线性测试法，理论上一次实验可以确定一个边界；而使用矩形测试法，理论上一次可以确定两个边界。当然，实际上某些边界的确定需要几个实验综合考虑。下文分析除了舌尖元音/ɿ/-/ʅ/之外，其他五个基础元音的听觉范畴，统一在 F1 和 F2 平面中进行讨论。

4.1　/i/的听感范畴

实验一确定了/i/的听感范畴的下边界(F1:18%)，这个边界不需要其他的实验辅助验证，因为在普通话基础元音的声学格局中，F1 维度上紧邻/i/的只有/y/。其实，实验一也恰好确定了/i/的左边界，因为该边界达到了总的格局右边界的极值(F2:100%)。另一方面，这个实验得到的/i/的听感空间的上边界(F1:1%)已经十分逼近总的格局的上边界极值，我们可以认为，/i/的听感范畴的上边界就是总格局的上边界极值。这是我们在探求顶点元音的听觉范畴使用的一种"合理推测原则"，即顶点元音的听感范畴可以向极值方向进行边界延伸，因为是对于顶点元音来说的，即使推到极值，在这个方向上也不会有其他的音了。

/i/的右边界的确定比较复杂，因为/y/是 F2 维度上与/i/最近的音，该边界同时也是/y/范畴的左边界，所以，仅仅靠实验一是不够的。这个边界的确定还要结合实验三(/y/-/ɤ/)和实验四(/i/-/y/)来确定。

/i/-/y/的听感实验是在 F2-F3 维度上进行的，我们知道，元音的声学空间不是二维的，而是三维的，那么/i/-/y/在 F2 维度上的边界值可以"投射"到 F1-F2 平面上(图 8)，为 81%(即图 8、图 9 中虚线 IJ)。这也是我们确定听觉范畴边界时采用的另一个原则"相关实验证据原则",即对于同一个发音人同一音质的语音连续统进行相同语音范畴边界的听辨时,某一个共振峰二维平面上的缺失值可以用相关的另一个平面上的对应值的投射作为补充。

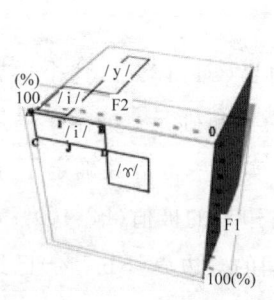 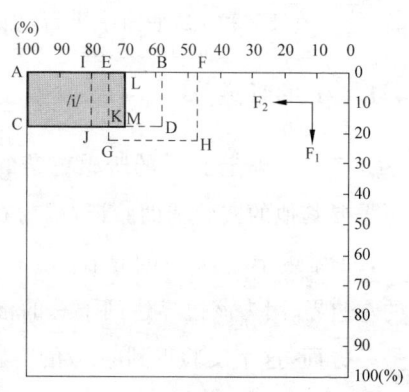

图8　不同平面边界投射示意图　　　图9　/i/的听感范畴

如图9所示,矩形ABCD是/i/-/ɤ/听感实验中划定的/i/的听感空间,矩形EFGH是/y/-/ɤ/听感实验划定的/y/的听感空间。这样,两个实验中/i/和/y/各自的听感空间有很大交叠,交叠区域即为矩形EBKD。而由实验四投射来的/i/和/y/之间的界限为虚线IJ,实际上把/i/和/y/之间的交叠空间扩大到矩形IBJD。这种情况下,我们综合考虑各个实验,取较大交叠空间在F2维度上的中线(LM)作为/i/和/y/之间的分界线,这条线既是/i/范畴的右边界,又是/y/范畴的左边界,为70%。

如此一来,/i/的听感范畴的四个边界都确定了,即图9中的阴影部分,用实线阴影矩形框ACLM表示。

4.2 /y/的听感范畴

实验三(/y/-/ɤ/)确定了/y/的听感范畴的右边界(F2:48%),同时,上边界达到了总格局的边界上限(F1:0),可以作为/y/范畴的上边界。而在4.1的分析中,也找到了/i/和/y/的分界线,即/y/的左边界(F2:70%),这样,/y/的听感范畴就只有下边界(即/y/在F1维度上的最大值)还没有确定了。

/y/范畴的下边界也即/ɤ/范畴的上边界,所以,要结合元音实验一(/i/-/ɤ/)和实验三(/y/-/ɤ/)综合考虑。如图10所示,矩形ABCD是/y/-/ɤ/实验得出的/y/的听感范围,矩形EJKL是/i/-/ɤ/的听感实验得出的/ɤ/的听感范围。这样的话,/ɤ/和/y/的听感范围就有一部分交叠的区域(图中矩形EFGD)。那么,可以仍然采用4.1中取中线的办法,将该交叠区域在F1维度上取中线并延长(实线NI所在的线段),作为/y/范畴的下边界,也即/ɤ/范畴的上边界,为19.5%。

这样,四条边界都确定了,/y/的听感范畴也就确定了,即图10中阴影矩形MNCI。

4.3 /u/的听感范畴

实验二确定了/u/的听感范畴的左边界(F2:20%)和下边界(F1:29%),因为在F2维度上,/u/和/ɤ/之间不再有其他元音,故/u/的左边界亦即/ɤ/的右边界。

图11中,矩形ABCD是实验二确定的/u/的听感空间。由于/u/是顶点元音,这里仍然可以使用4.1中的方法,将/u/范畴的左边界和下边界向极值方向延伸,这样就可以对/u/的上边界

和右边界做出合理预测(即为总格局的边界左限和上限),得到/u/的听感范畴(图 11 中阴影矩形 ECFG)。

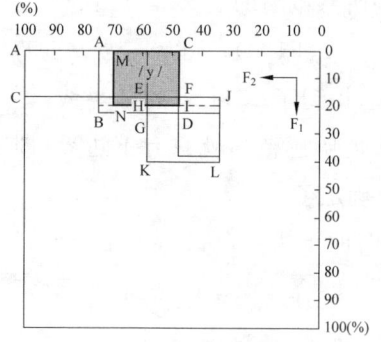

图 10 /y/的听感范畴   图 11 /u/的听感范畴

4.4 /ɤ/的听感范畴

实验一确定了/ɤ/的听感范畴的左边界(F2:59%);通过 4.2 的分析,确定了/ɤ/范畴的上边界(F1:19.5%,即/y/的下边界);通过 4.3 的分析,得到了/ɤ/范畴的右边界(F2:20%);而/ɤ/的下边界可以通过实验五(/a/-/ɤ/)找到(F1:60%)。尽管如此,/ɤ/是非顶点元音,据现有的实验数据,这四条边界范围之内还是留有一部分空白区域,我们在这里将已有边界线作延伸处理,即将边界延长到已有的相邻边界的交点为止,这样就使/ɤ/的听感范畴(图 12 中阴影矩形 ABCD)覆盖了这些空白区。目前这是一种权宜之计,后续实验会对/ɤ/的范畴边界做更加细化的处理。

4.5 /a/的听感范畴

实验五采取的是线性测试法,确定了/ɤ/和/a/在 F1 维度的边界,该边界即为/a/的上边界(F1:60%),/a/是顶点元音,其下边界(图 13 中 EF)可以向极限方向延伸到格局下限(F1:100%,图 13 中 GH);在 F2 维度上,目前还没有直接的实验数据可以参考,我们暂时采取延伸/ɤ/范畴在 F2 维度上左右边界到格局下限,这样就得到了/a/的初步的听感范畴(图 13 中阴影矩形 CDGH),其实/a/范畴的四条边界都是其极限边界,后续的研究需要对其进行细化。

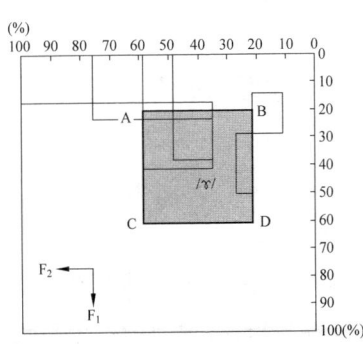 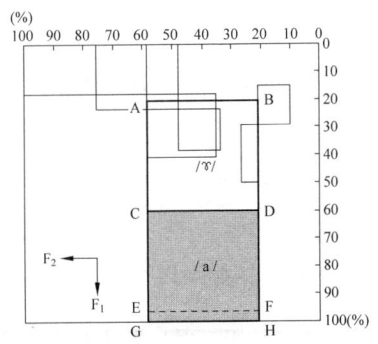

图 12　/ɤ/的听感范畴　　　　图 13　/a/的听感范畴

综合 4.1 到 4.5 的结果,我们可以把 F1-F2 上的五个基础元音(/a/、/i/、/u/、/ɤ/、/y/)的听感范畴整合到一起,得到它们整体的听感格局(图 14),可以与它们的声学分布空间(图 15)形成对应。

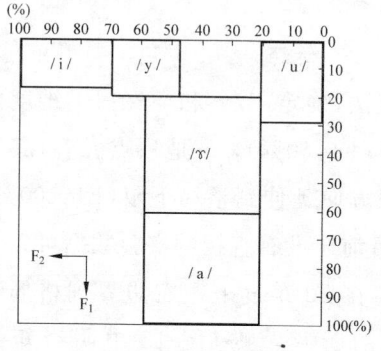
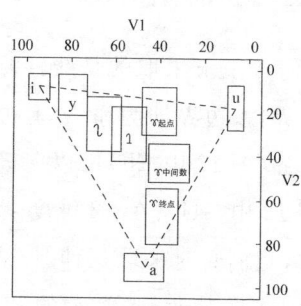

图 14　F1-F2 平面基础元音的听感格局　　图 15　普通话基础元音 V 值主体分布图

五、听觉格局和声学格局的比较

V 值是基于不同发音人的元音共振峰数据进行的归一化计算的结果,王萍、石锋(2014)对 52 位普通话母语者进行了大样本声学统计分析,得到了普通话 7 个基础元音的 V 值主体分布空间(图 15),其中,每个元音的主体分布范围为矩形,中间的点为平均值,四个顶点由平均值±标准差得到。我们可以据此与听感实验的结果进行初步对比。①

总体上,如果以高低维(F1)×前后维(F2)来表示每个元音范畴在其所在的听觉/声学格局中的分布空间,那么,相比起声学格

---

① 声学结果基于归一化后的 V 值作为单位,而听觉结果的单位基于原始的共振峰 Hz 单位,尽管归一化后都用百分比表示,实际在计算时采用的方法是不同的。因此,本节的对比仅从整体的"分布"特点上考虑,而暂不涉及具体数值。

局,听觉格局中每一个元音的分布都是比较宽松的,即具有更高的容许度。如果单纯将两图叠加,某个元音的在听觉上的分布空间极可能完全覆盖其声学的分布空间,甚至会覆盖其相邻元音的声学空间。我们发现,在每个听感实验中,几乎每组元音之间都会产生一定"过渡地带"①。但是,听觉格局中,每个元音听觉范畴之间的边界是相对确定的,即每个元音在听觉上都是可辨的。

具体来看,声学上,/i/在高低维和前后维的数据都比较集中,/y/在高低维和前后维数据都较分散,但是/i/和/y/之间的分布空间是彼此独立的;听觉上,/i/在高低维上分布比较集中,但前后维上分布松散,而且/i/和/y/的听觉空间有很大的交叠,在确定听觉范畴边界时,不得不取其交叠区域中线作为边界,这与其声学表现有一定差异。

声学上,/u/的高低维数据很分散,前后维数据很集中,这与其听觉表现相对一致,如果我们用实验二得出的/u/的听感空间(图3)做对比,这种一致性更强。声学上,中元音/ɤ/在高低维上具有很大的游移性,所以在进行声字测量时,分别在其起始段、中间段和结尾段分别选取了三个测量点;听觉上,/ɤ/在高低、前后两个维度上都很分散,但其分布大致相当于声学上/ɤ/的中间段的位置,我们知道,/ɤ/被称为"滑移性元音",其开头的是前滑音,结尾的是后滑音,中间段是典型代表(王萍、石锋,2017),听觉实验的结果验证了/ɤ/的中间段承载更多的音位信息。/a/在声学上高

---

① 表现为不同调类的元音之间边界位置浮动性较大,辨认曲线较平缓,边界宽度较大。本节主要通过每个实验的平均边界位置探求听感范畴,每个实验的辨认具体表现将分别另文详述。

低维数据集中,前后维数据较分散;①在听觉上/a/的范畴在四个边界上都有很大程度上的延伸,在高低、前后两个维度上都很分散,与其声学的结果有一定差异。

根据王萍(2015)的结果,两个舌尖元音/ɿ/和/ʅ/在声学上,都是在 F2 维度上分布较集中,在 F3 维度上分布较分散,/ʅ/的声学分布空间比/ɿ/大,这跟它们的听觉范畴表现是一致的(图 7)。但是二者的主体分布空间在声学上彼此是相对独立的,而在听觉上,它们的边界游移性很大。造成这种结果的原因是,/ɿ/和/ʅ/都不能单独构成零声母音节,听辨实验设计时不得不在前面加上相应的舌尖前(/ts/、/tsh/、/s/)和舌尖后(/tʂ/、/tʂh/、/ʂ/)辅音,这样造成的结果是,如果声母是舌尖前辅音,那么/ɿ/的听感空间就大,反之,/ʅ/的听感空间就大,也就是说,辅音对于这两个元音的"掩蔽效应"较强;而且我们发现,除了辅音的掩蔽效应,总体上,标记性较强的/ʅ/更容易被识别,具有更大的听感空间。

综上,普通话基础元音的听觉格局和声学格局在分布上的表现总体上有很大的一致性,实际上,各个元音在听觉上相比起声学主体分布来,更接近其极限分布。听觉和声学的结果可以相互对照解释,不一致的地方很大程度上来自计算方法上的差异,以及受到目前听觉实验数据不足所限,后续的实验研究中将进行细化和补充。

---

① /a/和/ɤ/在前后维上的声学边界有较高的一致性,从这个角度说,我们在听感范畴中采取延长/ɤ/的 F2 边界来补充/a/在这个维度上边界的缺失的做法是有一定依据的。

六、结语

根据不同的实验目的,通过线性(一维)测试法和矩形(二维)测试法,调整相应的共振峰参数,在普通话7个基础元音内部采用单字音对彼此相邻的元音两两进行听辨测试,得出其听感边界,进一步得出其听感空间,并在此基础上得到其听感范畴,每个元音的听感范畴汇聚成初步的听觉格局,能与声学格局形成良好对应,并表现出更高的容许度。

本节是对普通话基础元音听觉格局的初步探索和有益尝试,大致勾勒出普通话中每个基础元音的听感范畴,并给出了对这一问题进行研究的思路和方法,后续的研究将通过双字音实验材料,对影响听感范畴边界的因素进行详细探讨,并对各个元音的听感范畴进行深入和细化。

第三节 塞音送气/不送气的听辨范畴[*]

一、引言

塞音是最能体现辅音特性的音类,也是所有辅音中最常见的

---

[*] 本节原发表于《南开语言学刊》2014年第2期,作者:冉启斌、刘晨宁、石锋。

音类。汉语普通话塞音有成套的三对共 6 个,其声学表现曾有过很多研究(如任宏谟,1981;齐士钤、张家騄,1982;吴宗济,1986;陈嘉猷、鲍怀翘、郑玉玲,2003;冉启斌、石锋,2006;冉启斌,2007)。然而关于汉语普通话塞音的听觉分析,截至目前进行的研究并不多;从听觉格局出发进行的分析有待基本的探索,汉语塞音的听辨参数仍然不够清楚。

"送气/不送气"是汉语普通话塞音、塞擦音的重要特征。同部位的塞音、塞擦音通过[±送气]形成系统的对立。从声学上看,塞音的"送气/不送气"特征区别在于嗓音起始时间(VOT)长度的不同。通过声学实验可以测量到送气音、不送气音各自的 VOT 分布范围。但是从听觉的角度看,VOT 作为一个连续分布的连续统,送气音与不送气音的听感分界存在于何处?听感的界限与声学的分布范围又具有怎样的关系?

针对以上问题我们进行过 3 个听觉实验,获得了一些第一手数据,对汉语塞音的送气/不送气听辨范畴有了初步的了解。本节将概括报告有关实验的主要情况,以及对一些问题的讨论。

二、研究简要回顾

现代意义的塞音听感实验始于 20 世纪 50 年代 Liberman 等人的研究。听感实验通常包括辨认(identification)实验和区分(discrimination)实验两部分,用以确定被试对连续统语音的听感是否是范畴性的表现等。Cooper 等(1952)、Liberman(1957)、Liberman 等(1957、1958、1961)等都是这方面的代表。其后 Mann(1980)、Lotto 等(1998)、Steinschneider 等(2011)、Shultz 等

(2012)等都涉及塞音的听觉感知研究。

通过感知实验考察汉语塞音发音方法(送气/不送气)的成果相对较少。梁之安(1963)使用快速复述法主要研究了汉语双唇塞音送气特征的依据,看到送气与不送气基本上以40毫秒为界;送气特征主要表现为较长的噪声时程,不送气特征反之。杨玉芳、方至(1984)以剪切磁带改变送气塞音的嗓音起始时间(VOT)为语料,通过辨认实验和ABX实验,看到送气与不送气的分界存在于25毫秒处,且该分界与发音部位无关。王璇、于水源(2008)进行了ABX实验和不给任何提示的记音测试,结论认为听感上VOT不一定是送气/不送气的主要依据。李林、董逸飞(2014)对美国学生的汉语双唇塞音听辨进行了研究。他们通过改变嗓音起始时间(VOT)和音征参数,指出母语者与美国学生在语音知觉辨别线索上存在差异。我们的研究是在参考上述有关成果的基础上展开的。

三、实验设计

3.1 实验词语

选择有意义的双音节词语(为方便起见后文多称为"词")作为语料,相互对比的例词除目标字送气/不送气特征的对立外其他声韵结构是完全相同的(含音变后的情况)。例词选取尽量考虑到使用频率和语法结构的一致。本实验最终确定的例词如表1所示。

表 1 普通话塞音送气/不送气实验发音例词

/p/-/pʰ/:

前字组	蝙蝠-篇幅	白骨-排骨	背诵-配送	补写-谱写
后字组	淘宝-逃跑	阿伯-阿婆	开闭-开辟	上部-上铺

/t/-/tʰ/:

前字组	淡水-碳水	顶住-挺住	冬训-通讯	兑换-退换
后字组	分担-分摊	拼读-拼图	祈祷-乞讨	远调-远眺

/k/-/kʰ/:

前字组	搞定-考订	个人-客人	狗粮-口粮	工程-空城
后字组	不甘-不堪	分割-分科	大狗-大口	天公-天空

3.2 发音人及被试

本实验原始语料发音人为一名女性,北京人,南开大学本科生。用 Cooledit 2.0 或 Praat 4.6 录音,采样率为 22050Hz,16 位单声道。听辨实验共由 20 名在校大学生(南开大学、复旦大学、天津大学)作为被试(10 男 10 女),均为北方方言背景。所有被试无视力、听力障碍。

3.3 刺激音的合成

使用 Praat 合成刺激音。将送气音与不送气音 VOT 的差值平均等分为 10 份,从送气音开始不断剪切,直到不送气音。这样每组例词得到 11 个刺激音。

3.4 实验方法

实验由辨认实验和区分实验两部分组成,在安静的室内环境中进行,均通过 E-prime 软件进行语音的播放和数据的收集。辨认实验是呈现给被试不同的刺激音,每个刺激随机播放一次。区分实验是每次随机呈现给被试两个不同的刺激音(两个刺激音中间隔一个刺激音进行对比,即在语音连续统中依次选取 1-3、2-4……形成刺激对),要求被试判断两个刺激音是否相同。在正式实验开始前,被试进行适应练习。正式实验的流程如下:注视点→被试按空格开始→播放提示音→播放刺激音→显示选项画面→被试按键选择,同时选择界面消失,注视点再次出现。

3.4.1 辨认实验

双唇、舌尖、舌根部位塞音的辨认实验均各有 88 个刺激音(11×8)。按照按键反应页面分为正序和反序两组:正序组是原送气字在前,如:逃跑-淘宝;反序组是原不送气字在前,如:淘宝-逃跑。辨认率计算公式为:X 的辨认率=选 X 的数/总选择数。

3.4.2 区分实验

区分实验按照刺激对长短的前后分为两种方式:"长-短"(VOT 较长的在前);"短-长"(VOT 较短的在前)。双唇、舌尖、舌根部位塞音的区分实验均各有 144 对刺激(9×2×8)。每对刺激音之间间隔 500 毫秒。根据按键反应页面选项的显示顺序将实验分为两组:"不同-相同"和"相同-不同"(参见表 2)。

表 2 区分实验的分组数据

组别	刺激音	反应页面
1	长-短	不同-相同
2	短-长	不同-相同
3	长-短	相同-不同
4	短-长	相同-不同

区分率的计算公式为:X 的区分率＝选不同的数量/总选择数。

3.5 数据分析

根据各组词的辨认率和区分率做出各组词的听辨曲线(辨认曲线和区分曲线)。测量、计算出前后字组各目标字在语音数据上的听感分界、送气/不送气的相对听感范围、区分峰值等。不送气的相对听感范围计算公式为:(听感分界点 VOT-不送气字 VOT)/(送气字 VOT-不送气字 VOT)％。送气的听感范围与不送气互补,在不送气听感范围上可以得出。

四、结果与分析

4.1 双唇塞音/p/-/p^h/听辨实验

经过对实验结果有关数据进行测量计算,得到双唇塞音/p/-/p^h/的 VOT 值、听感分界点、相对听感范围、区分峰值等,具体数据见表 3(详参胡泽颖,2013①)。

表 3 双唇塞音/p/-/p^h/实验结果

组别	实验词对	不送气字 VOT(ms)	送气字 VOT(ms)	听感分界点(ms)	相对听感范围(%)		区分峰值(%)
					/p/	/p^h/	
前字组	蝙蝠-篇幅	21	104	54	40	60	35
	白骨-排骨	10	116	27	16	84	73
	背诵-配送	15	107	29	16	84	78
	补写-谱写	21	121	69	48	52	43

---

① 其中某些数据本节重新进行了计算分析。后文的 2 个实验与此相同,不另注。

(续表)

组别	实验词对	不送气字 VOT(ms)	送气字 VOT(ms)	听感分界点(ms)	相对听感范围(%) /p/	/pʰ/	区分峰值(%)
后字组	淘宝-逃跑	18	98	25	8	92	73
	阿伯-阿婆	25	134	69	40	60	48
	开闭-开辟	13	107	49	38	62	35
	上部-上铺	21	120	51	30	70	53
	均值	18	113	46.5	29.5	70.5	54.4

上表看到双唇塞音送气/不送气的听感分界点具有较大的变动范围(25ms～69ms)。但是不同词对各自的 VOT 数值本身也有一定的相差范围,因此我们又计算了送气/不送气的相对听感范围。从不送气音/p/来看,各词对的变动范围仍然很大(8%～48%),这种变动范围可能与多种因素有关。比较清楚的是,后接高元音时/p/的听感范围通常会大一些。前后字组之间的差别似乎并不大。上表显示区分峰值的变动范围也很大(35%～78%),从后接元音的情况来看似乎低元音更高一些,不过这种趋势并不够严格。前后字组的差异也不够明显。

综合起来看,双唇塞音不送气的听感范围接近 30%(29.5%)。这从整体上表明,双唇塞音在从不送气音到送气音的整个 VOT 差值段落中,靠近不送气音一端约 30%的部分会被听为不送气音,而靠近送气音一端约 70%的部分会被听为送气音。换言之,在不送气音和送气音的差值段落中送气音所占的份额相对大得多。综合的区分峰值平均值略超过 50%(54.4%),这一数值并不很高,表明送气/不送气的边界总体不够清晰,在送气与不送气相邻的地带很可能存在一段较长的模糊区。

4.2 舌尖塞音/t/-/tʰ/听辨结果

经过对实验结果有关数据进行测量计算,得到舌尖塞音/t/-/tʰ/的VOT值、听感分界点、相对听感范围、区分峰值等,具体数据见表4(详参付瑜,2014)。

表4 舌尖塞音/t/-/tʰ/实验结果

组别	实验词对	不送气字VOT(ms)	送气字VOT(ms)	听感分界点(ms)	相对听感范围(%)		区分峰值(%)
					/t/	/tʰ/	
前字组	淡水—碳水	17	98	35	22	78	80
	顶住—挺住	18	102	58	47	53	58
	冬训—通讯	9	75	21	19	81	68
	兑换—退换	12	85	36	33	67	40
后字组	分担—分摊	14	100	28	16	84	80
	拼读—拼图	24	126	53	28	72	45
	祈祷—乞讨	12	123	38	23	77	65
	远调—远眺	18	106	62	50	50	38
	均值	16	102	41.3	29.8	70.2	59.3

上表看到舌尖塞音送气/不送气的听感分界点也具有很大的变动范围(21ms～62ms)。舌尖不送气音的相对听感范围变动也很大(16%～50%),其中比较明显的规律仍然是后接高元音时不送气音的听感范围较大。前后字组的差异不明显。区分峰值变动范围也较大(38%～80%),后接低元音仍有模糊偏高的趋势。前后字组的差异不明显。

与双唇塞音比较起来,舌尖塞音听感分界总体数值比双唇音略小,区分峰值则比双唇音略高(高约5%)。不过,舌尖塞音的送气/不送气的相对听感范围几乎与双唇塞音相等。总体来看,舌尖塞音与双唇塞音具有很高的一致性,尤其是在送气/不送气的相对听感范围上。

4.3 舌根塞音/k/-/k^h/听辨实验

经过对实验结果有关数据进行测量计算,得到舌根塞音/k/-/k^h/的 VOT 值、听感分界点、相对听感范围、区分峰值等,具体数据见表 5(详参尹怡萍,2013)

表 5 舌根塞音/k/-/k^h/实验结果

组别	实验词对	不送气字 VOT(ms)	送气字 VOT(ms)	听感分界点(ms)	相对听感范围(%)		区分峰值(%)
					/k/	/k^h/	
前字组	搞定-考订	26	118	49	25	75	65
	个人-客人	34	162	81	37	63	58
	狗粮-口粮	25	105	47	27	73	43
	工程-空城	18	119	54	35	65	48
后字组	不甘-不堪	32	136	58	25	75	68
	分割-分科	57	155	88	32	68	58
	大狗-大口	30	135	65	33	67	43
	天公-天空	32	126	56	25	75	60
	均值	32	132	62.1	29.9	70.1	55.0

上表显示舌根塞音的听感分界点变动范围仍较大(47ms~88ms);不过从不送气音的相对听感范围来看则变动大大缩小了(25%~37%)。我们认为一方面是因为舌根音的 VOT 长度基数本身比较大;另一方面也应该由于普通话中舌根音不能与前高元音相拼,舌根音性质变化较少的缘故。由于舌根音缺少了与前高元音的组合,后接元音与相对听感范围之间的规律更显得模糊。前后字组的差异不明显。区分峰值也存在一定程度的变动范围

（43%～68%），不过与双唇音、舌尖音相比则要小得多。这也很可能与舌根音少了前高元音的搭配有关。

与双唇音、舌尖音对比起来看，舌根音听感分界点从绝对值上看比双唇音、舌尖音都要大，然而对比舌根塞音与双唇音、舌尖音的相对听感范围却发现三者几乎一致（以不送气音为例依次为29.9%、29.5%、29.8%）。从区分峰值上看三者也很接近（依次为55.0%、54.4%、59.3%）。上述结果反映出三类塞音虽然部位不同，但在发音方法（送气/不送气）的听感表现上具有很高程度的一致特性。这一结果是令人惊奇的。

纵观三个部位塞音"送气/不送气"的听感分界数据，还有一点应该特别指出来，即：边界的时间点在各个词对中实际上是不相同的，其数据有的大一些，有的小一些。这就是说，从整体来看所谓的"听感分界点"实际上也存在一个分布范围，而并不仅仅是一个"点"。例如/p/的边界分布范围为25毫秒～69毫秒（跨度44毫秒，均值46毫秒）；/t/的边界分布范围为21毫秒～62毫秒（跨度41毫秒，均值41毫秒）；/k/的边界分布范围为47毫秒～88毫秒（跨度41毫秒，均值62毫秒）。以上事实表明边界点在各个词对中存在着一定程度的变异，从而使整个听感分界点呈现为时间段的状态。这种现象从另一个角度来讲也可以认为所谓的边界是具有宽度的。从边界的宽度角度来看还有一个较为引人注意的现象是，从前述数据看来三个部位的边界宽度似乎比较一致（均为约40毫秒）。目前来看这种一致是塞音"送气/不送气"听感中的普遍特征还是仅仅本节的数据如此，还需要更多的研究才能确定。

五、讨论

概括上一节听感实验结果,主要有如下结论:目标字的前后位置对听辨结果影响不明显,"送气/不送气"特征的听感范围在三个发音部位上达到高度一致,塞音后接高元音通常会扩大"不送气"特征的听感范围,三个部位"送气/不送气"特征的区分峰值都不够高,区分峰值在塞音后接低元音时有微弱的增高趋势。

(1)塞音后接高元音为什么会扩大"不送气"特征的听感范围?我们认为主要原因如下:塞音后接低元音(如/pa/、/pʰa/)发音时声道是大开的,送出的气流量非常大,送气程度非常强。而高元音的开口度很低,使得声道空间狭窄,造成送出的气流量大幅减小,送气程度也大幅降低。送气程度降低自然降低了听为"送气"的可能,从而也就扩大了"不送气"特征的听感范围。事实上后接高元音通常会改变塞音的性质,使/p/、/pʰ/(以双唇为例)变为腭化的/pj/、/pjʰ/或唇化的/pw/、/pwʰ/,这都使声道在很大程度上变窄了。概言之,塞音后接高元音使"不送气"特征的听感范围扩大是有其发音生理上的原因的。

(2)/p/-/pʰ/、/t/-/tʰ/、/k/-/kʰ/三个部位塞音各自不送气/送气所占的听感范围非常一致,均为30%比70%。这一结果表明,在典型的不送气音 VOT 和送气音 VOT 之间,对人工合成 VOT 连续体的听辨,在靠近不送气音一端仅30%的部分会被感知为不送气音的范畴;相应地,在靠近送气音一端达70%的部分会被感知为送气音的范畴。在这样的条件下,送气音看起来占有绝对优势的听感范围。从相对数值来看,塞音在"送气/不送气"特征具有同质的内在听感属性。从绝对数值来看,三个部位是有差异的,其中 k 的 VOT 要长得多。

当然应该说明的是,"不送气/送气"听感范围的 30% 比 70% 对比仅是综合平均的结果。这可能是一个理想的、初始听感分野,在实际的语音感知中会因不同的声韵组合等各种因素而变化。事实上各个具体词对中的"不送气/送气"听感范围无论是绝对值还是相对的比例上都存在变异,而且这种变异的范围常常是很大的。这表明"送气/不送气"特征的实际听感边界在一定范围内是动态的。

(3)实验显示三个部位"送气/不送气"特征的区分峰值都不够高(54.4%～59.3%,均值 56.2%),这反映出"送气/不送气"特征在听感范围的分界上不是截然分明的,而是可能具有模糊性。换言之,某特定词对的听感边界可能不够清晰,使得被试在对跨越边界的刺激词对进行听辨时判断为"不同"的比例较低。

不送气音在语音系统中是无标记的音,与送气音相比它常常因分布范围广、出现频率高而成为更突显的音类。(冉启斌,2012)本节听感实验显示,不送气音在 VOT 空间中所占的听感范围很小(从比例上看不足送气音的一半),这可能与不送气音 VOT 的基数本身更小有关。以本节数据为例,三个部位不送气音的 VOT 分布范围比相应的送气音的 VOT 分布范围都小很多。不送气音 VOT 分布范围更小造成其变动范围也小很多,相应地送气音 VOT 分布范围更大造成其变动范围也大很多。

六、结语

通过对汉语普通话双唇塞音/p/-/p^h/、舌尖塞音/t/-/t^h/、舌根塞音/k/-/kʰ/进行听感实验考察,初步得到了 3 对塞音在"送气/不送气"特征的听辨范畴。我们还讨论了目标字前后位置和后接元音对听辨结果的影响,并分析解释了其中的一些听辨现象。这些结果显示了汉语普通话塞音的听觉特性。我们所得到的听辨范畴是基于汉语普通话语音的,这些听辨范畴在其他语言和方言中情况怎样,还需要专门的分析。使用我们的方法可以考察更大的样本、不同方言以及其他语言的情况,我们也会继续进行更大范围的考察研究。我们相信更大范围的考察可以看到塞音在送气/不送气特征上更为丰富的听感表现,这会使塞音的有关声学、听感比较分析成为可能,也会使塞音的听感实验方法不断得到丰富发展。

第四节　不送气塞音的部位听辨范畴*

本节研究汉语普通话塞音/p/-/t/、/p/-/k/、/t/-/k/之间的听感分界问题。

一、实验设计

1.1　实验词

选择有意义的双字组词语(后文也称"词")作为语料,分为前

---

* 本节原发表于《实验语言学》2015 年第 1 号,作者:刘晨宁、冉启斌、田弘瑶佳、嵇天雨。

字对比组和后字对比组。前字对比组即前字包含目标塞音音位的词对,后字对比组即后字包含目标塞音音位的词对。语料均为现代汉语普通话中真实存在的词语,每组词语要求都有意义,也尽量保持使用频率大体一致,以便进行比较。按上述方法确定的例词见表 1。

表 1　普通话不同部位塞音实验发音例词

/p/-/k/:

前字组	板车-赶车	棒子-杠子	报捷-告捷	摆正-改正
后字组	公办-公干	光板-光杆	快板-快感	接班-揭竿

/p/-/t/:

前字组	包子-刀子	办公-弹弓
后字组	击毙-基地	通报-通道

/t/-/k/:

前字组	袋子-盖子	道白-告白
后字组	车带-车盖	铡刀-炸糕

1.2　发音人及被试

实验发音人为男性,北京人,南开大学在校本科生,无口鼻咽喉障碍,听力及视力正常,口齿清楚,语速适中。录音在安静的教室进行。使用 Praat 5.3 录音,采样率 44100Hz,发音人以正常稍慢语速朗读词对,每对词读两遍。听辨实验的被试均为北方方言背景,男女比例 1 比 1。其中双唇塞音/p/和舌根塞音/k/、双唇塞音/p/和舌尖塞音/t/被试 20 人。舌尖塞音/t/和舌根塞音/k/被试 26 人,14 男 12 女,实验数据分析保留有效样本 24 人,男女各 12 人。被试均没有听力、视觉障碍。

1.3 刺激音的合成

使用Praat脚本改变目标字塞音的后接元音F2起始点赫兹值，合成刺激音。每个刺激音逐渐增加F2的起点，直到达到F2起点值的上限（F3的起点值）。为符合人耳听觉特点，使用Bark值形成刺激音连续统。/p/-/k/的听辨实验共88个刺激音（11×8）；/p/-/t/的听辨实验共44个刺激音（11×4）。需要说明的是，由于"摆正-改正""接班-揭竿"这两个词对无论如何都无法通过修改/p/第二共振峰起点值的方法得到/k/，所以尝试使用带有/k/音位的词为基础词，以"/k/的第二共振峰起点值减去(n－1)倍步长"的方法得到刺激音。另外，因为/k/的VOT较长，会影响/p/的合成，所以在制作刺激音时，首先在不影响音质的前提下去掉了/k/一部分的VOT然后以带有/k/音位的词为基础词合成/p/。/t/-/k/听辨实验以包含/t/音位的词为第一个刺激音。每组词合成十个刺激音。前字对比组和后字对比组总共有40个刺激。

在辨认实验中，两字组前后各设500毫秒空白时间。在区分实验中，两字组前后和两组词之间各设500毫秒空白时间。

二、实验方法

实验共分为两部分，即辨认实验和区分实验。正式实验开始前有练习环节，在被试熟悉实验过程后进入正式试验阶段。

辨认实验中被试根据听到的合成刺激音选择选项。刺激音随机播放，每个刺激音只放一遍，被试根据听到的内容，选择屏幕上的选项，有练习部分和正式实验部分。在按键反应界面中，又分正序界面和反序界面两种。正序界面是带有/t/塞音的词在前,如"袋子-盖子";反序界面则是带有/k/塞音的词在前,如"盖子-袋子"。(×的辨认率=选×的数/总选择数。)

区分实验中,被试每次会听到一对刺激音(依次间隔一个刺激音进行对比,刺激音1和刺激音3组合在一起,刺激音2和刺激音4组合在一起,以此类推。)刺激音有顺序、倒序两种顺序(顺序就是刺激音1~刺激音3这样播放,而倒序是刺激音3~刺激音1播放),中间停顿500毫秒,要求被试判断二者相同还是不同。所有刺激对均为随机播放,每对刺激音只放一遍,屏幕上呈现相同、不同的选项。

在实验设计中,为了考察实验数据是否有效,我们还加入了相同刺激(塞音/p/-/t/听辨实验除外),即刺激音1~刺激音1这样的播放方式。

按键反应页面选项的显示顺序也分正序和反序,正序为"相同"在前,反序为"不同"在前。

根据各组词的辨认率和区分率做出各组词的听辨曲线(辨认曲线和区分曲线)。测量并计算出前后字组各目标字在语音数据上的听感分界、相对听感范围、区分峰值等。相对听感范围计算公式为:(听感分界点−F2最小值)/(F2最大值−F2最小值)%

三、实验结果与分析

3.1 现代汉语普通话塞音/p/-/k/听辨实验

经对实验结果有关数据进行计算,得到塞音/p/-/k/的F2最小值、F2 最大值、听感分界点、相对听感范围、区分峰值等,具体数据见表 2。(实验过程及结果详参田弘瑶佳,2014。其中某些数据本节重新进行了计算分析。后文 2 个实验与此处相同,不再另注)

表 2 汉语普通话塞音/p/-/k/实验结果

组别	实验词对	F2 最小值(Hz)	F2 最大值(Hz)	听感分界点(Hz)	相对听感范围(%) /p/	/k/	区分峰值(%)
前字组	板车-赶车	1104	1858	1418	42	58	69
	棒子-杠子	1025	2000	1241	22	78	80
	报捷-告捷	806	2200	1324	37	63	81
	摆正-改正	965	1778		0	100	54
后字组	公办-公干	1070	1646	1508	76	24	58
	光板-光杆	1064	1838	1453	50	50	69
	快板-快感	1223	1957	1854~1914	86	14	59
	接班-揭竿	1223	1719		0	100	47
	均值	1060	1875	1466~1476	52	48	69

从结果来看,前字组中"摆正-改正"词对与其他三组词对相差较大。后字组中"接班-揭竿"词对与同组其他三组词对更是相差甚远,都没有听感分界。

没有得到听感分界点是因为从我们得到的实验结果来看,少于 50% 的被试判断该实验词为带/b/音位的词。且由于在最开始刺激音制作时,这两对词的制作方法就和别的词对不一样,因此在计算均值时,我们不把这两对词的结果计算在内。

从上表我们可以看出塞音/p/-/k/的听感分界点并有多个具体的值,可以看作一段范围(1241Hz~1914Hz)。由于不同双字组词语的 F2 最小值和 F2 最大值不同,可能会造成具体听感分界点数值不同,我们又计算了相对听感范围。从塞音/p/相对听感范围来看,还是有一个变动范围(22%~86%),且变动范围很显著。这种变动范围可能与多种因素有关。由于实验词对选取限制,目前我们还无法确定后接元音对不同部位塞音听辨的影响,但是可以确定的是目标字的前后位置会影响听辨实验的结果。在前字对比组的情况下,/p/的感知范围总体小于/k/;而在后字对比组的情况下,/p/的感知范围总体大于/k/。

同时,区分实验的正确率峰值前字组整体上也优于后字组,且峰界对应情况良好。从实验所得结果来看,前字组中的"摆正-改正"和后字组中"接班-揭竿"词对与同组其他三组词对相差甚远。

然而,这两对双字组词的实验结果却表现相似:两词对均无辨认边界;两条辨认曲线在/p/端相趋近,而在/k/端相分离;区分曲线在相近的位置(前者在第四对刺激音处,后者在第五对刺激音处)出现一个较低的峰值。由此可见,合成刺激音时,使用哪个音为基础音可能会对实验结果造成影响。

虽然每个词对的相对听感范围不同,但从总体来看,双唇塞音/p/和舌根塞音/k/的听感范围大致相当,约为50%。也就是说,通过更改带有双唇塞音/p/的基础词的F2值,靠近双唇塞音/p/那一端的52%区间在人耳听感上认为是双唇塞音/p/;在靠近舌根塞音那一端48%区间在人耳听感上认为是舌根塞音/k/。且峰界位置对应良好,区分峰值大于60%,这说明塞音/p/-/k/的听感边界较为清晰。

3.2 汉语普通话塞音/p/-/t/听辨实验

经过对实验结果有关数据进行测量计算,得到塞音/p/-/t/的F2最小值、F2最大值、听感分界点、相对听感范围、区分峰值等,具体数据见表3。(详参嵇天雨,2015。该实验的区分实验没有设置相同刺激,因此实验结果的区分峰值计算方法与其他两个实验不同,因此不做讨论)

表3 汉语普通话塞音/p/-/t/实验结果

组别	实验词对	F2最小值(Hz)	F2最大值(Hz)	听感分界点(Hz)	相对听感范围(%) /p/	/t/	区分峰值(%)
前字组	包子-刀子	908	1229	1220	97	3	48
	办公-弹弓	882	1370	1342	94	6	50
后字组	击毙-基地	1500	2180		100	0	53
	通报-通道	972	1421	1071	22	78	53
均值		1066	1550	1211	71	29	51

从实验结果我们可以看出实验词对"击毙-基地"同样没有听感分界点。原因同上,少于50%的被试判断该实验词对为带/t/音位的词,因此带/p/音位的词的相对听感范围是100%,而带/t/音位的词的相对听感范围是0。

从表3我们可以看出塞音/p/-/t/的听感分界点有多个具体的值,可以看作一段范围(1071Hz～1342Hz)。由于不同的双字组中的F2最小值和F2最大值不同,可能会造成具体听感分界点数值不同,我们又计算了相对听感范围。从塞音/t/相对听感范围来看,还是有一个变动范围(6%～78%),而且变动范围很显著。这种变动范围可能与多种因素有关。可以明显看出目标字的前后位置会影响听辨实验的结果。在前字对比组的情况下,/p/的感知范围明显大于/t/相对感知范围;而后字对比组的情况正好相反。区分实验的正确率峰值前后字组大体相当。

每个词对的相对听感范围不同,从总体来看,双唇塞音/p/和舌尖塞音/t/的听感范围大致为71%～29%。也就是说,通过更改带有双唇塞音/p/的基础词的F2值,靠近双唇塞音/p/那一端的71%区间在人耳听感上认为是双唇塞音/p/;在靠近舌尖塞音那一端29%区间在人耳听感上认为是舌尖塞音/t/。这里有一个问题值得我们注意,那就是在塞音/p/-/t/听辨实验的实验结果中,/p/在前字组的相对听感范围大于/t/的相对听感范围;而在/p/-/k/听辨实验的实验结果中,/p/在前字组的相对听感范围小于/k/相对听感范围。这一点值得我们探究。而且四组实验词对中,后字组"击毙-基地"得不到听感分界点,这也影响了我们的总体实验结果。

3.3 普通话塞音/t/-/k/听辨实验

经过对实验结果有关数据进行测量计算,得到塞音/t/-/k/的F2最小值、F2最大值、听感分界点、相对听感范围、区分峰值等,具体数据如表4。

表4 汉语普通话塞音/t/-/k/实验结果

组别	实验词对	F2最小值(Hz)	F2最大值(Hz)	听感分界点(Hz)	相对听感范围(%)		区分峰值(%)
					/t/	/k/	
前字组	袋子-盖子	1338	2500		100	0	48
	道白-告白	1359	2600		100	0	54
后字组	车带-车盖	1507	2900		100	0	43
	铡刀-炸糕	1212	2400		100	0	42
	均值	1354	2575		100	0	47

从表 4 看到的实验塞音/t/-/k/没有听感分界点。也就是说随着 F2 起点值的变化,少于 50％的被试能够感知到实验词对的变化。在制作实验刺激音时,我们以带/t/的词为基础词,听辨实验结果显示/t/的相对听感范围是 100％,可以说我们没有成功合成听感为舌根塞音/k/的刺激音或者有其他因素干扰了实验结果。

四、综合讨论

从总体上看,塞音/p/-/t/和塞音/p/-/k/的相对听感范围上都不一致,如果具体分析每一个词对的听感范围,可以看出来是一个动态边界,在实际的语音感知中会因不同的声韵组合等各种因素而变化。

我们对每对塞音分别计算其听辨范畴,很明显看出存在一个动态边界,且塞音/p/-/k/的边界范围更大,动态性更强。

我们将上述实验结果做一个归一化处理,由于塞音/t/-/k/无听感分界点,所以归一化处理时将其排除在外,得到下图。

图中 0 和 100％的点分别对应实验刺激音中塞音/p/的最小值和塞音/k/的最大值(806Hz 和 2200Hz)。归一化处理后,塞音/p/-/k/在靠近双唇塞音/p/一端 31％的区间听辨为双唇塞音/p/,79％以上靠近舌根塞音/k/一端的区间听辨为舌根塞音/k/,中间跨度为 48％的区间是这对塞音的听感分界过渡带。

塞音/p/-/t/在靠近双唇塞音/p/一端 19％的区间听辨为双唇塞音/p/,38％以上靠近舌尖塞音/t/一端的区间听辨为舌尖塞音/t/,中间跨度为 19％的区间是这对塞音的听感分界过渡带。可

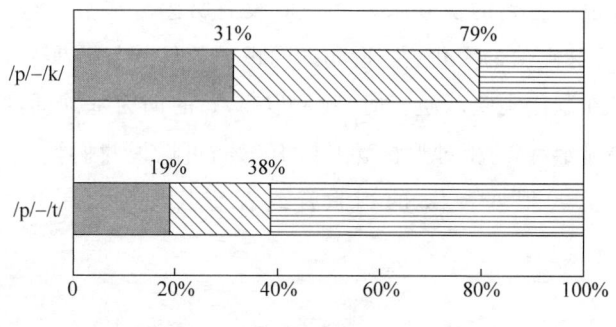

不同部位塞音听辨范围(归一化处理)

见这两个实验听感边界表现出明显的动态性,同时表现出很强的模糊性。

归一化处理后,塞音/p/-/t/的听感过渡带范围比塞音/p/-/k/要小29%,塞音/p/-/k/的动态性更强。且塞音/p/-/k/的听感过渡带范围向舌根塞音/k/一端靠近,塞音/p/-/t/的听感过渡带范围向双唇塞音/p/一端靠近。这两对塞音的听感范围有小部分重合的区域。

具体到每个词对,目标字的前后位置均会影响塞音听辨结果。这个目前还不清楚具体原因。因为塞音/p/-/t/听辨实验的前字组双唇塞音/p/的听感范围远远大于舌尖塞音/t/的听感范围,而塞音/p/-/k/听辨实验的前字组双唇塞音/p/的听感范围则小于舌根塞音/k/的听感范围。这值得我们进一步分析。田弘瑶佳(2014)八组刺激音中,后字组四对词后接相同元音,但是有的词能得到听感边界,而有的词得不到听感边界。可见除了后接元音影响不同部位塞音的听辨结果,还有其他因素影响实验结果。

冉启斌、石锋(2006)考察塞音音轨方程表明:双唇塞音与舌尖塞音之间的差异是显著的,而舌根音变动范围大,与这两类塞音之间的差异不明显。通过音轨方程能有效地计算出双唇塞音与舌尖塞音的音轨,但对舌根塞音则不能计算。

舌根音在声学特征上具有复杂性,其音轨变异性最大是不少语言学家的共识(Clark & Yallop,2000):"对于舌根音,研究显示不能确定一个适用于每一个共振峰和所有元音的单一的音轨频率。"也就是说我们很难得到一个确定的舌根音音轨方程,而舌根音复杂性又与其发音生理有关。舌根音发音时要用到整个舌体,而发元音时也要用到舌体,这就形成了完全的"部位重叠",发音部位之间几乎没有"独立性"。因此舌根音和后接元音的协同发音作用很强,从而导致舌根音没有单一的音轨频率。反映在听感实验中,舌根音的情况也是比较复杂的。

本节的三个实验分别研究塞音/p/-/t/、塞音/p/-/k/和塞音/t/-/k/的听辨范围。双唇塞音与舌尖塞音之间差异显著,塞音/p/-/t/听辨实验中所有刺激音都能得到听感分界点,且听辨过渡带范围较小。但是对于另外两个包含实验对象/k/的实验,情况较复杂。在塞音/p/-/k/听辨实验中,8个刺激音中,只有6个刺激音成功得到听感分界点,而在塞音/t/-/k/的听辨实验中,所有的刺激音都得不到听感分界点。而且即使塞音/p/-/k/能够得到听感边界,动态性也远远大于塞音/p/-/t/听感边界的动态性。本节从听感的角度证明了舌根音的复杂性。

五、结语

本节使用听辨实验方法考察汉语普通话塞音/p/-/t/、/p/-/k/、/t/-/k/的听感分界,初步得到了不同部位塞音的听辨范畴。

我们看到塞音的听辨范畴和音轨表现有很强的对应关系,即:由于舌根音音轨具有变异性,有舌根音/k/作为实验材料的听辨实验的结果也具有复杂性。在塞音/p/-/k/听辨试验中,前字组后接/a/元音的词对没有听感分界点,后字组所有词对都后接/a/元音,但是只有"接班-揭竿"这一词对没有听感分界点;且边界位置动态性较大。而塞音/t/-/k/听辨实验中,不论后接什么元音,所有的词对都得不到听感分界点。我们猜测除了后接元音外,可能还有其他因素影响舌根塞音/k/的听辨。本节还初步给出了不同塞音的听辨范围。

第五节　上声的本质是低平调
——对于《汉语平调的声调感知研究》的再分析[*]

曹文(2010a)报告了关于普通话上声的语音听辨实验,得到了重要的实验数据,令人很感兴趣。文章结论却认为:"'北京话的上声基本上是个低平调',这种说法至少从语音学的角度来说是不对的";"普通话的上声应慎用'低平'来描述";"普通话的上声到底应当如何描写、如何教学仍是一个值得探讨的课题"。我们觉得对于这样的结论还有可商榷的余地,对于实验数据的分析还有再斟酌的空间。下面分为几个问题加以说明。

---

[*] 本节原发表于《中国语文》2011 年第 6 期,作者:石锋、冉启斌。

一、北京话上声是低平调已经基本定论

曹文在"引言"中追溯了学界对北京话上声的不同描写和说法。从升调(Bradley,1915;高本汉,1915;刘复,1924)到曲折调(赵元任,1922;白涤洲,1934)。从赵元任(1932、1933)开始提出了"半上"是低降或低平。王力(1979)明确指出:"北京话的上声基本上是个低平调。"我们认为这实际上反映了语言学界特别是中国语言学人对北京话上声的认识从现象到本质逐层深入的推进过程。

吴宗济(1981)研究普通话语句中的声调变化,认为上声在连调中的特征就是低。他亲手据实验结果画出的上声连调的基本调型都是低平。(见图1)沈炯(1999)潜心钻研汉语语调和声调音域,明白无误地认定:"上声基调核心段是低音区平调。"他们关于北京话上声的论述和实践是正确的,符合语言事实。说明学界对北京话上声是低平调已经基本定论。

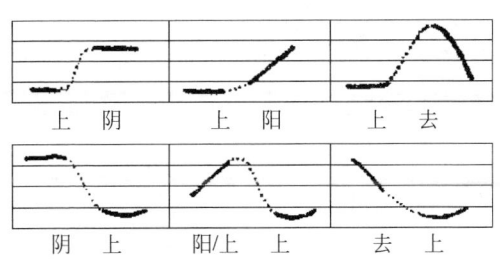

图1　普通话二字连调基本调型(吴宗济,1981)

海外的汉语教学对于普通话上声普遍都是采用低平调来教,已经取得很好的效果。反倒是国内的汉语教学大大滞后于汉语研究的进展,许多教科书还是照搬多年前的认识结论,停留在214的单字调值描写。因为汉语母语说话人都是先会说汉语后才去看教科书,所以单念时都少有照搬教科书的 214,连读时都是 21/11 的低平调。可是这个 214 的调值对外国人学汉语却很有干扰:谁学会了 214,就肯定难改洋腔洋调。海外汉语教学界对此深有体验,从第一次国际汉语教学讨论会就提出论文解决这个问题。林焘(1989)主张,汉语的语音教学不仅要注意单个字音教学,还应该充分注意一个音节进入语句后韵律特征的变化。这是非常有见地的。

二、听辨实验结果支持"上声是低平调"

曹文引用 Maddieson(1978)对平调的定义:"一个直平音高变体可以被接受的声调。"语出 Maddieson"声调的共性"。已经发表的中译稿(1988)原译为:"更好的定义认为平调是一种以水平音高为其可接受的变体的声调。"原文有追加说明:"这种定义不考虑那些由于和邻接声调及音段联合发音、跟语调模式重叠,以及因边界现象而产生的音高变体。这些可预知的表现为升调或降调模式的变体不足以说明这些声调的基本特征是音高的滑动。"(英文原文附在本节末)

这定义很重要。怎样理解呢?其实这个定义就是说,一个声调可以有各种调位变体,只要其中有一个变体是平调,那么就可以认定这个声调是平调。用这个定义来衡量普通话的上声:上声的变体可以有很多,214、213、212、21、11 和 35 等,其中恰好有一个是平调。因此上声是平调。可见中外语言学大家的见解是一致的。实际上原文的听辨实验也已经证实了上声是平调。在原文中的表3(高平调居后的双音节调型听辨结果)和表5(高降调居后的双音节调型听辨结果)都证实了普通话上声的低平调性质。参见下表：

表1 听辨平调前字的实验数据(据原文表3和表5中有关数据截选)

序号	前音节平调	后音节高平	T1T1选择比例	T3T1选择比例	前音节平调	后音节高降	T1T4选择比例	T3T4选择比例
1	19St	19St	97%	0	19St	19-7St	100%	0
2	17St	19St	74%	6%	17St	19-7St	94%	0
3	15St	19St	37%	20%	15St	19-7St	94%	0
4	13St	19St	6%	49%	13St	19-7St	77%	3%
5	11St	19St	0	74%	11St	19-7St	6%	51%
6	9St	19St	0	86%	9St	19-7St	20%	51%
7	7St	19St	3%	71%	7St	19-7St	3%	83%

如果表1中第四行的13半音作为调域中部，以下各行就是低调了。表中第五列和第九列的数据显示，最高有超过百分之八十的低平调被认定为上声，应该已经有相当说服力了。曹文也看到："当参照调居后，/22/、/11/甚至/33/都有明显的或较明显的上声感知倾向。"这正说明低平调是上声的一个变体。按照 Maddieson(1978)对平调的定义，上声是低平调应该没有什么疑问了。原文的实验本来证明了这一点，却下了相反的结论。除非是要想从根本上质疑 Maddieson 的这个定义，否则就会在逻辑上有点讲不通。

表1中上声(T3)的选择比例为什么没有像阴平(T1)那样到百分之九十以至到百分之百呢？这跟实验的总体设计及实验过程中诸因素的影响有关，也跟高平调和低平调的标记性不对称有关。

下面逐一详述。

三、上声单字调值214的4是可预测的

沈炯(1999:364)说明:"上声基调还可能有中音区尾音特征,但只在单说或停顿前它才以声调尾音形式出现,以对偶关系支撑上声低音特征。"这里讲了两个问题。一是尾音出现的位置"在单说或停顿前",即边界位置,说明尾音属边界成分。二是尾音"支撑上声低音特征","支撑"这词用得好,就是参照作用。

在英语里面,单字调称为 citation tone。citation 是列举引证的意思。如:mā(妈)、má(麻)、mǎ(马)、mà(骂)。彼此之间都要有边界。每个单字调本身就带有边界成分,包括时长的停延和音高的滑移。即上声会有升的调尾。然而,"调头的降、调尾的升,都是次要的"。(王力,1979)

上声的变体有很多,各种变体的出现都是有条件的。如低降变体21的条件就是在非边界位置;降升变体214的条件就是在边界位置。单字调就是一种边界位置。上声调尾的出现是可以预测的。

如果在边界位置出现却没有尾音支撑,没有边界成分的参照,低平调就会让位给高平调。如原文中表2(高平调居前的双音节调型听辨结果)和表4(高降调居前的双音节调型听辨结果)的数据显示边界位置上没有尾音支撑的平调多被听为高平调。(参见本节表2)原文中图2显示的对于单音平调的听辨结果跟本节表2的两种平调后字的听辨数据有相同的表现趋势。

表 2 听辨平调后字的实验数据（据原文表 2 和表 4 中有关数据截选）

序号	前音节高平	后音节平调	T1T1选择比例	T1T3选择比例	前音节高降	后音节平调	T4T1选择比例	T4T3选择比例
1	19St	19St	97%	0	19～7St	19St	91%	0
2	19St	17St	94%	0	19～7St	17St	97%	0
3	19St	15St	94%	0	19～7St	15St	94%	0
4	19St	13St	89%	0	19～7St	13St	100%	0
5	19St	11St	86%	3%	19～7St	11St	94%	0
6	19St	9St	69%	0	19～7St	9St	94%	0
7	19St	7St	37%	34%	19～7St	7St	63%	9%

前接不同参照调所得到的后字听为上声数据有差别（见表 2）。这是包括音高下倾、音高降阶等语调模式影响的结果。下倾是全局的，影响每一个字音；降阶是局部的，只影响低调后面的字音。高平调后面的字音只受到音高下倾的影响。高降调后面的字音受到下倾和降阶的双重影响，使人们预期更多的音高落差，因此被听辨为阴平的比例更大，而听为上声的比例就会更小。

表 1 中后接不同参照调所得到的数据差异，原文从调型、调阶两个角度考察原因，有一定的道理。我们认为也可以用边界现象来说明：高平调结尾边界位置是高调，参照效果强，因此低平调听辨为上声的比例大，高平调听辨为阴平的比例小；高降调结尾边界位置是低调，参照效果弱，所以此消彼长，二者表现相反。

为什么要有边界现象呢？边界现象本身其实是一种参照。通过跟边界位置的音高对比来认定前面的音高属性。边界调对所界定的单位调域具有定位作用。（石锋、王萍，2014）这也是为什么单字音和双音后字的低平调很少听为上声的原因——边界调缺失，也就无法完成对低平调的认定。

四、半上 21 和全上 214 是平等的变体

半上是连调,全上是单调。很多方言的例子证实,连调往往更接近于底层形式。变调有时候可能是原调。(丁邦新,1982)半上是去掉边界现象之后显露的真面目。例如:"好"单念为 214,"好的"就成为 21+4,说明前面半上 21 是本来声调,后面的 4 不过是边界调的表现。因此半上才是声调的本质。半上就是上。作为上声调位的变体,半上与全上二者地位至少应是平等的。绝不能认为半上是"妾身未明,低人一等"。

为什么是 21 而不是 11 呢?"人们常常在话语或词的起首位置发现一种辨识性的声学特征——低调有下降的过渡,高调有上升的过渡,而中调出现时并不伴随这种过渡。"(Maddieson,1978)声带的自然状态是中音,发出较高或较低的音需要有调节过程,就像汽车行驶中加速或减速一样不能一蹴而就。弯头反映了声带从自然状态到极限音调的调节过程。弯头的出现是可以预测的,位于调域两极的声调会有弯头。

高坝侗语中的五个平调的调型曲线以调域中部为中心,向调域两极呈现出一种有趣的放射状分布。(见图 2a)(石锋等,1987)天津话的阴平和阳平分别位于调域的两极,分别带有下降的和上升的弯头。(见图 2b)(石锋,1988)普通话上声 21 的 2 就是这样的弯头。实验证明下降的弯头对于上声的听辨具有重要意义。(王韫佳等,2010)

上声"调头的降、调尾的升,都是次要的"。(王力,1979)有两个意思。一是强调确认上声低平调不要被调头和调尾所迷惑,二

第一章 总论

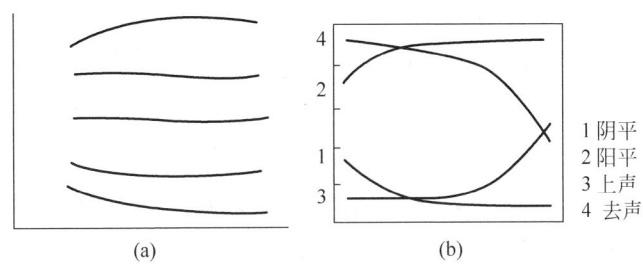

图 2 高坝侗语五个平调图（a）和天津话声调图（b）

是讲调头和调尾的高度是"次要的"、可以变动的。如：上声的调头在不同字调后面可能是 11x、21x，甚至 31x。在边界的上声调尾读为 x14 的不到百分之十，多是 x13、x12，也有 x11。（石锋等，2006）

上面的讨论都关系到 Maddieson 的平调定义后面说明的内容：联合发音、语调模式、边界现象。Maddieson 的说明似乎正是针对汉语上声而言的，他好像已经预料到会有对汉语上声的疑惑，早就给出了答案。Maddieson 的说明与王力、沈炯的论述如出一辙，可谓英雄所见略同。

五、高平调的稳定性和低平调的变动性

郑锦全做过统计：在汉语方言中高调多于 61%，比低调更常见。（Cheng，1973）我们曾指出高平调与其他声调相比，具有更强的稳定性。（石锋，1988、1990b）

高平调和低平调是不对称的。高平调具稳定性，有优势地位，独立性较强；低平调有变动性，处弱势地位，听辨具语境依赖性。曹文也注意到低平调的依赖性，但是没有深入展开。

这种不对称的具体表现有三点：一是高平调发音较长且可以拉长，低平调较短且不能拉长。二是高平调调尾是可选的（optional），低平调的调尾是必选的。例如"他的"55+2有调尾2，单念"他"调值为55，高平调调尾可以不加在单字调中，"好的"21+4有调尾4，而单念"好"为214，低平调调尾一定要加上。三是在语流中允许高平调相连，却常常是禁止低平调相连。低平调在一起一般要变调。如上上相连，前字一定变调。这也反映出低平调的标记性更强。人们听辨孤立的平调往往会首选高调。这是因为高平调具有优势地位，低平调依赖调头调尾的支撑参照。

对于汉语韵律词音高的分析发现，一个韵律单位必须有一个韵律峰。高调本身就是一个峰。作为低平调的上声如果独立为一个韵律单位则必须添加升尾造成一个峰。（邓丹、石锋，2008）这种分析和沈炯的"音高对偶"可以互相补充。

为什么众多著名语言学家对北京话的上声经过这么长时间才认定是低平调？为什么著名语音学家 Maddieson 对平调下的定义附有这么多的说明？可见平调的认定并不简单，低平调的认定更不简单。因此不是"普通话的上声应慎用'低平'来描述"，而是遇到低平调的分析应要慎重。个中缘由就是高平调如"男儿长剑走天涯"，低平调似"犹抱琵琶半遮面"。我们对很多语言事实又常常是听而不闻，习焉不察。"不识语言真面目，只缘人在言语中。"（王士元，2008）要真正发现认识一种语言事实需要拨开很多迷雾。

六、涉及语言学的实验要考虑语言学因素

语音的感知听辨实验是探索语言本质的重要方面。心理语言

学不同于一般的心理学,要适合语言的特点,解决语言学问题。不能照搬原来的实验分析的程序和方法。影响听觉实验有很多因素。涉及语言学的实验应充分考虑语言学因素。如测听样品的选取、实验任务的确定、被试的知识背景等,都需在语言特征的基础上科学周密地进行设计,才能得到准确可靠的实验结果。

以声调听感实验为例,测听样品是有意义的词还是无意义的非词,是单调形式还是连调形式?采用非词和孤立的语音会更依赖于受过语言学训练的被试。另外还有时长问题。声调为"音高与时间之函数关系"。(赵元任,1922)北京话四个声调长度不同。低平调短而不能拉长,如果时长缩短10%、20%、30%,听辨为上声的比例肯定会逐次增加。我们曾选取有意义的常用二字组为测听语料,分析不同声调之间的听感界限,得到初步结果。(李幸河、石锋,2010)

实验任务应该力求简单具体,最好具有隐蔽性。尽量让被试判断听到的是哪个词,而不是抽象地判断是哪个声调。原文中被试的任务是判断非词的声调组合类别。如此抽象复杂的任务要求被试具有相当的语言学训练。被试如果接受教科书的上声为214,当然不会选择其他调值为上声的。这种方法对于被试的知识背景有极大依赖性,有可能成为一种循环自证。使用相同的实验刺激,选择不同的被试或给予不同的实验任务,有可能会得到不同的结果。

在语音听辨实验的程序设计和测听结果的数据分析中,如何正确处理语言中普遍存在的各种成分的表现和意义不对称的问题,如上文讲到的高调和低调的不对称,是关系到实验成败的关键所在。关于语言中的不对称问题,沈家煊(1999)多有论述,可参阅。

七、语音学不能离开语言学

"'北京话的上声基本上是个低平调',这种说法至少从语音学的角度来说是不对的。"这个结论是我们不能同意的。因为它违背了语言事实,推翻了实验结果。我们不同意的不仅是对北京话上声是低平调的否定,而且更是这种把语音学跟语言学割裂开来的观念和态度。给人的感觉好像是赵元任、王力、吴宗济、沈炯都是不搞语音学,不懂语音学的,只有作者掌握了从语音学角度的评判权。"语音实验就是要从微观上对于语音的各种同一性和差异性做出解释和说明。这里的关系是用仪器作为工具来探求人的发音和听觉的本质跟语音的内部规律,而不是凭借仪器来'纠正'或'指挥'人的听感。"(石锋,1992)

语音学没有离开语言学的单独目标。语言学的角度就是语音学的角度。语音学和音系学的结合,语音学和语言学的结合,是由共同的研究对象决定的,是天然的。不结合就没有出路。这是因为"语言学问题的基本特点是,离开了对系统的认识,细节的研究往往带有盲目性,因此对整体系统的把握特别重要"。(沈炯,1999)这也是中国语音学从赵元任、吴宗济以来,很多学者的研究理念和研究传统。

曹文的实验颇有创意,得到了宝贵的实验数据,最后却没能得出合理的结论。听觉实验在国内还不很多,致有千虑之失。我们不揣浅陋,以原文实验结果再加分析说明,冀望能有补益。所述恐多不当,敢请作者和方家指教。

附 Maddieson (1978) 原文：

A better definition would recognize a level tone as one for which a level pitch is an acceptable variant. This definition discounts the variations in pitch that arise from coarticulation with adjacent tones and segments, from superimposition of intonational patterns and from boundary phenomena. Predictable phonetic variations which result in a rising or falling pitch pattern are insufficient to show that the essential property of the tone is a pitch glide.

第二章　汉语普通话声调听辨实验

第一节　阴平调的听感范畴[*]

一、引言

关于平调的定义,Maddieson(1978)提出:平调是一种以水平音高为其可接受的变体的声调。该定义不考虑那些由于和邻接声调及音段联合发音、跟语调模式重叠,以及因边界现象而产生的音高变体。

普通话阴平调为高平调并无争议。石锋、冉启斌(2011)依据 Maddieson 的定义和普通话上声的实际表现,指出"普通话上声的本质是低平调"。对于声调本质的认识决定实验方案的设计。本节的实验设计中把涉及的阴平调和上声调都作为平调处理。本节关于阴平声调的听辨范畴的结论是综合了三个相关的听辨实验的结果,包括阴平-阳平、阴平-去声、阴平-上声的听辨分析。

---

[*] 本节原发表于《当代语言学》2016 年第 1 期,作者:石锋、王萍、荣蓉、梁磊。

二、实验语料和设计[①]

2.1 语料选择

2.1.1 备选词对

本实验选用了自然语言中的双字组词对作为听辨内容,如"山西-陕西、天仙-天险"等。每对词语中声母、韵母相同,声调相互对立的字,称为目标字;本节的实验方案是选取阴平跟其他声调对立搭配的目标字,如:阴平/阳平、阴平/上声、阴平/去声。另外选配声韵调完全相同的字,称为参照字。这样一对自然语言中实际存在的双字组词语,就成为备选词对。同时,按目标字在词对中的前后位置分为:前字组和后字组,意即目标字在前或目标字在后。另外还依据在词对中参照字的不同声调分为:阴平组、阳平组、上声组、去声组。于是,阴平前字组就是指目标字在前面,参照字是阴平调的词对;上声后字组就是目标字在后面,参照字是上声调的词对。

2.1.2 实验词对

对于所有符合条件的备选词对里的词语都要进行词频和熟悉度的检测。首先是要查找所选词的词频序数。然后请30位大学生按熟悉程度对所选各词用五点量表进行评分,从中得到每个词的熟悉度分数。对照每个词对中两个词语的词频排序和词语熟悉

[①] 我们关于"汉语普通话声调的听感范畴"研究是在同一标准、同一框架下进行的,所以实验的方法、原则和程序都是相同的,这样便于分析和比较。除本节的"汉语普通话阴平调的听感范畴"研究外,还包括"汉语普通话上声调的听感范畴"(王萍等,2014)和"汉语普通话去声的听感范畴"研究。

度得分，在同一类词对中找出两个词语的词频及熟悉度分数最为接近的最佳词对作为实验词对。参见以下各表。

表 1 阴平-阳平组实验选词

参照字声调	前字对比组	后字对比组
阴平组	青天-晴天	出身-出神
阳平组	称为-成为	流星-流行
上声组	鸡眼-急眼	小汪-小王
去声组	天地-田地	大虾-大侠

表 2 阴平-去声组实验选词

参照字声调	前字对比组	后字对比组
阴平组	中心-重心	发兵-发病
阳平组	单薄-淡薄	时间-实践
上声组	生产-盛产	厂家-厂价
去声组	兵变-病变	教师-教室

表 3 阴平-上声组实验选词

参照字声调	前字对比组	后字对比组
阴平组	烟花-眼花	天仙-天险
阳平组	梯形-体型	图标-图表
去声组	光大-广大	梦乡-梦想

因为上声相连会发生变调，所以阴声-上声组只选择了6个词对，没有选取上声参照字。

2.2 合成制作

请一位普通话标准的北京男性发音人以自然语速发音录制实验词对。录音时采用了负载句的形式，负载句为"我现在读的是

××这个词"。按照下述程序分别合成,用于听辨实验。

采用 Mini-Speech-Lab 软件对录制的实验词对做声学分析,得到发音人调域在 90Hz~160Hz,以 55Hz 参考值换算为半音,即 9~19 半音之间。以此作为合成制作的参照,设定出合成语音的音高和时长。在原始录音基础上,用 Praat 分别合成为不同的音高连续统,用于听辨播放。

参照字:阴平音高设定为 19~19 半音,时长为 160 毫秒;阳平为 14~19 半音,160 毫秒;上声为 9~9 半音,140 毫秒;去声词首 19~14 半音,词末 19~9 半音(图 1 至图 3 虚线表示参照字去声位于后字时为全降调形),时长都为 140 毫秒。

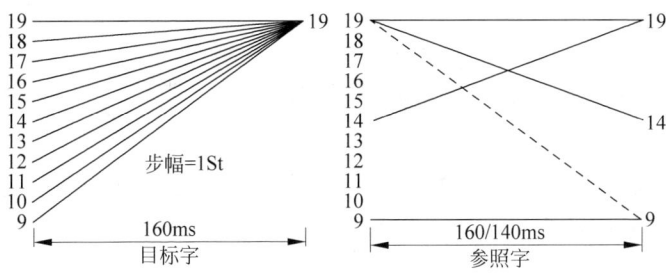

图 1 阴平-阳平听辨刺激合成示意图

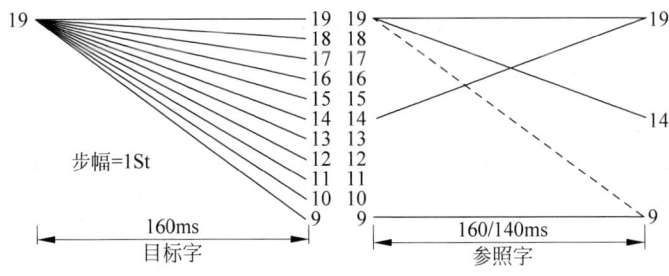

图 2 阴平-去声听辨刺激合成示意图

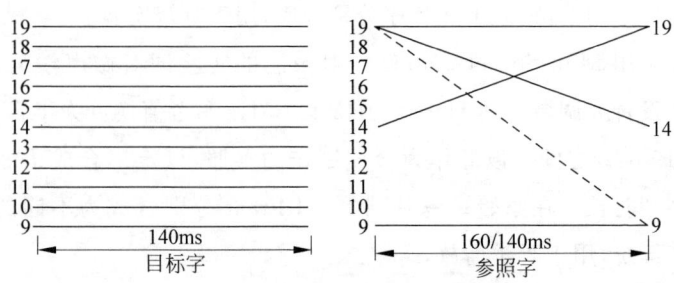

图 3 阴平-上声听辨刺激合成示意图

目标字:阴平/阳平对比组,从 19～19 半音开始,终点不变,起点每次以 1 半音幅度逐次降低至 9 半音;阴平/去声对比组,从 19～19 半音开始,起点不变,终点每次以 1 半音幅度逐次降低至 9 半音;阴平/上声对比组,从 19～19 半音开始,起点和终点同时每次以 1 半音幅度逐次水平降低至 9 半音。各调时长同参照字。合成过程中,控制了所有的变量,使每一个合成语音的区别仅在于音高的不同。各实验的语音合成制作设计图示如图 1、图 2、图 3。

2.3 实验程序

实验被试为 32 名大学生,男女比例为 1 比 1,平均年龄 22 岁,均是北方方言背景,所有被试无视力、听力障碍。

实验分为辨认实验和区分实验两个部分,均采用 E-prime 软件通过计算机进行刺激音的播放和行为数据的采集。程序顺序如下:注视点→被试按空格键→播放提示音→播放实验词→显示选项画面→被试按键选择,同时选择界面消失,注视点再次出现。

在辨认实验中,按照不同的显示选择次序,将被试分为 A 组(按键选择页面中,目标字为阴平的词在前面出现)和 B 组(按键选择页面中,目标字为非阴平的词在前面出现)。

区分实验采用 AX 方式,两个刺激依次相差两个半音,随机播放间隔为 500 毫秒。按照刺激的播放次序,分为"低阶-高阶"(先放低音后放高音)和"高阶-低阶"(先放高音后放低音)两类;按照屏幕页面中选项的排列次序,分为"同-异"和"异-同"两类,一共四组,即 A 组(低阶-高阶、不同-相同)和 B 组(高阶-低阶、不同-相同)和 C 组(低阶-高阶、相同-不同)和 D 组(高阶-低阶、相同-不同)。

2.4 参数测算

2.4.1 辨认实验的参数

(1)边界位置:辨认实验的分界点,两条辨认曲线交点对应的半音值。

(2)边界偏移:在不同情况下,边界会有前移或后移,前移就是偏小,后移就是偏大。向左为前,向右为后。

(3)目标字声调的感知范围,即每个声调各占调域的百分比数值。

2.4.2 区分实验的参数

(1)区分峰值,即区分曲线的百分比最大值。

(2)峰值位置:即出现区分曲线最大值位置所对应的半音值。

(3)峰界对应:区分实验的峰值位置和辨认实验分界点的位置是否对应一致。

三、实验结果与分析

3.1 阴平和阳平的听辨实验(李幸河,2012)

经过实验结果的测算,得到阴平-阳平的辨认边界位置、峰值位置和区分峰值,见表4。

表4 阴平-阳平组实验结果

		边界位置(St)	峰值位置(St)	区分峰值(%)
前字对比组	青天-晴天	17.4	17×19	81
	称为-成为	17.5	16×18	59
	鸡眼-急眼	16.8	16×18	72
	天地-田地	14.8	14×16	54
后字对比组	出身-出神	16.1	15×17	91
	流星-流行	16.5	16×18	88
	小汪-小王	10.6	10×12	34
	大虾-大侠	15.6	15×17	72

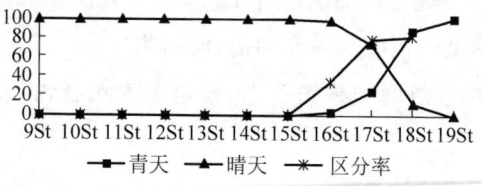

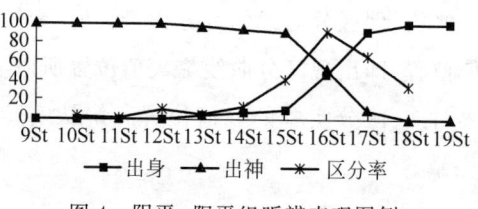

图4 阴平-阳平组听辨表现图例

在前字对比组中,参照字为去声的词对分界点在14.8半音,其他各词对分界点在17半音左右,平均值为16.6半音。按参照字的声调排列分界点的位置顺序:阳平(17.5)＞阴平(17.4)＞上声(16.8)＞去声(14.8)。

在后字对比组中,参照字为上声的词对"小汪-小王"的数据跟其他词对数据有明显差异(10.6半音,34%),需要进行补充实验深入考察,不再进入后续分析中。参照字为非上声的词对,分界点在16半音左右,平均值为16.2半音。按参照字的声调排列分界点的位置顺序:阳平(16.5)＞阴平(16.1)＞去声(15.6)＞上声(10.6)。

前字对比组和后字对比组显示出相同的情况:参照字是阴平和阳平时,分界点都较高而且稳定;如果是上声和去声,分界点则较低且不稳定。

声调感知范围:目标字为前字时,听感边界为76%;目标字为后字时,边界为72%。整体上是74±2%。即阴平感知范围占26%,阳平感知范围占74%。

这个实验的意义是确定了阴平调跟阳平调的起点分界。

3.2 阴平和去声的听辨实验(薛鑫,2012)

经过实验结果的测算,得到阴平-去声的辨认边界位置、峰值位置和区分峰值,见表5。

表 5　阴平-去声组实验数据

		边界位置(St)	峰值位置(St)	区分峰值(%)
前字对比组	中心-重心	17.5	17×19	79
	单薄-淡薄	16.6	16×18	50
	生产-盛产	16.3	15×17	74
	兵变-病变	16.4	16×18	68
后字对比组	发兵-发病	16.2	16×18	62
	时间-实践	15	14×16	79
	厂家-厂价	16.6	16×18	62
	教师-教室	15.8	15×17	76

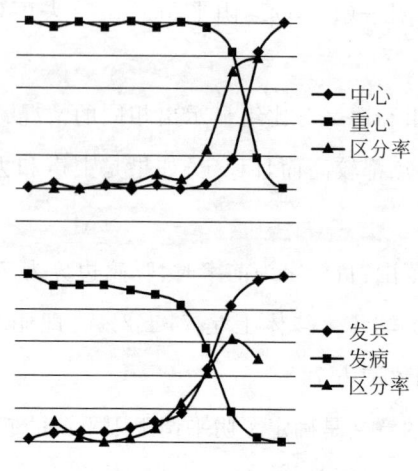

图 5　阴平-去声组听辨表现图例

前字对比组,辨认分界点的平均值为 16.7 半音。各词对边界由高到低依次为:阴平(17.5)＞阳平(16.6)＞去声(16.4)＞上声(16.3)。

后字对比组,辨认分界点的平均值为 15.9 半音。各词对边界由高到低依次是:上声(16.6)＞阴平(16.2)＞去声(15.8)＞阳平(15)。

前字组比后字组的分界点偏大后移:阴平前字17.5＞后字16.2;阳平前字16.6＞后字15;去声前字16.4＞后字15.8。上声则是后字比前字稍大0.3半音。上声总是离群。

声调听感范围:前字组听感边界在77%,后字组边界在69%。整体上是73±4%,即阴平听感范围占27%,去声听感范围占73%。

这个实验的意义是确定了阴平调跟去声调的终点分界。这里的终点73%与上一节的起点74%接近,相互对应。

3.3 阴平和上声的听辨实验(陈曦丹,2012)[①]

经过实验结果的测算,得到阴平-上声的辨认边界位置、区分峰值和峰值位置,见表6。

表6 阴平-上声组实验结果

		边界位置(St)	峰值位置(St)	区分峰值(%)
前字对比组	烟花-眼花	16.4	16×18	69
	梯形-体型	17	17×19	91
	光大-广大	14.4	14×16	78
后字对比组	天仙-天险	10.4	10×12	56
	图标-图表	11.8	11×13	50
	梦乡-梦想	11.7	11×13	72

实验中阴平和上声采用平调,属于调阶差别。被试能较好地辨认并区分,峰界基本对应,说明普通话阴平-上声之间具有感知范畴化的特点。证明了上声的核心本质是低平调。

[①] 因为本节和王萍等(2014)中都涉及"阴平和上声"的听辨实验(陈曦丹,2012),所以本节中(三)有关该实验的说明和分析引自王萍等(2014)。

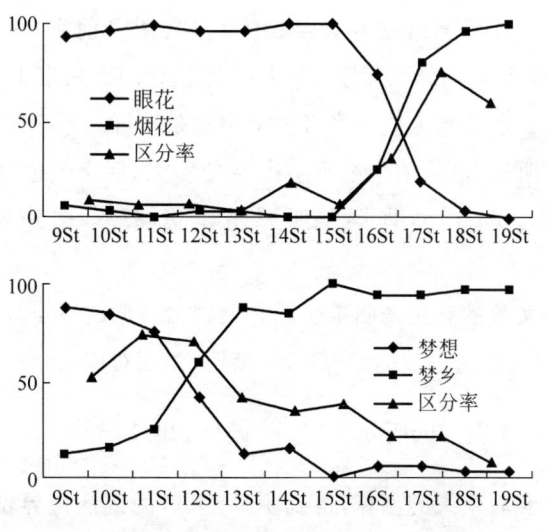

图 6　阴平-上声组听辨表现图例

阴平与上声的辨认分界点在不同条件下差异显著。前字对比组辨认分界点的平均值为 15.9 半音。后字对比组,辨认分界点的平均值为 11.3 半音。相差达 4.6 半音。

声调听感范围:目标字为前字时,边界在 69%;目标字为后字时,边界在 23%。前字对比时,上声的感知范围远远大于阴平;而目标字在后时,阴平的感知范围远远大于上声。

前字组各词对边界由高到低依次为:阳平(17)>阴平(16.4)>去声(14.4)。

后字组各词对边界由高到低依次是:阳平(11.8)>去声(11.7)>阴平(10.4)。

前字对比组比后字对比组分界点的位置显著后移偏大:阴平前字 16.4>后字 10.4,阳平前字 17>后字 11.8,去声前字 14.4>后字 11.7。

前字对比组中参照字是阴平和阳平的词对分界点的半音值较大,这表明高调在词末有更强的参照作用,会增加前字听辨为上声的概率,扩大上声的调域范围。人们对前字的范畴感知能力较强。

上声是低平调,214 的尾音 4 起对偶支撑作用,是边界调的表现。目标字在前时,后面有参照字,可以起到同样的尾音支撑作用,凸显低平调的对比,更容易感知为上声;目标字在后时,缺少尾音的参照,更容易感知为阴平。

这个实验的意义是确定了阴平跟上声的调阶区分的动态边界。前字组的边界 69％与上两节阴平跟阳平的起点边界 74％和阴平跟去声的终点边界 73％相差不多。后字组的边界 23％则跟前字相差 46％,可见边界动程之大,已将近调域的一半。

四、两种范畴边界

语言中的语音都是成系统的,没有范畴就不成系统。通过以上听辨实验可以得到,阴平调是一个听感范畴。具体语言或方言中的音位对于母语者应该都是范畴性的,范畴边界可能有不同的特征。整合三个实验得到的数据,可以初步显现阴平调的听感边界:阴平与阳平听辨是解决阴平跟阳平在起点处的分界;阴平与去声听辨是解决阴平跟去声在终点处的分界;这是平调跟拱度调之间的范畴边界,参见图 7。阴平与上声听辨是考察阴平跟上声两个平调之间的整体分界状态,参见图 8。

目前看来至少有两种范畴边界的表现:图 7 显示的是两种不同调型的区分。阴平作为平调,跟升调的阳平分界在调域中是

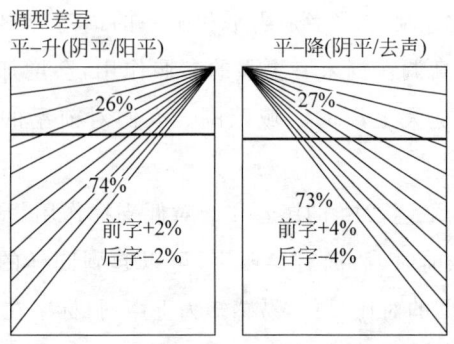

图 7 调型区分的范畴边界表现

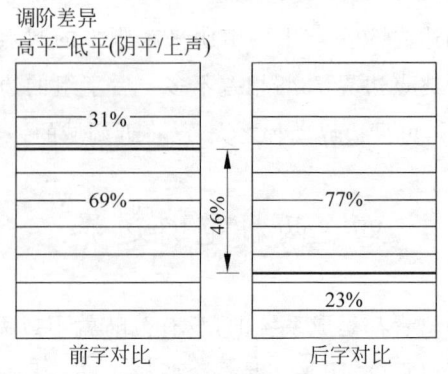

图 8 调阶区分的范畴边界表现(王萍等,2014)

74±2%;跟降调的去声分界是73±4%。前字和后字相差不超出10%。因此,阴平调跟不同调型的声调划分界限时,是稳态的边界。

图 8 显示的是一种不同调阶的区分。阴平跟上声之间是高平调跟低平调在调阶上的分界。前字分界在调域的69%,后字则是23%。根据平均值计算,阴平跟上声分界是46±23%,差异显著。因此,阴平调跟相同调型的上声调划分调阶的界限时,是动态的边界。(王萍等,2014)

范畴的边界并不是一成不变的,而是在不同条件下会发生不同程度的变化。本节量化描述了同一个阴平调范畴具有两种不同的边界状态:与一种范畴邻接呈稳态边界,而与另一种范畴邻接呈动态边界。

五、影响边界的因素

阴平调有稳态和动态两种边界。这是根据目标字在前字和后字的听感边界相差的程度来确定的。前文所述,目标字的位置前后和参照字的声调不同都会影响边界的改变。这是语言学因素,起到决定性影响。影响范畴边界有各种因素。除了语言学因素之外,还有其他因素有不同程度的附加影响,也会使范畴边界发生细微的变化。以下是本节发现的几种因素。

音高下倾的影响:目标字位置前后引起边界偏移,主要的原因就是音高下倾。这个问题涉及发音的生理过程。语流中的音高下倾是普遍的趋势,前面的调域高于后面的调域。这确实可以作为一个重要因素来解释感知边界动态变化的一致趋势:目标字在后字时大都比在前字时的边界降低(见表4、表5、表6)。对于高调来说,就是增大了范畴空间;对于低调来说,则是减少范畴空间。起因由发音生理造成,声学表现跟听感空间相互对应。参照字的声调不同引起的边界偏移主要是由于音高降阶。因为阴平调属于高平调,本节涉及低调不多,留待今后分析上声调听感范畴中讨论。

显示顺序:本节各项实验的设计中,辨认实验是每次播放一个测试音让被试人选择词项。在屏幕页面上把实验词对的两个词排列为两种顺序:A 是带阴平目标字的词在前,B 是带非阴平目标字的词在前。实验结果显示,词语显示的前后顺序对辨认边界有规律性影响。在前字对比中,边界位置 A<B,即阴平词项在前会使分界点前移偏小,阴平范围扩大;而后字对比中,边界位置 A>B,即阴平词项在前会使分界点后移偏大,阴平范围缩小。请参见表 7。

表 7 阴平-上声的两种辨认分界点数据表

前字对比组分界:A<B

前字组	烟花-眼花	梯形-体型	光大-广大
总图	16.4St	17St	14.3St
A 图	16.3St	17St	14.1St
B 图	16.6St	17St	14.5St

后字对比组分界:A>B

后字组	天仙-天险	图标-图表	梦乡-梦想
总图	10.4St	11.9St	11.8St
A 图	10.5St	12.3St	12.0St
B 图	10.3St	11.6St	11.6St

播放次序:本节各项实验的设计中,区分实验是每次播放两个测试音让被试人判断同异。这样就各有两种次序:测试音播放顺序有"低-高"和"高-低"的分别,按键屏幕显示有"同-异"和"异-同"的差别。两两相配,得到四种组合:A 低-高,异-同;B 高-低,异-同;C 低-高,同-异;D 高-低,同-异。

实验结果表明,录音播放次序与屏幕显示次序都对区分峰值百分比有规律性的影响。在图 9 中,A>B 和 C>D 是播放次序低-高>高-低;A>C 和 B>D 是显示次序异-同>同-异。其中播放次序造成的差别更为显著。低音在先有利于听感的区分,高音在先可能会有遮蔽作用。就像在平房后面的高楼可以照到阳光,而在高楼后面的平房就照不到阳光。

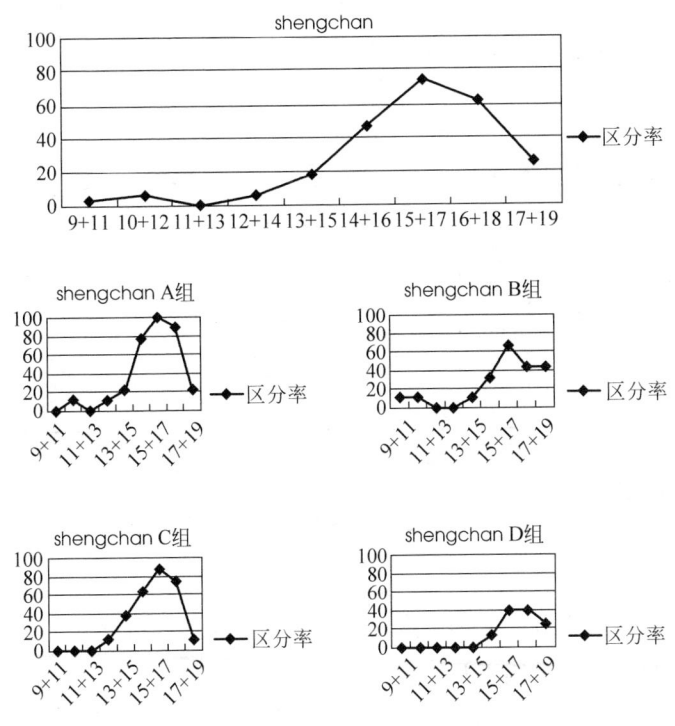

图 9 "生产-盛产"的四种区分曲线图

性别差异:本节的实验证实了被试的不同性别对实验结果有微小影响。辨认实验中,女性的分界点多比男性后移偏大;区分实验中,女性的峰值百分数多大于男性。这说明女性对声调范畴感知能力优于男性。表 8 的数据显示:在前字组,女性的区分峰值百分数明显大于男性;在后字组,女性的辨认分界点大于男性。

表 8　阴平-上声实验的不同性别数据表

前字组	性别	辨认分界点	区分峰值	峰值百分数
烟花-眼花	男	16.3St	16~18St	56.3
	女	16.4St	16~18St	81.3
梯形-体型	男	17.1St	16~18St	87.5
	女	16.8St	17~19St	93.8
光大-广大	男	14.3St	14~16St	62.5
	女	14.4St	13~15St	93.8
后字组	性别	辨认分界点	区分峰值	峰值百分数
天仙-天险	男	10.3St	9~11St	56.3
	女	10.5St	10~12St	56.3
图标-图表	男	11.6St	11~13St	50
	女	12.5St	11~13St	50
梦乡-梦想	男	11.7St	11~13St	68.8
	女	11.8St	11~13	75

六、结语

解决阴平调起点和终点的听感范畴边界是我们设计实验要实现的目标。通过阴平与阳平听辨实验得到阴平在起点处的边界为 74±2%，通过阴平与去声听辨实验得到阴平在终点处的边界为 73±4%。这是平调跟拱度调之间的稳态边界。通过阴平与上声听辨实验得到阴平跟上声之间的边界为 46±23%，这是两个平调之间的动态边界。(王萍等，2014)同一声调跟不同声调相邻的边界状态各不相同。

语音格局不仅有声学格局，还应该有听觉格局。声学实验的结果是听觉实验的基础。制定实验设计的方案是如此，分析实验结果的数据同样如此。如本节得到的阴平起点为 $74\pm2\%$,终点为 $73\pm4\%$。(见图7)前者是平调上升浮动的最大限度跟升调的区分点,后者是平调下降浮动的最大限度跟降调的区分点。从数据中可以看出,对于下降浮动的限制稍显宽松。这个情形正好跟我们用52位发音人的声学实验数据做出的声调统计图相对应。(石锋、王萍,2006a、2006b)这充分说明了语音的声学表现与听觉特征的对应关联性。(见图10、图11)因此,所有关于各种语音成分的声学实验成果对语音听觉实验都是具有重要的参考价值的。

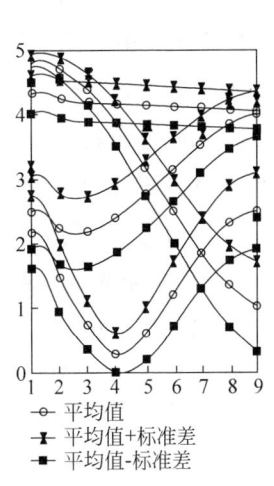 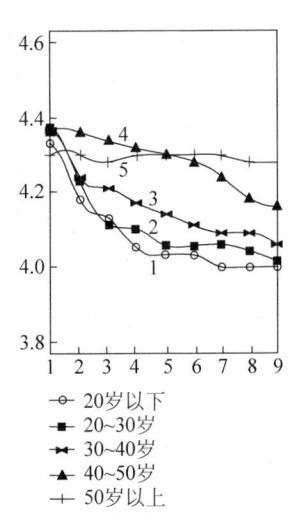

图 10　北京话单字调统计图　　图 11　阴平调分组统计微观图
　　　(石锋、王萍,2006a)　　　　　　(石锋、王萍,2006b)

　　本节实验都采用两字组真词听辨。这是因为负载句中的两字组是声调存在的自然状态。发音人和听音人不需任何语言学训练就能胜任。语言研究就是要考察这种自然状态下的听感表现。

第二节　上声调的听感范畴[*]

一、引言

目前,学界已经有多位学者对单字调中的上声听感表现进行过系统研究,而对于连读调却着力较少,仍有进一步探索的必要和空间。基于此,本节集中考察了上声在自然语言中的两字组真词的听感表现(包括上声位于前字和后字两种情况)。

对于上声听感范畴的考察由三个相关的听感实验组成:上声-阴平、上声-阳平、上声-去声的听感界限考察。根据"对角测试法"(石锋等,2012),即设定人们的声调听觉有一个空间,用对角线把这个空间分成两半。每次利用其中的一半,可以有前上、后上、前下、后下四种半空间。那么,上声-去声听辨利用了前下半空间;上声-阳平听辨利用了后下半空间。上声的整体听感空间包括:上声-去声起点处的分界、上声-阳平终点处的分界以及上声-阴平两个平调之间的整体分界。

因为阴平是高平调,上声是低平调,调型相同,所以上声-阴平的实验采用平行测试法。

---

[*] 本节原发表于《中国语文》2014年第4期,作者:王萍、石锋、荣蓉、陈曦丹、李舒、王秀秀。

二、实验语料和设计

2.1 语料选择

母语者对于声调的感知主要诉诸两条线索——音高变化本身和相邻的声调。(Xu,1994)本实验选用自然语言中的双字组词对作为听辨内容,其中声母、韵母相同,声调相互对立的字,称为目标字;声韵调完全相同的字,称为参照字。同时,按目标字在词对中的位置分为:前字组(目标字居前)和后字组(目标字居后);按参照字的调类分为:阴平组、阳平组、去声组(上上相连,前字变读为阳平,所以本节的实验语料暂且不考虑上上组合),进而得到备选词对,如"烟花-眼花,高手-高寿"等。接下来,对所有符合条件的备选词对进行词频和熟悉度的检测。首先参照《汉语词汇的统计与分析》(1985)查找所有备选词对的词频。然后,请30位大学生按熟悉程度对所选各词用五点量表进行评分,从而得到每个词的熟悉度分数。对照每个词对中两个词语的词频排序和熟悉度得分,在同一类词对中找出两个词语的词频及熟悉度分数最为接近(分差控制在30分以内)的最佳词对,共得到18组最佳词对作为实验词对。具体参见表1至表3。

表1 上声-阴平组实验选词

参照字声调	前字对比组	后字对比组
阴平组	眼花-烟花	天险-天仙
阳平组	体型-梯形	图表-图标
去声组	广大-光大	梦想-梦乡

表 2 上声-阳平组实验选词

参照字声调	前字对比组	后字对比组
阴平组	晚婚-完婚	军法-军阀
阳平组	指责-职责	国企-国旗
去声组	写作-协作	大雪-大学

表 3 上声-去声组实验选词

参照字声调	前字对比组	后字对比组
阴平组	火车-货车	发火-发货
阳平组	几时-计时	防止-防治
去声组	喜剧-戏剧	大使-大事

2.2 合成制作

首先由一位普通话标准的北京男性发音人以自然状态、平稳语速来录制实验词对。录音采用负载句的形式，如"我现在说的是××这个词"。然后按照以下程序合成听辨语料。

采用 Mini-Speech-Lab 软件对录制的实验词对作声学分析，得到发音人调域在 90Hz～160Hz，以 55Hz 为半音参考值换算，即 9～19 半音。作为合成制作的参照，设定出合成语音的音高和时长。在原始录音基础上，用 Praat 分别合成为不同的音高连续统，用于听辨播放。

目标字和参照字的合成标准见图 1 至图 3。

参照字的合成数据见表 4。

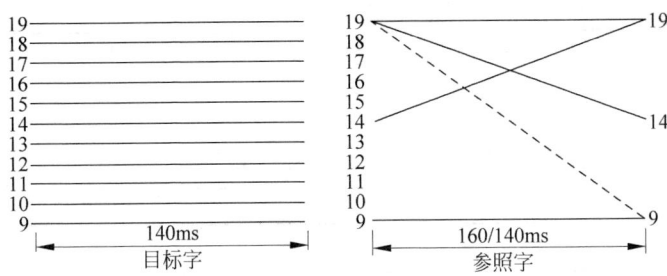

图 1　上声-阴平听辨刺激合成

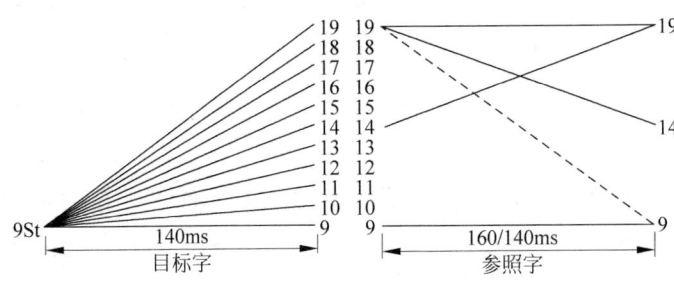

图 2　上声-阳平听辨刺激合成

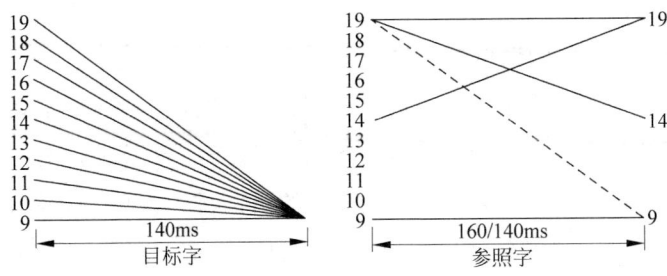

图 3　上声-去声听辨刺激合成

表 4　参照字的合成标准

	音　高	时　长
阴平	19～19St	160ms
阳平	14～19St	160ms
去声前字	19～14St	140ms
去声后字	19～9St	140ms

2.3　实验程序

听感实验的被试共32人,男、女各半,平均年龄为22岁,母语均为北方官话,右利手,无视听障碍。

整个实验由辨认实验(identification test)和区分实验(discrimination test)两部分组成,刺激音的播放和行为数据的采集用E-prime软件来完成。测听程序的各个具体环节:注视点→被试按空格键→播放提示音→播放实验词→显示选项画面→被试按键选择,同时选择界面消失,注视点再次出现。

在辨认实验中,按照不同的显示次序,分为A组(按键选择页面中,目标字为上声的词出现在前)和B组(按键选择页面中,目标字为非上声的词出现在前)。

区分实验采用AX方式,每对刺激音之间相差2个半音,随机播放间隔为500毫秒。实验包括刺激音的不同播放次序(高阶-低阶、低阶-高阶)、屏幕中选项的不同排列次序(同-异、异-同),共有4种组合,即A组(低阶-高阶、不同-相同)和B组(高阶-低阶、不同-相同)和C组(低阶-高阶、相同-不同)和D组(高阶-低阶、相同-不同)。

2.4 参数测算

2.4.1 辨认实验的参数

(1) 边界位置,辨认实验的分界点,两条辨认曲线交点对应的半音值。

(2) 边界偏移(boundary shift):在不同情况下,边界会有前移或后移,前移就是偏小,后移就是偏大。

(3) 感知范围,即每个目标字声调的感知域各占总调域的百分比数值。

2.4.2 区分实验的参数

(1) 区分峰值(discrimination peak),即区分曲线的百分比最大值。

(2) 峰值位置(peak position),即出现区分曲线最大值位置所对应的半音值。

(3) 峰界对应(correspondence between peak and boundary),区分实验的峰值位置和辨认实验的边界位置是否对应一致。

三、实验结果与分析

3.1 上声和阴平的听辨实验(陈曦丹,2012)[①]

经过实验结果的测算,得到上声-阴平的辨认边界位置、区分峰值和峰值位置,见表5。

[①] 陈曦丹(2012)关于上声和阴平的听辨实验结果材料、李舒(2012)关于上声和去声的听辨实验结果材料、王秀秀(2012)关于上声和阳平的听辨实验结果材料均已分别出现在所引用的文献中,我们将其结果再整合进本节,进行系统的综合分析。

表 5　上声-阴平组实验结果

		边界位置(St)	峰值位置(St)	区分峰值(%)
前字对比组	眼花-烟花	16.4	16×18	69
	体型-梯形	17	17×19	91
	广大-光大	14.4	14×16	78
后字对比组	天险-天仙	10.4	10×12	56
	图表-图标	11.8	11×13	50
	梦想-梦乡	11.7	11×13	72

实验中上声和阴平均采用平调,属于调阶区分。被试能较好地辨认并区分,峰界基本对应,说明普通话阴平-上声之间具有范畴感知的特点。感知实验的结果证明:上声的核心本质是低平调。

上声与阴平的边界位置、峰值位置、区分峰值在不同条件下差异显著。前字对比组,边界位置的平均值为15.9St,峰值位置的分布区间为14~19St,区分峰值的平均值为79%。后字对比组,边界位置的平均值为11.3St,峰值位置的分布区间为10~13St,区分峰值的平均值为59%。所以,二者的边界位置相差达4.6St,峰值位置的分布区间相差6St,区分峰值相差20%。

声调听感范围:目标字为前字时,上声范围为69%;目标字为后字时,上声范围为23%。目标字在前时,感知为上声的范围远远大于阴平;而目标字在后时,感知为阴平的范围远远大于上声。

前字对比组,依据参照字,各词对边界位置由高到低依次为:阳平(17St)＞阴平(16.4St)＞去声(14.4St)。

后字对比组,依据参照字,各词对边界位置由高到低依次为:阳平(11.8St)＞去声(11.7St)＞阴平(10.4St)。

前字对比组比后字对比组"边界位置"显著后移偏大:阴平前字(16.4St)＞阴平后字(10.4St)6St,阳平前字(17St)＞阳平后字

(11.8St)5.2St,去声前字(14.4St)＞去声后字(11.7St)2.7St。

前字对比组,参照字是阴平、阳平、去声的词对,它们的分界位置的半音值都显著增大,这表明:相对于词首,高调在词末有更强的参照作用,能够提高上声的感知阈值,扩大上声的感知范围。

以上分析说明,参照字的位置对于目标字声调的辨认和区分发挥着重要的作用。具体来说,上声是低平调,214 的尾音 4 起对偶支撑作用,是边界调的表现。目标字在前时,后面有参照字,可以起到同样的尾音支撑作用,凸显低平调的对比,更容易感知为上声;目标字在后时,缺少尾音的参照,更容易感知为阴平。(石锋等,2012)

上声和阴平是调阶的区分,二者的边界位置随目标字的前/后位置,变化幅度很大。具体来说,目标字在前的边界位置(69%)比目标字在后时(23%)提高了 46%,已将近调域的一半,因此上声和阴平属于动态边界。

3.2 上声和去声的听辨实验(李舒,2012)

经过实验结果的测算,得到上声-去声的辨认边界位置、区分峰值和峰值位置,见表6。

表6 上声-去声组实验结果

		边界位置(St)	峰值位置(St)	区分峰值(%)
前字对比组	火车-货车	17.8	17×19	41
	几时-计时	17.2	17×19	34
	喜剧-戏剧	16.3	15×17	41
后字对比组	发火-发货	14.7	14×16	40
	防止-防治	16.1	14×16	44
	大使-大事	13.7	12×14	56

上声和去声是调型的区分,这个实验的意义是确定了上声跟去声的起点分界。

上声与去声的峰界完全对应。随参照字的位置不同,边界位置、峰值位置差异显著。前字对比组,边界位置的平均值为17.1St,峰值位置的分布区间为15～19St。后字对比组,边界位置的平均值为14.8St,峰值位置的分布区间为12～16St。所以,二者的边界位置相差为2.3St,峰值位置的分布区间相差3St。

前字对比组,依据参照字,各词对边界由高到低依次为:

阴平(17.8)＞阳平(17.2)＞去声(16.3)。

后字对比组,依据参照字,各词对边界由高到低依次是:

阳平(16.1)＞阴平(14.7)＞去声(13.7)。

前字组比后字组的边界位置偏大后移:阴平前字(17.8)＞阴平后字(14.7)3.1St,阳平前字(17.2)＞阳平后字(16.1)1.1St,去声前字(16.3)＞去声后字(13.7)2.6St。

声调听感范围:前字对比组,上声听感范围较大,为81%;后字组,上声听感范围较小,为58%,目标字在前的边界位置比目标字在后时提高23%,上声和去声属于动态边界。

3.3 上声和阳平的听辨实验(王秀秀,2012)

经过实验结果的测算,得到上声-阳平的辨认边界位置、区分峰值和峰值位置,见表7。

第二章 汉语普通话声调听辨实验

表 7 上声-阳平组实验结果（注:"*"表示辨认曲线无交点）

		边界位置(St)	峰值位置(St)	区分峰值(%)
前字对比组	晚婚-完婚	14.1	13×15	69
	指责-职责	*19①	15×17	39
	写作-协作	13.3	13×15	64
后字对比组	军法-军阀	*9	10×12	45
	国企-国旗	13.6	12×14	66
	大雪-大学	12.6	14×16	61

上声和阳平是调型的区分，这个实验的意义是确定了上声调跟阳平调的终点分界。

上声与阳平的峰界对应关系较好（"职责-指责、军法-军阀"两组除外，下文将专门讨论）。随参照字的位置不同，边界位置、峰值位置差异显著。前字对比组，边界位置的平均值为 15.5St，峰值位置的分布区间为 13~19St。后字对比组，边界位置的平均值为 11.7St，峰值位置的分布区间为 10~16St。所以，二者的边界位置相差为 3.8St，峰值位置的分布区间相差 3St。

前字对比组，依据参照字，各词对边界由高到低依次为：
阳平(*19)＞阴平(14.1)＞去声(13.3)。

后字对比组，依据参照字，各词对边界由高到低依次是：
阳平(13.6)＞去声(12.6)＞阴平(*9)。

前字组比后字组的边界位置偏大后移：阳平前字(*19)＞阳平后字(13.6)5.4St，阴平前字(14.1)＞阴平后字(*9)5.1St，去声前字(13.3)＞去声后字(12.6)0.7St。

---

① 虽然"指责-职责、军法-军阀"两词对的辨认曲线无交点，但它们的辨认曲线分别在 19St、9St 处非常接近，所以暂且将 19St、9St 作为二者的边界位置。

声调听感范围:前字对比组,上声听感范围较大,为65%;后字组,上声听感范围较小,为27%,目标字在前的边界位置比目标字在后时提高38%,提高的幅度也比较显著,上声和阳平也属于动态边界。

图4显示:"指责-职责、军法-军阀"两词对中,均不同程度地出现辨认曲线无交点的情况。即,前字组,阳平为参照字时,边界位置达到调域上限;后字组,阴平为参照字时,边界位置达到调域

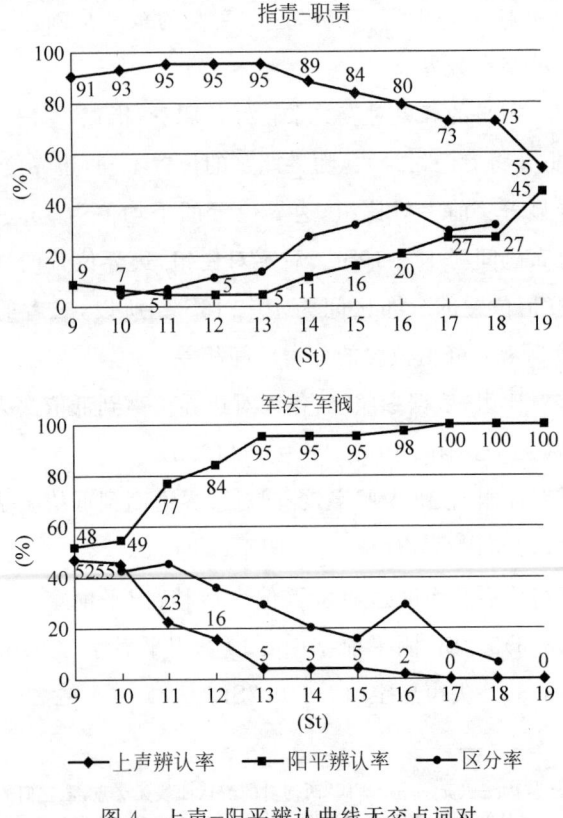

图4 上声-阳平辨认曲线无交点词对

下限,二者都可以被称为"边缘界限"。这种"边缘界限"的现象如何解释?荣蓉(2012)以 11St 为起点,终点音高为 9~19St 的连续体考察阳平与上声的听感分界。实验结果,"指责-职责"的边界位置为 17.8St,峰值位置为 15×17St;"军法-军阀"的边界位置为 10St,峰值位置为 10×12St。

比较荣蓉(2012)和本节中的实验结果,我们发现:相同之处,"指责-职责、军法-军阀"两个词对的边界位置均位于"边缘界限"或靠近"边缘界限"。不同之处,前者在辨认曲线中出现了交点,后者则无交点。这说明:在一定的调域中,"指责-职责"组,后字是阳平调,前字终点值不变,起点值越高,越容易被听成阳平。"军法-军阀"组,前字是高平调,相对于后接低平调,后接低降调更易感知为上声,这表明"低降调"是上声"低平调"的一个条件变体。与其他声调的参照字相比,高平调对后接上声调的感知影响更复杂。

王大佐(2012)对于上声和阳平的听辨实验研究结果表明:无论目标字居前(实验词对"鼻头-笔头")(起点变化范围 9~14St)还是目标字居后(实验词对"长袍-长跑")(起点变化范围 9~11St,因为起点若为 12~14St,则辨认曲线无交点),都表现为起点值越高,越倾向于感知为阳平,边界位置越靠前;相反,起点值越低,越倾向于感知为上声,边界位置越靠后。而且目标字居前和居后,对于起点范围的选择存在不对称性,后者的范围更小。

另外,相同调类组合的不同词对也会对听辨结果产生一定影响。王秀秀(2012)采用与本节相同的合成方法对"沿习-演习"进行听感实验,结果为:辨认曲线在 16.5St 出现交点(边界位置),峰值位置出现在 15×17St。

以上分析表明:上声和阳平的听感表现和影响因素都相对复

杂,需要今后更为细致深入的研究。尽管出现"边缘界限"的现象,但只是发生在前字参照字为阴平或后字参照字为阳平的个别调类组合上,而且两条辨认曲线均接近50%,所以总体上并不影响我们对于上声是范畴性感知的认识。

四、调型区分和调阶区分的范畴边界

以上三个听辨实验显示:上声调是一个动态性的听感范畴。综合三个实验的数据,可以初步确定上声调的听感边界:上声与去声的听辨实验是解决二者起点处的分界;上声与阳平听辨是解决二者终点处的分界;这是平调跟拱度调之间的范畴边界,即调型区分,参见图5。

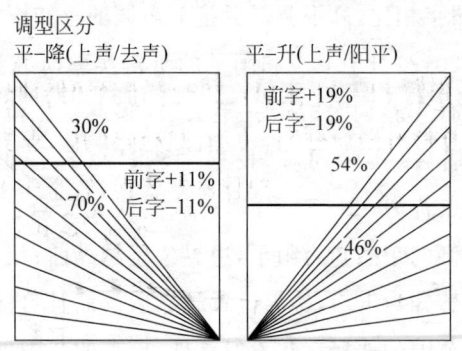

图5　调型区分的范畴边界表现

上声与阴平调之间的整体分界,属于调阶区分,参见图6。

图5显示的是不同调型的区分,即平调与降调、平调与升调的区分。上声(平调)与去声(降调)起点的分界在调域上半部70%,前字加11%,后字减11%。上声(平调)与阳平(升调)终点的分界

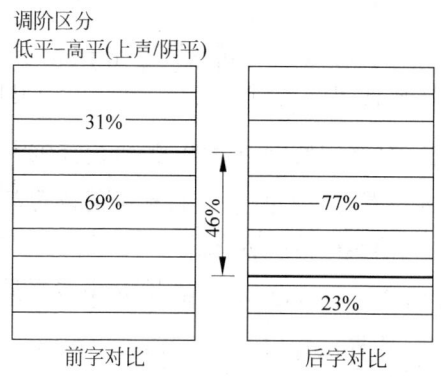

图 6 调阶区分的范畴边界表现

在调域下半部的 46%,前字和后字对比相差 38%。因此,上声/阳平的分界比起上声/去声的分界,具有更大的动态性。

图 6 显示的是低平调(上声)和高平调(阴平)不同调阶的区分。前字分界在调域上限 69%,后字分界在调域下限 23%,二者相差 46%,差异显著。因此,相同调型的声调划分调阶界限时,是动态的边界。

石锋等(2012)对汉语普通话阴平调的听感范畴进行全面考察,结果表明:阴平调具有两种范畴边界表现:稳态边界(调型的区分,阴平/阳平,目标前、后字的边界位置 74%±2%;阴平/去声,目标前、后字的边界位置 73%±4%)和动态边界(调阶的区分,阴平/上声)。和阴平调不同,无论调型区分,还是调阶区分,上声调均为动态边界。这说明:普通话的阴平调的标记性较弱,参照字的位置和调类等因素对其听辨结果的影响较小,其稳定性较强。与之相对,普通话上声调的标记性较强,对于听辨环境的依赖性也较强,听辨环境的变化对其听辨的影响相应较大,稳定性差,浮动性大。

五、影响范畴边界的因素

基于上述分析,我们看到语言学层面(内部)的不同因素都会影响上声的边界位置,其中包括:1.目标字的位置前后,2.参照字的调类,3.声调间的协同发音,4.降阶。

1. 目标字的位置前后:目标字居前(前字对比组)比目标字居后(后字对比组),边界位置均偏大后移,即上声的听感范围显著提升。其中,上声-阴平组,上声的听感范围提升幅度最大(46%),上声-阳平组其次(38%),上声-去声组最小(23%)。单因素方差分析结果(ANOVA)显示:目标字的前后对于上声的边界位置作用显著,$F(1,16)=13.493, p=0.002$。

沈炯(1999)认为:上声基调核心段是低音区平调,上声基调还可能有中音区尾音特征,但只在单说或停顿前它才以声调尾音形式出现,以对偶关系支撑上声低音特征。这里指明了两个问题:一是尾音出现的位置为单说或停顿前,即边界位置,说明尾音属边界成分;二是尾音支撑上声的低音特征。所以,目标字居前时,后面有参照字起到同样的支撑作用,凸显低平调的对比,更容易感知为上声;目标字在后时,缺少参照字支撑,更容易感知为非低调类。

2. 参照字的调类:目标字在前时(前字对比组),参照字为阴平、阳平的目标字比参照字为去声的,更容易感知为上声。和参照字为去声的目标字相比,参照字为阴平的,上声听感边界提高15%,参照字为阳平的,上声听感边界提高29%。多重检验(multiple comparison)结果显示:参照字为阳平和去声,两组目标字的边界位置差异显著(p=0.049)。具体的解释见3。林焘和王士元(1984)的听感研究表明：高调背景更容易将嵌入的目标词感知为低调，相反，低调背景更容易将目标词感知为高调。无独有偶，Wong和Diehl(2003)发现背景音高F0的提升和降低分别会使目标词由原来的中平调辨认为低平调和高平调。

3. 声调间的协同发音(coarticulation)：对于顺向和逆向的作用，Xu(1997)对普通话二字组音高变化的研究表明：声调间的顺向(progressive)作用表现为"同化"，而逆向(regressive)作用表现为"异化"，普通话声调间的同化作用大于异化作用。邓丹(2007)的研究结果显示：顺向表现为同化，逆向既包括同化又包括异化。王韫佳(1993)认为：顺向同化作用的影响范围只对后面声调的起点产生影响，而异化作用对后面声调的终点和起点都有影响，即有贯穿整个声调的趋势。与之不同，Lin和Yan(1991)的研究结果为：顺向作用一般只影响后接声调的起点，逆向作用一般只影响前接声调的终点。Xu(1994)对于普通话声调协同发音的声学和听感研究表明：听者在语境中辨认声调时，倾向于运用自己所掌握的声调协同发音的知识去做出判断，以此来补偿声调协同发音所产生的声调变化。

本节的普通话上声听感表现与上述学者得到的声学结果存在一定的对应关系，听者在声调感知的过程中，确实在不自觉地运用着声调协同发音的声学知识来进行听觉判断。具体来说：

顺向同化表现在后字对比组，前字参照字的终点越高(阴平，阳平)，后字被听成上声的可能性越高，因为即使后字声调的起点较高，听者也有可能将其归结于从前字而来的协同发音，从而判断后字仍是上声。这点在"上声-去声"组中最明显(边界位置，防止-

防治＞发火-发货＞大使-大事),因为二者的区别在于声调的起点。"上声-阴平"组及"上声-阳平"组的结果则不尽然,因为"上声-阴平"除起点外,还有终点的区别,而"上声-阳平"只有终点的区别。"上声-去声"组的听感结果和邓丹(2007)得到的上声的声学表现完全对应:受前字终点同化作用,上声起点位置的高低顺序,阳平前字＞阴平前字＞去声前字,终点差别不明显。

逆向异化表现在前字对比组,后字的起点越低,前字被听成上声的可能性越高。这一点在"上声-阳平"组中最明显(边界位置,指责-职责＞晚婚-完婚、写作-协作),因为上声和阳平只有终点的区别。"上声-阴平"组也有体现(边界位置,体型-梯形＞眼花-烟花、广大-光大),但相差的幅度要小于"上声-阳平"组,因为"上声-阴平"除终点外,起点也有区别。"上声-去声"组中,这点没有体现,因为上声和去声只有起点的区别,终点都是低调。

逆向同化在本节没有出现,否则在前字对比组中,"上声-阳平",后字起点为高的声调会导致更多的上声刺激反应,但本节的结果却与之相反。

另外,根据上述听感结果,我们看到顺向同化和逆向异化两种机制的作用范围确实不同,顺向同化只影响后字声调的起点,否则"上声-阴平"后字对比组会有体现,而逆向异化有时既影响前字的起点又影响前字的终点,如"上声-阴平"前字对比组(边界位置,体型-梯形＞眼花-烟花、广大-光大),但这种影响不稳定,因为"上声-去声"前字对比组没有体现。

4. 降阶:下倾和降阶都是说话时的普遍现象,它们都与发音生理密切相关,前者是由说话时整体的气流机制决定的,是全局性的;后者是由于低音成分的介入而导致的声带振动频率的降低,是局部的。(王萍等,2012)如果前面参照字带有低音特征,会从听觉上降低后面目标字的音高预期,使其听感界限随之偏移。具体来说,前字参照字为去声[HL],其低音"L"会降低后字起点的音高,那么,上声起点的声学空间也会随之降低,根据上文3,听者对于协同发音机制的运用,相应地被听成上声的刺激会减少。如,后字对比组,"上声-去声"组最显著(大使-大事<防止-防治、发火-发货),因为二者的区别位于声调的起点。"上声-阴平"组、"上声-阳平"组都没有体现,因为顺向同化作用的范围只限于后字的起点。

六、结语

本节通过上声-阴平、上声-阳平、上声-去声的听感界限考察,得到普通话上声的听感空间。实验都是采用两字组真词作为听辨材料,这是声调存在的自然状态,能够显示母语者声调感知的真实表现。

同时,我们也看到本节得到的上声的听感空间和它的声学空间(石锋、王萍,2006)呈现规律性的对应关系。上声的声学空间(见图7和图8)显示:上声的调干(折点部分)的数据离散度较小,属于稳态段,是其调位信息的重要承载者,说明"低"是上声最重要的特征。上声的调头(起点部分)和调尾(终点部分)数据离散度较大,属于动态段,不承载调位性信息。本节的研究表明:上声调是一个动态性的听感空间,起点的听觉范围是0～(70%±11%),它的终点的听感范围是0～(46%±19%)(见图9),说明被试对于上声起点、终点音高的宽容度都比较大。与之相对,去声的调头(起点部分)数据离散度小,属于稳态段,是调位信息的主要承载者,相应地,其起点的听感分布范围也较小(70%±11%)～100%。

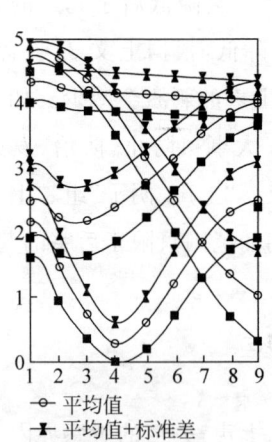

图 7 普通话单字调统计图

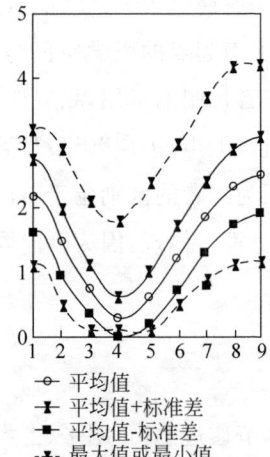

图 8 普通话上声调统计图

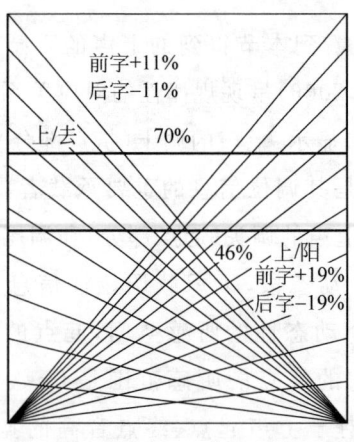

图 9 普通话上声听觉空间图

第三节 阴平和阳平的听感分界[*]

一、引言

本节采用范畴感知实验的经典的实验方法,来研究普通话阴平和阳平之间是否存在范畴感知。本实验以实际语流中的双音节词为合成刺激音的基础,通过进行辨认实验和区分实验,发现汉语普通话的阴平和阳平的双音节词确实存在听感分界,属于范畴感知。

二、实验方法

2.1 实验材料

我们使用有意义的双音节词为实验材料,选词原则有以下三点:1.词语使用频率基本一致;2.词语结构或音节结构基本一致;3.尽量避免使用零声母词和浊音声母词。

我们参照《中国语言生活状况报告(2009)》得到了候选词的词频,对42名大学生发放了熟悉度调查表(五度量表),请他们根据生活实际和直觉为表中的词语打分。根据熟悉度调查,我们选用

---

[*] 本节原发表于《实验语言学》2012年第1号,作者:李幸河、石锋。

了分差小于 30 分的词语,如下所示:

表 1　实验材料(表格括号内为该词的熟悉度得分,"xiaowang"组差值为 42 分)

参照字声调	前字对比组	后字对比组
阴平组	青天(150)-晴天(182)	出身(154)-出神(166)
阳平组	称为(209)-成为(181)	流星(177)-流行(186)
上声组	鸡眼(141)-急眼(142)	小汪(146)-小王(188)
去声组	天地(183)-田地(180)	大虾(170)-大侠(161)

2.2　语音的录制和合成

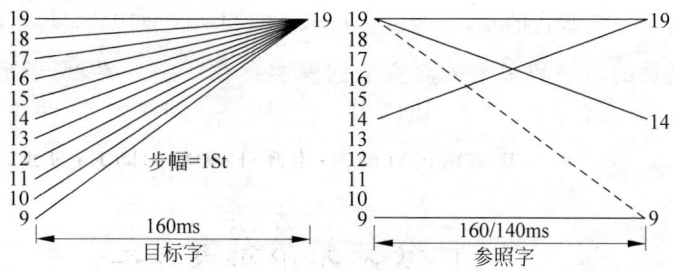

图 1　语音合成标准(参照字图示中的虚线,去声在后字组的音高表现)

在选取了实验材料后,我们请了一位老北京人来制作发音材料,他是南开大学的一名男生,父母均为北京人,本人不会其他方言,没有受过系统的发音训练。此次实验使用了负载句的方法。经过测量发音人的调域和音节时长,我们制定了语音合成标准。

在合成目标字时,阴平设定为 19～19St,时长为 160ms;阳平音高为 9～19St,时长为 160ms。参照字因声调及位置的不同,有不同的标准:阴平的合成标准与目标字的一致;阳平的音高为 14～19St,时长为 160ms;上声音高为 9～9St,时长为 140ms;去声时长统一为 140ms,位于词首时,音高为 19～14St,位于词末时,音高为 19~9St。

合成时,固定阴平的终点为 19St,以 1St 为步幅,依次逐步降低阴平的起点,直至降到 9 个半音;每组词均得到 11 个刺激音。

2.3 实验被试

本次实验共选取了 32 名南开大学学生做被试,均是北方方言背景,男女比例 1 比 1,平均年龄为 22 岁。所有被试无视力、听力障碍。

2.4 实验方法

我们采用 E-prime 完成了辨认实验和区分实验。在正式实验开始前,被试需要进行练习。正式实验的流程如下:注视点→被试按空格开始→播放提示音→播放刺激音→显示选项画面→被试按键选择,同时选择界面消失,再次出现注视点。

2.4.1 辨认实验

辨认实验包括 88 个刺激音,按照按键反应页面中,选项呈现的不同顺序,分为 A、B 两组,其中 A 组指目标字为阴平的词在前面出现;B 组是目标字为阳平的词在前面出现。

2.4.2 区分实验

区分实验包括 72 对刺激音,选取 AX 式。在每对刺激音中,两个刺激音间相差 2 个半音,相隔 500ms。我们设定了两种方式,一种是"低阶-高阶",一种是"高阶-低阶",如下所示:"低阶-高阶"指音调较低的刺激音在前,较高的在后;"高阶-低阶"指音调较高的刺激音在前,较低的在后。

同时,根据按键反应页面选项的显示顺序,也将实验分为两

组,表现为"不同-相同"和"相同-不同"。根据这两种方法,此次实验共得到四组数据,如下所示:

表 2 区分实验的分组标准

组别	刺激音	反应页面
A	低阶-高阶	不同-相同
B	高阶-低阶	不同-相同
C	低阶-高阶	相同-不同
D	高阶-低阶	相同-不同

三、实验结果

Liberman(1957)等指出,语音范畴化的判断依据主要有三:一是,在辨认实验中,辨认曲线有一个陡峭的上升或下降;二是,在区分实验中,正确率曲线有突起的峰值;三是,辨认曲线的上升或下降与区分曲线的峰值相对应。如果满足了这三个标准,则证明该语音是范畴化感知的。

3.1 实验结果

3.1.1 青天-晴天

"青天-晴天"在辨认实验中存在听感分界,出现在 17.4St;界前曲线和界后曲线平滑,伸展度良好;边界宽度为 0.8St。"青天-晴天"的区分峰值为 81%,出现在 17×19St,属于"边缘峰值",区分效果良好。辨认实验的听感分界和区分实验的峰值基本对应。

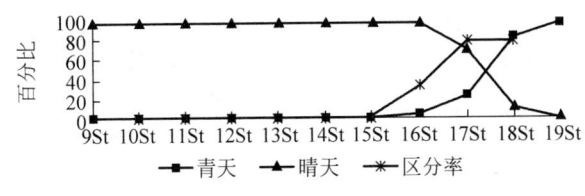

图 2 "青天-晴天"的听辨表现

3.1.2 称为-成为

"称为-成为"在辨认实验中的听感分界出现在 17.5St,比"qingtian"组的听感分界轻微后移 0.1St。界前曲线出现了轻微波动,界后曲线显著压缩。边界宽度为 1.3St。该组的区分峰值为 59%,出现在 16×18St 处,分别比 15×17St、17×19St 的正确率高出 28%、6%。辨认实验的听感分界和区分实验的峰值基本对应,区分实验的峰值轻微前移。

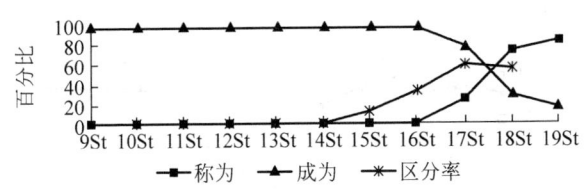

图 3 "称为-成为"的听辨表现

3.1.3 鸡眼-急眼

"鸡眼-急眼"的听感分界为 16.8St,分别比"qingtian"和"chengwei"前移 0.6St、0.5St。界前曲线有轻微波动,界后曲线平滑,轻微压缩;边界宽度为 1.6St。该组的区分峰值为 72%,出现在 16×18St,区分效果良好;分别比 15×17St 和 17×19St 高出 13%、19%,听感分界在 17St 左右。在峰界对应图中,二者基本对应。

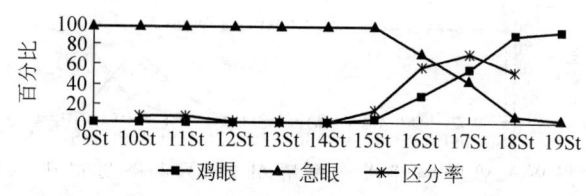

图 4 "鸡眼-急眼"的听辨表现

3.1.4 天地-田地

在辨认实验中,"天地-田地"的听感分界为 14.8St,分别比"qingtian"和"chengwei"和"jiyan"显著前移 2.6St、2.7St 和 2St。界前、界后曲线都出现轻微波动和压缩,边界宽度为 1.5St。"天地-田地"的区分峰值为 56%,出现在 14×16St,听感分界出现在 15St 左右,比前三组的区分峰值显著前移;分别比 13×15St、15×17St 的区分率高出 9%、11%。辨认实验的听感分界和区分峰值基本对应。

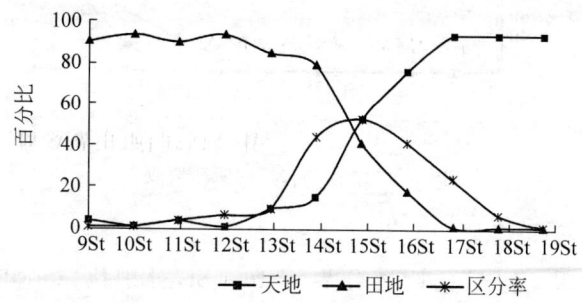

图 5 "天地-田地"的听辨表现

3.1.5 出身-出神

"出身-出神"的听感分界为 16.1St;界前和界后曲线平滑度和伸展度良好,边界宽度为 1.2St。该组的区分峰值为 91%,出现在 15×17St、高出 14×16St、16×18St 的区分率 50%、25%,区分效果显著。从图中看出,峰界完全对应。

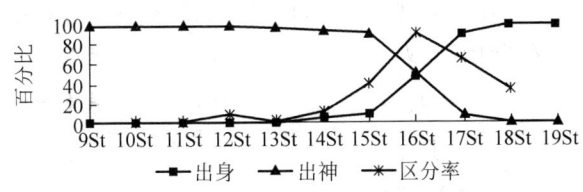

图 6 "出身-出神"的听辨表现

3.1.6 流星-流行

"流星-流行"的听感分界为 16.5St,比"chushen"的听感分界后移了 0.4St;界前曲线平滑,界后曲线轻微波动;边界宽度为 0.8St。该组的区分峰值为 88%,出现在 16×18St,区分效果显著;分别比 15×17St、17×19St 的区分率高 22%、47%。在图中,峰界没有完全对应,峰值轻微后移。

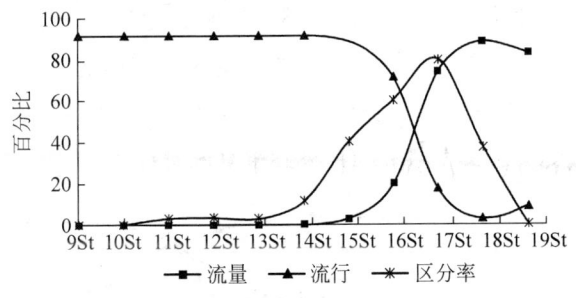

图 7 "流星-流行"的听辨表现

3.1.7 小汪-小王

"小汪-小王"的听感分界为 10.6St,与"chushen"和"liuxing"相比显著前移;界前曲线显著压缩,最高辨认率仅为 78%;界后曲线轻微波动和压缩。边界宽度为 2.7St。该组的区分峰值为 34%,出现在 10×12St,区分效果较低;分别比 9×11St 和 11×13St 的区分率高出 9%、15%。峰界基本对应,区分实验的峰值轻微后移。

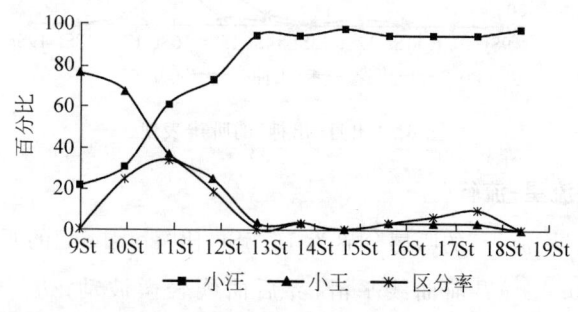

图 8 "小汪-小王"的听辨表现

3.1.8 大虾-大侠

"大虾-大侠"的听感分界为 15.6St,分别比"chushen"和"liuxing"显著前移 0.5St 和 0.9St;界前曲线有轻微波动,界后曲线平滑度。边界宽度为 0.8St。该组的区分峰值为 72%,出现在 15×17St,区分效果显著;分别比 14×16St、16×18St 的区分率高出 31%、38%。辨认分界与区分峰值基本对应。

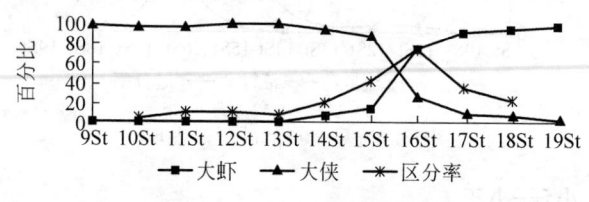

图 9 "大虾-大侠"的听辨表现

3.2 小结:各组边界位置、边界宽度、区分峰值

表3 各组边界位置、边界宽度、区分峰值表

组别	实验词	边界位置 St	边界宽度 St	区分峰值%
前字对比组	青天-晴天	17.4	0.8	81
	称为-成为	17.5	1.3	59
	鸡眼-急眼	16.8	1.6	72
	天地-田地	14.8	1.5	56
后字对比组	出身-出神	16.1	1.2	91
	流星-流行	16.5	0.8	88
	小汪-小王	10.6	2.7	34
	大虾-大侠	15.6	0.8	72

3.2.1 在辨认实验中,参照字的声调对听感分界产生影响

参照字声调会对听感分界造成一定的影响,当参照字为阳平时,听感分界值最大;当参照字为阴平时,听感分界值次之。前字组的听感分界较后字对比组的前移。

在前字对比组中,非去声组的分界位置在17St左右(去声组为14.8St),平均值为16.6St,听感分界的位置表现为:阳平组(17.5St)>阴平组(17.4St)>上声组(16.8St)>去声组(14.8St)。在后字对比组中,非上声组的听感分界在16St左右(上声组为10.6St,因跟其他组数据相差较大,不加入平均计算。),平均值为16.1St,听感分界的位置表现为:阳平组(16.5St)>阴平组(16.1St)>去声组(15.6St)>上声组(10.6St)。

3.2.2 在辨认实验中,参照字的位置对听感分界产生影响

当参照字声调相同时,参照字在前时,会使听感分界前移;当参照字在后时,使听感分界后移。即前字对比组的听感分界比后

字对比组的后移(去声组除外),具体表现为:qingtian(17.4St)＞chushen(16.1St),chengwei(17.5St)＞liuxing(16.5St),jiyan(16.8St)＞xiaowang(10.6St),tiandi(14.8St)＜daxia(15.6St)。

3.2.3 边界宽度的不同表现

在前字对比组中,边界宽度为 0.8~1.6St,平均宽度为 1.3St,阴平组的边界宽度最窄(0.8St)。在后字对比组中边界宽度为 0.8~2.7St,上声组的边界宽度最大,阳平组和去声组的最窄(0.8St),平均宽度为 1.4St,除上声组外的平均宽度为 0.9St。后字对比组的边界宽度浮动范围较大。

在两组中,当参照字为阴平或阳平时,边界宽度较窄;当参照字为去声时,边界宽度大于或等于阴平、阳平组;当参照字为上声时,边界宽度最大。

3.2.4 各组区分峰值的表现

除 xiaowang 组,所有实验词的区分正确率均在 50%以上,峰值位置基本与辨认实验的听感分界一一对应。但是参照字的位置和声调会影响被试的正确率。

3.2.4.1 参照字的声调对正确率的影响

参照字的声调会影响区分效果:阴平组的区分效果最好,上声组的区分效果最差。在前字对比组中,峰值百分比的排序为:阴平组(81)＞上声组(72)＞阳平组(59)＞去声组(56);在后字对比组中,阴平组(91)＞阳平组(88)＞去声组(72)。

3.2.4.2 参照字的位置对正确率的影响

除 xiaowang 组,当参照字声调相同时,后字对比组的峰值区分率要高于前字对比组的:chushen(91)＞qingtian(81),liuxing(88)＞chengwei(59),daxia(72)＞tiandi(56)。

表 4　各组边界分布范围和界前、界后分离度

组别	实验词	目标字声调的感知范围%		分离度%	
		阴平	阳平	阴平	阳平
前字对比组	青天-晴天	16	84	100	100
	称为-成为	15	85	81	97
	鸡眼-急眼	22	78	97	100
	天地-田地	42	58	100	97
后字对比组	出身-出神	29	71	100	100
	流星-流行	25	75	91	100
	小汪-小王	84	16	100	78
	大虾-大侠	34	66	97	100

3.2.5　目标字声调的感知范围表现

从目标字声调的感知范围来看,阴平主要集中在调域的上部,阳平主要集中在调域的中下部,阳平的感知范围占据发音人调域的主体,但是 tiandi、xiaowang 例外。

3.2.5.1　参照字的位置影响目标字声调的感知范围

当目标字为阴平时,后字对比组的感知范围显著大于前字对比组;当目标字为阳平时,后字对比组的感知范围小于前字对比组。

3.2.5.2　参照字的声调也影响目标字声调的感知范围

在前字对比组中,目标字阴平的感知范围排序为:阳平组＜阴平组＜上声组＜去声组;目标字阳平的感知范围与之相反。在后字对比组中,目标字阴平的感知范围为:阳平组＜阴平组＜去声组＜上声组。当参照字是阴平或者阳平时,同一对比组中的目标字声调的感知范围接近,且参照字为阴平组中的目标字阴平的感知范围略大于参照字为阳平组的目标字阴平的感知范围;两个对比组中呈现出类似的情况。

在声调格局中,阴平为高平调,呈带状分布,大致分布在 4 度和 5 度之间;在此次实验中,除 xiaowang 组,阴平大约占据了 26% 的范围,与声调格局基本对应。"阳平调的声学空间范围:起点、折点、终点都在 2 度或 2 度以上",最大值(445),最小值(223)。与阴平相比,所占声学空间较大,且低于阴平(终点可能会有例外)。在这次实验中,阳平占据了约 74% 的听觉范围。与声调格局基本对应。

3.2.6 界前、界后分离度的具体表现

参照字位置对分离度影响不大,在两大对比组中,目标字阴平和阳平的分离度(最大辨认率)无显著差异。

参照字声调对分离度有一定的影响。当参照字为阴平或去声时,目标字阴平和阳平的分离度稳定,辨认率达到 100%;当参照字为阳平时,目标字阴平的界后分离度较低(81%、91%);当参照字在前、为上声时,目标字阳平的界前分离度最小(78%)。

四、影响因素分析

4.1 在屏幕页面中,选项的显示次序影响听感分界位置

辨认实验中,按键页面呈现的选词的顺序,会影响听感分界。如表 5 所示,当目标字为阴平的选项在前时,A 组的听感分界前移 0.1~0.6St,边界偏小,阴平的感知范围扩大;当目标字为阳平的选项在前时,B 组的听感分界后移 0.1~0.6St,边界偏大,阳平的感知范围扩大。"qingtian""liuxing"受影响较小。

表 5 在辨认实验中显示顺序对听感分界的影响

前字组	边界位置 St	后字组	边界位置 St
青天-晴天	17.4	出身-出神	16.1
A	17.4	A	15.8
B	17.4	B	16.3
称为-成为	17.5	流星-流行	16.5
A	17.4	A	16.5
B	17.6	B	16.5
鸡眼-急眼	16.8	小汪-小王	10.6
A	16.6	A	10.0
B	17.0	B	10.9
天地-田地	14.8	大虾-大侠	15.6
A	14.8	A	15.5
B	15.0	B	15.8

4.2 区分实验影响因素：刺激音的播放顺序、选项显示顺序

如上文所述，在区分实验中，刺激音的播放顺序有两种："低阶-高阶"和"高阶-低阶"，按键反应页面的选项也有两种顺序："不同-相同"和"相同-不同"。实验证明，这两个因素对听感分界也有影响。

在区分实验中，刺激音的播放顺序对区分峰值有着比较显著的影响，具体表现为 A 组的区分效果（峰值百分比）好于 B 组，C 组的好于 D 组。但是也有例外，例如"chushen"组 A、B 两组峰值区分率相同。

选项的显示顺序也会影响区分率，但是差异不显著，具体表现为 A 组的区分效果（峰值百分比）好于 C 组，但是当刺激音为"高

阶-低阶"时,B组的区分效果没有明显的规律。

B、D组区分曲线可能会"特立独行",在"chengwei""liuxing"等词中有个性表现。

以"青天-晴天"和"流星-流行"组为例。

"青天-晴天"的四个小组区分效果良好,A组的区分峰值为100%,出现在16×18St和17×19St,区分效果良好;B组的峰值为63%,出现在18×16St;C组的峰值为88%,出现在16×18St和17×19St;D组中的峰值为88%,与峰值前一点的差值为25%。

A组和B组的选项顺序相同,但是听到的刺激音顺序不同,两组区分效果出现显著差异,A组区分效果显著好于B组;A组和C组听到的刺激音为"低阶-高阶",页面显示顺序相同,表现出类似的曲线走势,但是A组区分效果略好于C组。

"流星-流行"四组区分效果良好,在16×18St出现了峰值,峰值显著高于50%。其中,A组、C组的峰值为100%,D组的为88%,B组的为63%。结合峰值和区分曲线走势,A组区分效果显著好于B组,与C组接近;C组区分效果显著优于D组。

4.3 降阶因素对听感分界的影响

降阶因素对听感分界也有影响,主要体现在"小汪-小王"组中。

"小"为上声,在实验中音高设定为一个低平调(9St),后字"汪"为零声母字,更易受降阶的影响,因为声带振动不停止,所以上升空间变窄,后字"王"也受到降阶的影响,升调的特色受到一定程度的抹杀,并且升调调尾给被试留下"高"的印象。所以,人们在听感上,很容易将"小王"辨认为"小汪"。

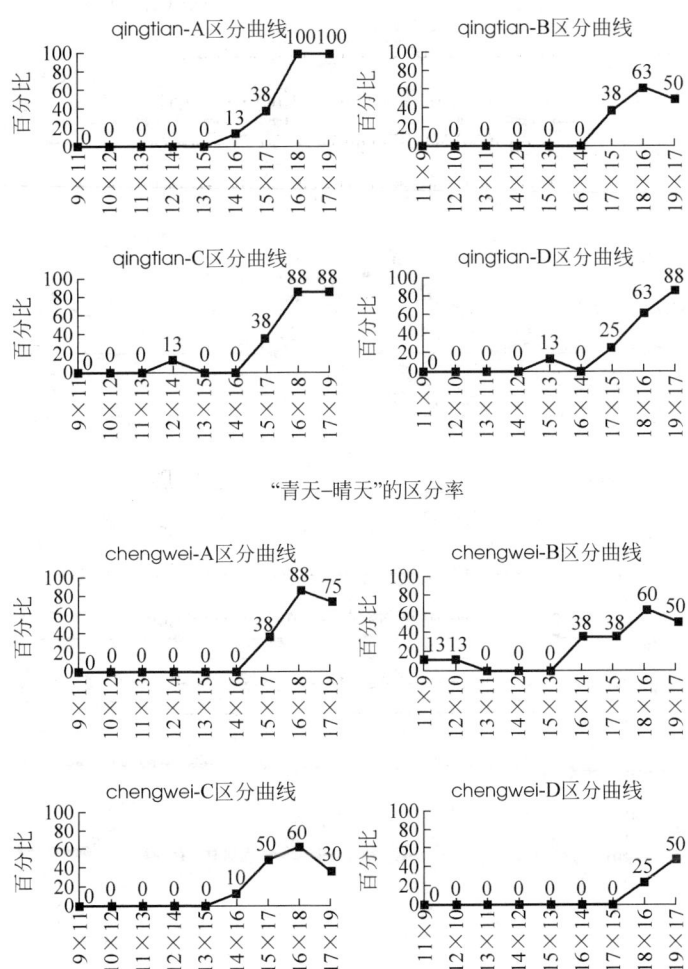

"青天–晴天"的区分率

"称为–成为"的区分率

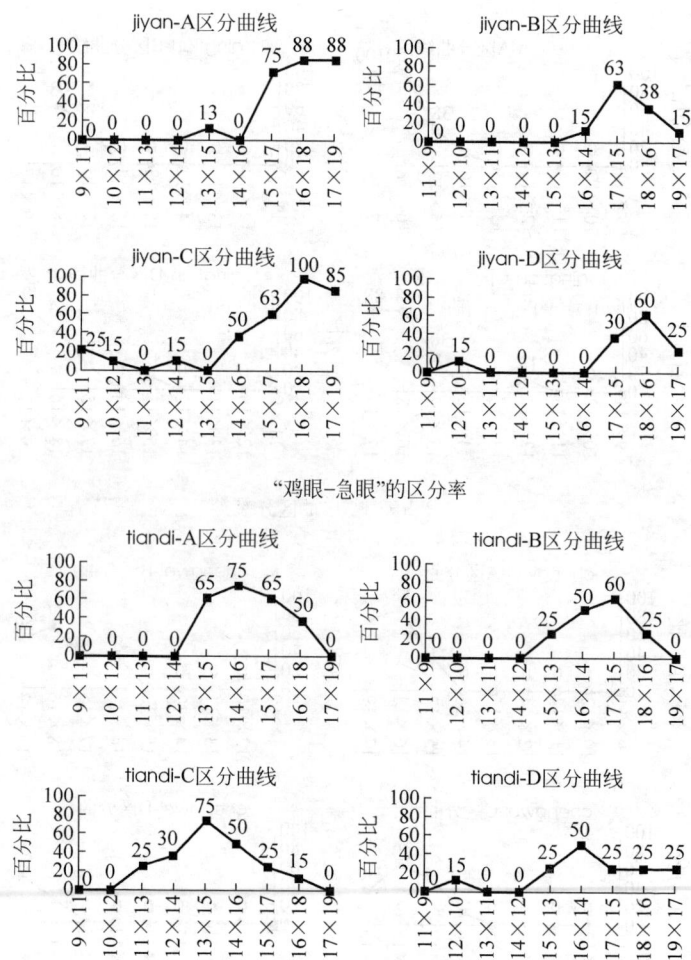

图 10 前字对比组的区分率

第二章 汉语普通话声调听辨实验

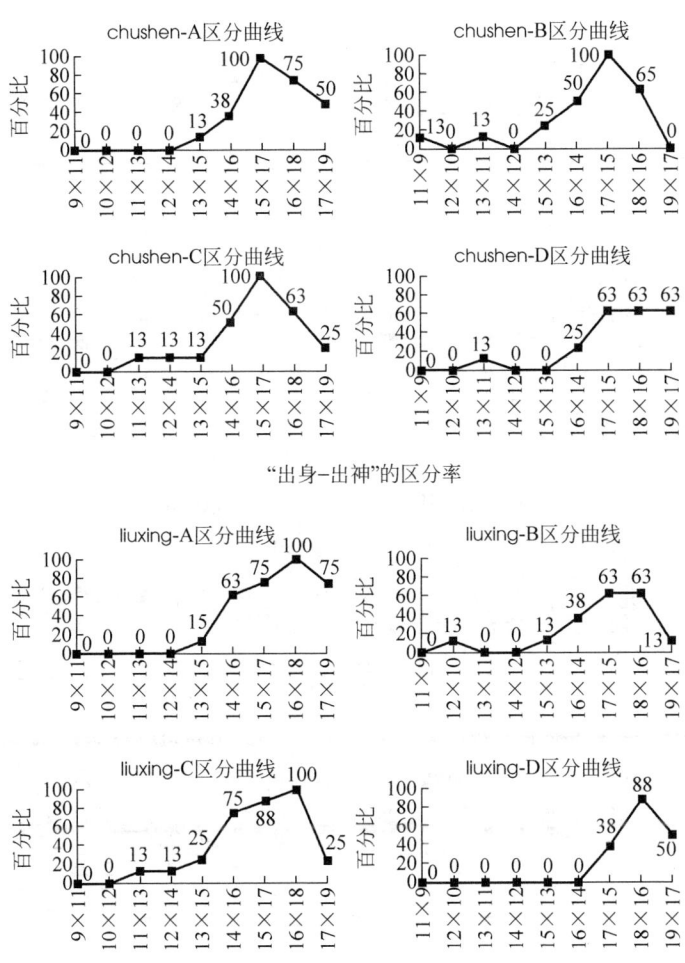

"出身-出神"的区分率

"流星-流行"的区分率

134 听感格局

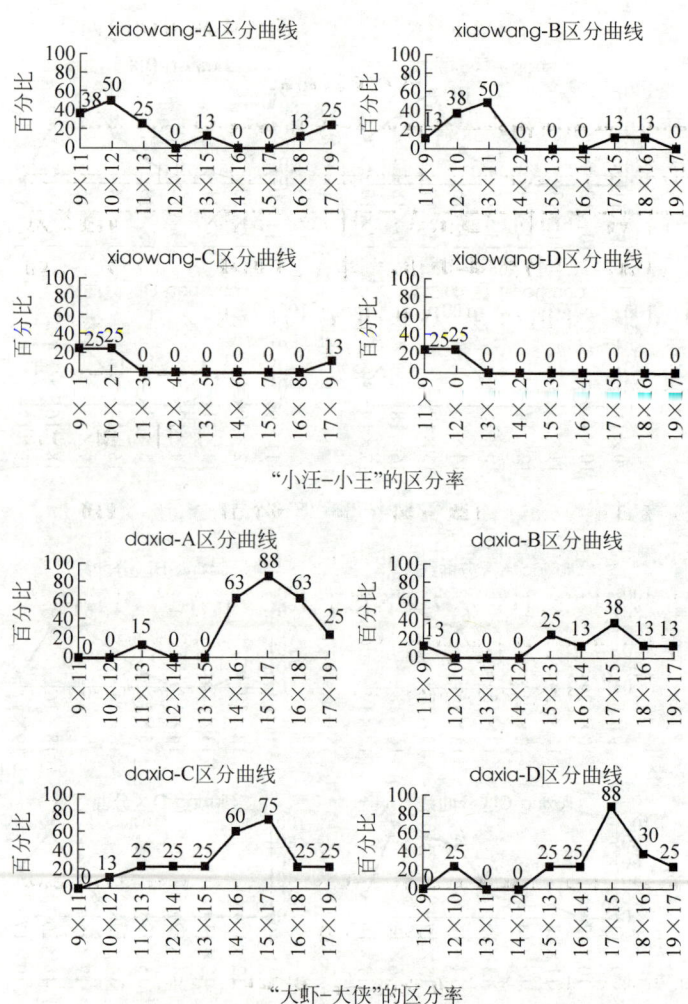

"小汪–小王"的区分率

"大虾–大侠"的区分率

图 11 后字对比组的区分率

五、总结

1. 普通话的声调是范畴化感知的,阴平和阳平之间存在听感分界。

2. 边界位置受到目标字位置的影响。前字对比组的听感分界大概是16.6St,后字对比组的听感分界大致在16.1St,前字组的大于后字组的,出现后移。人耳对于词语的后半段更加敏感,所以当目标字在后时,听感分界前移。

3. 参照字的声调影响听感分界和区分效果:若参照字声调相同,后字对比组的听感分界小于前字组的,并且后字对比组的区分效果好。

4. 按键页面选项的呈现顺序影响听感结果,在辨认实验中,听感分界前移或后移的范围0.1~0.6St;在区分实验中,影响并不显著。

5. 刺激音的播放顺序影响区分峰值及区分曲线的趋势,影响较为显著。

6. 声调的感知范围分布具有显著的规律性,同时受到参照字位置、声调类别的影响。总体来说,阴平起点的感知范围集中在调域上部,阳平起点的感知范围分布在调域的中下部,占主体地位,与普通话声调格局的表现基本吻合。

7. 降阶因素对听感边界也有影响,主要体现在"小汪-小王"组中,听感分界显著前移。

第四节　阴平和去声的听感分界[*]

一、引言

　　普通话的四个声调中,只有去声是降调。过去的研究文献中关于降调有许多值得注意的结论。Cheng(1973)认为降调是汉语方言系统中出现频率最高的声调。声学研究方面,Ohala 和 Ewan(1973)以及 Sundberg(1979)的研究表明,同样的时长,降调下降的速度可以比升调上升快得多。声调属于超音段特征,它的声学特征和人们的心理、听觉上的感知是不一致的。Hart(1975)认为,如果一个降调和一个升调在听感上显著度差不多,那么这个降调的调域一定比升调的调域更宽。

　　不管是声学领域还是感知领域,国外的研究都是在降调和升调中进行的,而在国内,仅零星见于几位学者的著作中。他们以元音或单音节为实验对象,认为阴平和去声是连续的感知(刘娟,2004)或者是半范畴感知(何江,2006a、2006b)。那么,汉语声调知觉到底是连续性的还是范畴化的呢?如果存在范畴感知,它的听感分界点在哪里呢?

　　石锋、王萍(2006)区分了北京话四个声调各自的稳定段和动态段,去声的起点是其稳定段,终点是它的动态段。这就是说,去

---

[*] 本节原发表于《实验语言学》2012 年第 1 号,作者:薛鑫、石锋。

声的终点在声学上的表现是不稳定的。去声和阴平的起点位置一样,那么,当终点位置位于何处时,会被感知为去声呢?

为解决这些问题,我们从自然语言选择真词做成刺激材料进行听辨。

二、实验目的与方法

2.1 实验目的及实验方法

本实验以普通话的阴平和去声两个声调为研究对象,采用"辨认+区别"(Liberman,1957)的范畴感知研究范式,研究汉语普通话声调的感知到底是范畴化的还是连续性的,并找出它们终点的音位界限。

辨认实验要求被试说出每个单独出现的刺激声的音位类别。区分实验的目的是测定听辨人是否能察觉到两个声学变量等距变动的样品连续体的差异,而不关心是否能做出辨认。区分函数上的高峰和低槽跟辨认函数之间有很大的一致性。图1为范畴感知实验的理想模型。

2.2 实验流程

2.2.1 选词原则

原则:1.词语使用频率基本一致;2.词语结构/音节结构基本一致;3.尽量避免使用含有零声母和浊音声母的词。在此基础上选出24个词,在42名学生中进行熟悉度测试,最后词表如下。

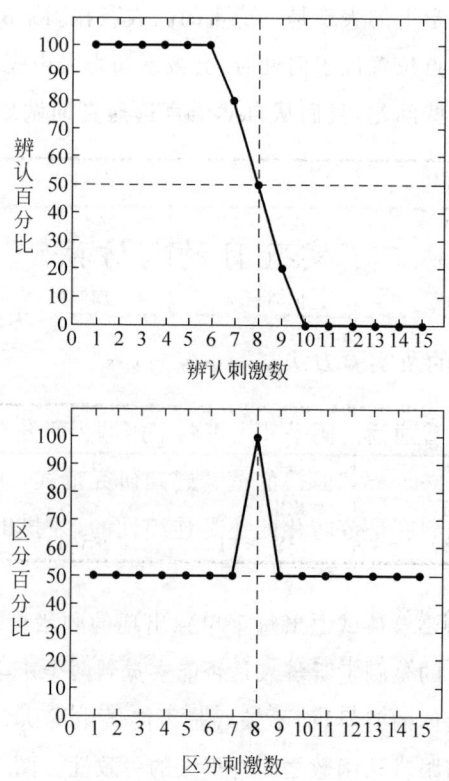

图 1 辨认实验和区分实验的理想模型

表 1 词表

参照字声调	前字对比组	后字对比组
阴平组	中心-重心	发兵-发病
阳平组	单薄-淡薄	时间-实践
上声组	生产-盛产	厂家-厂价
去声组	兵变-病变	教师-教室

2.2.2 样本采集

本实验发音人是一名男性,南开大学本科生,老北京人(即父母都是北京人),无口鼻咽喉障碍和阅读障碍。录音时采用了负载句的形式,负载句为"我现在读的是××这个词"。

2.2.3 语音合成

发音人调域为 80～160Hz,以 50Hz 为半音参考值换算,调域在第 9 半音到 19 半音之间。在此基础上,通过两个 Praat 语音脚本分两步进行合成。第一步:将四个词中的字进行归一化处理,阴平音高全部改为 19～19St,阳平改为 14～19St,两者的时长为 160ms;上声是音高是 9～9St,时长是 140ms,而去声的参照字分为两种情况,位于目标字前的字音高是 19～14St,目标字之后的字音高为 19～9St,时长统一为 140ms。

第二步是合成目标字。目标字的合成方法是:固定阴平的终点为 19 个半音,以 1 半音为步幅,依次逐步降低阴平的终点,直至降到 9 个半音;每组词均得到 11 个半合成音,如下图所示:

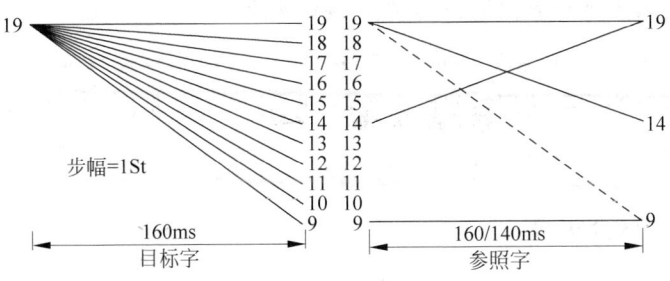

图 2 阴平到去声连续体的音高模式及参照字标准化音高

合成过程中,控制了所有的变量,每一个语音刺激的区别仅在于终点位置的音高。

三、实验过程

3.1 被试

本实验的被试为 32 名南开大学学生,平均年龄为 22 岁,身体健康,普通话标准,听觉正常。

3.2 辨认实验

实验使用了 E-prime 进行。将 78 个合成词按随机排列的顺序放在一起,每一个词语前带有一个语音提示,相邻词语之间有 3 秒钟的停顿,整个辨别实验之前有一段一分钟的适应训练。听辨流程为电脑屏幕上首先出现注视点,被试按空格键开始,此时会播放提示音,接着播放实验词,电脑屏幕会出现选项画面,被试的任务是在每听到一个词语后,被试按键选择自己听到的词语,同时电脑屏幕上选择界面消失,再次出现注视点。

实验中,被试经随机分为 AB 两组。A 组:按键反应页面中,目标字为阴平的词在前面出现;B 组:按键反应页面中,目标字为去声的词在前面出现。

3.3 区分实验

本实验使用 Pollock 和 Pisoni 使用的 AX 区分实验,即给出两个刺激声,要求被试判断两个刺激声一样还是不一样。合成语音刺激的时候相邻的两个刺激声仅相差一个半音,因此我们采用"隔位成对"的办法,每对刺激音相差 2 阶,例如,9St 和 11St 组成一对刺激音,以此类推,共形成 66 对刺激音,每个刺激音之间间隔 500ms。

整个实验同样通过 E-prime 进行,并随机将被试按照刺激音之间的顺序和按键反应页面的词序分为 ABCD 四组。

表 2　词序

	刺激音	反应页面
A	低阶-高阶	不同-相同
B	高阶-低阶	不同-相同
C	低阶-高阶	相同-不同
D	高阶-低阶	相同-不同

四、实验结果

语音知觉的范畴化主要有三个判断标准:辨认实验中两个连续刺激之间的识别百分数出现突变,识别曲线表现为陡峭的上升或者下降;区分实验中的曲线出现明显的峰值;辨认曲线的突变处和区分曲线的峰值能够对应,该处即为范畴边界。(Liberman,1957;Repp 等,1979)

此外,对于每一个明确不含糊的刺激声,都应该得到一个 100% 的辨认率,而对于一个大多数时候会混淆的刺激声,会产生一个 50% 左右的辨认率,得到 50% 辨认率的刺激声的赫兹值,就是我们所要探索的精确的范畴界限值(高云峰,2004)。下面将以上述三原则为基础,结合汉语实际情况,从边界位置、边界宽度和区分峰值等角度分组对实验结果进行讨论。

4.1 峰值对应图

4.1.1 前字对比组

4.1.1.1 中心-重心

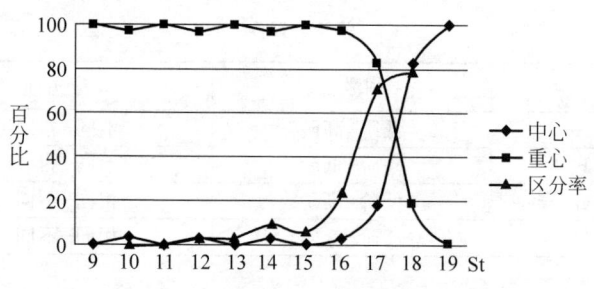

图 3 "中心-重心"的辨认和区分曲线

从辨认曲线看来,"中心"和"重心"两条辨认曲线存在交叉点,证明两者存在听感分界,交叉点临界值为 17.5,界前曲线有轻微波动,交界点前后曲线坡度陡峭,界前和界后伸展度均为 100%。而区分曲线存在峰值,出现在 17+19 刺激音处,同时,区分正确率超过 50%的点还有 16+18 刺激音处,两处的区分正确率分别是 79%和 71%。由此可以说明,被试能够良好区分出阴平和去声的范畴,区分界限位于 18 半音前。曲线前段比较平缓,峰值只一半,峰值后没有下降。

根据峰界对应图,辨认实验的交点值虽然没有与区分实验的峰值完全对应,但是辨认曲线交叉点出的区分正确率与区分曲线峰值非常接近,因此,可以认为两个实验的结果能够对应。

4.1.1.2 单薄-淡薄

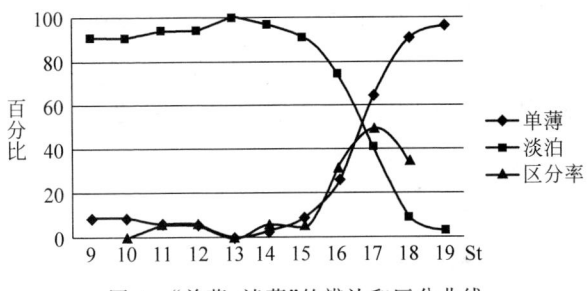

图 4 "单薄-淡薄"的辨认和区分曲线

"单薄-淡薄"组在辨认实验中,辨认曲线交叉点位于 16.6St 处,界前曲线有低度波动,不太平滑,交界点前后曲线坡度较大,界前伸展度为 82%,界后伸展度为 94%。区分曲线仅有一个点的区分正确率超过 50%,出现在 16+18 刺激音处,正确率正好为 50%,属于中等区分。

辨认曲线的交界点与区分曲线的峰值基本能够对应,两者相差 0.4 个半音,辨认曲线交界点略靠前。

4.1.1.3 生产-盛产

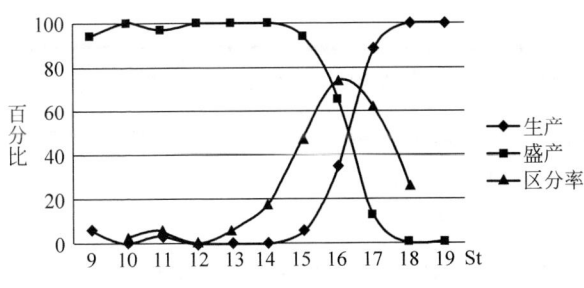

图 5 "生产-盛产"的辨认和区分曲线

通过对辨认曲线的观察,可以知道"生产-盛产"组存在听感分界,两条辨认曲线在 16.3 半音处相交,界前曲线和界后曲线伸展度良好,界前曲线前段有轻微波动,相交处的两条曲线都很陡峭,界前伸展度为88%,界后伸展度为100%。区分曲线存在两个正确率超过50%的点,15+17刺激音处出现了峰值,为74%。

辨认曲线和区分曲线基本能够对应,前者的交界点与后者的峰值位置相差0.3个半音。

4.1.1.4 兵变-病变

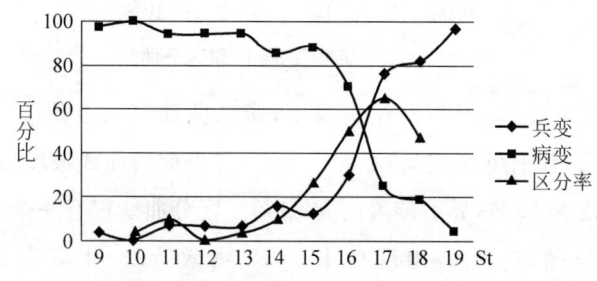

图6 "兵变-病变"的辨认和区分曲线

这一组辨认曲线的听感分界位于16.4半音处,前后曲线伸展度良好,但是界前曲线呈中度波动,界前和界后伸展度为94%。区分曲线峰值出现在16+18半音处,峰值为65%,区分效果良好。

辨认曲线与区分曲线相差0.6个半音,辨认曲线交界点位置比较靠前。

4.1.2 后字对比组

4.1.2.1 发兵-发病

这一组的辨认曲线两端伸展度良好,曲线非常平滑,界前和界后伸展度均为100%,交界点位于16.2半音处。与前字对比组的阴平组相比,交界点前移了1.3个半音。区分曲线的峰值位于

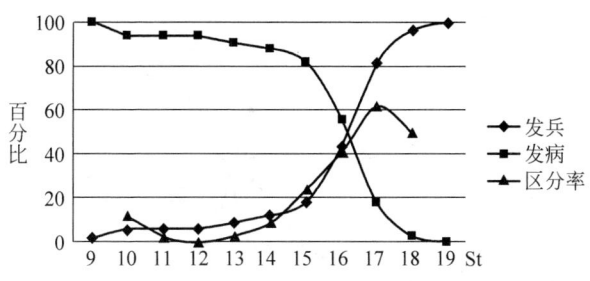

图 7 "发兵-发病"的辨认和区分曲线

16+18半音处,峰值为62%,区分度良好。

两组曲线不完全对应,相差0.8个半音,辨认曲线靠前。

4.1.2.2 时间-实践

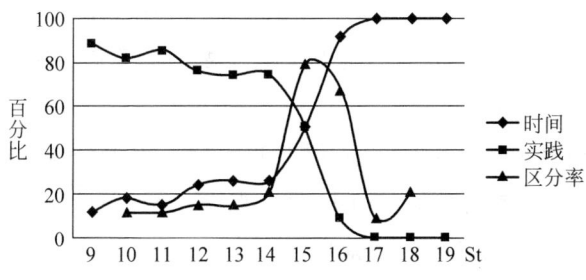

图 8 "时间-实践"的辨认和区分曲线

"时间-实践"组的辨认交界点位于15St处,界前曲线中度波动,伸展度较大,为76%;界后曲线平滑无波动,曲线非常伸展,伸展度为100%。与前字对比组相比,听感分界大大前移,向前移动了1.6个半音。这一组区分曲线的峰值位于14+16刺激音处,峰值前曲线非常陡峭,峰值之后还有一个区分正确率超过50%的点,且有低度波动。

在峰界对应图中,辨认曲线与区分曲线完全对应。

4.1.2.3 厂家-厂价

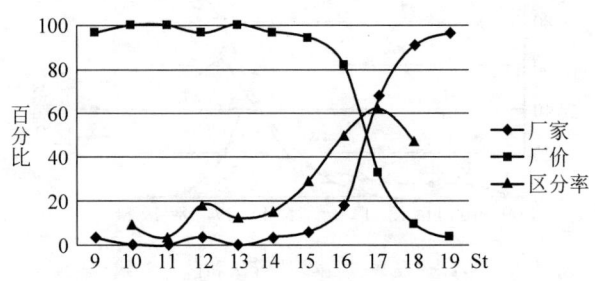

图 9 "厂家-厂价"的辨认和区分曲线

这一组辨认曲线的交界点位于 16.6 半音处,界前曲线与界后曲线伸展度大,其中界前曲线有轻微波动,比较平滑,界前和界后伸展度均为 94%。与前字对比组的上声组相比,分界点位置向后移动了 0.3 个半音,这与前两组对比结果不同,我们将在后面进行分析。

区分曲线的峰值为 62%,位于 16+18 刺激音处,峰值前曲线有低度波动。在峰值对应图中,区分曲线比辨认曲线的交界点后移了 0.4 个半音,两者基本对应。

4.1.2.4 教师-教室

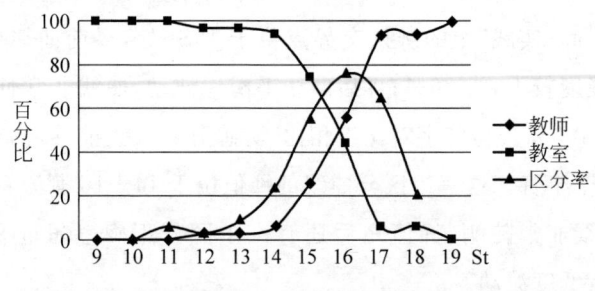

图 10 "教师-教室"的辨认和区分曲线

这一组辨认曲线的交界点位于15.8半音处,界前曲线于界后曲线伸展度大,界前和界后伸展度均为100%,曲线比较平滑,没有波动。与前字对比组的去声组相比,听感分界向前移动了0.6个半音。区分曲线存在三个正确率超过50%的点,峰值为76%,区分率平缓上升,呈现馒头状。

在峰值对应图中,辨认曲线的交叉点与区分曲线的峰值仅相差0.2个半音,两者基本能够对应。

4.1.3 小结

表3 小结

		1. 边界位置	2. 区分位置	2与1相比	位置差值
前字	中心-重心	17.5	17×19	后移	0.5
	单薄-淡薄	16.6	16×18	后移	0.4
	生产-盛产	16.3	15×17	前移	0.3
	兵变-病变	16.4	16×18	后移	0.6
后字	发兵-发病	16.2	16×18	后移	0.8
	时间-实践	15	14×16	正好	0
	厂家-厂价	16.6	16×18	后移	0.4
	教师-教室	15.8	15×17	后移	0.2

通过表格,我们可以直观地发现,前字对比组的分界点的平均值为16.7,各声调的分界点数值由高到低依次是阴平＞阳平＞去声＞上声;后字对比组的分界点的平均值为15.9,各声调的分界点数值由高到低依次是上声＞阴平＞去声＞阳平。

同声调的字对比辨认曲线交界点,发现除了上声外,前字对比组中的边界位置总是比后字对比组的靠前,如zhongxin(17.5)＞fabing(16.2)。区分曲线的峰值也呈现出这个特点,除上声外,同声调的前字对比组的峰值位置比后字对比组的峰值位置更靠后。

对比各组的辨认交界点和区分曲线峰值,发现除了"fabing"组外,其他组的差值都在 0.5 半音以内,辨认实验和区分实验的结果基本对应。

这说明,听感分界与声调环境的关系紧密相关,后字对比组受前字声调影响显著。这就涉及语调在生理层面的表现,一个是音高下倾,还有一个就是此处表现出来的音高降阶,即在两个相邻的音节或词产生的相互影响,前一个字下降,后一个字不会很高,因此听感界线也会相应降低。

4.2 辨认实验分组讨论

表4 按键页面词序对听辨结果的影响

辨认组	zhongxin	A	B	fabing	A	B
临界值	17.5	17.4	17.6	16.2	16.2	16.2
辨认组	danbo	A	B	shijian	A	B
临界值	16.6	16.6	16.7	15	15.2	14.7
辨认组	shengchan	A	B	changjia	A	B
临界值	16.3	16.2	16.3	16.6	16.5	16.8
辨认组	bingbian	A	B	jiaoshi	A	B
临界值	16.4	16.6	16.3	15.8	15.7	16

在辨认实验中,我们依照按键反应页面出现的词序对听辨结果的影响把被试分为 AB 两组,通过上表我们可以直观看到二者的区别。在上一个讨论中提到的辨认曲线存在的特点,在分组数据中也有体现,此外,我们还能注意到,除了 bingbian 组和 shijian 组外,其他组别的 A 组听感分界都比 B 组更靠前,A 组和 B 组数据差值都在 0.5 个半音以内。

这说明,屏幕词语的顺序会对听辨结果产生一定影响。

4.3 区分实验分组讨论

表 5 区分实验分组讨论

区分组	zhongxin	A	B	C	D
区分位置	17+19	16+18/17+19	17+19	16+18/17+19	17+19
峰值	79	89	78	75	75
区分组	danbo	A	B	C	D
区分位置	16+18	16+18/17+19	16+18	16+18	16+18
峰值	50	56	33	63	50
区分组	shengchan	A	B	C	D
区分位置	15+17	15+17	15+17	15+17	15+17/16+18
峰值	74	100	67	88	38
区分组	bingbian	A	B	C	D
区分位置	16+18	16+18	17+19	15+17/16+18	16+18/17+19
峰值	65	78	67	63	63
区分组	fabing	A	B	C	D
区分位置	16+18	16+18/17+19	16+18	16+18	17+19
峰值	62	78	44	88	63
区分组	shijian	A	B	C	D
区分位置	14+16	14+16	15+17	14+16	14+16
峰值	82	78	67	88	75
区分组	changjia	A	B	C	D
区分位置	16+18	16+18	15+17	16+18/17+19	16+18
峰值	62	67	67	63	75
区分组	jiaoshi	A	B	C	D
区分位置	15+17	15+17	15+17	16+18	15+17/16+18
峰值	76	89	67	100	63

上表是区分实验中各组的峰值和出现峰值的位置,可以看出,在区分实验中,"刺激音的顺序"和"按键页面"这两个参数都会对区分结果产生影响,其中,"按键页面"对听辨结果影响较小,表现为 A 组与 C 组,B 组与 D 组相差不大;"刺激音的顺序"对听辨结果影响较大,A 组与 B 组,C 组与 D 组相差较大,AC 组的区分曲线区分效果都非常好,正确率基本在 70% 以上,还出现了两个 100% 的峰值,而 BD 组的区分效果一般,好几个峰值都在 50% 以下。D 组因为同时受到两个参数的影响,因此曲线与标准图形相比,差别最大。

五、总结

本节实验在于找出听感分界,并探讨声调环境对听辨表现的影响,结果如下:

1. 通过辨认实验和区分实验,证实普通话阴平和去声之间存在明显的范畴化感知,二者的听感界限受到目标字周围的声调环境、刺激音出现的顺序、按键反应页面的词序等因素的影响。

2. 辨认实验中,前字对比组的分界点比后字对比组的分界点更靠后,前字对比组分界点平均值为 16.7 半音,后字对比组的分界点分布在 16 左右,平均值为 15.9 半音;在区分实验中,除了上声组的字外,同声调的前字对比组的峰值位置比后字对比组的峰值位置更靠后。

3. 对比各组的辨认交界点和区分曲线峰值,发现除了 fabing 组外,其他组的差值都在 0.5 半音以内,辨认实验和区分实验的结果基本对应。

4. 在辨认实验中,实验中被试看到屏幕词语的顺序会对听辨结果产生一定影响;在区分实验中,"刺激音的顺序"和"按键页面"这两个参数都会对区分结果产生影响,其中,"刺激音的顺序"对听辨结果影响较小;"按键页面"对听辨结果影响较大,因此 AC 组的区分曲线区分效果都非常好,而 BD 组的区分效果一般。

5. 实验中,无论前字对比组还是后字对比组,听感分界的平均值为 16.3 半音,根据公式计算,可以知道阴平的边界范围为 27%,去声的边界范围为 73%,因此可以知道两者的听感分界大约位于调域的十分之三处。声学实验(石锋、王萍,2006)证明,去声调保持"高""降"调型。起点是稳态段。去声终点是声调的动态段,分布范围比较宽泛。而此次的感知实验从心理角度印证了声学上的调查,被试判断阴平和去声的时候,参照的标准就是调型是否下降,一旦被试感知到了声调具有下降的特征,不管音高为多少,都会将其感知为去声,这也就是去声边界范围大的心理原因。

第五节　阴平和上声的听感分界[*]

一、引言

普通话声调中,阴平是高平调,阳平是升调,去声是降调,上声

---

[*] 本节原发表于《实验语言学》2012 年第 1 号,作者:陈曦丹、石锋。

是低平调已经为基本定论。(石锋,2011)王力(1979)明确指出:"北京话的上声基本上是个低平调",沈炯(1999)也认为:"上声基调核心段是低音区平调"。石锋(2011):"上声的变体可以有很多,214、213、212、21、11 和 35 等,其中恰好有一个是平调。因此上声是平调。"阴平作为高平调与阳平(升调)和去声(降调)的区别是调型的差别,而与上声(低平调)之间的区别是调阶的差别。

关于汉语声调是否范畴化,学界进行过多次的实验,但多数实验采用的是单音节合成的连续体(王士元,1976)进行听辨实验。本次实验采用的是有意义的双音节词语,用半音进行语音合成和计算,同时实验中被试听到的是阴平-阳平、阴平-上声、阴平-去声组合中随机出现的一个/一对词语。本节进行阴平-上声的听辨实验,希望找出高平调(阴平)和低平调(上声)之间是否存在范畴化特征,以及听感分界范围。

二、实验设计与方法

2.1 实验目的

本节实验以普通话的阴平和上声两个声调为研究对象,实验目的是:第一,汉语阴平和上声之间是否具有范畴化特征;第二,找出普通话中阴平和上声之间的听感分界点。

2.2 实验具体设计

本次试验包括阴平和上声的辨认实验和区分实验。辨认实验通过呈现给被试者不同的语音刺激,要求被试人选择所听到的语音是阴平组还是上声组。

区分实验通过同时呈现给被试者两个刺激音,要求被试指出这两个刺激音是否相同。

2.3 具体方法

2.3.1 实验语料的准备

语料的选择:都是双音节词语,具有真实的意义。所选词语在词频统计和词语熟悉度实验上结果接近,无生僻词语。

实验发音表:发音表包含 6 对词,分为前字和后字两大组。

表 1 发音表

	前字组	后字组
阴平组	烟花-眼花	天仙-天险
阳平组	梯形-体型	图标-图表
去声组	光大-广大	梦乡-梦想

语料录制:发音为男性,老北京人,身体健康,无阅读和发音障碍,右利手。录制地点为南开大学语音实验室,录制软件为 Cool-edit。语速正常。

2.3.2 语料合成:采用 Praat 软件合成语音

2.3.2.1 语料调域限度:9~19St

目标字:上声:19St↓9St(依次降低一个半音),区分实验:对比词的目标字间隔一个音步。

2.3.2.2 语料时长

目标字:阴平、阳平 160 毫秒,上声、去声 140 毫秒。

非目标字:阴平、阳平 160 毫秒,上声、去声 140 毫秒。

2.3.3 实验语料分类和播放顺序

2.3.3.1 实验分类

辨认实验:实验中,被试被随机分为 AB 两组。A 组:按键反应页面中,目标字为阴平的词在前面出;B 组:按键反应页面中,目标字为上声的词在前面出现。

区分实验:变化参数:①刺激音顺序,低阶在前和高阶在前的转化;②按键反应页面:"不同"和"相同"在前的变化。

2.3.3.2 语料播放顺序

各组语料顺序全部打乱,在 E-prime 软件中随机播放,每个被试听到的语料顺序都不一样。

2.3.4 实验被试

共 32 人,男女各半,均为 20~30 岁之间的年轻人,北方人,能流利说普通话,无阅读障碍,右利手,无语音实验经历。

三、实验结果及分析

3.1 辨认实验的结果及分析

3.1.1 辨认实验总体结果分析

3.1.1.1 前字组

烟花-眼花

分界在 16~17St 之间,分界点是 16.4St;界前曲线有轻微波动,有一点压缩;界后曲线伸展度很好;边界前后位置曲线变化陡峭。

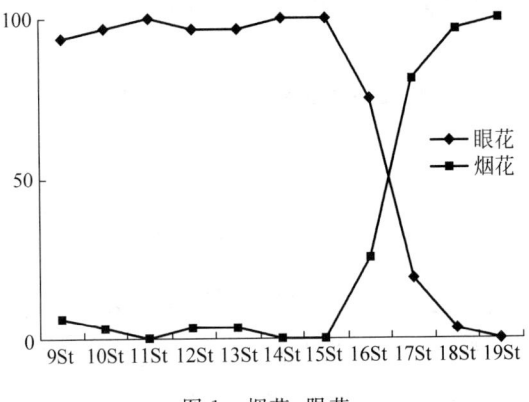

图 1 烟花-眼花

梯形-体型

分界点是 17St；界前曲线很平滑，伸展度好；界后曲线伸展度好；边界前后位置曲线变化陡峭。

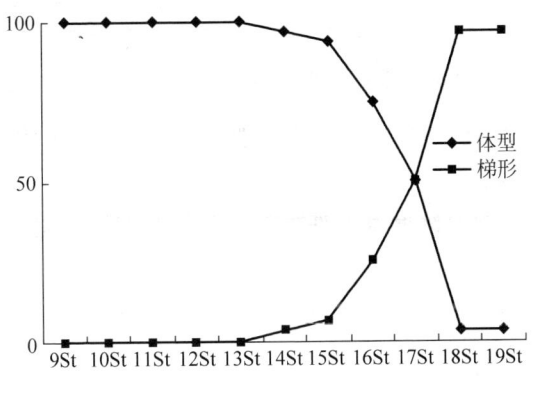

图 2 梯形-体型

光大-广大

分界在 14～15St 之间，分界点是 14.4St；界前曲线的波动大，出现压缩；界后曲线伸展度比较好，比界前曲线波动小，结尾位置有轻微压缩;边界前后位置曲线变化陡峭。

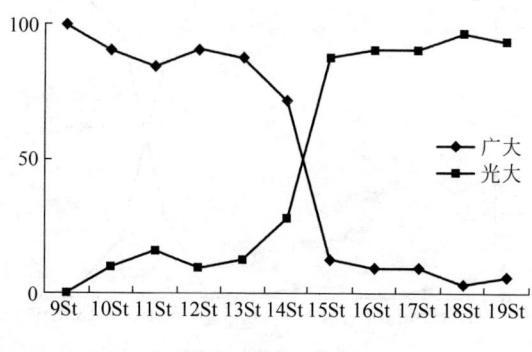

图 3 光大-广大

由此可见:

表 2 小结

	烟花-眼花	梯形-体型	光大-广大
分界点	16.4St	17St	14.4St

在前字对比组,阴平组和阳平组的边界位置在16~17St之间,去声组在14~15St之间,边界前后曲线的变化陡峭,说明听感的边界清楚,容易分辨。"光大-广大"组的分界点出现前移的现象,这跟参照字是降调具有低特征有关系。后面的低特征使前面上声的范围压缩。

3.1.1.2 后字组

天仙-天险

分界在10~11St之间,分界点是10.4St;界前曲线出现压缩,压缩程度较大;界后曲线伸展度比较好,有低度波动;边界前后位置曲线变化略陡峭。

第二章 汉语普通话声调听辨实验

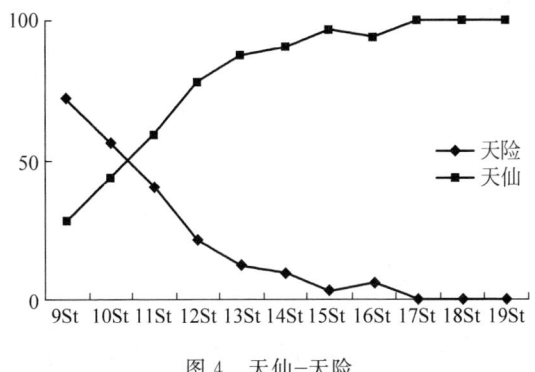

图 4　天仙-天险

图标-图表

分界在 11～12St 之间,分界点是 11.8St;界前曲线出现压缩,曲线平滑度不好;界后曲线伸展度不好,有较大波动,特别是 18St 处;边界前后位置曲线变化略陡峭。

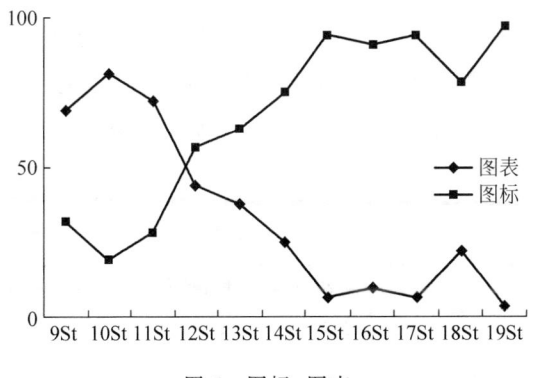

图 5　图标-图表

梦乡-梦想

分界在 11～12St 之间,分界点是 11.7St;界前曲线出现压缩;界后曲线伸展度不好,有较大波动,特别是 14St 处;边界前后位置曲线变化略陡峭。

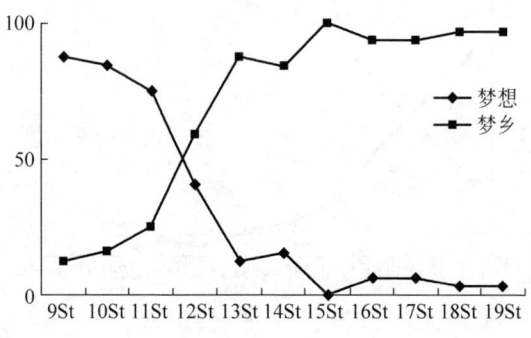

图 6 梦乡-梦想

表 3 小结

	天仙-天险	图标-图表	梦乡-梦想
分界点	10.4St	11.8St	11.7St

在后字对比组,阴平组、阳平组和去声组的辨认边界位置为10～12St,边界前后曲线的变化没有前字组陡峭,说明听感的边界没有前字组那么清楚。后字对比组的分界曲线波动较大,不如前字对比组的曲线光滑。

表 4 小结

	烟花-眼花	梯形-体型	光大-广大
分界点	16.4St	17St	14.4St
	天仙-天险	图标-图表	梦乡-梦想
分界点	10.4St	11.8St	11.7St

在辨认实验中,所有词组都明显出现了听感分界,前字组的分界点在14～17St,后字组的听感分界在10～12St,而且分界前后

曲线的变化比较陡峭,说明听感的分界很清楚。

前字组和后字组分界点的移动,说明目标字与参照字位置的变化会对听感分界有重要的影响。后字对比组的分界点明显前移(大于0.5St)。相比较而言,前字组的听感分界更清楚。可以看出,阴平与上声的听感分界会因为所处前后字位置的不同而产生不同的表现。在后字组中,阴平的范围有较大扩展,上声的范围明显压缩了很多。

目标字的听辨会受到先后搭配的语调的影响,阴平的"高"会相对上声的"低",参照字会起到对照的作用,尤其在前字对比组中,后面的参照字调影响着对目标字的听辨,参照字是阴平、阳平这些高调就会增加听辨为上声的概率。

3.1.2 辨认实验分组讨论

3.1.2.1 按键页面词序对听辨结果的影响

A类:按键反应页面中,目标字为阴平的词在前面出现;B类:按键反应页面中,目标字为上声的词在前面出现。

表5 按键页面词序对听辨结果的影响

	烟花-眼花	梯形-体型	光大-广大
总体	16.4St	17St	14.4St
A类	16.3St	17St	14.1St
B类	16.6St	17St	14.5St
	天仙-天险	图标-图表	梦乡-梦想
总体	10.4St	11.8St	11.7St
A类	10.5St	12.3St	12.0St
B类	10.3St	11.6St	11.6St

前字对比组,在 A 类中,阴平组和去声组出现分界点前移的现象,但是都小于 0.5St,前移不显著。在 B 类中,阴平组和去声组出现分界点后移的现象,但是都小于 0.5St,后移不显著。阳平组的分界点保持稳定。

后字对比组,在 A 类中,三组出现分界点后移的现象,阳平组大于 0.5St,后移显著。在 B 类中,三组出现分界点前移的现象,但是都小于 0.5St,前移不显著。

这说明,试验中被试看到屏幕上显示的词语的顺序会对听辨的结果产生一定的影响,但不是很显著。

3.1.2.2 性别组辨认实验的结果及分析

表 6 性别组辨认实验的结果

分界点	烟花-眼花	梯形-体型	光大-广大
男性	16.3St	17.1St	14.3St
女性	16.4St	16.8St	14.4St
	天仙-天险	图标-图表	梦乡-梦想
男性	10.3St	11.6St	11.7St
女性	10.5St	12.5St	11.8St

男女性别组在辨认实验中都明显出现了听感分界,前字组的分界点在 14～17.5St,后字组的听感分界在 10～12.5St,分界前后曲线的变化比较陡峭,听感的分界很清楚。

男女性别组对于前字组表现更为敏感。在前字组,女性组在阴平和去声组的分界点相对男生的出现后移,但不明显;在后字组中,女性组在三组的分界点相对男生的出现后移,尤其是后字阳平组。从图形上看,女性的曲线平滑度更好。这些说明女性辨认实验的听觉感知好于男性。

3.2 区分实验的结果及分析

3.2.1 区分实验总体结果分析

3.2.1.1 前字组

烟花-眼花

在 16~18St 处出现峰值,为 68.8%,说明此处区分效果很好。

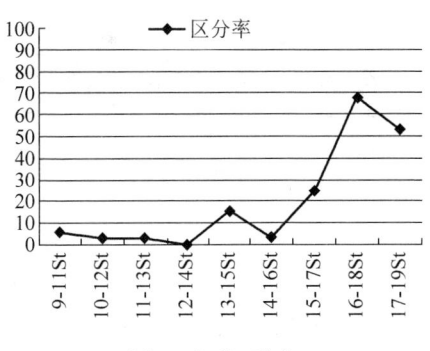

图 7 烟花-眼花

梯形-体型

在 16~18St 处出现峰值,为 87.5%,说明此处区分效果很好。

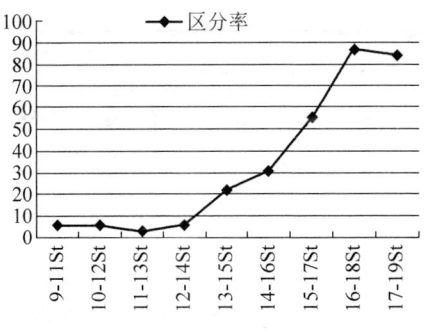

图 8 梯形-体型

光大-广大

在 13~15St 处出现峰值，为 71.9%，说明此处区分效果很好。

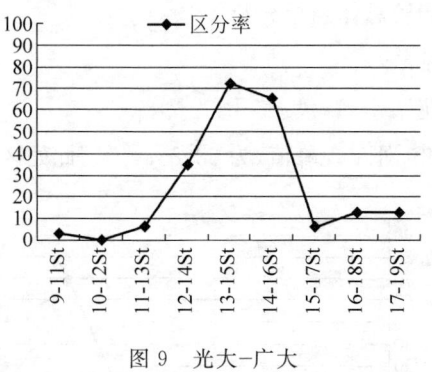

图 9　光大-广大

3.2.1.2　后字组

天仙-天险

在 10~12St 处出现峰值，为 50%，说明此处区分效果一般。

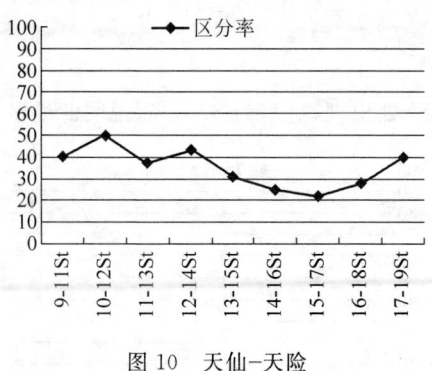

图 10　天仙-天险

图标-图表

在 11~13St 处出现峰值，为 50%，说明此处区分效果一般。

第二章 汉语普通话声调听辨实验

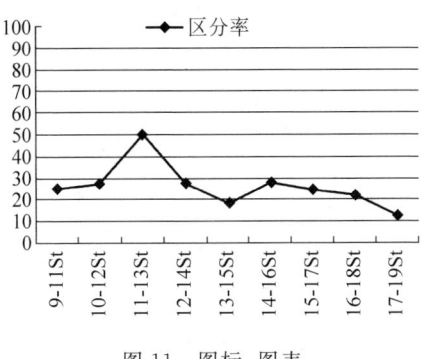

图 11 图标-图表

梦乡-梦想

在 10～12St 处出现峰值,为 68.8%,说明此处区分效果较好。

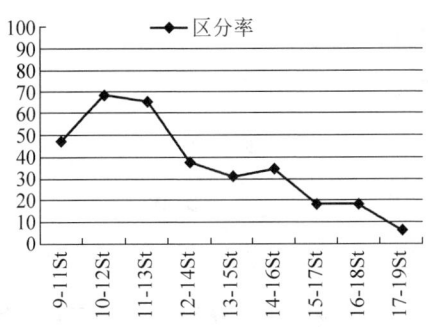

图 12 梦乡-梦想

表 7 前字组

烟花-眼花		
峰值	16～18St	68.8%
梯形-体型		
峰值	16～18St	87.5%
光大-广大		
峰值	13～15St	71.9%

表 8 后字组

	天仙-天险	
峰值	10St~12St	50%
	图标-图表	
峰值	11St~13St	50%
	梦乡-梦想	
峰值	10St~12St	68.8%

从上表中可见,前字组的区分表现明显要比后字组好,在三组中的峰值都超过50%,说明区分效果很好;在后字组中,除了去声组,另外两组都在50%徘徊,证明能区分阴平和上声,但是没有前字组明显。

3.2.2 区分实验的分组讨论

3.2.2.1 按键页面对区分结果的影响

表 9 前字组

	烟花-眼花		梯形-体型		光大-广大	
总体	16~18St	68.8%	16~18St	87.5%	13~15St	71.9%
低-高	16~18St	62.5%	16~18St	81.3%	13~15St	81.3%
高-低	18~16St	75%	18~16St	93.8%	15~13St	62.5%

表 10 后字组

	天仙-天险		图标-图表		梦乡-梦想	
总体	10~12St	50%	11~13St	50%	10~12St	68.8%
低-高	9~11St	62.5%	11~13St	50%	10~12St/11~13St	81.3%
高-低	12~10St	50%	11~13St	50%	12~10St	56.3%

在分类组里可以看出,总体上低阶-高阶组要比高阶-低阶组的区分程度好。这也说明在后的高调对前面的低调起到参照作用。前面高调可能对后面的低调有掩蔽作用。

包括屏幕显示次序的 ABCD 四组,不如低阶-高阶组和高阶-低阶组表现的明显,但也显示了高调在后更容易区分。

3.2.2.2 性别组区分实验的结果及分析

表 11 前字组

	性别	区分峰值位置	区分峰值百分数
烟花-眼花	男	16~18St	56.3
	女	16~18St	81.3
梯形-体型	男	16~18St	87.5
	女	17~19St	93.8
光大-广大	男	14~16St	62.5
	女	13~15St	93.8

表 12 后字组

	性别	区分峰值位置	区分峰值百分数
天仙-天险	男	9~11St	56.3
	女	10~12St	56.3
图标-图表	男	11~13St	50
	女	11~13St	50
梦乡-梦想	男	11~13St	68.8
	女	11~13St	75

从表格中可以看出,在性别组区分试验中,所有组都出现了区分峰值,而且都超过 50%。男女对前字组的感知好于后字组。同时女性的区分感知好于男性,在前字组表现更明显。

3.3 阴平-上声的范畴化感知特征

表 13 前字组

	辨认分界点	区分峰值位置	区分峰值百分数
烟花-眼花	16.4St	16~18St	68.8
梯形-体型	17St	16~18St	87.5
光大-广大	14.4St	13~15St	71.9

表 14 后字组

	辨认分界点	区分峰值位置	区分峰值百分数
天仙-天险	10.4St	10~12St	50
图标-图表	11.8St	11~13St	50
梦乡-梦想	11.7St	10~12St	68.8

从表格中可以看出,辨分实验的分界点和区分实验的峰值位置是相一致的,证明了汉语阴平-上声具有范畴化感知的特点。目标字在前的感知效果要比目标字在后的感知效果好。

四、总结及讨论

此次实验,阴平与上声的听感分界比较明显。在辨认实验中,前字对比组的分界点在 14~17St 之间,区分点在 13~18St 之间,两者比较吻合。而且辨认曲线交界处陡峭,分界明显,表现出范畴化的特征。后字对比组的分界点在 10~12St 之间,区分点在 10~13St 之间,基本吻合。但辨认曲线不如前字组平滑,分界处趋于平缓,区分曲线的峰值也多在 50% 处徘徊。

石锋、冉启斌(2011)指出:"高平调具稳定性,有优势地位,独立性较强;低平调有变动性,处弱势地位,听辨具有语境依赖性。"阴平-上声的分界点会因目标字前后位置的改变而变化。目标字在前时,分界点在 14~17St;目标字在后时,分界点在 10~12St。动态性较大。

目标字位于前字时,后面有参照字,这样低调-高调的对比就明显,更容易感知为上声调;目标字在后时,没有后面参照字的对比,更容易感知为阴平调。

性别组也表现了这一特征。同时数据表明女性辨认分界点比男性后移,区分峰值的百分数大于男性,说明女性对阴平-上声范畴感知能力优于男性。

第六节 音高和时长对阴平和上声的听辨影响[*]

一、研究概述

在前人的理论和研究的基础上,我们希望通过在真实语言中有意义的双字词的前字位置和后字位置上,考察汉语阴平调和上声调的听觉感知情况,并将时长因素加入考察内容之中,以期进一步对影响汉语上声调听觉感知的因素进行分析。

---

[*] 本节原发表于《语言科学》2013 年第 1 期,作者:荣蓉、石锋。

二、实验方法

2.1 语音材料选择原则

前人关于声调听觉感知的实验多遵循元音和辅音的听觉感知的实验方法,以单音节的语音材料为听辨内容。我们考虑到汉语声调单字调与实际语流中声调表现的差异和声调音高的相对性特征,为了更好地反映真实的语言情况,因此,采用了双字组的语音材料作为本实验的听辨内容。

前人关于声调听觉感知的实验有的是采用无意义的音节为听辨刺激材料,以"请被试判断所听到的音是几声"这样的任务由被试完成。其实判断调类的任务,实验结果中除了反映了被试对语音的感知外,可能也反映了被试对声调知识的学习理解情况。为了更好地了解声调感知的语音表现,我们采用了真词作为本实验的听辨内容。

2.2 词语选择

当然,使用真实词语进行实验,实验结果可能会受到词频、声韵调搭配频率、同音近音词语等很多因素的影响。

通过在《现代汉语词典》中的翻查,找到若干双字组的词对,其中一个音节完全相同,另一个音节声母韵母相同,声调分别为阴平和上声。例如:山西-陕西,图标-图表。

2.3 词频统计

通过在《现代汉语常用词表》中的查找，找到所选词的词频序。选出词频序最为接近的60对词（每组10对）。

2.4 听觉熟悉度实验

由于词频是出于对书面语的词语频率的统计，而人们的听觉感知反应更接近日常的口语频率。另外，汉语普通话中声韵调之间的搭配概率、音节间的搭配概率，以及多音字、多音词的存在，都是除词频外，可能对被试在辨认实验中的选择产生影响的因素。

综合以上因素，我们在正式实验之前，设计了一个听觉熟悉度的实验。以根据词频选出的60对词，加上10个假词，共130个词的录音为语音刺激，以25名普通话标准的南开大学学生为被试，进行了真假词判断实验。由E-prime软件通过耳机以相同音强随机不重复地播放刺激音，要求被试在听到某词后准确迅速地判断所听到的是真词还是假词。如果是真词按J键，如果是假词按F键。由E-prime软件得到每个词被判断为真词的比率和被试的反应时间。我们认为一个词被判断为真词的比率越高，且其被试的平均反应时间越短，说明它的听觉熟悉度越高。

由此我们剔除反应时间超过3000毫秒的数据，将各被试的数据进行平均，得到各个词语的判断反应时间和判断为真词的比率。

从实验结果上看，反应时间和判断为真词的比率和之前查出的词频有一定的相关性，但也有差异。根据结果，我们在60对词语中剔除以下条件的词语对：

后字为零声母或浊声母的词语对（为便于合成）；

其中某词的判断为真词的比率低于 85% 的词语对；

两词的正确率差值大于 10% 的词语对；

两词的反应时间差值大于 100ms 的词语对。

由此，我们得到每组 2～4 对符合要求的词语对。由于现有实验证明，同组的不同词语的感知数据组间并无显著差异，因此我们从备选词语对中选出一对词频最为接近的词语作为我们正式实验的语音材料。结果如下：前字组：山西-陕西（阴平）、收服-手扶（阳平）、光大-广大（去声）；后字组：开刀-开导（阴平）、魔方-模仿（阳平）、地标-地表（去声）。

2.5 语音材料

根据选取的语音材料，请一位普通话标准的男性发音人进行录音，他是老北京人，本人未曾学过或使用过其他方言，现为南开大学学生。录音在南开大学语音实验室进行，采用单声道录制，采样率为 11025Hz。实验采用了负载句的方法，由发音人以自然语速说出"我现在读的是××这个词"，每个句子说 3 遍，各句乱序出现，共得到 12×3＝36 个句子。运用 Cooledit 软件从中切出目标词语。

通过测量录音词语的音高，我们得到发音人调域，为 8～20St，时长平均在 140ms 左右。据此我们按如下音高和时长标准对实验语音刺激进行半合成：参照字时长均为 140ms，阴平为 20～20St 的平调，阳平为 14～20St 的升调，去声位于词语前字时为 20～14St 的半降调，位于词语后字时为 20～8St 的全降调；目标字共分 90ms、120ms、150ms 三个时长组，每组由 8～20St、步长为 1St 的平调连续体组成。合成采用 Praat 自编脚本进行。具体合成情况如下图所示：

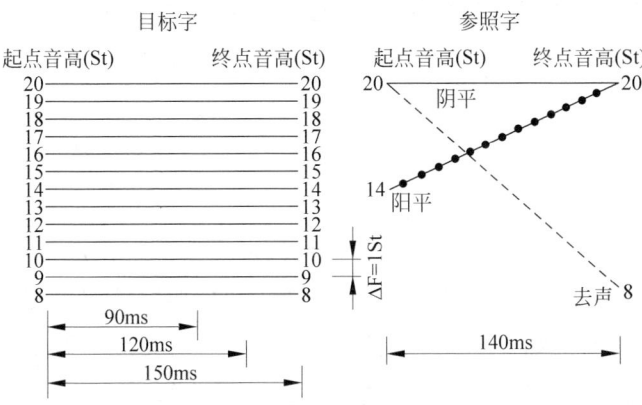

图 1 语音刺激合成示意图

由此,我们得到目标字位置(前字、后字共 2 组)×相邻声调(阴平、阳平、去声共 3 组)×目标字时长(90ms、120ms、150ms 共 3 组)×音高(8～20St 共 13 组)＝234 个实验刺激音。

2.6 实验被试

参加实验的被试均为南开大学的学生,16 名男生,16 名女生,平均年龄 21.3 岁,身体健康,听力正常,右利手,母语为汉语普通话或北方方言,普通话标准。

2.7 实验步骤

实验采用 E-prime 软件进行语音的播放和行为数据及反应时间的采集。

2.7.1 辨认实验

辨认实验采用的是每个词语刺激随机播放一次,要求被试通过按键在两个词语选项间迫选的实验方式。

实验时被试坐在安静、亮度适中的实验室中。正式实验之前，为使被试明确实验要求，设置了一个10个任务的练习，当被试完全了解实验要求后进入正式实验。实验开始后，被试按空格键即由 E-prime 软件通过耳机以相同音强随机不重复地播放刺激音，随后被试会看到一个选择界面，屏幕左右各出现一个词语选项，如山西(F)、陕西(J)，要求被试判断所听到的是屏幕左边的词还是右边的词。如果是左边的词（如"山西"）就按 F 键，如果是右边的词（如"陕西"）就按 J 键，要求又快又准地做出判断。被试进行选择后，选择界面消失，进入下一题的流程。不同按键反应差异通过不同被试组进行组间平衡。正式实验约 10~15 分钟。

2.7.2 区分实验

区分实验采用 AX 式方式，由两个词语组成一个刺激对，每个刺激对随机播放一次，要求被试通过按键判断两个词语是否完全一样。

每对刺激音由相隔的两个刺激组成，两个刺激间相差 2 个半音。播放时同一刺激对中的两个刺激音间隔 500ms。具体实验流程与辨认实验基本一致，只是在听到一对刺激音后被试会看到的选择界面略有不同，屏幕左右会各出现一个提示，如"相同（请按 F）、不同（请按 J）"，要求被试判断所听到的两个刺激音是相同还是不同。如果相同就按 F 键，如果不同就按 J 键，不同按键反应差异通过不同被试组进行组间平衡。其他实验流程相同。正式实验约 10~15 分钟。

2.8 数据统计

我们对实验所得数据进行统计分析,计算阴平听辨率、上声听辨率、区分率,求出阴平和上声的最大听辨范围、边界位置、边界宽度、区分峰值。按不同位置(前字组、后字组共 2 组)、不同组合声调(阴平组、阳平组、去声组共 3 组)、不同时长(90ms 组、120ms 组、150ms 共 3 组)条件,共得到 18 组数据。

2.8.1 辨认实验

根据 32 名被试在辨认实验中对每个刺激进行的选择,计算出听辨成阴平的概率(阴平听辨率)和听辨成上声的概率(上声听辨率)。

以刺激音高为横坐标、辨认率为纵坐标画出各组的阴平辨认曲线和上声辨认曲线。

依照 Finney(1971)提出的边界计算方法,求出各组听感边界位置(position of category boundary),即阴平听辨率和上声听辨率曲线交点位置对应的半音值;听感边界宽度(width of category boundary),即阴平听辨率为 75% 时的半音值与阴平听辨率为 25% 时的半音值的差值。

此外,鉴于我们的听辨结果并不是所有曲线均在两端达到了 100%,为了进一步对此进行分析,我们还引入一项新的数据,即各组阴平最大辨认率和上声最大辨认率。

2.8.2 区分实验

根据 32 名被试在区分实验中对每个刺激进行的选择,计算出区分率。

画出以刺激音高为横坐标、区分率为纵坐标的区分曲线。

得出区分峰值(discrimination peak),即区分率的最大值。

2.9 实验结果

根据辨认率和区分率结果,画出前后字组各时长的辨认曲线和区分曲线。(见图2)

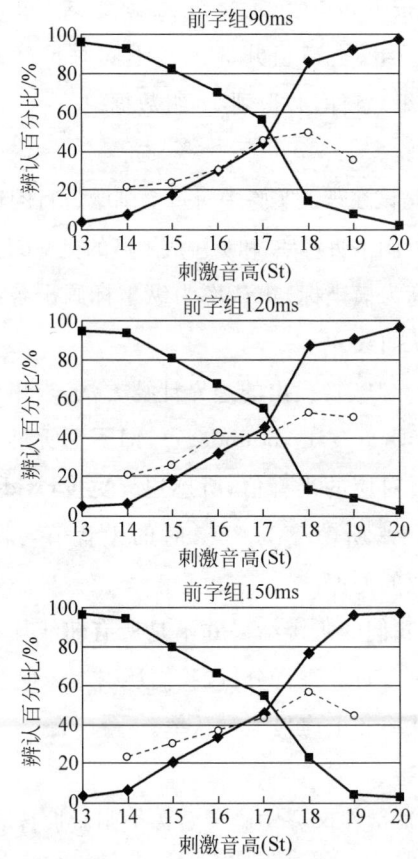

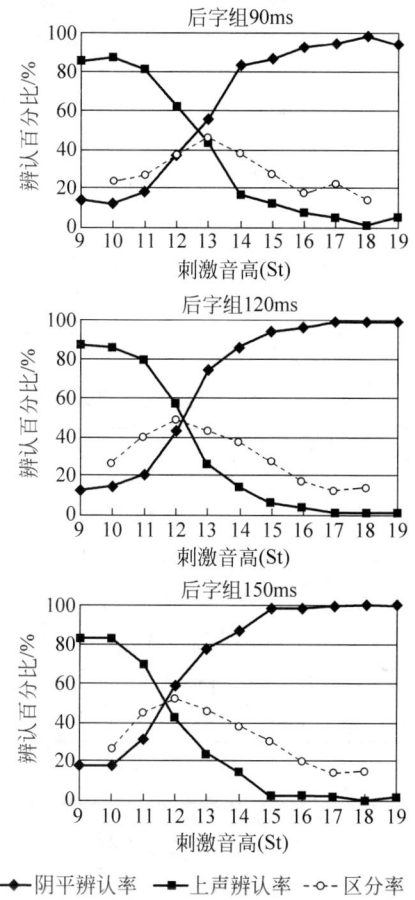

图 2　不同时长的前后字组辨认率和区分率

　　计算出不同时长、相邻音节调类、前后字组的边界位置、边界宽度、区分峰值(见表 1)、阴平最大辨认率和上声最大辨认率(见表 2)。

表1 各组边界位置、边界宽度、区分峰值表

		边界位置(St)			边界宽度(St)			区分峰值(%)		
		90ms	120ms	150ms	90ms	120ms	150ms	90ms	120ms	150ms
前字组	阴平	17.32	17.42	17.56	1.02	0.67	1.05	80.6	83.9	90.3
	阳平	17.60	17.62	17.69	0.80	1.00	1.00	54.8	74.2	71.0
	去声	15.09	14.86	15.00	1.60	1.31	0.80	45.2	61.3	45.2
后字组	阴平	12.28	12.21	11.43	2.50	2.28	2.57	41.9	45.2	61.3
	阳平	13.36	13.00	12.40	2.67	1.29	1.97	48.4	54.8	58.1
	去声	12.45	11.80	11.33	1.83	1.60	1.80	51.6	51.6	48.4

表2 各组阴平、上声最大辨认范围

		阴平最大辨认率(%)			上声最大辨认率(%)		
		90ms	120ms	150ms	90ms	120ms	150ms
前字组	阴平	100	100	100	100	100	100
	阳平	96.9	93.8	96.9	100	100	100
	去声	96.9	100	100	87.5	87.5	90.6
后字组	阴平	96.9	100	100	81.3	90.6	81.3
	阳平	100	100	100	90.6	90.6	93.8
	去声	100	100	100	90.6	90.6	78.1

三、结果分析

3.1 前字组与后字组间的差异

3.1.1 最大听辨范围

阴平的最大辨认率无论前后字组均基本接近100%,前字组平均为98.3%,后字组平均为99.7%,组间差异不显著(Sig.=0.115, F=2.783)。请参照表1。

上声的最大辨认率前字组平均值为 96.2%,后字组平均值为 87.5%,后字组较前字组偏低,组间差异显著(Sig. = 0.005,F = 10.380)。前字组内不同声调组间差异较大,相邻声调为阴平和阳平时,上声最大辨认率均达到 100%,而相邻声调为去声时,上声最大辨认率偏低,在 90% 左右。

这表明,位于后字的上声听感范围受到限制。

3.1.2 边界位置

前字组边界位置平均为 16.7 半音,后字组边界位置平均为 12.3 半音。边界位置在前字组与后字组间具有显著差异(Sig. = 0.000,F=178.552)。可见,后字组边界位置明显低于前字组。

也就是说在前字位置上感知为上声的音高范围是 8 至 16.7 半音,跨度为 8.7 个半音;感知为阴平的音高范围是 16.7~20St,跨度为 3.3 个半音。而在后字位置上感知为上声的音高范围是 8~12.3St,跨度为 4.3 个半音;感知为阴平的音高范围是 12.3~20St,跨度为 7.7 个半音。

这表明,低中调域的平调(33、22)在双字组的前字位置更易被感知为上声,而在双字组的后字位置则更易被感知为阴平。后字组被感知为上声的音高范围明显小于前字组。

3.1.3 边界宽度

前字组边界宽度平均为 1.03 半音,后字组边界宽度平均为 2.06 半音。边界宽度在前字组与后字组间具有显著差异(Sig. = 0.000,F=31.134)。可见,后字组边界宽度明显宽于前字组。

这表明,人们对后字组的边界辨别能力要弱于前字组。

3.1.4 区分峰值

前字组区分峰值平均为 67.4 半音,后字组区分峰值平均为

51.3 半音。区分峰值在前字组与后字组间具有显著差异(Sig. = 0.015, F = 7.458)。可见,前字组区分峰值明显高于后字组。

这同样表明,后字组的边界清晰程度要弱于前字组。

3.1.5 小结

综上所述,阴平与上声的听觉感知界限会因其处于双字组的前后位置的不同而产生不同的表现。人们对后字组的边界感知能力不如前字组。

在前字位置时,感知为上声的范围明显大于阴平;而后字位置时,恰恰相反,感知为阴平的范围明显大于上声。

3.1.6 讨论

人们的发音在语流中会受到前后语音环境的影响,产生音变。同样,人们对语音的感知也不是单一的、孤立的,而是会受到前后语音环境的影响,以前后语音为参照的。一般后字对前字的参照作用要强于前字对后字的参照作用。汉语声调的本质是相对音高的变化,正由于其相对性,听觉感知会受到语音环境的更大影响。因此,前字组的边界感知更多地受到后接声调的参照作用,表现出比后字组更强的范畴感知。

阴平是一个高调。处于前字位置时,在后接声调的参照下,人们的听觉感知能力较强,对于阴平调"高"特征的要求更严格。上声作为一个低调,以后接声调为参照,充分体现出"低"特征。因此前字组中,感知为阴平的范围明显小于上声。(见图3)

处于双字组后字位置的阴平,没有后接声调的参照,对"高"特征的要求降低。而上声由于没有后接声调的参照,则很难体现出"低"特征,听辨范围缩小。

由此可见,阴平和上声作为汉语声调中的高平调和低平调,在

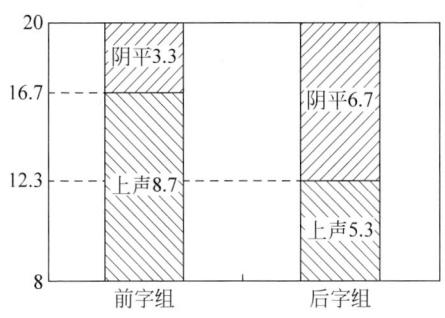

图 3　前后字组阴上范围示意图（单位：半音）

不同的语音环境中有着不同的听感范围和表现。在位于双字组前字时听辨为上声的范围远远大于阴平，上声占优势，占据70%以上，阴平必须保持很高的音调，才能被准确感知。在位于双字组后字时，听辨为阴平的范围扩展，是优势的声调，而上声的听感范围变小，且辨认率都达不到100%。这就是处于后字位置的上声会有"中音区尾音"，即音高由低点略升，"以对偶关系支撑上声低音特征"，即以尾音的高来为自身的低作参照。（沈炯，1999）

高平调（阴平）和低平调（上声）的感知在整体的语音感知中表现出十分规律的特征。当后接其他声调做参照时，低调在感知中占绝对优势；而当位于韵律边界位置时，高调在感知中占绝对优势。低调为了更好地被认定，产生了起参照作用的"中音区尾音"，即人们通常描述上声的调值214中调尾"4"。上声的"曲折"及"降升"中的"升"实际上都是边界调的表现，并不是上声的本质。

3.2　不同时长组间的差异

基于前面的分析已知前后字对声调的感知有很大影响，因此，在讨论时长组间差异的时候，我们对前后字组进行分别讨论。

3.2.1 范畴感知能力

无论前字组还是后字组,阴平最大辨认率、上声最大辨认率、边界宽度和区分峰值在各时长组间均无显著差异,(阴平最大辨认率:前字组 $F=0.167$,$Sig.=0.850$,后字组 $F=1.000$,$Sig.=0.422$;上声最大辨认率:前字组 $F=0.024$,$Sig.=0.976$,后字组 $F=0.886$,$Sig.=0.460$;边界宽度:前字组 $F=0.307$,$Sig.=0.747$,后字组 $F=1.391$,$Sig.=0.319$;区分峰值前字组 $F=0.535$,$Sig.=0.596$,后字组 $F=0.558$,$Sig.=0.310$)。由此可见,不同的时长不会对阴平/上声的范畴感知产生显著影响。

3.2.2 边界位置

前字组边界位置在各时长间无显著差异($F=0.003$,$Sig.=0.997$)。后字组边界位置在时长组间存在明显差异,其中 90ms 组与 150ms 组差异显著($Sig.=0.015$),120ms 组与其他两组差异不显著。边界位置与时长呈显著的负相关($R=-0.576$,$Sig.=0.012$)。

在后字组中,随着时长的增加边界位置对应的音高逐渐降低,也就是被感知为上声的范围随时长的增加而缩小。

由此可见,时长对前字组的感知边界位置影响不大,而与后字组的感知边界位置影响较大,呈负相关。

3.2.3 讨论

实验结果表明,除了音高因素之外,时长也对位于边界位置上的阴平/上声感知有一定的影响。

有研究表明,中古汉语中的上声是一个短声。刘广和《唐代八世纪长安音的韵系和声调》中记载:"据日僧不空的资料考得唐长安音的声调长度,以平声为最长,去声稍长,上声较短,入声最短。"

当时梵语中存在长元音和短元音的差异,罗常培所列的19种梵汉对译字母中,有五种经文都是用上声表示短音(梅祖麟,1982)。可见在当时音高和时长因素共同决定声调调类。

赵元任先生(1922)曾提出:声调为"音高与时间之函数关系"。北京话四个声调长度不同。低平调短而不能拉长。与声调的物理属性相一致,其听感特征也遵循这样的规律。位于后字的时候,音高相同的条件下,时长较短的更容易被感知为上声,时长较长的更容易被感知为阴平。

由此我们可以推论认为,尽管汉语上声的单字调声学表现为曲折的调型,时长是四个调类中最长的,但其实是一个以低平为本质特征的、时长较短的声调,而处于韵律边界位置时,为了给听感提供信息参照,上声低调后接一个中音区尾音,同时也增加了时长。

四、结论

4.1 阴平调和上声调的听觉感知在前字和后字有不同表现

(1)人们对后字组的范畴边界感知能力不如前字组。

(2)整体上,前字组的听感边界在17半音至18半音之间,而后字组的听感边界在12半音左右。

人们对位于后字的低调不能如前字那样很好地感知为上声。在前字位置时,感知为上声的范围明显大于阴平;而在后字位置时,感知为阴平的范围明显大于上声。(见图4)

这说明处在边界位置的上声调由于没有后接字音的参照,就会增加中音区尾音,才能更好地被听者感知为上声。因此,214 的调值可以看作一种边界调,即上声在边界位置上的变体。

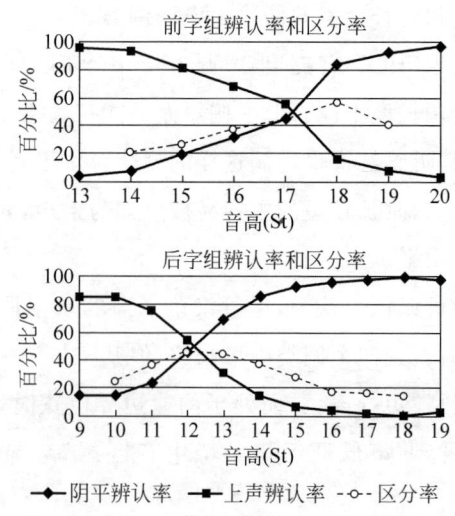

图 4 前后字组的阴上辨认曲线和区分曲线

4.2 分析时长因素对阴平调和上声调感知的影响

(1) 时长因素基本不会对前字组中阴平和上声调感知的边界位置产生影响;

(2) 后字组中,随着时长的增加,边界位置的音高逐渐降低,也就是被感知为上声的范围随时长的增加而缩小。

这说明除了音高因素之外,时长也对位于韵律边界位置上的听辨感知起一定的影响作用。汉语声调的范畴化感知,并不一定是完全以音高这单一因素为变量决定的,而可能是两种或多种因素综合影响下的范畴化感知。

第七节　阳平和上声的听感分界*

一、研究概述

前人运用听感实验的方法,对汉语普通话的声调进行过许多研究。其中对阳平和上声的听觉感知一直是大家关心的焦点问题之一。

刘娟(2004)对汉语普通话的阳平和上声进行了听觉感知研究。实验把上声作为曲折调,以不同音高的起点和上声拐点的不同位置为变量。结论认为,普通话阳平和上声的感知模式属于连续感知,上声起点音高和拐点位置对于上声的感知具有互补作用。

曹文(2010a、2010b)通过对单音节平调连续体的听辨实验,得出"实验结果不支持汉语上声低平调的说法"的结论;王韫佳、李美京(2010)通过对不同调型单音节字的感知实验得出阳平和上声的辨认为"准范畴化模式""上声的音系特征应同时包括'低'和'降'"的结论;曹文(2010a、2010b)通过对无意义的平调在单字和双字情况下的感知实验,得到"孤立音节的平调多数会被感知为第一声","平调的感知结果会受到参照调的影响"的结果。

以上有关汉语阳平和上声听感分界的实验,都涉及上声调的音系特征问题。关于上声的音系特征,赵元任(1932、1933)提出

---

* 本节原发表于《南开语言学刊》2012年第1期,作者:荣蓉。

"半上"是低降或低平。王力(1979)明确指出:"北京话的上声基本上是个低平调"。吴宗济(1981)认为上声在连调中的特征就是低。沈炯(1999)认为"上声基调核心段是低音区平调"。石锋、冉启斌(2011)提出"普通话上声的本质是低平调"。而关于平调,Maddieson(1978)将其定义为"一个直平音高变体可以被接受的声调"。

在前人基础上,我们希望通过在真实语言中有意义的双字组词的前字位置和后字位置上,考察汉语阳平调和上声调的听觉感知情况。

二、实验方法

2.1 语音材料选择原则

前人关于声调听觉感知的实验多遵循元音和辅音的听觉感知的实验方法,以单音节的语音材料为听辨内容。我们考虑到汉语声调单字调与实际语流中声调表现的差异和声调音高的相对性的特征,为了更好地反映真实的语言情况,采用了双字组的语音材料作为本实验的听辨内容。同时,我们采用了真实的词语作为本实验的听辨内容。

2.2 词语选择

使用真实词语进行实验,可能会受到词频、声韵调搭配、同音近音词语等很多因素的影响。为了将影响减至最小,我们实验所用词语的选取是按照以下几个步骤进行的。

2.2.1 找出词对

通过在《现代汉语词典》中的翻查,找到若干双字组的词对,其中一个音节完全相同,另一个音节声母韵母相同,声调分别为阳平和上声。例如:人心-忍心,专长-专场。

2.2.2 分类

每对词语中声韵调完全相同的字,我们称为参照字;每对词语中声母、韵母相同,声调为阴平和上声对立的字,我们称为目标字。

按照目标字在词语中的位置,我们将词语分为前字组(目标字为前字,如:人心-忍心)和后字组(目标字为后字,如:专长-专场)。

按照参照字的调类,我们将词语进行分组,比如"人心-忍心"中参照字"心"为阴平,则该组词为阴平组。词语共分为阴平组、阳平组、去声组。由于上声+上声会产生连读变调,前字上声会变为类似阳平的调值,因此我们不设上声组。

由此得到 6 组,分别为阴平-前字组、阳平-前字组、去声-前字组、阴平-后字组、阳平-后字组、去声-后字组。

2.3 词频统计

在《现代汉语常用词表》中查找,找到所选词的词频序。选出词频序最为接近的 36 对词(每组 6 对)。

2.4 熟悉度调查

为进一步了解这些词语在被试群体(即大学生群体)中的日常使用频率,我们在正式实验之前,进行了一个熟悉度调查。把根据词频选出的 72 个(36 对)词打乱顺序,以五点量表的方式,通过问卷调查,请 25 名南开大学学生(不参加正式实验)判断每个词是

"很不熟悉、有点熟悉、比较熟悉、熟悉、非常熟悉"。从而得出词语熟悉程度的分数,分数越高说明该词的熟悉度越高。

从实验结果上看,反应时间和判断为真词的比率和之前查出的词频有一定的相关性,但也有差异。根据结果,我们在 36 对词语中剔除两词熟悉度分数差高于 25 分的词语对,及后字为零声母或浊声母的词语对(为便于合成)。

由此,我们得到每组 2~4 对符合要求的词语对,从其中选择出两对词频最为接近的词语作为我们正式实验的语音材料。结果如下:前字组:人心-忍心、完婚-晚婚(阴平)、沿袭-演习、职责-指责(阳平)、协作-写作、筹划-丑化(去声);后字组:军阀-军法、专长-专场(阴平)、国旗-国企、及时-即使(阳平)、地皮-地痞、大学-大雪(去声)。

2.5 语音材料

根据选取的语音材料,请一位普通话标准的老北京人男性发音人进行录音,现为南开大学学生。录音在南开大学语音实验室进行,采用单声道录制,采样率为 11025Hz。实验采用了负载句的方法,由发音人以自然语速说出"我现在读的是××这个词",每个句子说 3 遍,各句以乱序呈现,共得到 24×3=72 个句子。运用 Cooledit 软件从中切出目标词语。

通过测量录音词语的音高,我们参照发音人的发音调域及时长,按如下音高和时长标准对实验语音刺激进行半合成:参照字阴平为 160ms、19~19St 的平调,阳平为 160ms、14~19St 的升调,去声时长为 130ms,位于词语前字时为 20~14St 的半降调,位于词语后字时为 20~8St 的全降调;目标字时长 140ms,起点为

11St,终点为 9~19St,步长为 1St 的连续体。合成采用 Praat 自编脚本(蒙贝先明先生提供)进行。具体合成情况如下图所示:

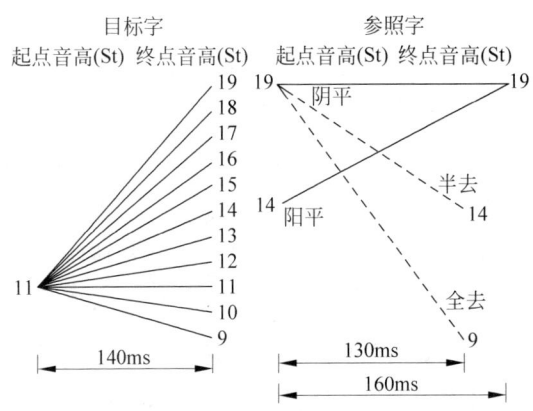

图 1 语音刺激合成示意图

由此,我们得到目标字位置(前字、后字共 2 组)×相邻声调(阴平、阳平、去声共 3 组)×每组 2 个词×终点音高(9~19St 共 11 组)=132 个实验刺激。

2.6 实验被试

参加实验的被试均为南开大学的学生,14 名男生,16 名女生,平均年龄 20.9 岁,身体健康,听力正常,右利手,母语为汉语普通话或北方方言,普通话标准。

2.7 实验步骤

实验采用 E-prime 软件进行语音的播放和行为数据及反应时间的采集。

2.7.1 辨认实验

辨认实验中每个词语随机播放一次,要求被试通过按键在两个词语选项中进行迫选。

实验在安静明亮的实验室中进行。正式实验前有一项 10 个任务的练习,当被试完全了解实验要求后进入正式实验。实验开始后,被试按空格键,即由 E-prime 软件通过耳机以相同音强随机播放刺激音,随后被试会看到一个选择界面,屏幕左右各出现一个词语选项,如人心(F)、忍心(J),要求被试选择所听到的是屏幕左边的词还是右边的词。如果是左边的词(如"人心")就按 F 键,反之亦然,要求又快又准地做出判断。被试选择后选择界面消失,进入下一流程。不同按键反应差异通过不同被试组进行组间平衡。正式实验 10~15 分钟。

2.7.2 区分实验

区分实验采用 AX 式方式,由两个词语组成一个刺激对,每个刺激对随机播放一次,要求被试通过按键判断两个词语是否完全一样。

每个刺激对由相隔的两个刺激组成,两个刺激间的终点相差 2 个半音(即 9~11,10~12,11~13,12~14,13~15,14~16,15~17,16~18,17~19 或是与之相反的组合顺序的 11~9,12~10,13~11,14~12,15~13,16~14,17~15,18~16,19~17)。同一刺激对中的两个刺激音之间相隔 500ms。具体实验流程与辨认实验基本一致,只是听到刺激音后呈现的选择界面略有不同,屏幕左右会各出现一个提示,如"相同(请按 F)、不同(请按 J)",要求被试判断所听到的两个音是否完全一样。不同刺激组合顺序和按键反应差异通过不同被试组进行组间平衡。其他实验流程相同。正式实验 10～15 分钟。

2.8 数据统计

我们对实验所得数据进行统计分析,计算阴平听辨率、上声听辨率、区分率,求出阳平和上声的最大听辨范围、边界位置、边界宽度、区分峰值。按目标字位置(前字组、后字组共 2 组)、参照字声调(阴平组、阳平组、去声组共 3 组)共得到 6 组数据。

2.8.1 辨认实验

根据 30 名被试在辨认实验中对每个刺激进行的选择,计算出听辨成阳平的概率(阳平听辨率)和听辨成上声的概率(上声听辨率)。

画出各组的以刺激音高为横坐标、辨认率为纵坐标的阳平辨认曲线和上声辨认曲线。

依照 Finney(1971)提出的边界计算方法,求出各组听感边界位置,即阳平听辨率和上声听辨率曲线交点位置对应的半音值;听感边界宽度,即阳平听辨率为 70% 时的半音值与阳平听辨率为 30% 时的半音值的差值(由于我们实验数值的具体情况,我们把原先 25%～75% 的范围调整至 30%～70%)。

此外,鉴于我们的听辨结果并不是所有曲线均在两端达到了100%,为了进一步对此进行分析,我们还引入一项新的数据,即各组阳平最大辨认率和上声最大辨认率。

2.8.2 区分实验

根据 32 名被试在区分实验中对每个刺激进行的选择,计算出区分率。

画出以刺激音高为横坐标、区分率为纵坐标的区分曲线。

得出区分峰值,即区分率的最大值。

最后将各组实验数据用 Spss 进行单因素方差分析统计。

2.9 实验结果

根据辨认率和区分率结果，做出前后字组的辨认曲线和区分曲线。（见图 2）

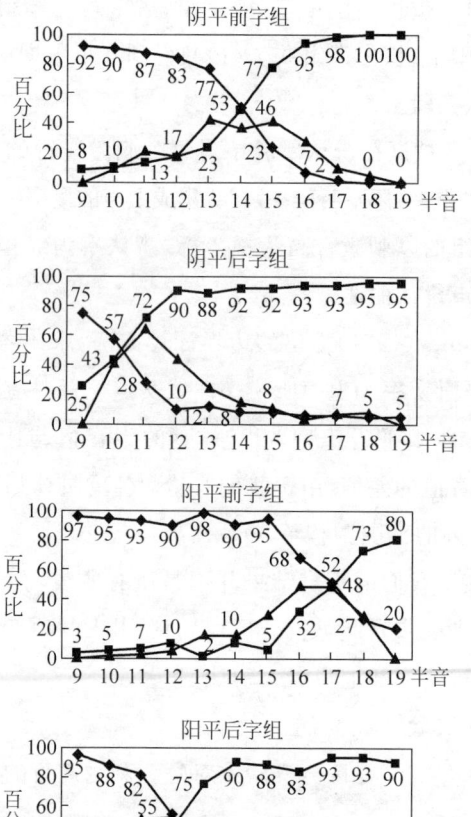

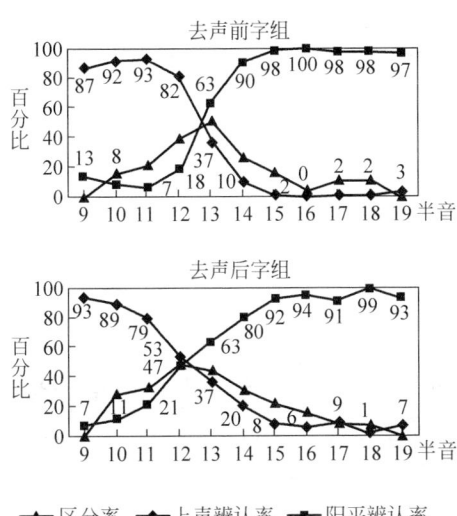

图 2　阳平和上声的听觉感知辨认曲线和区分曲线图

计算出不同时长、相邻音节调类、前后字组的边界位置、边界宽度、区分峰值、阳平最大辨认率和上声最大辨认率(见下表)。

各组边界位置、边界宽度、区分峰值表

	前字阴平		前字阳平		前字去声		后字阴平		后字阳平		后字去声	
	ren xin	wan hun	yan xi	zhi ze	xie zuo	chou hua	jun fa	zhuan chang	ji shi	guo qi	di pi	da xue
边界位置(St)	14.2	13.9	16.4	17.8	12.6	12.9	10.0	10.7	11.9	12.6	12.7	12.3
边界宽度(St)	1.30	1.71	1.34	1.80	0.86	1.06	1.55	1.80	1.23	1.66	2.20	2.42
上声最大辨认值(%)	90	93	97	97	93	97	70	80	90	100	93	93
阳平最大辨认值(%)	100	100	90	73	100	100	97	93	93	100	97	100
区分峰值(%)	40	47	57	43	53	50	57	73	53	60	50	53

三、结果分析

3.1 感知模式

总体上看,辨认实验的两条曲线基本平滑,两端开口度较大,分界明显;区分曲线基本有较明显的峰值;辨认边界位置和区分峰值位置基本对应。

边界位置在 10 至 17.8 半音,边界宽度在 0.86 至 2.42 半音,上声最大辨认值在 70% 至 100%,阳平最大辨认值在 73% 至 100%,区分峰值在 40% 至 73%。

因此,从辨认实验和区分实验的结果上看,汉语普通话双音节词语中的阳平调和上声调的感知在以 11 半音为起点、以终点音高为变量的条件下呈范畴化的感知模式。

阳平和上声在终点的感知边界位置主要集中在 12~13 半音左右,各组平均值为 13.15 半音,即约 41.5% 的范围倾向于听辨为上声,58.5% 听辨为阳平;听辨为阳平的范围较大,阳平在总体上略占优势。

3.2 前后字不同位置的组间差异

3.2.1 边界位置

前字组的听感边界位置平均为 14.6 半音,后字组的听感边界位置平均为 11.7 半音。对前后字组的边界位置进行单因素方差分析,结果表明边界位置在前字组与后字组间具有显著差异($P=0.012, F=9.458$)(本节中均值差的显著性水平为 0.05)。后字组边界位置的音高明显低于前字组。

在前字位置上感知为上声的终点音高范围是 9 至 14.6 半音,跨度为 5.6 个半音;感知为阳平的终点音高范围是 14.6 至 19 半音,跨度为 4.4 个半音。而在后字位置上感知为上声的终点音高范围是 9 至 11.7 半音,跨度为 2.7 个半音;感知为阳平的终点音高范围是 11.7 至 19 半音,跨度为 7.3 个半音。

这表明,前字或后字的不同位置,对于阳平和上声的感知具有显著的影响。终点音高处于中低调域时,在前字更易被感知为上声,而在后字则更易被感知为阳平。后字组听为上声的音高范围明显小于前字组。

3.2.2 其他数据

前字组边界宽度平均为 1.35 半音,后字组平均为 1.81 半音。边界宽度在前字组与后字组间没有显著差异($P=0.072, F=4.030$)。

上声的最大辨认率:前字组平均为 94.5%,后字组平均为 87.7%,后字组较前字组偏低,但组间差异并不显著($P=0.166, F=2.228$)。

阳平的最大辨认率:前字组平均为 93.8%,后字组平均为 96.7%,均在 95% 左右,组间差异不显著($P=0.556, F=0.370$)。

前字组区分峰值平均为 48.3%,后字组平均为 57.7 半音。区分峰值在前字后字组间没有显著差异($P=0.053, F=4.816$)。

由此可见,在阳平和上声的范畴感知能力上,前字组与后字组并没有显著的差异。

3.2.3 小结

综上所述,阳平与上声的听觉感知会受到前后字位置的影响。表现为人们对位于后字的终点音高不能如前字那样很好地感知为上声。在前字位置时,感知为上声的范围略大于阳平;而在后字位置时,被感知为上声的范围非常小。

分析其原因,一方面由于位于后字的上声调多是带有尾音的曲折调变体,如果缺少了边界尾音的参照作用,后字上声较难被感知。

另一方面从声学上分析,阴平、阳平、去声后接阳平调,使阳平的调尾调值较前一个高调略低,即处于阴、阳、去三声后面的阳平实际读音约为 23。(参见图 3)因此,大大压缩了上声的空间。与声学特征相符的是人们的听觉感知,位于阴、阳、去三声后面的阳平调的感知范畴较大,更多被感知为阳平。

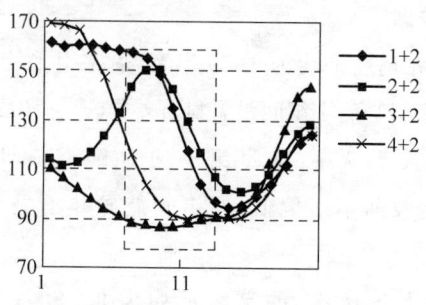

图 3 "四种声调+阳平"组合图①

尽管阳平和上声的听感界限和范围明显受到前后字位置的影响,但人们对它们的范畴感知能力在前后字组间却没有显著差异,都能较好地以范畴化模式感知并区别这两个调类。

---

① 此图引自熊子瑜(2005)由一位发音人所读的两字组音高均值做出的"四种声调+阳平"组合图。

3.3 参照字不同调类的组间差异

3.3.1 边界位置

我们知道前后字组的不同位置对听觉感知的边界位置存在影响,因此,分析参照字调类对边界位置的影响时,我们分前字组和后字组两部分对数据进行统计分析。

结果表明,前字组的边界位置在各调类组间差异显著,具体表现为阳平组与其他两个调类组间差异均显著(阳平-阴平:$P=0.012$,阳平-去声:$P=0.004$),阴平与去声组间无显著差异。

后字组的边界位置在调类组间差异显著,具体表现为阴平组与其他两个调类组间差异均显著(阴平-阳平:$P=0.020$,阴平-去声:$P=0.014$),阳平与去声组间无显著差异。

3.3.2 上声的最大辨认率

对整体数据中参照字各调类组间的差异性进行单因素方差分析,上声最大辨认率在调类组间差异显著,具体表现为阴平组与其他两个调类组间差异均显著(阴平-阳平:$P=0.023$,阴平-去声:$P=0.047$),阳平与去声组间无显著差异。

边界宽度、阳平的最大辨认率、区分峰值等其他数据在各调类组间均无显著差异。

3.3.3 小结

综上所述,参照字的不同调类对阳平和上声的听觉感知也具有影响。

目标字处于前字的情况下,后面参照字是阳平调时,听感边界位置显著高于参照字是阴平调和去声调,即后接阳平调的音节较难被感知为阳平调。

目标字处于后字的情况下,前面参照字是阴平调时,感知边界位置显著低于参照字是阳平调和去声调,即当前字为高平调时,后接音节较难感知为上声,即便是终点降至调域最低点的9半音,也仍有约25%的概率感知为阳平(如:军阀、专长)。

总的来看各组边界位置的平均音高,前字组中去声组(12.8)<阴平组(14.1)<阳平组(17.1),后字组中阴平组(10.4)<阳平组(12.3)<去声组(12.5)。从均值上看,前字组的组间差异要大于后字组,即后接参照字的情况下对听感产生的影响可能大于前接参照字的影响。

尽管参照字的不同调类对听觉感知有显著的影响作用,但前字组和后字组的各边界位置没有重叠,前字组平均为12.8～17.1,后字组平均为10.4～12.5。由此可推断,目标字位于前后的影响作用要大于参照字调类的影响作用。

3.4 不同词语的组间差异

选择实验词语时,我们参照了熟悉度五点量表调查分数,选择的是两个词语间熟悉度分数较为接近的词对,每类选择了两个词对。而每类的两对词语之间也存在熟悉度分数的差异。按每对词语的熟悉度分数,将每类中的两个词对分为高熟悉度组和低熟悉度组,比如前字阴平组的两对词"沿袭-演习"的熟悉度得分和为345,"职责-指责"的熟悉度得分和为396,则"沿袭-演习"归为低熟悉度组,"职责-指责"归为高熟悉度组。

将两组词语的边界位置、边界宽度、上声最大辨认值、阳平最大辨认值、区分峰值的数据进行配对样本 T 检验,结果表明,以上各项数据在不同熟悉度词语组间均无显著差异(P 值依次为

0.616、0.910、0.682、0.215、0.826)。

由此可见,在控制了每组选项词语熟悉度的情况下,不同词对之间并没有因熟悉度的不同而产生感知结果上的差异。

3.5 不同性别组间的差异

在男性组和女性组中分别计算出感知的边界位置、上声最大辨认值、阳平最大辨认值、区分峰值,依次进行独立样本 T 检验,结果表明,以上各项数据在不同性别组间均无显著差异(P 值依次为 0.797、0.081、0.447、0.109)。

因此,尽管上声最大辨认值男性平均比女性高约 5 个半音,区分峰值女性平均比男性高约 7 个百分点,但男性和女性的阳平和上声听觉感知结果在统计上并没有显著差异。

3.6 不同呈现方式组间的差异

3.6.1 辨认实验

辨认实验中屏幕呈现顺序有两种:上声在前组(上声词语位于屏幕左侧、阳平词语位于屏幕右侧)和阳平在前组(阳平词语位于屏幕左侧、上声词语位于屏幕右侧),分两组被试进行测试。分别计算出感知的边界位置、上声最大辨认值、阳平最大辨认值,依次进行配对样本 T 检验,结果表明,上声在前组的边界位置(13.04)显著小于阳平在前组的边界位置(13.36)(P=0.013)。

这说明辨认实验中,上声词在屏幕左侧(即由左手按"上声词"选项)时,被试选择上声的比率显著低于上声词位于屏幕右侧(即由右手按"上声词"选项)。

3.6.2 区分实验

区分实验中刺激音的播放有两种方式,在不同被试间进行平衡,一种是目标字终点音高较低的刺激在前、较高的刺激在后,我们称为低高组,另一种是目标字终点音高较高的刺激在前、较低的刺激在后,我们称为高低组。低高组的区分峰值(平均65.00)高于高低组的区分峰值(平均43.17)二十多个百分点。对低高组和高低组的区分峰值数据进行配对样本T检验,结果表明低高组与高低组的区分峰值差异具有显著性($P=0.001$)。

区分实验中选项的呈现有两种方式,在不同被试间进行平衡,一种是"相同"选项位于屏幕左边(即由右手选择"不同"选项),我们称为左同组,另一种是"相同"选项位于屏幕右边(即由左手选择"不同"选项),我们称为右同组。右同组的区分峰值(平均61.75)高于左同组的区分峰值(52.92)约九个百分点。对左同组和右同组区分峰值数据进行配对样本T检验,结果表明左同组和右同组的区分峰值差异具有显著性($P=0.006$)。

这说明刺激音的播放次序和屏幕选项的呈现顺序都会对区分峰值产生影响,其中刺激音的播放次序对结果的影响更大,先低音后高音的播放次序更容易使被试听出感知边界处的差异。

四、总结

已有的单音节阳平/上声听感实验结果认为是非范畴化或准范畴化的感知,并且将低调听辨为阳平的倾向性明显强于上声。我们的双字组实验结果表明,阳平和上声的感知属于范畴化的感知模式;阳上在终点上的感知边界位置主要集中在12~13半音左右,各组平均值为13.15半音,即约41.5%的范围倾向于听辨为上声,58.5%听辨为阳平;听辨为阳平的倾向性较大,阳平在总体上略占优势。

阳平和上声听感范畴的影响因素有多种,所占权重也各有不同。

首先,目标字位置的前后对听感有明显影响。总的来说,前字组的边界位置比后字组偏高,即前字组被感知为上声的范围大于后字组,后字组被感知为阳平的范围大于前字组。这可能与上声的边界调尾以及阳平终点在后字对上声的压缩有关。

其次,参照字的不同调类对听觉感知也具有一定的影响作用。前字组中后接阳平调的音节较难被感知为阳平调,后字组中当前字为高平调时后接音节较难感知为上声。后接参照字的情况下对听感产生的影响大于前接参照字。(参见图4)

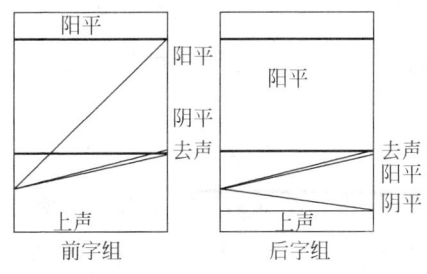

图4 前后字组各调类参照字的阳平/上声听感范围示意图

(注:图中两条水平横线表示该组中边界位置的最大值和最小值)

此外,辨认实验中选项的不同呈现顺序,以及区分实验中选项的不同呈现顺序和刺激音的不同播放顺序也对感知结果产生影响。其中区分实验中刺激音的播放顺序的影响大于选项呈现顺序的影响。

不同熟悉程度的词语和不同性别的被试,在本次实验中并没有显著的差异。

第八节 阳平和上声的听感分界的分级测试方法[*]

一、引言

汉语普通话声调系统中,共有四个声调:阴平、阳平、上声和去声。以往有研究表明无论是对以汉语为母语的中国人(Chang et al.,1971;Jeng Heng-hsiung,1985),还是学习第二语言汉语的留学生(Kiriloff,1969;王韫佳,1995),阳平和上声的听感区分错误在整个四声中最为突出;留学生阳平和上声的产出也经常出现偏误,甚至发生"石化"。

汉语声调的主要感知依据为基频曲线、强度曲线和时长(Howie 1972;Xu & Wang 2001),其中最为重要的感知依据为基频曲线和时长(林焘、王士元,1984)。阳平的调型为中升,表现在单字稳定状态下基频曲线为上升走向。对于上声的描述,石锋等(2011)回顾了赵元任,王力及吴宗济等对北京话上声的描述,认为北京话上声的本质是低平调。

阳平和上声的听感还有很多可研究之处。前人研究多以单字

---

[*] 本节原发表于《实验语言学》2013 年第 1 号,作者:王大佐、石锋。

为语料(王韫佳、李美京,2010;李倩、曹文,2007),而对两字组中的阳平和上声感知情况研究较少。本实验试图以有意义的两字组为语料,运用心理语言学实验方法的范畴感知模式,探索两字组中阳平和上声的感知特点。

二、实验方法

2.1 被试

20名南开大学学生参与了本次实验(18女,2男;平均年龄23.6岁,SD=2.06)。他们均来自北方方言区,普通话水平良好。所有被试均未接受过专门的音乐训练。被试身体健康,无阅读障碍,无发音器官疾病。

2.2 语料

2.2.1 字表

本实验以一位男性发音人发出的普通话两字组作为语料合成的基础,具体情况如下:

表1 两字组表

前字对比组				后字对比组			
目标字	非目标字	目标字	非目标字	非目标字	目标字	非目标字	目标字
阳平	阳平	上声	阳平	阳平	阳平	阳平	上声
鼻	头	笔	头	长	袍	长	跑

我们共选取两对两字组。分别为:鼻头-笔头;长袍-长跑。见表1。目标字的调类为阳平和上声,我们合成从阳平"鼻"到上声

"笔"和阳平"袍"到上声"跑"的声调连续体,考察阳平和上声的听感特点。非目标字统一为阳平调。

2.2.2 录音

录音在南开大学语音实验室进行。实验室宽敞明亮,十分安静。采用语音软件 Praat v.5.2.01 配合声卡及外接麦克风进行录音。采样率:22050 字节/秒;数据位宽:16 比特;声道:单声道;保存类型:wav 格式。

发音人为一位南开大学本科生,男,24 岁,在北京出生长大,其父母均为北京人。发音人视力听力正常,口齿清楚,普通话水平良好。

我们采用负载句"我说的是____这个词"搭配两对两字组(鼻头-笔头;长袍-长跑)进行录音,这样共有 4 种搭配。发音人在自然舒适的状态下进行发音,我们要求其发出无任何信息强调的陈述句。每种负载句共读 5 遍。

2.2.3 语音刺激合成

在刺激合成之前,我们对该发音人所发语音的调域和单字音节时长进行测量,结果表明,该发音人阳平调的调域的下限为 14 半音,上限为 19 半音;上声低平区接近 9 半音。对于两字组内单字的时长,我们统一设置为 160 毫秒。

在得到的负载句中,找出发音质量最好,基频曲线完整清晰的两字组作为语音刺激合成的原始语料。根据测得的数据,将非目标字(阳平)的调域设定为 14~19 半音,时长规定为 160 毫秒。对于目标字,时长也设定为 160 毫秒,以上声为基础(即以"笔头""长跑"为基础),合成如下图的阳平-上声连续体:

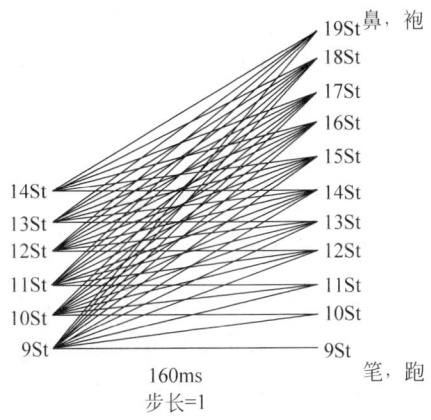

图 1　阳平上声连续体基频曲线图

使用脚本在 Praat 软件中实现刺激的合成。由于测得发音人两声调的调域不太相同,我们共设计合成了 6 组连续体。区别在于起点音高的不同。以 9 半音为起点的上声-阳平连续体中共有 11 个语音刺激。相邻刺激终点音高相差 1 半音。起点音高每升高一个半音,对应连续体便减少一个语音刺激。

合成时在脚本中设定需要的起点音高和终点音高及音节时长,便可得到以上语音刺激,最终得到 11+10+9+8+7+6=51 个刺激音。两对两字组共 51×2=102 个刺激音。

2.3　正式实验

我们采用范畴感知研究范式,实验共分为两个部分,即辨认实验和区分实验。

辨认实验中,被试将听到合成的语音刺激。每听到一个刺激音后,被试根据其听感来判断听到的是"长袍"还是"长跑";"鼻头"

还是"笔头"。每个刺激音之间间隔3秒,以供被试来判断选择。所有刺激音均随机排列,重复1次,被试在答卷上标注选项。在正式进行辨认实验前,有一定练习帮助被试熟悉实验任务。

区分实验中,被试做AX辨认任务。他们每次将听到一对刺激音,然后根据听感来判断这一对音中的两个两字组语音是否相同。每一对刺激音中的两个两字组的目标字相差2半音,两个两字组之间间隔2秒,一对刺激与另一对刺激间隔3.5秒,供被试进行判断选择。每组区分实验中成对刺激音的数量是对应的辨认实验中单个刺激音的个数减去2。所有刺激对均随机排列,重复1次,被试在答卷上标注选项。同样在正式实验前,有一定练习。

整个实验在南开大学语音实验室进行。

三、实验结果

3.1 以9半音为起点的辨认区分曲线图

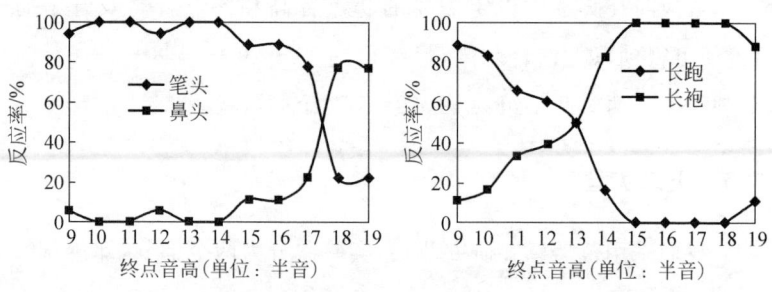

图2 9半音为起点阳平上声连续体辨认区分曲线图

〔前字对比组(左),后字对比组(右)〕

以 9 半音为起点的阳平上声连续体的听辨结果中，我们可以看到，前字对比组中，对于连续体中前 9 个刺激音，被试判断成上声"笔"的比率很高，均在 77.8%（第 9 个刺激音反应率）以上，很明显前 9 个刺激音归入上声范畴中。在第 9 和第 10 个刺激间"笔头"的辨认函数出现了一个明显陡降，第 10 个刺激判断成阳平"鼻"的比率则达到 77.8%，这表现出一个明显的范畴边界。范畴边界位置，即判断"鼻"和"笔"的反应率均为 50% 对应的终点音高为 17.5 半音。

从前字对比组的区分曲线中，我们可以看到，前 7 对刺激的区分正确率都不高，均未超过 20%；在第 8 对刺激（16、18 半音组成）区分正确率达到最大值 50%，随后在第 9 对刺激又有所下降。区分峰与范畴边界位置较为对应。

对于后字对比组的辨认曲线，我们可以看到，从第 1 个刺激开始，被试判断成上声"跑"的比率便不断下降，直至第 7 个刺激，被试将语音刺激判断成阳平"袍"的比率达到了 100%，完全进入了阳平范畴。范畴边界位置为 13 半音。

从后字对比组的区分曲线来看，在第 3 对刺激（11、13 半音组成），区分正确率达到了最大值 66.7%，随后区分正确率逐步下降。区分峰比范畴边界位置稍靠前。

虽然我们并未得到如 Liberman et al.(1957) 对于英语塞辅音 /b//d//g/ 的严格意义上范畴感知的标准结果，但我们可以清楚地看到：前字对比组的范畴边界位置要明显大于后字对比组的范畴边界位置。这在接下来的实验结果图中均有体现。

3.2 以 10 半音为起点的辨认区分函数图

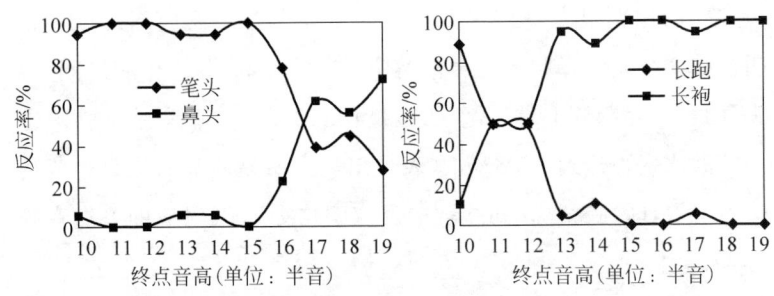

图 3　10 半音为起点阳平上声连续体辨认区分曲线图
[前字对比组(左),后字对比组(右)]

以 10 半音为起点的实验结果中(图 3),可以看到对于前字对比组的辨认曲线,前 6 个刺激音判断成上声"笔"的反应率较高,大于等于 94.4%,从第 7 个刺激开始,"笔头"辨认曲线出现陡降,在第 9 个刺激处稍有反弹,直至第 10 个刺激仍未完全进入阳平"鼻"的范畴。范畴边界位置为 16.5 半音。

前字对比组的区分曲线在第 4 对刺激(13、15 半音组成)处出现一个小峰,但区分正确率仅达到 33.3%。整个曲线最高值在第 8 对刺激(17、19 半音组成),达到 55.6%。

后字对比组的辨认曲线,从第 2 个刺激音开始"长跑"辨认,曲线就开始出现陡降,直至第 4 个刺激,判断为阳平"袍"的反应率达到 94.4%。完全进入了阳平范畴。范畴边界位置为 11 和 12 半音。

区分曲线则在第 2 对刺激(11、13 半音组成)达到区分率最大值 72.2%,出现区分峰。区分峰与范畴边界位置较为对应。

3.3 以 11 半音为起点的辨认区分曲线图

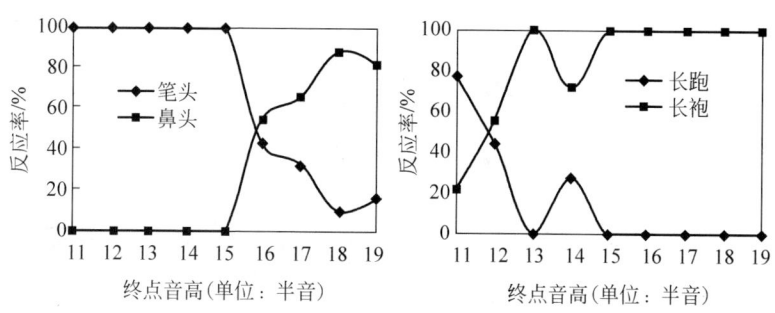

图 4　11 半音为起点阳平上声连续体辨认区分曲线图
［前字对比组（左），后字对比组（右）］

以 11 半音为起点的阳平上声连续体的实验结果中，我们可以看到，对于前字对比组的辨认曲线，前 5 个刺激均 100% 判断成上声"笔"，从第 6 个刺激音开始出现陡降，出现明显的范畴边界。范畴边界位置为 15.9 半音。

前字对比组区分曲线在第 5 对刺激（15、17 半音组成）达到最大，区分正确率为 44.4%。与范畴边界位置较为对应。

后字对比组从第 2 个刺激音开始，"长跑"的辨认曲线便出现了明显的陡降，至第 3 个刺激音 100% 判断为阳平"袍"，进入阳平范畴。范畴边界位置为 11.8 半音。

后字对比组区分曲线在第 1 对刺激处便达到最大值，72.2%。可以判断在此处应存在一个与范畴边界对应的峰。

3.4 以 12 半音为起点的辨认区分曲线图

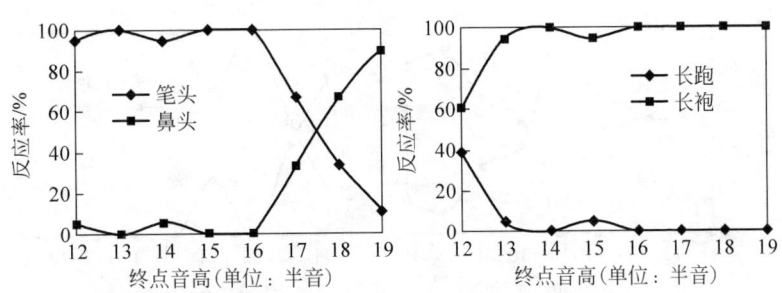

图 5　12 半音为起点阳平上声连续体辨认区分曲线图
[前字对比组(左),后字对比组(右)]

以 12 半音为起点的实验结果中可以看到,对于前字对比组的辨认曲线,前 5 个刺激音被试判断为上声"笔"的反应率非常高,大于等于 94.4%,从第 6 个刺激开始出现陡降,至第 8 个刺激,被试 88.9% 判断成阳平"鼻"。范畴边界位置为 17.5 半音。

前字对比组区分曲线,在第 5 对刺激(16、18 半音组成)达到最大值 66.7%。区分峰与范畴边界位置较为对应。

后字对比组的辨认曲线中,第 1 个刺激音 61.1% 判断成阳平"袍"。第 2 个刺激则完全处于阳平范畴中。没有出现交点,这表明对于在以 12 半音为起点合成的刺激连续体都在阳平范畴中。我们可以推测范畴边界位置要小于 12 半音。

后字对比组的区分曲线中,区分正确率最大值在第 1 对刺激(12、14 半音组成)。可能还不是区分峰。

3.5 以 13 半音为起点的辨认区分曲线图

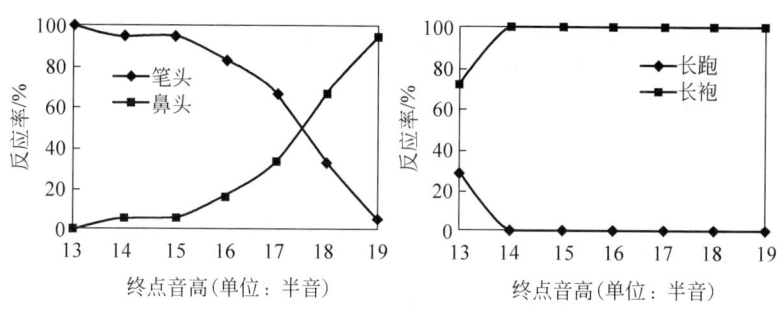

图 6　13 半音为起点阳平上声连续体辨认区分曲线图
〔前字对比组(左),后字对比组(右)〕

以 13 半音为起点的实验结果中,我们可以看到,对于前字对比组的辨认曲线,"笔头"辨认曲线一直处于下降的趋势。较为明显的是从第 5 个刺激音 66.7%,辨认为"笔",到第 6 个刺激音,辨认为"鼻"的却达到 66.7%,表现出了范畴边界。范畴边界位置为 17.5 半音。

前字对比组区分曲线,在第 4 对刺激(16、18 半音组成),区分正确率达到 55.6%,可以观察到区分峰,与范畴边界位置较对应。

后字对比组的辨认曲线,我们可以很清楚地看到,被试将所有刺激归入到了阳平范畴中。区分正确率最高也在第 1 对刺激(13、15 半音组成),达到 50%。还不是区分峰。

3.6 以 14 半音为起点的辨认区分曲线图

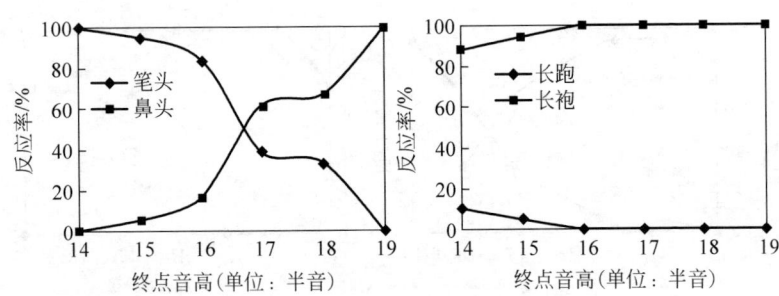

图 7　14 半音为起点阳平上声连续体辨认区分曲线图
〔前字对比组(左),后字对比组(右)〕

以 14 半音为起点的阳平上声连续体的实验结果中,可以看到,对于前字对比组的辨认曲线,"笔头"辨认曲线一直处于下降的趋势。较为明显的是从第 3 个刺激音,辨认为"笔"的有 83.3%,到第 4 个刺激音,辨认为"鼻"的反应率达到 61.1%,表现出范畴边界。范畴边界位置为 16.75 半音。

前字对比组区分曲线在第 3 对刺激音(16、18 半音组成)处,区分正确率达到了最大值 66.7%。区分峰与范畴边界位置较为对应。

后字对比组的辨认函数同样表现出被试将所有刺激归入到阳平范畴中。区分正确率整体水平不高,不超过 30%。

四、讨论

在本研究中,我们根据不同的起点,即 9～14 半音,共合成了

12组阳平上声连续体,前字对比组"鼻-笔"6组,后字对比组"袍-跑"6组。在结果部分,计算了范畴边界位置,见表2。

表2 范畴边界位置表(单位:半音)

起点 \ 字组	前字对比组 (鼻头-笔头) 位置(终点音高)	后字对比组 (长袍-长跑) 位置(终点音高)
9	17.5	13
10	16.5	11
11	15.9	11.8
12	17.5	—
13	17.5	—
14	16.75	—

需要注意的是,由于起点音高的不同,同一个字组中的6个连续体的刺激数目是递减的,因此对应的辨认曲线图就像把最初的图形从低端依次截掉一段一样。

起点音高为12、13、14半音时,后字对比组中没有得到范畴边界位置,但我们从总体趋势来推测,尽管范畴边界位置会随着起点音高的升高而有所变化,但对应的终点音高值应该大约在11.5半音。

对于起点音高为9、10、11半音的连续体,范畴边界位置均表现出前字对比组要大于后字对比组。我们以起点音高为9半音的连续体为例,前字对比组的范畴边界位置为17.5半音,对应的基频曲线为9~17.5半音;后字对比组的范畴边界位置为13半音,对应的基频曲线为9~13半音。这意味着,与后字对比组"长袍-长跑"相比,被试在前字对比组"鼻头-笔头"中,需要终点音高更高,基频曲线斜率更大,才能感知为阳平"鼻"。我们推测所有这些连续体都会展现这样的特点。

我们认为这种情况同"阳平＋阳平"两字组发音特点有关。吴宗济等(1989)的研究,把普通话四个声调进行 16 种两字组声调组合。每种组合选 9 到 10 组,共 156 个两字组,由一位在北京生长的男发音人发音,录音后进行平均的 F0 曲线分析。结果表明,两字组阳平后接阳平调,前字阳平 F0 曲线要高于后字阳平 F0 曲线。我们认为,这与发音有很大关系,若无特殊的强调,发"阳平＋阳平"双音节词,后字有音高下倾的趋势,这样发音也较省力。

在感知上,前字对比组,由于目标字在前,后面参照的阳平字音高设为 14~19 半音,被试要将其判断为阳平"鼻",需要基频曲线的终点足够高,前字对比组 6 组范畴边界位置均在 15.9~17.5 半音,才能 50% 以上感知阳平;而后字对比组,目标字在后,前面已经有了基频曲线终点音高为 19 半音的阳平调"长",那么被试无须更高的 F0 终点音高便可以将后字感知为阳平调"袍"。

从实验结果图 2 至图 7 来看,并非所有的都呈现如 Liberman et al.(1957),Xu et al.(2006),Peng et al.(2010)那样的范畴感知特点:有平滑规整的曲线,有非常明显的范畴边界,与范畴边界相对应的区分峰。这可能与我们实验过程中控制条件不够严格有一定关系。尽管如此,我们从前字对比组的辨认区分实验结果图上来看,被试对阳平和上声的感知呈现的是范畴感知特点:明显的范畴边界及与之对应的区分峰。

五、结论

在本研究中,我们主要考察了汉语普通话阳平和上声在两字组中的感知特点。实验结果表明阳平和上声的听觉感知呈现出范畴化特点,表现为明显的范畴边界和与之对应的区分峰。与后字对比组相比,被试需要更高的终点音高位置和更大的基频曲线斜率才能将前面的目标字感知为阳平调。这与"阳平+阳平"两字组基频曲线特点以及发音和感知的对应有较大关系。

第九节　上声与去声的听感分界[*]

一、引言

汉语是典型的声调语言。赵元任先生认为声调是"用嗓音高低的音位来辨别字的异同",声调在分辨音位上的负担很重。(赵元任,1980)汉语声调起着非常重要的作用。

语音的感知研究一直是语言学界研究的热点问题。近年来,对汉语声调的感知研究也逐步深入。研究的主要问题集中在汉语声调是否为范畴化。王士元(1976)用元音 i 合成了从阳平到阴平11 个音节的连续体,其音高范围由 105Hz 到 135Hz,步长为 3Hz。结果表明,普通话阴平和阳平存在着音位分界,范畴边界在 123Hz 处。Hallé et al.(2004)用负载句"一个×字"形式考察了台湾普通话母语者对台湾普通话中阴平和阳平、阳平和上声、上声和去声三

---

[*] 本节原发表于《实验语言学》2013 年第 1 号,作者:李舒、石锋。原文为英文此次发表由石锋、郝苗苗译为中文。

个连续体的感知情况。结果显示,三组连续体的识别曲线都出现了明显的陡升或陡降,而区分曲线则均保持在较高的区分率,因此台湾普通话声调为准范畴性(quasi-categorical),且声调的感知情况与元音的感知更为相似。由于台湾普通话和大陆普通话只有细微的差别,他们认为这个结果很可能也是汉语普通话及其他声调语言的感知模式。席洁等(2009)的实验结果表明,汉语阴平和阳平的感知是高度范畴化的,且声调的区分获得较早,6岁儿童即具有和成年人类似的加工模式。因此他们认为,汉语声调是一种较强的音位特征。

不同母语经验会对普通话的范畴感知产生影响。张林军(2010a、2010b)考察了汉语母语者和零起点的非声调语言(韩语)母语者、音高重音(日语)语言母语者和声调语言(泰语)母语者感知普通话阴平和阳平连续体的情况。实验给被试进行了单音节/yi/的听辨,刺激连续体在步幅 ERB 上等距。结果表明汉语母语者对普通话阴平和阳平的知觉具有明显的范畴化特征,泰语母语者表现出一定的范畴化特征,而韩国和日本留学生的知觉则为连续性。Peng et al.(2010)的研究结果表明,汉语母语者在感知普通话声调时存在语言学上的界限,而德语母语者感知普通话声调则为物理界限;由于粤语具有更加丰富的声调系统,粤语母语者在感知和产出语言时能更好地利用音高信息,这样进一步加强他们音高感知的能力。

已有的实验采用不同的实验方法考察了汉语普通话声调的感知情况。其结论基本是一致的,即汉语声调具有范畴化特点,且不同的母语经验会对感知产生重要影响。参照已有的研究,本实验在以下几方面试图做出进一步探索:

首先,以往的实验均为单音节的听辨,而本实验采用有意义的双音节词,更能反映真实的语言情况;其次,以往的实验多采用等距赫兹值的声调连续体,而本实验将音高赫兹值换算成半音值进行计算和合成;第三,前人的实验多考察阴平和阳平连续体的感知情况,本实验选取上声和去声这一连续体,考察其在词语环境中的感知情况,从中总结出上声和去声起点在听感分界的位置,并与其声学空间的分布进行对比分析。

二、实验方法及过程

2.1 实验方法

实验以阴平、阳平、去声为前字和后字的参照字声调,目标字为声母韵母相同而声调可以是上声也可以是去声的同音异调字,供被试选择。这样共有 6 种组合:3 个参照声调(阴平、阳平、去声)×2 个位置(前字和后字)。我们为每种组合都选取了一些备用词项。采用 5 级量表测试每两个对比词之间的熟悉度是否相近。有 32 名大学生参加了测试。最后我们选定表 1 中的 6 组实验词。

表 1 选定的 6 组实验词项

参照字声调	前字对比	后字对比
阴平	火 huǒ/货 huò 车	发火 huǒ/货 huò
阳平	几 jǐ/计 jì 时	防止 zhǐ/治 zhì
去声	喜 xǐ/戏 xì 剧	大使 shǐ/事 shì

发音人为老北京人,男性,身体健康,无阅读障碍、言语障碍。录制过程中采用词卡呈现的形式,要求发音人用负载句"我现在说

的是××这个词"朗读所呈现的词语,朗读按顺序和无序两种方式,每个词语共重复朗读10遍。

实验词的合成制作分为参照字和目标字两部分。合成制作是从录制的负载句中,选取发音饱满清晰的实验词,切分出来作为合成的原始音。采用Praat软件按半音标度把这两个原始音合成为一定标准的语音样本。三个声调的参照字音高和时长的制作标准见表2。对于目标字首先把基频曲线的起点定为19半音,终点定为9半音。然后把起点依次降低1半音直至和终点相同(见图1)。这样每组词都合成为有11个刺激音的一个连续统。

表2 参照字声调的合成标准

参照字声调	音高	时长
阴平	19St～19St	160ms
阳平	14St～19St	160ms
去声(在前)	19St～14St	130ms
去声(在后)	19St～9St	130ms

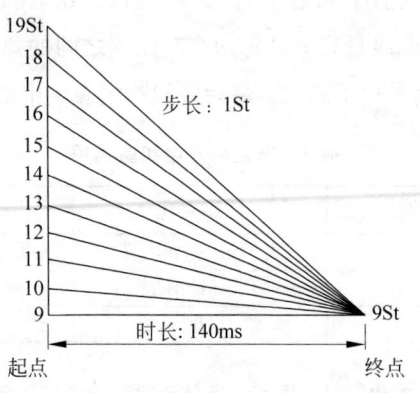

图1 目标字上声和去声连续体的合成示意图

2.2 实验过程

实验被试共 32 人,15 男 17 女,身体健康,平均年龄 23.9 岁,无阅读及听力障碍。

听辨测试在一个安静的教室利用 E-prime 程序进行,采取二选一迫选形式。在识别实验中,11 个刺激×6 组=66 个刺激音,随机播放。被试听为电脑屏幕左边词,就按"F"键;听为电脑屏幕右边的词,就按"J"键。把被试分为 A、B 两组,A 组在电脑屏幕中显示上声词(如"火车")在左,去声词(如"货车")在右;B 组的显示与此相反。在区分实验中,9 对刺激(2 阶,如 9St×11St,10St×12St 等等。以 9St×11St 为刺激对 1)×6 组=54 对刺激音,随机播放。被试通过按键判断每对刺激音是否相同。每组实验中所有刺激均为随机排序,开头和结尾部分各加入 3 对刺激音,不计入统计。播放时设计了每对刺激音内部先后顺序以及屏幕显示"相同、不同"的顺序保持平衡。

三、实验结果的分析

前字对比组的实验结果见图 2。左列是识别测试的曲线总体平均曲线,右列是与此相对的区分测试的总体平均曲线。

后字对比组的实验结果见图 3。左列是识别测试的曲线总体平均曲线,右列是与此相对的区分测试的总体平均曲线。

感知边界可以通过识别测试的数据来计算。边界位置是两条识别曲线交叉的交点。这个位置的计算公式为:$X=(x2-x1)(y1-50\%)/(y1-y2)+x1$。其中,$x1$ 是交点之前的半音值较低

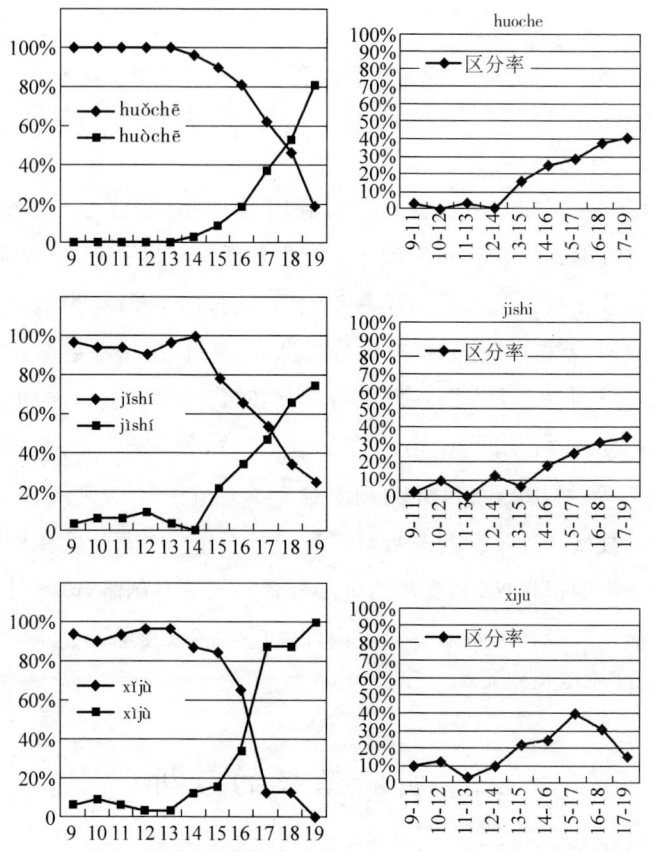

图 2 前字对比组的识别曲线和区分曲线

的点,x2 是交点之后的半音值较高的点,y 表示对应的百分比。在表 3 中显示得出的以半音和百分比表示的边界位置(音高范围的上限 19 半音为 100%)。前字对比组的边界值从大到小的顺序是:阴平＞阳平＞去声。后字对比组边界值从大到小的顺序是:阳平＞阴平＞去声。可以看出,当参照字的声调为去声时,无论是前字对比组还是后字对比组,边界位置都是最低的。另外,当参照字

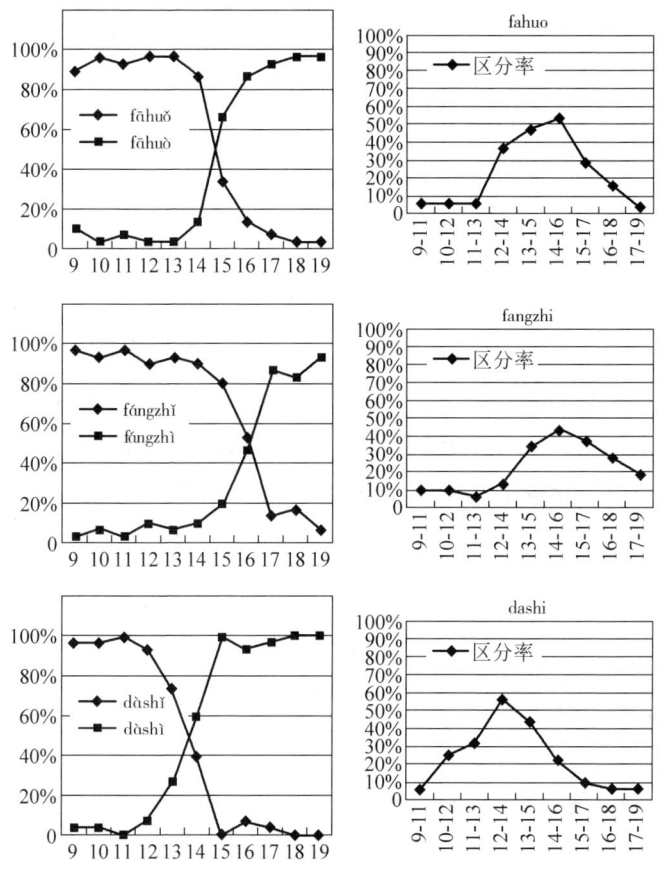

图 3 后字对比组的识别曲线和区分曲线

声调相同时,前字对比组的边界值都是大于后字对比组的边界值。在表 3 的每一行中,以同一声调为参照字的前字对比组跟后字对比组的百分比差异分别为阴平 31％,阳平 11％和去声 26％。可见参照字声调为阴平和去声时,差异很大。这意味着它们的边界位置动态性较大。

表3　各组识别测试的听感边界位置

参照字声调	前字对比组	后字对比组
阴平	17.8 St　88%	14.7 St　57%
阳平	17.2 St　82%	16.1 St　71%
去声	16.3 St　73%	13.7 St　47%

在区分测试中,如表4所示,各组最大正确率都不是很高,去声后字对比组的56%为最高,阳平前字对比组的34%为最低。把前字对比组和后字对比组一起考虑,最大正确率从大到小的顺序是:去声≥阴平＞阳平。在相同声调条件下,后字对比组都大于前字对比组。被试在判断他们听到的内容时需要参照字音的声调对比。前字对比组是把参照字音放在后面,后字对比组是把参照字音放在前面。显然,参照字音在前,对比字音在后的方式更符合人们的判断习惯。所以,对于后字对比组的刺激音判断更为敏感。

表4　各组最大区分正确率

参照字声调	前字对比组	后字对比组
阴平	41%	53%
阳平	34%	44%
去声	41%	56%

这样,上声和去声之间整体的边界位置可以分别对于前字对比组的三个边界值和后字对比组的三个边界值进行平均来计算。如图4所示,前字边界位置为调域的81%处,后字的边界位置在调域的58%处。边界以上为去声,边界以下为上声。即,去声的起点在前字时从调域上限向下延伸19%,分布范围约占全部调域的1/5;在后字时向下延伸42%,分布范围约占全部调域的2/5。

后字起点分布范围是前字的 2 倍。相比之下,上声起点的分布范围明显比去声要宽松很多。这是因为去声的高降调特征集中在起点的高,因而起点不能放松。上声的低平调特征要求整体的低调阶,只要占据了调域下限,对于起点并没有特别的限制。

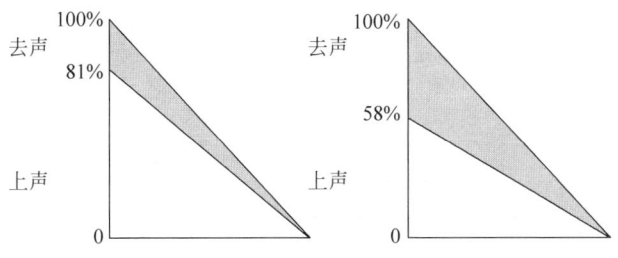

图 4　前字对比组(左)和后字对比组(右)的边界位置

四、讨论

4.1　影响声调听感边界的因素

目标字的位置可以影响听感边界。如表 3 和图 4 所示,当参考字声调相同时,前字对比组的边界值大于后字对比组的边界值。这就相当于去声在后字对比组中的听感边界降低,分布范围扩大。这表明目标字在前,参照字在后面时起的作用比较大;目标字在后,参照字在前面的时候起的作用稍小些。

参照字的声调对听感边界也有影响。上声单念时的高尾音属边界成分,对上声的低音特征起支撑作用。(石锋、冉启斌,2011)在本实验中的阴平整体为高调,阳平终点为高调,去声起点为高调,这三个声调的参照字位于目标字的后面,具有跟高尾音同样的作用,对判断前面的目标字为上声的选择给予支持。因此听辨为上声的比率更大。去声的参照字在目标字前面的时候,由于"去声+去声"的前字变调为"半去",对于后字去声的起点放宽,所以后面的目标字听感边界下降最大,为47%,低于50%(见表3)。

表5 不同性别的边界位置

参照字声调	前字对比组		后字对比组	
	女	男	女	男
阴平	88%	91%	61%	56%
阳平	84%	79%	69%	67%
去声	74%	72%	48%	45%

听感边界位置还会受到不同性别和选项的屏幕显示顺序的影响。如表5所示,除阴平前字对比组之外,各组中女性的边界值都大于男性。语言中的性别差异是一种基于生理和心理的基本差异。在本实验中,这种性别差异都在5%以内,不会影响交际。在辨别测试中,多数情况是A组的边界值大于B组,如表6所示。这意味着A组的被试更可能选择上声,而B组的被试则更可能选择去声。由于大多数人习惯于从左到右的阅读方向,左侧出现的选项先于右侧被看到,因此具有一定的优势,使被试选择左侧的选项的可能性增加。

表6 不同组别的边界位置

参照字声调	前字对比组		后字对比组	
	A	B	A	B
阴平	90%	80%	59%	56%
阳平	85%	77%	70%	71%
去声	73.4%	72.6%	47%	48%

4.2 听感范围和声学分布特征

从实验结果可以看出,在两个上声和去声的连续体中,上声的听感范围都是大于去声的听感范围。这说明,去声对起点的要求较高,其分布范围在前字时只占整个调域上部的约 20%,在后字时约为 40%。石锋、王萍(2006)对北京话声调的研究表明,去声起点的声学空间范围跨度较小,属于稳态段,因此在听感上也呈现出狭窄的分布,变化范围较小。

而上声对起点的要求较为宽泛,前字起点位置分布在从调域的下限以上约 80% 范围,后字起点分布约为 60%。上声可以有 214、21、213、313 等多个变体。从上声的声学格局来看,其起点的声学空间范围跨度较大,说明上声的起点属于动态分布。上声起点在听感上的分布范围较大也从另一个角度证明了上声调头的"次要性",它主要是一种发音的生理过程,承载的调位信息较少。(石锋、冉启斌,2011)

石锋(1994)认为,在声调格局中每一个声调所占据的是一条带状的声学空间,某一条声调曲线如果位于这个带状的范围之内,就符合这个声调的特征。声调在听感上也呈现出格局的状态,两个范畴之间有一定的界线。一个声调曲线如果在一定的范围内变化,就不会被听成其他声调。因此,上声和去声各自占据了一定的听感范围,并呈现出不同的分布情况。

如果把百分比换算成五度值标度,那么实验中 0~20% 为 0~1(对应五度值的 1 度),20%~40% 为 1~2,以此类推,80%~100% 为 4~5。那么前字对比组范畴边界在 5 度之内,去声前字起点分布范围为 4~5,上声 0~4;后字对比组范畴边界在 3 度和

4度之间,去声后字起点分布范围为3～5,上声0～3。本实验中的刺激语料为二字组词语,而图5北京话声调统计图为单字调的空间分布,因此实验中上声和去声起点的听感范围与图5中声学空间的分布不是完全对应,但是具有相当的一致性,说明它们的大体趋势是一样的。

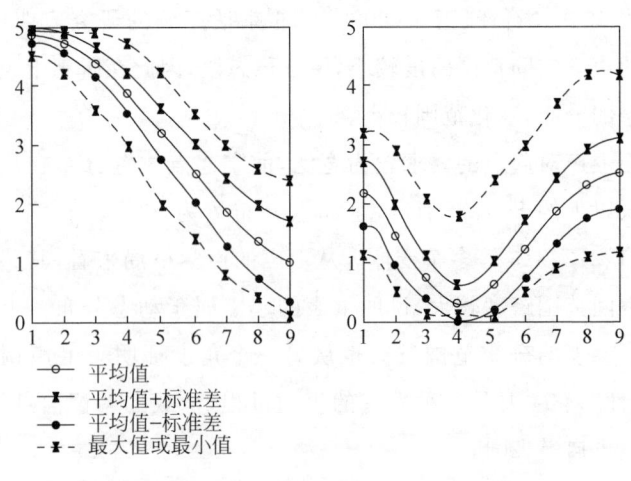

—○— 平均值
—⊥— 平均值+标准差
—●— 平均值-标准差
--⊥-- 最大值或最小值

图5 北京话上声(右)和去声(左)的声学分布

五、结论

本研究的结果表明,普通话上声和去声之间具有范畴化的听感边界。范畴的界线在调域的81%(前字对比组)和58%(后字对比组)处。其中,去声起点的听感分布范围较小,对起点的要求较严格;上声起点的听感分布范围较大,对起点要求宽松。

目标字的前后对听感边界位置有重要影响,前字对比组的边界值大于后字对比组。参照字的不同声调对上声和去声的听感边界也有影响。这两项都属于语言内部的影响因素,影响的程度较大。另外,被试的不同性别和电脑屏幕显示选项的不同顺序也都会影响到听感边界的波动变化。这些语言外部的因素影响程度较小。

以上关于上声和去声听感边界的结论与两个声调在声学空间的分布表现具有相当的一致性。

第三章　声调听辨实验的拓展

第一节　广州话平调的感知[*]

一、引言

不同说话人说出来的同一语音、同一个说话人在不同时间地点说出来的同一语音都是存在差异的,同时,语音又是时刻处于变化当中的。那么,听话人如何感知这些纷繁复杂的语音,排除其中的变异因素,从而正确获取其中的目标音,这是语音感知的一个基础而重要的问题。研究表明,听者能利用自身的范畴感知机制将这些纷乱的语音归并到自身母语中所具有的音位范畴中。

广州话的声调系统包含高中低 3 个平调,这对于声调感知研究来说具有得天独厚的条件。另有研究表明,广州话的这 3 个平调正处于变化当中,这为声调演变的共时考察又提供了极佳的视窗。因此,本节利用"平行测试法",通过低平调(阳去)-中平调(阴去)和中平调(阴去)-高平调(阴平)2 组辨认实验以及区分实验考察广州话高中低 3 个平调的单字音和双字词的听觉感知情况及其

---

[*] 本节原发表于《清华大学学报》(自然科学版)2017 年第 3 号,作者:谢郴伟、石锋、温宝莹。

听感空间,并进一步对广州话3个平调的演变情况和影响平调听感边界的因素进行深入剖析,对广州话3个平调的听感空间和演变机制进行探索。

二、研究方法

2.1 广州话的声调格局

"六声九调"是广州话声调格局总的描述,即阴平、阳平、阴上、阳上、阴去、阳去6个舒声调和上阴入、下阴入、阳入3个入声调。图1为笔者通过南开大学"桌上语音工作室"(Mini-Speech-Lab)做出的广州话单字调声调格局,发音人为本研究听感实验语音材料的录音人。从图中可以看出:阴平调为调值55的高平调,阳平调为调值21的低降调,阴上调为调值35的中升调,阳上为调值23的低升调,阴去调为调值33的中平调,阳去调为调值22的低平调。关于音高五度值的具体测算,详见石锋(1990a)。

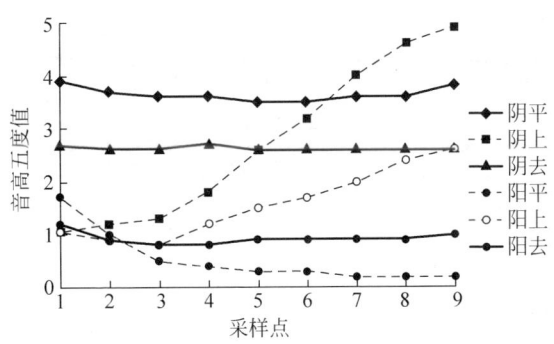

图1 广州话舒声调格局(男性)

然而,现在广州话的声调系统并不稳定,尤以平调显著。在进行听辨实验的声学预实验中,随机对一位女性被试所做声调格局分析也发现这一点,如图 2 所示,其低平调和中平调在声学上多有重叠。

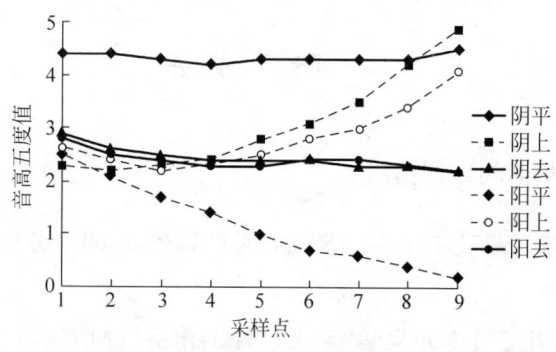

图 2　广州话舒声调格局(女性)

2.2　试验流程

2.2.1　辨认实验

辨认实验中被试会看到一个选择界面,屏幕左右各出现一个选项,左边选项为 F、右边选项为 J,要求被试判断所听到的是屏幕左边的字词还是右边的字词。如果是左边的就按 F 键,如果是右边的就按 J 键,要求又快又准地做出判断。被试进行选择后,选择界面消失,进入下一题的流程。实验分为正序和反序,不同按键反应差异通过不同被试组进行组间平衡。正式实验单字组约 10 分钟,双字组约 15 分钟。

2.2.2　区分实验

区分实验采用 AX 式,由 2 个单字音或双字词组成一个刺激对,每个刺激对由相隔的 2 个刺激组成,2 个刺激间相差 2 个半音。同一刺激对的 2 个刺激音之间相隔 500 毫秒。具体实验流程与辨认实验基本一致，只是在听到刺激音后被试看到的选择界面略有不同，屏幕左右会各出现一个提示，如"相同（请按 F）、不同（请按 J）"，要求被试判断所听到的刺激对是否相同，如果相同就按 F 键，如果不同就按 J 键。反应界面有"不同-相同"和"相同-不同"2 种顺序，不同按键反应差异通过不同被试组进行组间平衡。正式实验单字组和双字组均约 15 分钟。

2.3 数据统计

本实验使用 Excel 和 SPSS20 软件对数据进行统计分析，计算各平调的听辨率、区分率、反应时间，求出各平调的边界位置、区分峰值和听感范围。

三、单字组实验

3.1 语音材料

单字组实验以 yi、si、se 为语音材料，选取自然语言中的"医（yi55）""意（yi33）""二（yi22）"，"师（si55）""嗜（si33）""事（si22）"和"些（se55）""卸（se33）""射（se22）"作为目标字进行实验。

请一位广州话标准的男性发音人进行录音，他是老广州人，现为南开大学学生，也是上文舒声调格局的男性发音人。录音在南开大学语音实验室进行，采用单声道录制，采样率为 11025 Hz。实验采用负载句的方法，由发音人以自然语速说出"我宜家读嘅系×"，每个句子说 3 遍，各句乱序出现，共得到 27 个句子。运用

Cooledit 软件从中切出目标词语。合成采用 Praat 自编脚本,制作的刺激音时长均为 450 毫秒,每组由 8～19 半音、步长为 1 半音的平调连续统组成。

3.2 实验被试

参加实验的被试均为广州人,9 名男生,11 名女生,平均年龄 21.29±2.45 岁。身体健康,听力正常,右利手,母语为广州话。

3.3 实验结果

根据"中平-低平"和"高平-中平"的实验结果,可以得出 yi、si、se 3 组各平调的辨认曲线、区分曲线和辨认反应时间曲线,如图 3 所示。关于单字音实验的更为详细的结果请参看谢郴伟等(2014)。

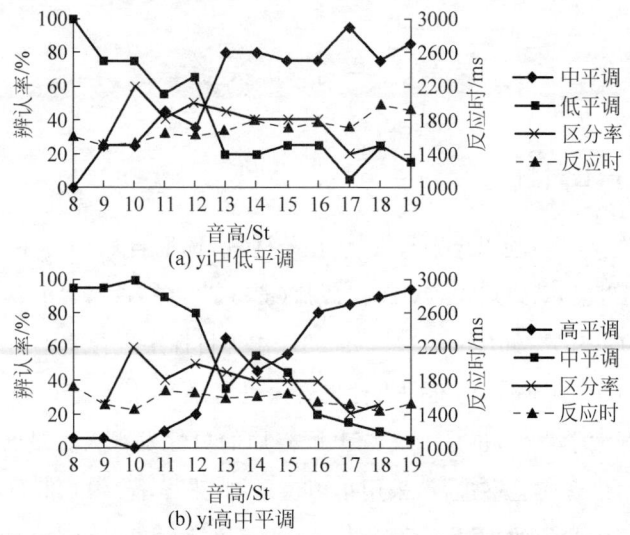

第三章 声调听辨实验的拓展 231

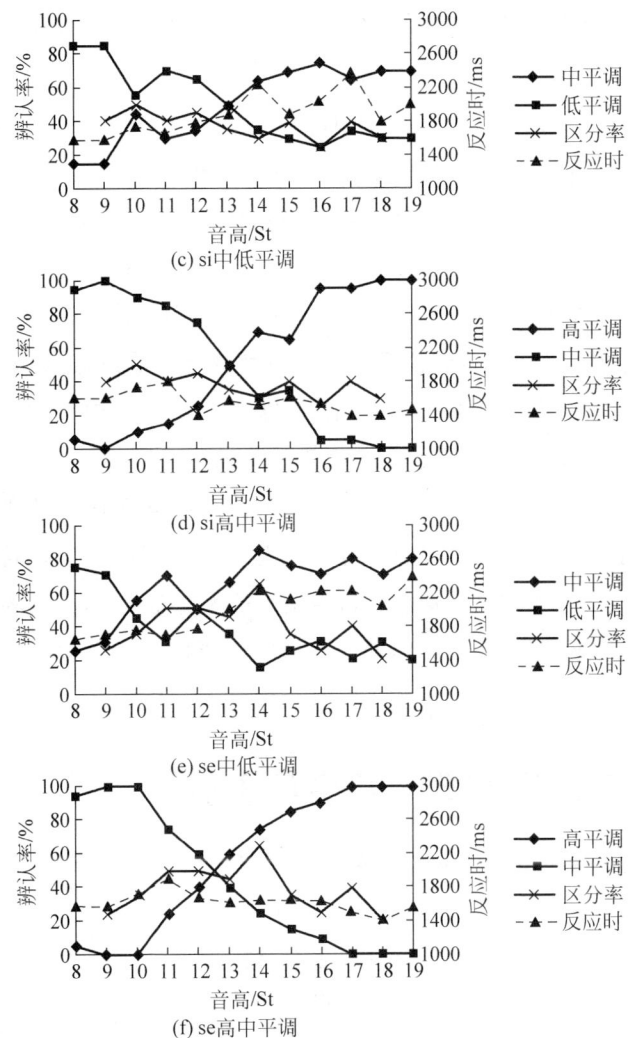

图3 单字组"中平-低平""高平-中平"实验结果

可以看出,3组辨认实验的分界点位置大体一致,其分界点的位置都呈现出按"中平-低平""高平-中平"的顺序小幅增加态势,其中 si 的"中平-低平"分界点和"高平-中平"分界点更是重合为一点。除此之外,yi、si、se 3 组的"中平-低平""高平-中平"实验,其辨认边界位置与区分峰值位置并未明显对应。

"中平-低平"辨认实验中,se 组辨认曲线出现了 2 个交点,yi、si 2 组辨认曲线在交点前均呈现边缘相交态势,且 3 组低平调在音高较低刺激音处的辨认率均未达到 100%(除 yi 组在 8St 处以外),再结合 3 组在该音高区域低区分率情况来看,可认为被试难以对音高较低的刺激音进行中低平调的辨认。与"中平-低平"不同,"高平-中平"辨认实验的 3 组辨认曲线均达到了 100%。

yi、si、se 3 组实验,"中平-低平"的反应时间总体上呈现出递增的趋势;"高平-中平"的反应时间总体上呈现出先增后减的趋势,其波峰位置与辨认曲线的边界交叉处大体对应,范畴内的刺激音被试能够很快进行判断,而处在范畴边界的刺激音被试的反应速度变慢。

四、双字组实验

4.1 语音材料

双字组实验语料

参照字声调	前字组目标字声调			参照字声调	后字组目标字声调		
	高平	中平	低平		高平	中平	低平
中平	煲碎	布碎	暴税	低平	大张	大涨	大象
高平	冬天	冻天	洞天	上阴入	一堆	一对	一队

其中前字组语音材料为 bou seoi(后文简称 bs)和 dung tin(后文简称 dt),后字组语音材料为 daai zoeng(后文简称 dz)和 jat deoi(后文简称 yd)。其中 bs 组参照字 seoi 为阴去调(中平调),dt 组参照字 tin 为阴平调(高平调),dz 组参照字 daai 为阳去调(低平调),yd 组参照字 jat 为上阴入,音高相当于阴平调(高平调),可看作其变体。这样每组可以做两个测试:中-低平调和高-中平调,一共是八个测试。

发音人、录音方式以及合成方法与单字组相同,共得到 36 个句子。运用 Cooledit 软件从中切出目标词语。参照单字调听感范畴的数据以及发音人目标词语实际发音的平均音高,将作为参照字的高平调合成为 19 半音,中平调合成为 12 半音,低平调合成为 8 半音,上阴入合成为 16~14 半音的降调。Wong 等(1999)实验发现音节时长(duration)因素对于广州话平调的发音(production)和感知(perception)均无显著影响。因此,为了使合成刺激音更为自然,保留各语料音节的时长特征,其中,包含入声字的实验刺激 yd 声调间距设为 130 毫秒。目标字的音高制作同单字音。

4.2 实验被试

双字组的被试为另一批广州人,11 名男生,11 名女生,平均年龄 21.29±2.45 岁。身体健康,听力正常,右利手,母语为广州话。

4.3 实验结果

根据辨认实验和区分实验结果,可以得出前字组 bs、dt 和后字组 dz、yd4 组实验各平调的辨认曲线、区分曲线和辨认反应时间曲线,如图 4 所示。

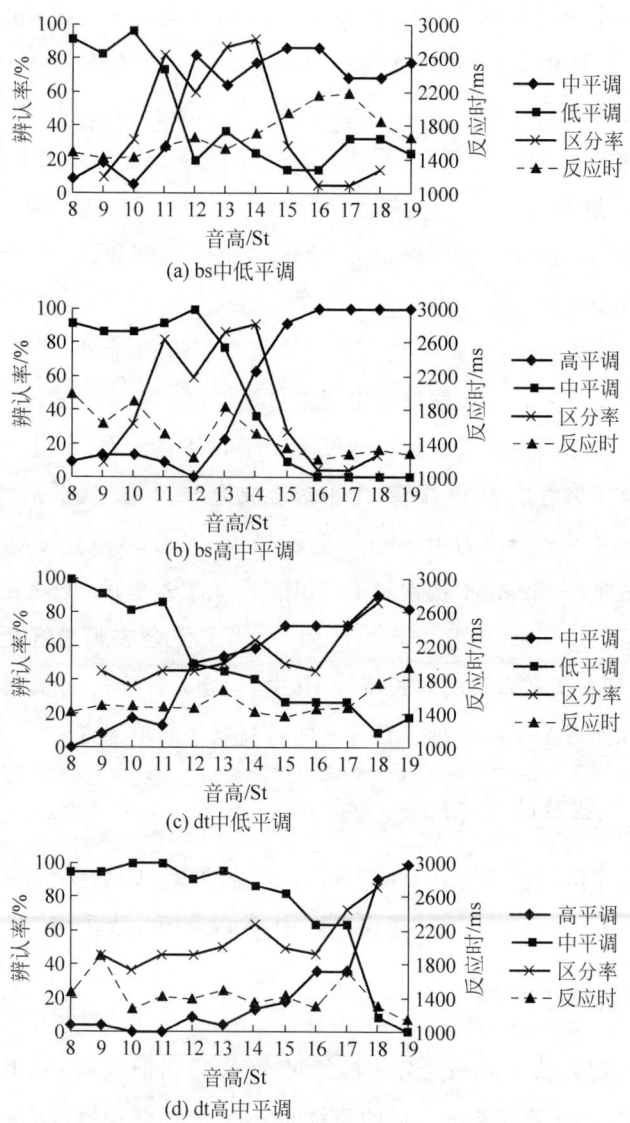

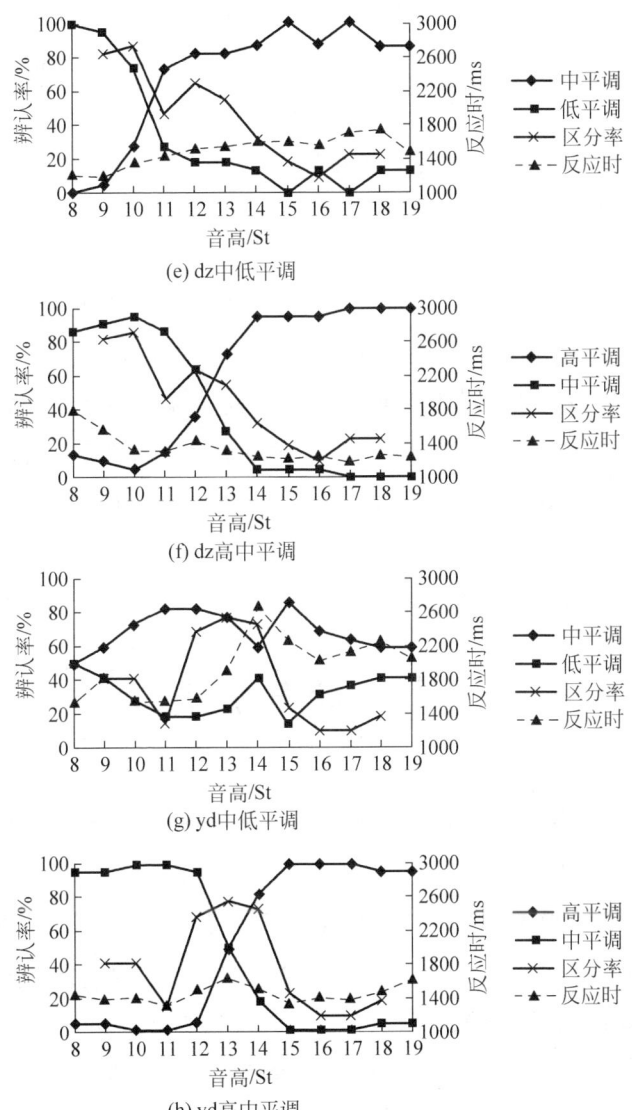

图 4 双字词"中平-低平""高平-中平"实验结果

总体上来说，前后字 4 组的"中平-低平""高平-中平"实验，其辨认边界位置与区分峰值位置呈现出明显对应的态势。值得注意的是，前后字 4 组辨认实验的边界位置并非位于同一半音处，4 组之间存在较大差异，这与单字组表现并不相同。

前后字 4 组辨认实验的边界宽度，bs 组和 dz 组较小，dt 组和 yd 组较大，尤其是 dt 组和 yd 组"中平-低平"的辨认边界宽度，甚至达到整个调域的一半，虽然"中平-低平"辨认曲线出现了交点，但是被试对边界宽度内刺激音的判断依旧较为模糊。

前后字 4 组实验，"中平-低平"组的反应时间总体上是呈现出递增的趋势，这是受"中平-低平"组实验无高平调选项影响的；"高平-中平"组的反应时间总体上在辨认边界位置处会出现一个波峰，范畴内的刺激音被试能够很快进行判断，而处在范畴边界的刺激音被试的反应速度变慢。

五、讨论与分析

5.1 广州话单字音平调听感范畴

根据"平行测试法"的测算方法，由"中平-低平"辨认试验结果，可以得到中低平调之间的听感边界及其状态；由"高平-中平"辨认实验结果，可以得到高中平调之间的听感边界及其状态。综合二者结果，可以分别得出 yi、si、se 3 组的听感范围，如图 5 所示。

可以看出，高平调的听感范围最大，si、se 都超过 50%；低平调的听感范围次之，yi、si 超过 40%；中平调的稳态听感范围最小，si 的中平调稳态听感范围甚至无限趋近于 0，yi 的中平调与高平

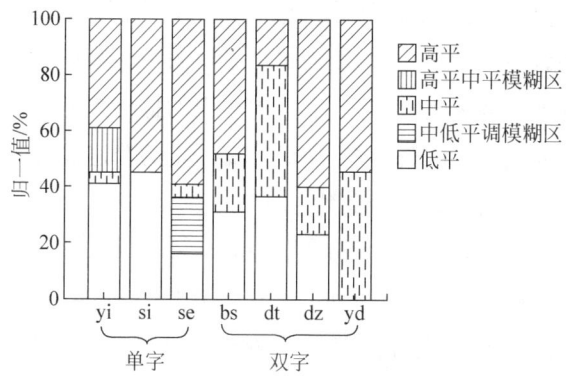

图 5 广州话平调听感范围

调存在着模糊的听感区域,se 的中平调与低平调存在着模糊的听感区域,在模糊听感区域,被试的辨认是随机的。没有参照字音的帮助,很难做出高中低的三级划分。

5.2 广州话平调演变

广州话中高平调听感范畴 yi、si、se 3 组大致相同,听感空间占据较大区域;3 组的高平调辨认曲线与中平调的边界宽度较窄,听感范畴稳定明确,容易辨认,这与金健(2010)的实验结果一致。结合广州话的声学格局可以发现,广州话高平调处在调域中的最顶端,基本上没有与其他声调存在重叠的区域,与其声学特征相对应,高平调的听感范畴稳定而明确,相对其他声调来说是最容易感知的。儿童也存在类似的情况,Lydia 等(1995)就发现广州话母语的儿童对于高平调的感知要比其他声调的感知容易得多。广州话高平调听感范畴稳固可能与它的演变有关,施其生(2004)认为高平调的出现不是阴平调分化的信号,而是阴平调从调值 53 的高降调向调值55的高平调转化的信号。正因为阴平调处在或正完成向高平调演化的过程中,而使得高平调的听感范畴稳定而明确,难以与其他声调混淆,对于音变具有较强的抵抗能力。事实上,高平调具有稳定性,在汉语方言中是具有一定的普遍性的,(李小凡,2004;石锋、冉启斌,2011)其独立性较强。

与高平调稳定明确的听感范畴相比,yi、si、se 3组的中平调和低平调的听感范畴则相对模糊,尤其是中平调,si的中平调听感空间无限趋近于0;yi的中平调稳态听感空间为4%,并与高平调存在着16%模糊边界;se的中平调稳态听感空间为5%,并与低平调存在着16%模糊边界。Peng等(2005)就指出中平调和低平调的辨认是有一定难度的,这对于机器识别和母语者来说都是成立的。王士元(1998)认为声调系统的演变主要产生于感知的相似性,曹志耘(1998)提出调类合并的唯一依据就是调值的相近度,中平调和低平调均为平调,且调值相近,均居于调域的低频区,这为二者之间的混淆提供了条件。

从反应时间也能看出高平调听感范畴稳固而中低平调听感范畴模糊的迹象。无论是单字组还是双字组的辨认实验,在"中平-低平"的实验中,最大反应时间均出现在音高较高的刺激音处,该试验并没有"高平调"的选项,被试在听到音高较高的刺激音时会花费较多的时间去进行判断,最终被迫在中低平调间进行选择,这说明被试并没有将高平调简单地辨认为中低平调中的任意一个,可以推断高平调的听感范畴是较为稳固的,中平调的听感范畴并未向其扩展。而"高平-中平"的反应时间则不同,总体上呈现出先增后减的趋势,音高较低的刺激音被试也能很快辨认为中平调,并不会因为音高低而像"中平-低平"实验那样因为没有低平调选项而犹豫,最终被迫选择中平调,对于被试来说,音高较低的刺激音也可以感知为中平调。

王士元(1988)提出"汉语声调的发展是合并而不是分化",这些合并中的一部分声调"正以上千年的时间扩散到词汇中去";曹志耘(1998)也认为汉语音系简化的大趋势显示了调类系统合并的必要性。基于广州话平调的听感格局,可以推断,或许广州话的低平调(阳去)正挤占中平调(阴去)的声学和听感范畴,并与其开始相混,处在词汇扩散演化当中。

5.3 广州话双字词平调听感范畴

前后字4组高中低3个平调均有明显的听感边界和听感空间。若不考虑单字音平调模糊听感区,bs组和单字调yi组基本相似。李书娴(2008)以双音节词为材料,通过听辨实验发现年轻广州人对中平调和低平调会出现听和说的混淆。同样是双音节词和年轻的广州人,在本实验中却表现出中低平调明确的听感边界,并未出现将二者混淆听辨的模糊区,这与实验语音材料有关。本节使用的语音材料为合成刺激音,8—19半音区间内,每一个半音步幅都有对应的刺激音;而李文使用的是发音人原始的录音材料,并未经过加工合成处理。一个调位或调值或许在声学上表现为不同的音高半音数值。前面分析提到,虽然中低平调边界位置清晰,但是却存在着一段不小的边界宽度,尤其是dt组和yd组,在边界宽度内,实际上被试的辨认还是比较模糊的,存在一定的随机性。因此,表面上本节的结果与李文相悖,实际上却存在内在统一性,即中低平调呈现出混淆的迹象。但是与单字音相比,在参照字的作用下,这种混淆得到一定程度的改善。

5.4 影响听感范畴边界因素

通过对比单双字组实验,发现前后字4组呈现出边界偏移的态势。边界偏移的出现,主要有以下3个方面的原因:

1) 参照字的调类:目标字在前时(前字对比组),参照字为高平调的目标字比参照字为中平调的,更易感知为低平调和中平调。和参照字为中平调(bs组)的目标字相比,参照字为高平调(bt组)的,其中平调听感边界提高17%,高平调听感边界提高32%。高调的背景更容易将嵌入的目标词感知为低调,反之,低调的背景更容易将目标词感知为高调。(林焘、王士元,1984)本节的研究进一步证明:高调对于低调的反衬作用在参照字居后时更为显著,参照字居前时相对较弱,因为还会受到"降阶"的影响。

2) 降阶机制:下倾和降阶属于人说话时的普遍现象,它们都与人的发音生理密切相关,前者是由说话时整体的气流机制决定的,是全局性的;后者是由于低音成分的介入而导致的声带振动频率的降低,是局部的。由于下倾的作用,在对句末或词末字音进行辨认时,被试会将目标字的音高提高进行感知补偿,否则的话,被试很有可能会将目标字的音高辨认错误,低于说话者本想说的字的音高。(Francis等,2003)

3) 协同发音的顺向同化作用:发音时前字声调对后字具有同化作用,即参照字前字的终点越低,后字被听成低平调的可能性越低,因为即使后字声调较低,听者也可能将其归结于从前字而来的协同发音。同为后字组40%处的刺激音,被试将yd组(参照字为高平调)辨认为中平调,而将dz组(参照字为低平调)辨认为高平调,这要归结于前字高低平调相异的顺向同化作用。同时,受到下倾机制作用,dz 组中低平调的听感范畴并不大,高平调则占据了相当大的部分,达到了 60％。

六、结论

本节利用广州话自然语言中的单字音和双字词语料,采用"平行测试法",通过"中平-低平"和"高平-中平"2 组实验得到广州话各平调的听感空间。单字音试验中,高平调听感空间稳定,中平调的听感空间与低平调大幅重叠,呈现出与低平调混淆的迹象。双字词实验中,广州话高中低 3 个平调都具有明确的听感范畴,辨认边界和区分峰值存在明显的峰界对应。在参照字音高语境的帮助下,中低平调的混淆得到一定程度改善。另外,研究还发现语境音高的对立参照、降阶机制的感知补偿和协同发音作用等因素都会在一定程度上影响听感空间的边界位置。

第二节　词内语境和刺激类型对普通话阴平-阳平感知的影响[*]

一、引言

范畴化感知(categorical perception)是把连续的语音变化识

---

[*] 本节原发表于《中国语音学报》2015 年第 5 辑,作者:秦鹏、葛佳登。

别为离散的、数量有限的语音范畴。(张林军,2010a、2010b)前人的研究表明,母语者对汉语声调的感知体现出较为明显的范畴化感知特点(Wang,1976;高云峰,2004),而非声调语言的母语者则表现出了心理-物理的感知模式(Francis 等,2008;Peng 等,2010;Hallé 等,2004)。有的学者还发现范畴化感知能力有程度高低的差别,存在发展的过程。(Hallé 等,2004;席洁等,2009;张林军,2010a、2010b)范畴化识别是一种分类,分类的前提是归类,就声调来说,就是"声调归一化"(tone normalization)。(Francis 等,2006)归类的线索有两个:词内部和词外部的。内部的线索包括基频、时长等,最重要的是基频。外部的线索是语境,(Chen 等,2014)包括词内部相邻声调环境,(Xu 等,2006)本节称之为词内语境。

语境对声调感知的影响前人已有探讨。林焘、王士元(1984)证明相邻的字音的音高变化会使声调的感知范畴发生改变。Fox 和 Qi(1990)认为语境的影响作用和听觉的感知机制有关。曹文(2010a、2010b)对平调在单字和双字条件下的感知实验,得到"平调的感知结果会受到参照调的影响"的结论。

早期的研究多使用真实的录音样本作为实验材料,之后很多学者使用非言语刺激,包括合成的纯音(pure tone)或者谐波(harmonic)音调也进行了相应的研究。Wang 等(2012)证明当音段信息质量下降时,词的韵律在识别中作用会加大。Xu 等(2006)使用言语刺激和谐波刺激测试汉语和英语被试对汉语声调的范畴感知程度,结果表明范畴化感知是普遍存在的,但是范畴感知的程度受到被试母语经验的影响。Peng 等(2010)证明普通话母语者在辨认实验中的表现受连续统类型(言语和纯音高)的影响,但是他们的研究只是测试了对一个孤立音节刺激的反应,无法测定语音环境的影响。

李幸河(2012)采用自然语言的录音样本合成刺激连续统,对普通话母语被试的阴平和阳平的感知情况以及影响感知的词内音节环境等因素进行了研究。本次实验使用弦乐器雷琴的乐音模拟的普通话声调,作为非言语刺激的原始合成材料,使用与李幸河(2012)大致一样的实验方法,以普通话中8组双字词作为实验材料,通过辨认和区分实验研究非言语刺激的双音节环境下汉语阴平和阳平的感知情况,并通过对比,探求音段成分的缺失对汉语声调的辨认和区分情况的影响程度。

二、实验设计

2.1 实验语料

本实验沿用李幸河(2012)研究选取的阴平和阳平声调对立的8组双字词对作为听辨内容,以便后文对比。

表1 实验语料

参照组	前字组	后字组
阴平参照组	青天-晴天	出身-出神
阳平参照组	称为-成为	流星-流行
上声参照组	鸡眼-急眼	小汪-小王
去声参照组	天地-田地	大虾-大侠

2.2 刺激合成

雷琴是一种在坠胡的基础上改造成的拉弦乐器,形貌与二胡相似。雷琴音域宽,音量大,发音接近人声,有非常丰富的表现力,经常用于模拟人的对话、鸟兽啼声、戏曲唱腔,甚至能模仿锣鼓、唢呐、提琴等多种乐器的音响效果。(宋东安,1984)

以往声调感知的研究中多采用机器合成的纯音作为非言语刺激音,但是纯音在听感上与自然言语差别很大,音强偏小。因此,为了在听感上与自然言语匹配,纯音刺激一般会人为提高20dB左右。(Peng等,2010;Chen等,2014)本节在实验条件允许的情况下优先选择最接近自然语言真实状态的刺激音。雷琴音是一种乐音音调,与言语刺激在音高、振幅等参数上十分接近,仅仅在声谱组成上有所不同(Xu等,2006)。实验设计要考虑单一变项原则,控制自变量的数量,使用雷琴音作为刺激音,在合成时仅考虑音高即可,不必刻意改动振幅等其他参数。

实验所用的雷琴音原始样本在南开大学语音实验室录制,利用Praat软件自编脚本[①]合成刺激音连续统。为了更好地匹配人的听觉特点,音高的绝对赫兹(Hz)单位被转化为相对的半音(St)单位[②],具体的合成过程为:①调整目标字音为160毫秒;②降低目标字起点音高,每次降低1个半音,终点音高保持19St不变;③重复②的操作直到起点音高降至9St。结果如图1所示,刺激音命名按其起点和终点的半音值,例如,刺激音"9~19St"即为一

[①] 脚本由贝先明提供。
[②] 转换公式为 $St=12lg(f/fr)/lg2$,其中f为绝对的赫兹数,fr为参考频率,取为50Hz。

个起点为9St终点为19St的升调。合成的参照字音调有5个,其中三个对应阴平、阳平、上声三调,两个对应去声调。① 阴平、阳平参照字的音高分别对应"19~19St"和"14~19St",时长均为160毫秒。上声的本质是一个低平调,(石锋、冉启斌,2011)所以设定为"9~9St",时长为140毫秒。对于参照字中的去声,位于目标字之前时设定为"19~14St",位于目标字之后时设定为"19~9St",时长都是140毫秒。最后,每一个参照字和目标字结合产生88个刺激音(11个目标字音×4组参照字×2种位置=88个刺激音)。

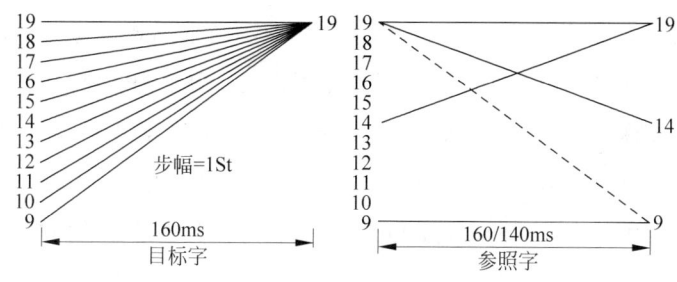

图1 目标字和参照字合成示意

2.3 实验被试

参加实验的24名被试均是来自北京的20岁~23岁的大学生,男女各半,右利手,没有言语或听力障碍。

---

① 刺激音在合成时最大限度地保持与真实言语相似性,去声字在前时,实际的音值接近53,是个"半去",为了保证刺激音听感上的自然,区分了去声在前和在后两种情况。其他三个参照调因为位置不同产生的轻微变动听感上没有明显差别,故而没有做分别处理。

2.4 实验流程

实验包括辨认实验和区分实验两部分,刺激音的播放和数据的采集由 E-prime 2.0 软件来完成。在进行正式实验之前,被试都要进行练习,以熟悉实验流程,练习部分的数据不计入统计。

辨认实验采用双项迫选形式,被试每次听到一个刺激,同时在屏幕上呈现相应的实验词对,如"晴天(选 F)-青天(选 J)",要求被试从中做出选择。区分实验仍然采用双项迫选形式,但是要求被试判断听到的两个刺激音相同还是不相同。每个刺激对由相隔的两个刺激组成,两个刺激间的终点音高相差 2 个半音。流程与辨认实验基本一致,只是选择界面在屏幕左右会各出现一个提示,如"相同(请按 F)、不同(请按 J)"。辨认和区分实验每个(对)刺激随机播放 2 遍。

2.5 参数考察

实验分析和对比主要从以下参数进行:

(1) 边界位置,即两条辨认曲线交于 50% 的那个点所对应的半音值。考察边界位置,同时考察边界位置偏移(boundary shift)和感知范围的情况。

(2) 边界宽度,在边界位置两侧,阴平(或阳平)听辨率为 75% 时的半音值与阴平(或阳平)听辨率为 25% 时的半音值的差值。

(3) 区分峰值,即区分曲线的百分比最大值。观察区分峰值时,同时考察区分峰值位置与辨认边界位置的峰界对应的情况。

(4) 反应时间(reaction time,简称 RT),指的是从机体接受刺激到做出回答反应所需要的时间。(林仲贤等,1987)反应时间分为辨认反应实验和区分反应时间,本实验主要考察辨认反应时间及其峰值和辨认边界之间的位置关系。

三、实验结果

如图 2 所示,八组实验词都出现了明显的听感分界,除了"小王-小汪"组,其他的区分曲线都出现了较为明显的峰值和良好的峰界对应情况,只是区分率整体偏低,峰值多数也没有达到 50%,区分效果较不理想。但总体来看,多数词对仍比较符合理想化的范畴感知的特点。辨认边界与辨认反应时间的峰值有良好对应关系(表 2),也就是说,辨认边界附近总可以找到一个辨认反应时间的峰值,这个"峰界对应"关系相对而言稳定得多。说明,剥离刺激音音段信息并不妨碍母语被试对阴平、阳平的范畴感知。[1]

---

[1] 区分实验的设计方法有很多种,比如 4IAX、ABX、AX 等,每一种设计得出的区分曲线不一定都与辨认边界有完美对应,具体实验中不同的实验要求也会造成辨认边界和区分峰值不对应的情况。"辨认边界和区分峰值之间有良好对应关系"作为国内外一些学者判断范畴感知的"标准",实际上是很理想化的,与其说是标准,不如说是理想的范畴感知模式表现出来的特点。我们认为,在判断范畴感知特点时应当以辨认实验的结果、数据为主,区分实验为辅,不能以区分实验结果的个别表现否认音位感知的范畴化特点,而简单贴上"连续感知""准范畴感知"的标签。

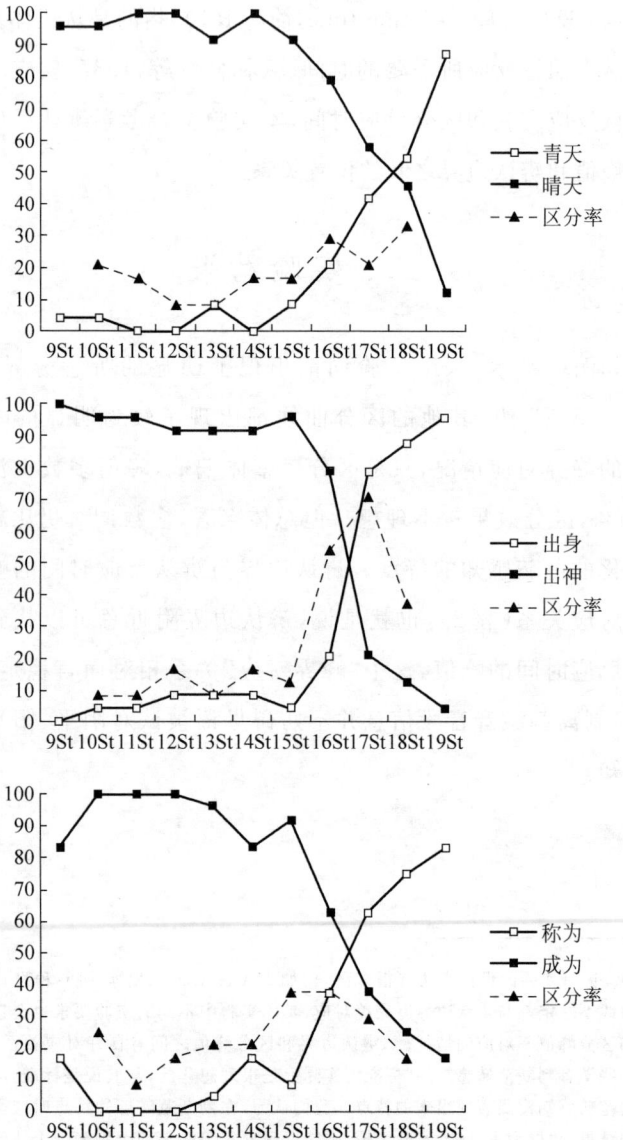

第三章 声调听辨实验的拓展 249

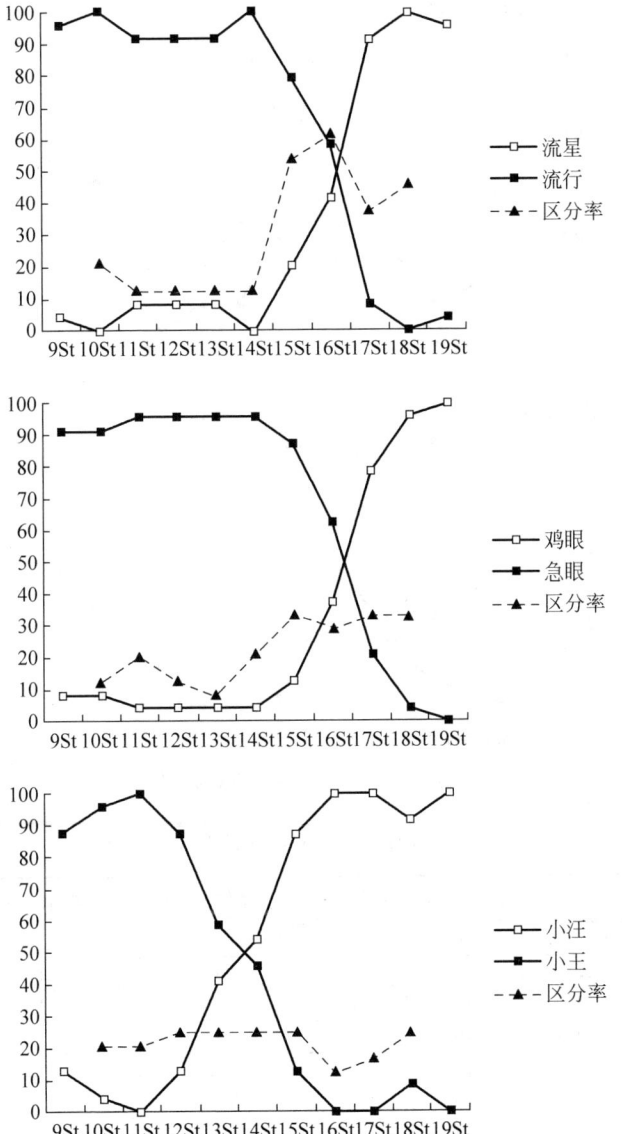

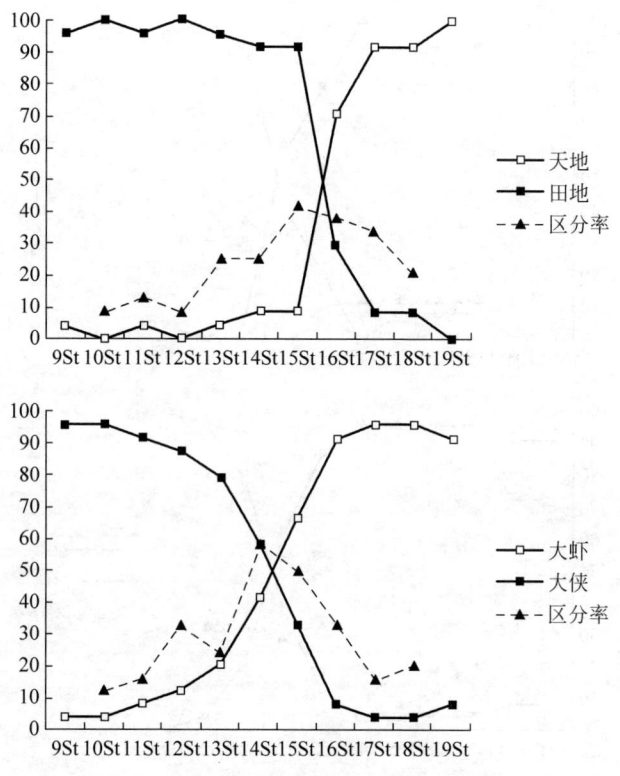

图 2 辨认和区分曲线对照图

表 2 边界位置和反应时间(RT)对应情况

实验词对	界前(St)	界后(St)	边界位置(St)	RT 峰值位置(St)
青天-晴天	16	17	16.9	18
称为-成为	16	17	16.5	17
鸡眼-急眼	16	17	16.3	16
天地-田地	15	16	15.8	15
出身-出神	16	17	16.5	15
流星-流行	16	17	16.2	16
小汪-小王	13	14	13.7	14
大虾-大侠	14	15	14.3	15

在感知范围上,除了"小王-小汪"和"大虾-大侠"两组实验词阴平和阳平的感知范围大体平分秋色之外,其他组的感知范围均是阳平大于阴平。也就是说,声调起点的边界位置更接近连续统上部接近平调的区域。

母语为非声调语言的被试在听辨汉语声调时,听觉表现和刺激音的物理现象相对应,辨认曲线虽然有交点,但是区分曲线多呈现单向上升趋势,在最后一个刺激音处达到峰值,这种边界现象是一种"心理-物理边界"(psychophysical boundary)。汉语母语者则一般会在辨认边界附近出现一个区分峰值,这是一种"语言学边界"(linguistic boundary)(Wang,1976;Peng,2010)。在本次实验中,被试在多数实验词对的辨认上都表现出了语言学边界。

四、分析

4.1 目标字的位置对辨认和区分实验的影响

如表3所示,前字组边界位置总体比后字组高(平均总体高出1.2St)。上声参照组和去声参照组的前、后字组边界位置有显著差异($p=.034$),而目标字位置对阴平组和阳平组边界位置的影响不显著($p=.296$)。

感知范围与边界位置密切相关,总体上,边界多数位于刺激连续统上部靠近平调的区域,除去"小王-小汪"组,目标字在前时,阴平的感知范围比目标字在后时小,阳平的感知范围比目标字在后时大。

表 3 前、后字组主要数据对比

	前字对比组				前字组平均	后字对比组				后字组平均
	青天－晴天	称为－成为	鸡眼－急眼	天地－田地		出身－出神	流星－流行	小汪－小王	大虾－大侠	
边界位置(St)	16.9	16.5	16.3	15.8	16.4	16.5	16.2	13.7	14.3	15.2
边界宽度(St)	2.5	2.4	1.4	1	1.8	0.8	2.5	2.2	2.1	1.9
区分峰值(%)	33.3	37.5	33.3	41.7	36.5	70.8	62.5	25	58.3	54.2
辨认反应时间(ms)	1549	1559	1545	1593	1561	1679	1563	1609	1630	1620
区分反应时间(ms)	2567	2597	2591	2601	2589	2584	2657	2573.8	2638	2613

目标字位置也影响边界宽度。除阴平参照组外，目标字在后的边界宽度都大于目标字在前的。阴平组前、后字组的边界宽度差别大(分别是 2.5St 和 0.8St)；阳平组边界宽度在前、后字组中具有很好的一致性，上声和去声组的后字组的边界宽度都比前字组大(表 6)。区分峰值在前、后字组中差异不显著($p=.135$)。但是整体来看，后字组的区分峰值更明显，而且多大于前字组，边界效应更强。辨认反应时间在前、后字组之间有显著差异($p=.044$)，后字组平均比前字组多 59 毫秒；区分反应时间在前、后字组之间差异不显著($p=.364$)，后字组平均比前字组多 34 毫秒。

4.2 参照字的调类对辨认和区分实验的影响

边界位置在四个参照字调类之间差异不显著($p=.382$)。但如表 4 所示，阴平和阳平参照组的前、后字组之间边界位置相差都很小,不超过0.5St。上声组和去声组的边界位置都低于阴平组和阳平组。上声参照组前、后字组边界位置差异最大:前字组"鸡眼-急眼"的边界位置为16.3St,后字组"小王-小汪"的边界位置为13.7St,相差达到2.6St。去声参照组前、后字组之间的位置差异也达到了1.5St。

表4　不同参照调类主要数据对比(＊表示平均值)

	阴平参照组		阳平参照组		上声参照组		去声参照组	
	出身-出神	青天-晴天	流星-流行	称为-成为	小汪-小王	鸡眼-急眼	大虾-大侠	天地-田地
边界位置(St)	16.5	16.9	16.2	16.5	13.7	16.3	14.3	15.8
	＊16.7		＊16.4		＊15		＊15.1	
边界宽度(St)	0.8	2.5	2.5	2.4	2.2	1.4	2.1	1
	＊1.65		＊2.45		＊1.8		＊1.55	
区分峰值(%)	70.8	33.3	62.5	37.5	25	33.3	58.3	41.7
	＊52.1		＊50		＊29.2		＊50	
辨认反应时间(ms)	1679	1549	1563	1559	1609	1545	1630	1593
	＊1614		＊1561		＊1577		＊1611.5	
区分反应时间(ms)	2584	2567	2657	2597	2574	2591	2637	2601
	＊2575.5		＊2627		＊2582.5		＊2619	

相应地,前字组中,目标字为阴平的感知范围从小到大依次为阴平参照组＜阳平参照组＜上声参照组＜去声参照组;阳平目标字的感知范围与此相反。后字组中,目标字为阴平的感知范围从小到大依次为阴平参照组＜阳平参照组＜去声参照组＜上声参照组,阳平目标字的感知范围与此相反。当参照字为阴平或者阳平时,不管目标字声调位置如何,目标字的感知范围都相对稳定;而

与此不同,当参照字为上声或者去声时,目标字声调的感知范围则有明显不同。

关于边界宽度,相比起其他各组,阳平前、后字组的边界宽度都较大且相对一致(分别是 2.4St 和 2.5St,仅有 0.1St 的差别)(表4)。阴平、上声、去声前、后字组之间的边界宽度分别相差 1.3St、0.8St 和 1.1St,差距相对较大。区分峰值在阴平、阳平和去声参照组中平均为 50%,上声参照组中仅有 29.2%。从图 2 也可以看到,区分曲线在上声参照组的两对实验词中基本都维持在较低的水平上,而且波动没有规律性,峰值也不明显;阴平参照组的"青天-晴天",区分曲线也与此类似。其他各组实验词,虽然区分率水平不同,但是峰值都比较明显,且与辨认边界位置都有良好对应。

辨认反应时间在四个参照组中没有显著差异($p=.501$),区分反应时间在四个参照组中也没有显著差异($p=.405$)。

4.3 刺激类型对辨认和区分实验的影响

本小节通过与李幸河(2012)的研究进行对比,以探究不同的刺激类型(言语和非言语刺激)对阴平-阳平感知所产生的影响。[①]

4.3.1 辨认实验

如图 3 所示,两个实验多数词对的辨认曲线都呈现出较好的相关度。通过对两个实验的辨认曲线做 Pearson 相关性分析,发现除了"小王-小汪",其他对实验词的辨认曲线呈现很强的正

---

① 为表述方便,本小节把李幸河(2012)使用自然语言刺激音连续统所做的实验称为"真词实验",用雷琴音刺激连续统所做的实验叫"雷琴实验"。

相关关系(r>0.8)(表5)。两个实验在边界位置和边界宽度上的差异并不显著(p分别为.325和.410),但是就组内差别来看,雷琴实验各个实验词对边界位置、边界宽度之间的差异比真词实验小。

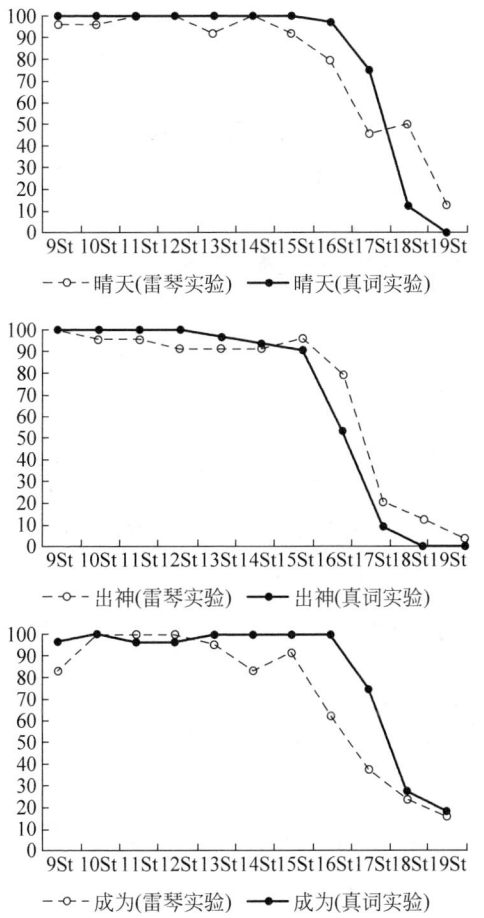

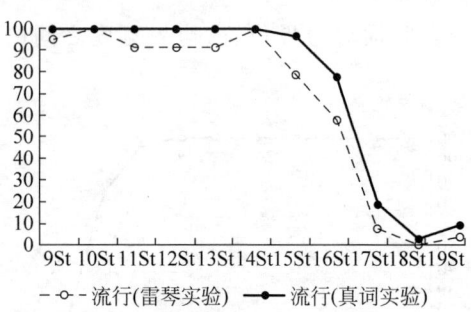

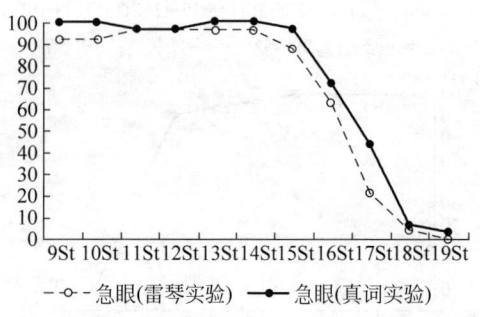

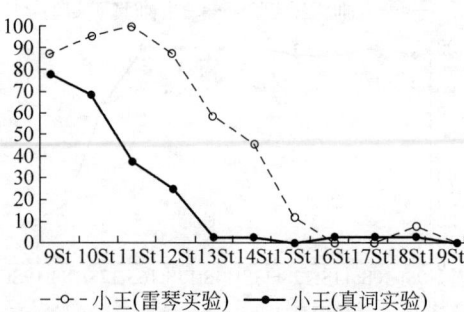

第三章 声调听辨实验的拓展

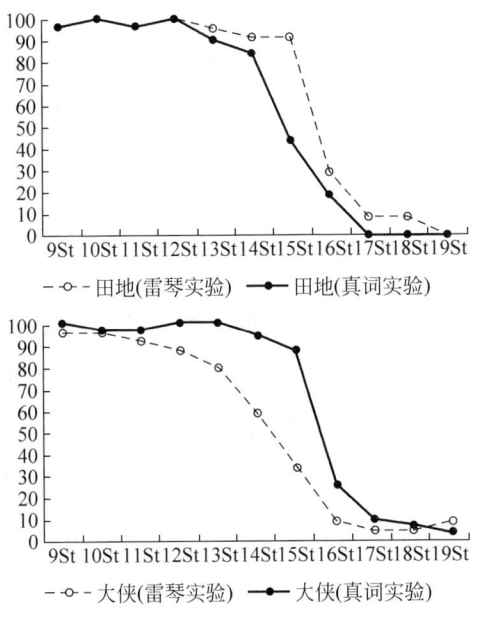

图 3 辨认曲线对比

表 5 辨认和区分曲线 Pearson 相关度分析

	实验词对	辨认曲线相关系数	区分曲线相关系数
前字对比组	青天-晴天	0.901	0.706
	称为-成为	0.889	0.281
	鸡眼-急眼	0.987	0.749
	天地-田地	0.95	0.84
后字对比组	出身-出神	0.978	0.86
	流星-流行	0.988	0.788
	小汪-小王	0.785	−0.033
	大虾-大侠	0.916	0.296

尽管两个实验在感知范围上基本都是阳平大于阴平,但是在八对实验词对中,雷琴实验有三对词的边界位置更靠后(边界位置靠近连续统上部接近平调的区域,下同),而真词实验有五对词的边界更靠后。这个结果与 Xu 等(2006)和 Peng 等(2010)的实验结果都有部分重合。Xu 等(2006)发现,英语被试和汉语被试非言语刺激的范畴边界都比言语刺激范畴边界更靠后,他们认为"刺激复杂性"(stimulus complexity)可以解释实验中被试的这种表现,即被试对"弱复杂性"的非言语刺激有更高的音高敏感性。而 Peng 等(2010)使用纯音高作为非言语刺激,与言语刺激进行对比,得到相反的结果,他们认为这可以用"谐波丰富性"(richness of harmonics)来解释,并认为在声调识别中,谐波丰富性的助益作用大于刺激复杂性,对于相对不丰富的谐波结构的刺激来说,被试需要更大的音高斜率才能判断出一个阳平调。本节的结果说明"谐波丰富性"和"复杂性"在不同刺激类型实验的边界和边界宽度上的影响可能不是单独起作用。

通过对边界宽度的计算(表6),我们发现,真词实验的边界宽度平均相较于雷琴实验更小,刺激音的音段信息无疑助益了被试的判断,被试在做出选择时更加肯定。缺乏音段信息的雷琴实验中,被试要对刺激音和实验词之间建立起"像"或"不像"的联系,需要的心理加工过程更复杂,反应时间更长,[①]主观性更大。反映在

[①] 由于缺乏真词实验反应时间的原始数据,无法对两个实验的反应时间进行比较。但是我们在另外一项阴平和上声的听辨研究中发现,不同刺激类型的实验在反应时间上有显著差别,雷琴实验的平均反应时间大于真词实验。

图上就是辨认曲线的波动更多、幅度更大,边界宽度更大。当然,这些差别可能还不足以具有统计学意义上的显著性。但并不能否认这种影响的存在。

汉语普通话阴平是个高平调,阳平是个中升调,它们既有调型上的差别也有调阶上的差别,这种差别把二者严格地区分在两个不同的范畴中。刺激音类型的不同,不足以改变母语者头脑中的调位区别。在缺乏音段信息的雷琴实验中,被试辨别阴平提高了对于调阶的依赖,即需要整体调阶足够高;而阳平调只要满足终点的"高"和调型的"升",就可以被很好地判别,相比起来,起点高低可以有一定灵活性。声学上,每个声调的不同部位作用是不同的,承担主要调位信息的是由特征点组成的稳态段,如阴平的起点和终点段、阳平的终点段等,其他不承担主要调位信息的是动态段,离散性比较大,容易变动(石锋、王萍,2006)。实验得出的听觉上的表现与其声学上的表现有良好的对应。

4.3.2 区分实验

两个实验的区分曲线并没有像辨认实验那样表现出良好的相关性(图4、5、6)。区分曲线形状和走向或一致或不一致,没有明显规律。仅就区分峰值来说,雷琴实验组内差异小于真词实验。另外,两个实验的区分峰值和辨认边界有较好的对应(真词实验的对应情况更好一些),较之真词实验,雷琴实验的区分峰值普遍偏小,曲线波动更明显。

在非边界处,两个实验的区分率都比较低,同时雷琴实验的区分率基本都大于真词实验的区分率。这与刺激音的性质和实验要求有关系。在真词实验中,双字组实验词不是由发音人单独发出,而是在句子中截出,再加上后期合成。被试要把听到的声音形式与看到的实验词本身的语义信息结合起来,这个加工过程其实相当困难,而且我们也不允许被试有足够的时间来处理。在非边界处,只是间隔2个半音的两个刺激音本身在听感上的差别就很小,对这种信息差别注意又在很大程度上受到似是而非的音段信息的干扰,结果就使被试区分率不高。雷琴音只包含音调信息,被试的注意力主要集中在调高信息的不同上。没有音段信息的干扰,被试更能注意到刺激音物理性质上的差别,故而在非边界处会有较高的区分率。

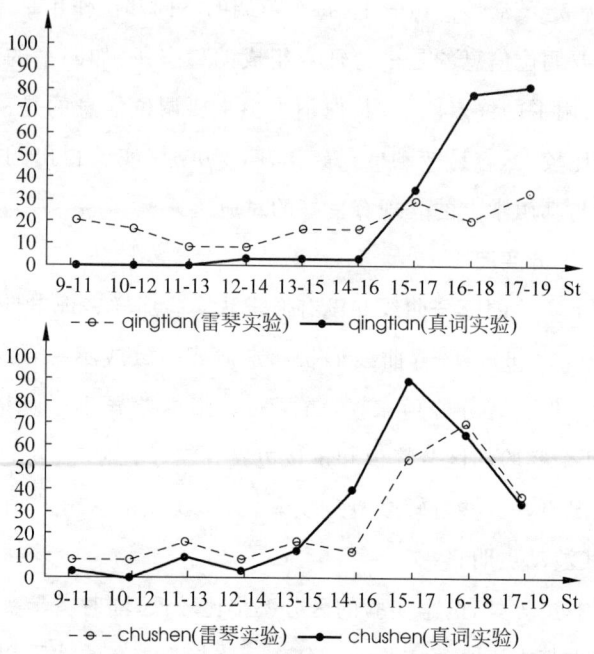

第三章 声调听辨实验的拓展

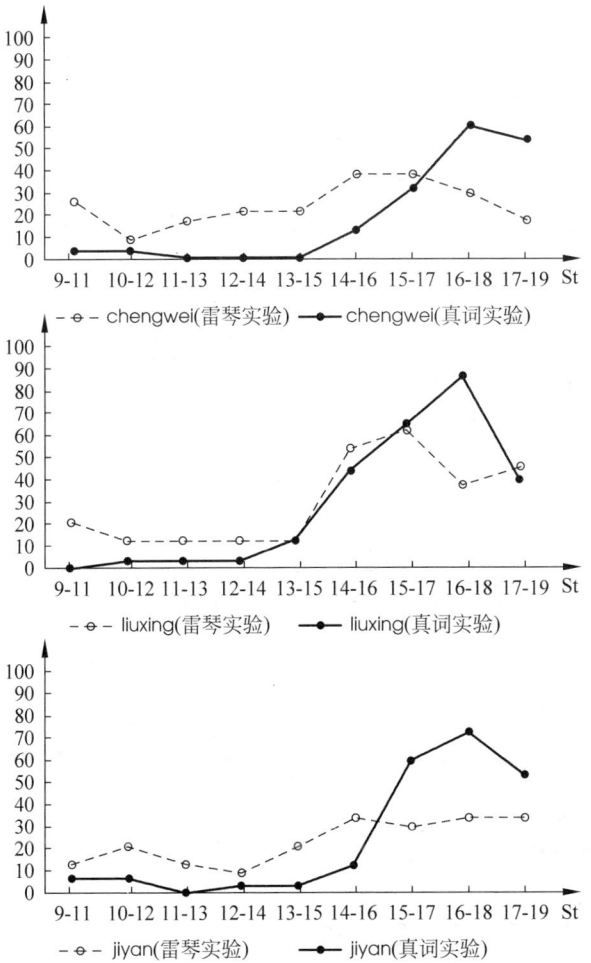

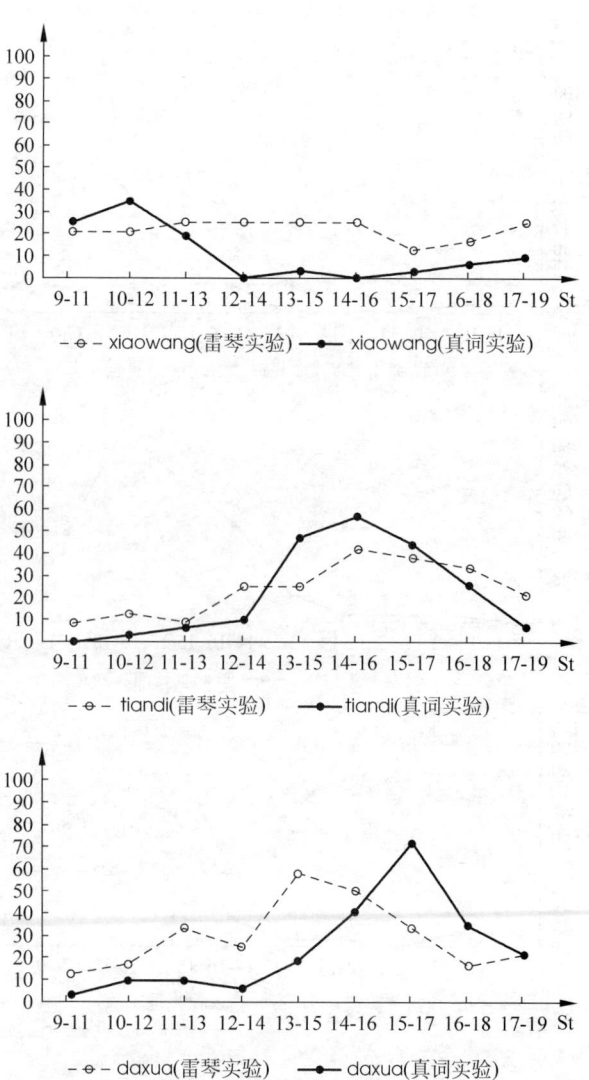

图 4 区分曲线对比图

表 6 主要参数对比

实验类型	目标字位置	实验词	边界位置（St）	边界宽度（St）	区分峰值（%）	感知范围(%) 阴平	感知范围(%) 阳平
雷琴实验	前字组	青天-晴天	16.9	2.5	33.3	21	79
		称为-成为	16.5	2.4	37.5	25	75
		鸡眼-急眼	16.3	1.4	33.3	27	73
		天地-田地	15.8	1	41.7	32	68
	后字组	出身-出神	16.5	0.8	70.8	25	75
		流星-流行	16.2	2.5	62.5	28	72
		小汪-小王	13.7	2.2	25	53	47
		大虾-大侠	14.3	2.1	58.3	47	53
真词实验	前字组	青天-晴天	17.4	0.8	81	16	84
		称为-成为	17.5	1.3	59	14.7	85.3
		鸡眼-急眼	16.8	1.6	72	22.2	77.8
		天地-田地	14.8	1.5	54	41.5	58.5
	后字组	出身-出神	16.1	1.2	91	29.3	70.7
		流星-流行	16.5	0.8	88	25.3	74.7
		小汪-小王	10.6	2.7	34	84.1	15.9
		大虾-大侠	15.6	0.8	72	34	66

五、结语

本节使用雷琴音合成的非言语刺激连续统在双音节词语环境下研究了北京被试的阴平和阳平的听觉感知情况，并与前人使用言语刺激进行的类似研究进行了比较。从而探讨了刺激音类型（有音段信息和无音段信息）和词内语境（目标字位置和参照字调类）对于阴平和阳平的范畴感知的影响。实验发现，去除了音段信息，雷琴实验多数实验词对仍能表现出良好的范畴感知的特点，被试仍能表现出语言学边界效应。刺激音所处的词内语境对于感知的影响体现在两个方面：目标字位置和参照字调类。

具体说，目标字位置的前后影响辨认的边界位置，其中对于上声组和去声组的边界位置产生的差异具有显著性；边界宽度普遍都是后字组大于前字组；辨认反应时间因目标字位置不同有显著差异。另外，前、后字组之间区分峰值和区分反应时间差异分别不显著，后字组表现出更强的边界效应。

参照字为阴平或阳平时，对目标字的边界位置和感知范围影响较小，参照字为上声和去声时，对目标字的边界位置和感知范围影响较大。上声参照组区分率较其他各组明显偏低。另外，辨认和区分反应时间在四个调类参照组中没有明显差异。总的来说，参照字调类对于感知的影响小于目标字位置的影响。

音段信息的有无并不能对声调感知产生重大影响，两个实验在阴平和阳平的相对感知范围上有整齐的一致性。但是缺乏音段信息的雷琴实验内部，各实验词对在边界位置、边界宽度、感知范围、区分峰值等参数上的组内差别都有所减小。雷琴实验的刺激音是一种谐波刺激，实验结果既表现出言语刺激实验的特点又表现出纯音高刺激实验的特点，刺激音的复杂度和谐波丰富性可能同时对听辨产生影响。因此我们不能简单地在言语和非言语的感知之间画线，而应该在跟言语实验对比时考虑到非言语刺激的类型。就助益声调感知的效应而言，似乎是言语＞谐波＞纯音高。但是具体的作用机制如何还需要以后深入的探索。

第三节　阴平-上声感知实验对比研究*

一、引言

上声的本质是低平调,上声和阴平是调阶的区分,陈曦丹(2012)通过合成双字词的平调连续统找出了阴平和上声的听感边界,并发现二者的边界位置随目标字的前后位置变化幅度很大,上声和阴平属于动态边界。在此基础上,我们又采用非真词刺激音合成平调连续统模拟普通话阴平调和上声调,分别对汉语被试和韩语被试进行听辨实验,通过对比探究不同的刺激类型和不同母语经验对于感知的影响,以深化对阴平-上声范畴感知特点和程度的认识。

二、实验概述

2.1　实验词选择

根据《汉语词汇的统计与分析》(1985)查找所有备选词对的词频,然后对备选词进行熟悉度调查,综合考虑词频和熟悉度,选出

---

* 本节原发表于《南开语言学刊》2016年第1期,作者:秦鹏、石锋。

6组最佳词对作为实验词对。

表1 上声-阴平组实验选词

参照字声调	前字组	后字组
阴平组	眼花-烟花	天险-天仙
阳平组	体型-梯形	图表-图标
去声组	广大-光大	梦想-梦乡

2.2 刺激音合成

真词实验的刺激音由一位普通话标准的北京男性发音人以自然状态、平稳语速来录制。雷琴实验的刺激音录自专业雷琴演员的演奏。录音软件为Cooledit Pro 2.0,采样标准为11025Hz,16位,单声道。录音地点均为安静的语音实验室。雷琴音录音完成后参照陈曦丹(2012)对真词实验的设计,采用下面的方法合成:

采用Mini-Speech-Lab软件对录制的实验词对做声学分析,得到发音人调域为90～150Hz,考虑到人对声音的听觉特点,以55Hz参考频率,将赫兹单位转换为相对的半音(St)标度,[①]得到调域为9St～19St。

合成目标字时,用Praat软件从调域上限到调域下限以1St为步长依次下降,根据发音的实际表现,时长设计为160毫秒,这样每组实验词得到11个刺激音。

合成参照字时,考虑到发音时的实际音高和时长表现,去声参照字在前和在后时的情况不一样,具体见表2:

---

① 转换公式为:$St = 12\lg(F0/Fr)/\lg 2$,其中St为半音值,F0为任一赫兹值,Fr为参考频率。

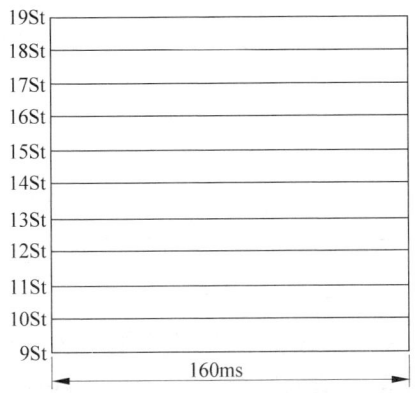

图 1　目标字刺激合成示意图

表 2　参照字合成标准

参照字调类	音高	时长
阴平	19～19St	160ms
阳平	14～19St	160ms
去声在前	19～14St	140ms
去声在后	19～9St	140ms

目标字与参照字配合，共得到 $11×6=66$ 个刺激音，实验时每个刺激音随机播放 2 遍。辨认实验每个刺激播放持续 1000 毫秒。

区分实验每对刺激音之间相差 2St，共有 $9×6=54$ 对刺激音，实验时每对刺激音随机播放 2 遍，每个刺激音之间间隔 500 毫秒，每对刺激播放持续 2000 毫秒。

2.3　实验被试

在陈曦丹(2012)所做的真词实验中，选取了 32 位北方方言背景的汉语被试；我们在雷琴实验中选取了两组被试以资对照：

18位北方方言背景的汉语母语被试和18位具有一定汉语水平的韩语母语被试。三个实验所有的被试年龄为20～30岁,男女各半,右利手,无阅读或听力障碍。

2.4 实验流程

整个实验包括辨认实验和区分实验两部分,刺激音的播放和数据的采集由 E-prime2.0 软件来完成。程序具体环节为:注视点→被试按空格键→播放提示音→显示选择画面并播放实验词→被试按键选择,同时选择界面消失→注视点再次出现(循环至实验结束)。在进行正式实验之前,被试都要进行练习,以熟悉实验流程,练习部分的数据不计入统计。

2.5 参数考察

实验的对比主要从以下参数进行:

(1)边界位置,辨认实验的分界点,两条辨认曲线交点对应的半音值。

(2)边界宽度,在边界位置两侧,25%～75%听辨率所占的半音值范围。

(3)区分峰值,即区分曲线的百分比最大值。我们在观察区分峰值时,同时考察区分峰值位置与辨认边界位置的对应,即峰界对应的情况。

(4)反应时间,从播放刺激到被试做出按键反应所需要的时间。(林仲贤等,1987)

三、实验结果对比

3.1 辨认和区分曲线

三个实验的辨认曲线和区分曲线可分别见图 2 和图 3。(左侧为前字组,后侧为后字组)

由图 2 可见,相比起韩语被试,汉语被试实验的辨认曲线下降更陡,即有明显的突变;而相比起真词实验,雷琴实验的辨认曲线的伸展度(最大辨认率减最小辨认率)更小,而且曲线的波动也更多、更大。前字组较为集中,后字组较为分散。

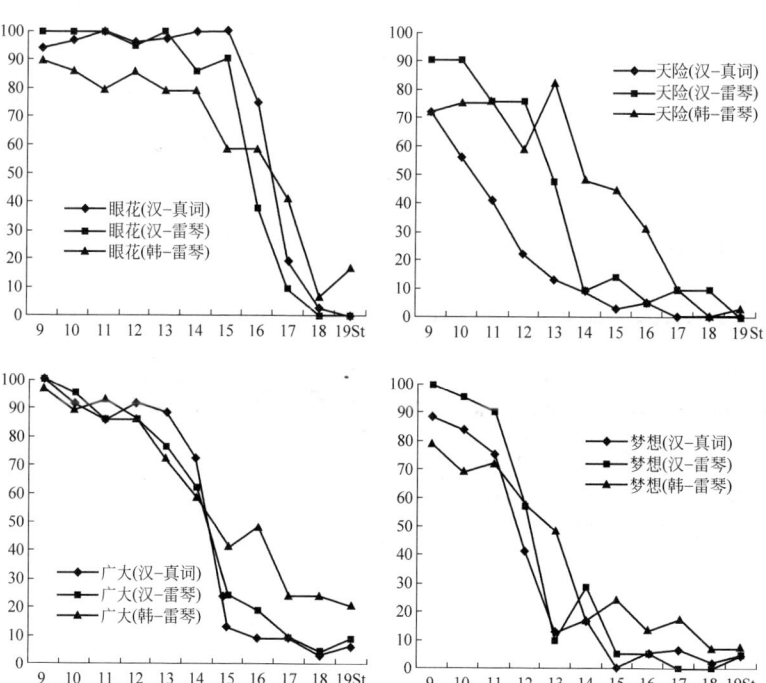

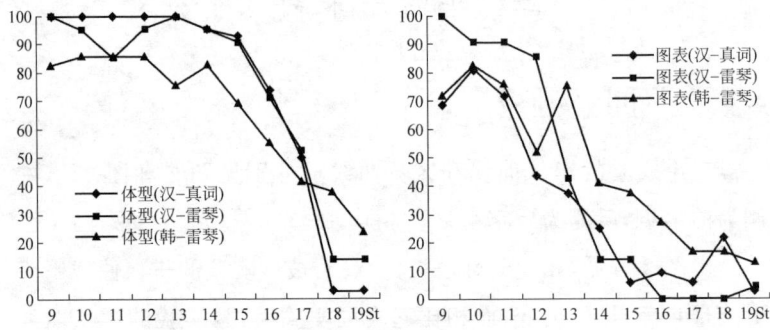

图 2 辨认曲线对比

由图 3 可见,真词实验的区分曲线在峰值前后有明显的上升和下降;雷琴实验的区分曲线则呈现出更加明显的单向上升趋势,即峰值多出现在区分曲线最后(尤其是前字组),后字组曲线波动更多。

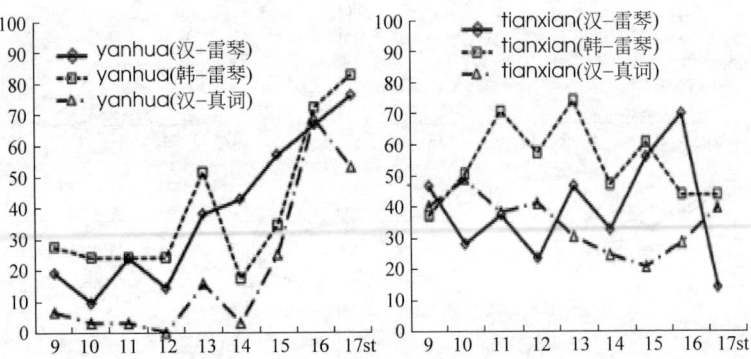

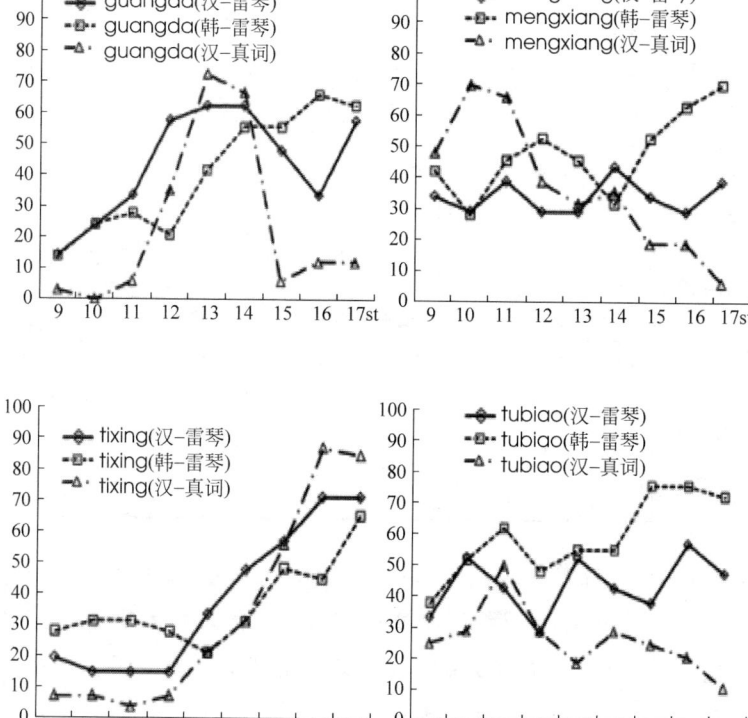

图 3 区分曲线对比

3.2 主要参数对比

三个实验的边界位置、边界宽度、区分峰值等参数的情况见表 3：

表 3 总体实验结果(单位:St)

前字组	yanhua			guangda			tixing		
	汉-真词	汉-雷琴	韩-雷琴	汉-真词	汉-雷琴	韩-雷琴	汉-真词	汉-雷琴	韩-雷琴
边界位置	16.4	15.5	16.5	14.4	14.5	14.5	17	17.1	16.4
边界宽度	0.9	1.2	3.3	1	1.9	4.2	1.5	1.9	4.4
区分峰值	68.8%	76.2%	82.8%	71.9%	61.9%	65.5%	87.5%	71.4%	65.5%
峰值位置	16~18	17~19	17~19	13~15	14~16	16~18	16~18	16~18	17~19
后字组	tianxian			mengxiang			tubiao		
	汉-真词	汉-雷琴	韩-雷琴	汉-真词	汉-雷琴	韩-雷琴	汉-真词	汉-雷琴	韩-雷琴
边界位置	10.4	12.5	14	11.7	12.5	12.8	11.8	12.8	13.8
边界宽度	3	1.6	3.1	1.5	1.2	2.3	3.3	1.4	3.2
区分峰值	50%	71.4%	75.9%	68.8%	42.9%	69%	50%	57.1%	75.9%
峰值位置	10~12	16~18	13~15	10~12	14~16	17~19	11~13	16~18	15~17/16~18

3.2.1 边界位置

由表 3 可见,前字组三个实验的辨认边界位置差别不大。后字组中,韩语被试雷琴实验＞汉语被试雷琴实验＞汉语被试真词实验,即雷琴实验的辨认边界相对真词实验发生了后移。方差分析发现,就边界位置来说,不同的刺激音类型(真词、雷琴,下同)之间差异不显著[$F(1,16)=0.599, p=0.45$];不同的实验组(汉语被试真词、汉语被试雷琴、韩语被试雷琴,下同)之间差异也不显著[$F(2,15)=0.375, p=0.693$];而前字组和后字组之间的差异显著[$F(1,16)=41.185, p<0.05$]。说明目标字和参照字的相对位置是影响感知边界的重要因素。上声的本质是低平调,目标字位于前字时,后面有参照字,这样低调-高调的对比就明显,更容易感知为上声调,使得前字组上声调的感知空间显著大于后字组。

3.2.2 边界宽度

前字组,韩语被试雷琴实验>汉语被试雷琴实验>汉语被试真词实验;后字组除了汉语被试的雷琴实验仍然保持较小的边界宽度(小于 2St)之外,其他两组被试的边界宽度都较前字组偏大。方差分析发现,不同刺激类型之间的边界宽度差异不显著[$F(1,16)=1.219, p=0.286$];前字组和后字组之间的边界宽度差异也不显著[$F(1,16)=0.004, p=0.951$];而不同的实验组之间的边界宽度差异显著[$F(2,15)=10.336, p=0.002$]。经过 Tukey HSD 检验表明,差异显著性主要来自于韩语被试和两组汉语被试在边界宽度上的差异。说明韩国被试对这两个声调的范畴化感知程度小于中国被试。

3.2.3 区分峰值

方差分析表明,不同的实验组[$F(2,15)=0.941, p=0.412$]、不同的刺激音类型[$F(1,16)=0.091, p=0.767$]以及前、后字组之间[$F(1,16)=4.009, p=0.063$]在区分峰值上都没有显著差异。但是,由表 3 可知,两组雷琴实验的区分峰值的位置相比真词实验都发生了不同程度的后移,而且,只有中国被试真词实验有良好的峰界对应情况,即区分峰值出现在辨认边界附近,两组雷琴实验区分峰值位置和辨认边界位置均不对应。

3.2.4 反应时间

实验涉及的反应时间包括两个部分:辨认反应时间和区分反应时间。因为陈曦丹(2012)的实验中没有涉及反应时间的分析,所以下面进行的反应时间的分析仅限于两组雷琴实验。

3.2.4.1 辨认反应时间

如图 4 和表 4 所示,两组被试的平均辨认反应时间曲线在一定范围内上下波动。汉语被试的浮动区间是1916～2262ms，韩语被试的浮动区间是2471～3815ms。通过与辨认曲线的对比，我们发现，在辨认边界附近平均辨认时间曲线大都出现了峰值，说明边界处被试需要更多时间辨别。汉语被试的匹配情况更好，原因可能是个别韩语被试的反应时间与总体均值差异较大。辨认时间对于辨认率的敏感度较高，在辨认曲线出现较大波动的地方，反应时间一般会有一个相应的起伏。

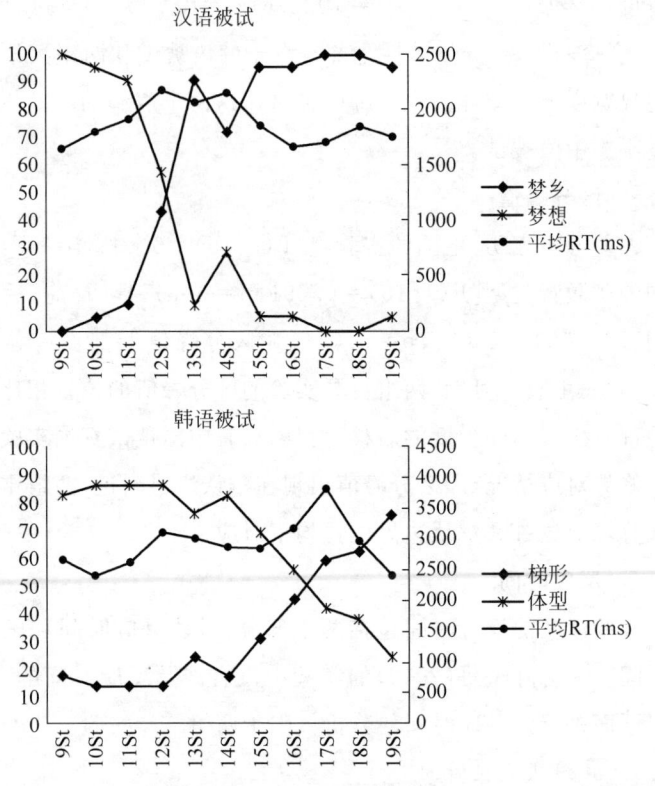

图4 辨认曲线和平均辨认反应时间(RT)对照示例

表 4　辨认边界位置和辨认反应时间峰值位置的对应情况

刺激音	汉语被试雷琴实验		韩语被试雷琴实验	
	辨认边界位置区间	RT峰值位置	辨认边界位置区间	RT峰值位置
yanhua	15～16St	16St	16～17St	15St
guangda	14～15St	15St	14～15St	14St
tixing	17～18St	16St	16～17St	17St
tianxian	12～13St	12St	13～14St	15St
mengxiang	12～13St	12St	12～13St	12St
tubiao	12～13St	13St	13～14St	12St

3.2.4.2　区分反应时间

两组被试的平均区分反应时间曲线在一定范围内浮动,汉语被试为2631～2842ms,韩语被试为2725～3184ms。通过两个实验的区分率曲线和区分反应时间曲线的比照,我们发现,两条曲线呈现明显的互相交错的特点,即区分率高的时候,区分反应时间短;区分率低的时候,区分反应时间长。相关性分析表明它们呈现很强的负相关关系(r=－0.997)。示例见图5:

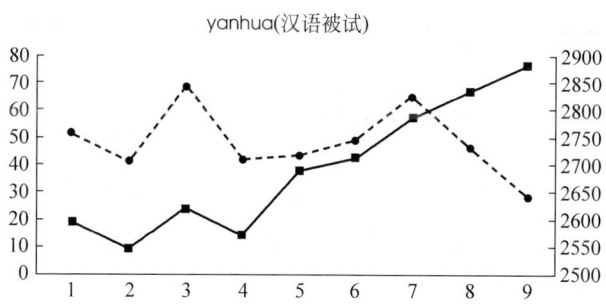

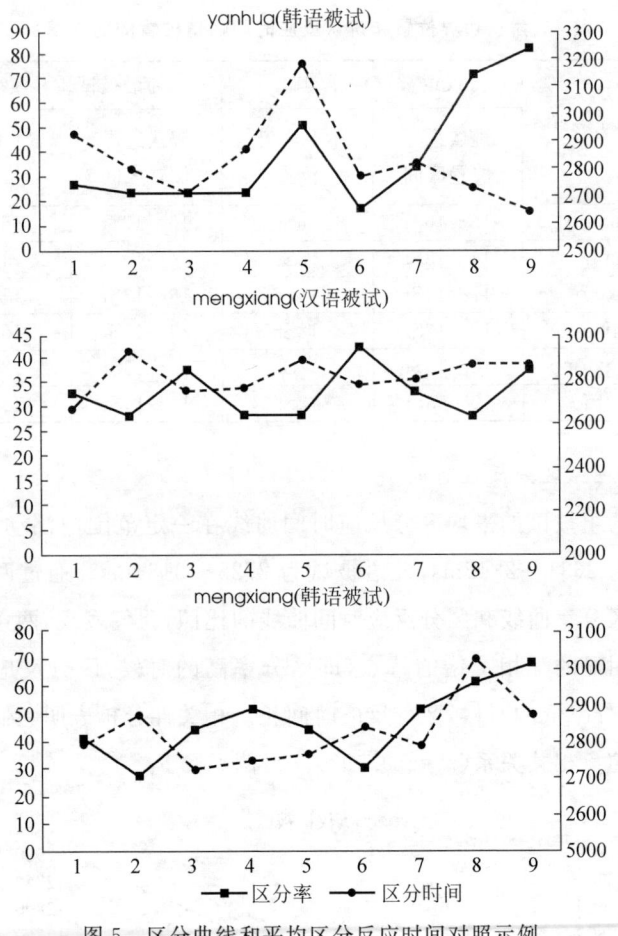

图 5 区分曲线和平均区分反应时间对照示例

对两组被试的反应时间进行独立样本 T 检验,结果表明汉语被试和韩语被试在辨认反应时间上差异显著(t=-15.784,p<0.05),而在区分反应时间上差异不显著(t=-0.985,p=0.327)。说明韩语被试的平均辨认反应时间明显比汉语被试长,而他们在区分反应时间上没有明显差别。见图 6:

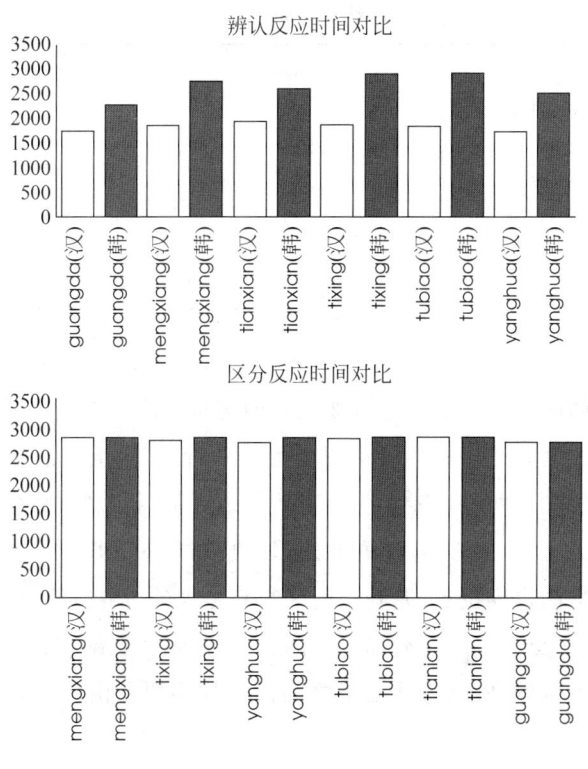

图 6 辨认、区分平均反应时间对比

四、分析讨论

4.1 母语经验对于实验结果的影响

4.1.1 辨认实验

分别对两组汉语被试的实验和两组雷琴实验的辨认曲线进行相关性检验,结果见表 5:

表 5 辨认曲线 Pearson 相关性系数对比

实验词对	汉-雷琴 vs.韩-雷琴	汉-真词 vs.汉-雷琴
烟花-眼花	0.931	0.961
光大-广大	0.975	0.988
梯形-体型	0.932	0.993
天仙-天险	0.811	0.904
梦乡-梦想	0.912	0.990
图标-图表	0.870	0.932

如上表所示,汉语被试雷琴实验和韩语被试雷琴实验的辨认曲线之间的相关性小于汉语被试真词实验和汉语被试雷琴实验的辨认曲线之间的相关性。从图 2 也可以看出,两组汉语被试的辨认曲线的确比两组雷琴实验的辨认曲线更加"相似"。结合表 3 和图 6,可以看出,相比起汉语被试,韩语被试雷琴实验的辨认曲线有更靠后的边界位置(尤其是后字组),更大的边界宽度,更小的伸展度,更多更明显的波动和更长的反应时间,呈现出差异较大的感知模式。也就是说,辨认结果之间的差异主要是由不同母语经验造成的。

汉语是声调语言(tonal language),声调可以区别意义,理想的"范畴感知"特点相对比较明显,而韩语是非声调语言,音高信息(高低、曲拱)并不表达和区别词义。韩国被试的辨认曲线有更小的辨认曲线伸展度和更大的边界宽度,即辨认曲线没有陡升/陡降,理想的"范畴感知"的特点也就不那么明显了。另外,韩语被试辨认曲线有更多和更大幅度的波动,辨认也出现反复的情况,而且辨认反应时间明显长于汉语被试,这主要是部分被试缺乏母语经验参照,对于实验词声调的不熟悉所致,也不排除因被试汉语水平参差而产生的影响。

4.1.2 区分实验

如果比较三个实验的区分曲线（见图3），可以看出,前字组中,汉语被试雷琴实验的区分曲线既有像真词实验的地方,也有像韩语被试雷琴实验的地方,体现出母语经验和刺激音物理性质的双重影响;而后字组,韩语被试的区分率总体大于汉语被试,区分峰值亦均大于汉语被试,区分效果更好。不同的母语经验是造成这种现象的主要原因:区分实验只需要被试对两个刺激音做出相同或者不同的判断,韩语被试做出判断纯粹依据刺激音的音高信息;而汉语被试除此之外还带有"调位"的印象。

4.2 刺激音的类型对于实验结果的影响

4.2.1 辨认实验

前文已分析,造成辨认实验结果差异的原因主要是母语经验的不同。但是,通过比较两组汉语被试的辨认曲线,可以发现,雷琴实验辨认曲线波动更加明显,后字组边界位置出现了一定的后移,即雷琴实验上声的听感范围大于真词实验上声的听感范围。

出现这种现象的原因主要是刺激音类型的影响。辨认实验需要被试在刺激音和实验词之间建立匹配并进行判断。雷琴实验的刺激音缺乏音段信息的支持,仅仅依靠音高信息,辨认曲线出现一定的波动在所难免。真词实验中则包括了音高信息和音段信息的结合。真词实验边界和雷琴实验边界之间的差值,就是音段信息所起的作用。在前字"烟花/眼花"的辨认中,真词边界大于雷琴边界,说明音段信息在前字中有助于上声的辨认。在后字组中,真词边界普遍小于雷音边界,说明音段信息在后字组中有助于阴平的辨认。后字组还有下倾作用的影响。我们知道,高平调具有稳定性,低平调具有变动性,所以这种情况下,被试更倾向于选择高平的"阴平"调,低平调只有"更低"才能被判断为上声。

4.2.2 区分实验

不同的刺激音性质对于区分实验的影响更显著。相比起两组雷琴实验,真词实验的区分峰值的位置更加靠前,而且区分峰值位置和辨认边界位置之间存在良好的对应关系。

这是因为,真词实验的刺激音包括音段信息和音高信息。音段信息有助于区分的判别。两组音相对比时,被试关注的更多的是词对的语言信息,峰值与辨认边界对应,反映出语言学上的"边界"。雷琴实验的刺激音只有音高信息,被试的关注点集中在刺激音的音高特征上。我们要求被试在两组音之间判断相同与否,虽然间隔都是2个半音,但越是高频区,刺激音的绝对音高之间的差别其实越大,也就更容易判断出"不同",区分峰值和辨认边界位置不对应,反映出物理-心理的边界。

五、结语

基于"上声的本质是低平调"的观点,通过合成平调的连续统探究高平调"阴平"和低平调"上声"的听感分界。从2012年至今,"阴平-上声"的听感分界一共做了三个:(1)汉语被试真词实验;(2)汉语被试非真词(雷琴音)实验;(3)韩语被试非真词(雷琴音)实验。从对比中可以探究不同的刺激类型和不同母语经验下,辨认和区分曲线以及辨认边界、边界宽度、区分峰值和反应时间等参数的表现各有何特点,从而深化对普通话"阴平-上声"感知机制的认识。

通过对比我们发现：

(1) 造成辨认实验结果差异的原因主要是母语经验的不同；而不同的刺激音性质对于区分实验结果差异性的影响更显著。汉语被试真词实验的区分峰值和辨认边界有较好对应，"范畴化感知"的特点更加明显，体现出语言学边界；两组雷琴实验则没有这么好的对应，体现出心理-物理边界。汉语被试的雷琴实验的区分曲线体现出母语经验和刺激音物理性质的双重影响。

(2) 反应时间在辨认和区分实验中的表现不同：辨认实验中，反应时间总是在辨认边界处出现峰值，即在边界处被试需要更多的时间才能辨认，而不管辨认率如何，反应时间总是在一个幅度内上下波动；而在区分实验中，反应时间则与区分率有显著的负相关关系，即区分率越高，反应时间越短，区分率越低，反应时间越长。

(3) "阴平"和"上声"的差别主要在调阶上，上声的听觉空间体现出动态性。

我们从上声的声学空间（石锋、王萍，2006）（见图7）可以看出：上声的调干（折点部分）的数据离散度较小，属于稳态段，是其调位信息的重要承载者；上声的调头（起点部分）和调尾（终点部分）数据离散度较大，属于动态段，不承载调位性信息。根据郑锦全(1973)的统计，汉语方言中高调多于61%，比低调更为常见。石锋、冉启斌(2011)指出，"高平调具稳定性，有优势地位，独立性较强；低平调有变动性，处弱势地位，听辨具有语境依赖性"。

对比三组被试阴平和上声的相对听感空间（见图8[①]），可以发

[①] 灰色的"边界地带"表示"动态边界"，即因目标字前后位置不同，这一部分的听辨结果并不绝对。

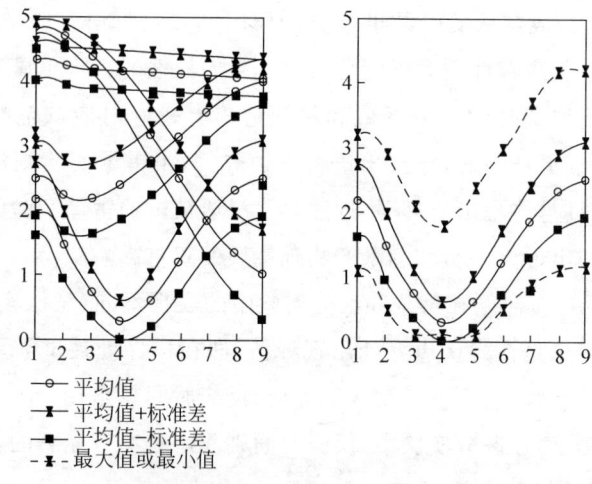

图 7 普通话单字调统计图(左)和上声调统计图(右)

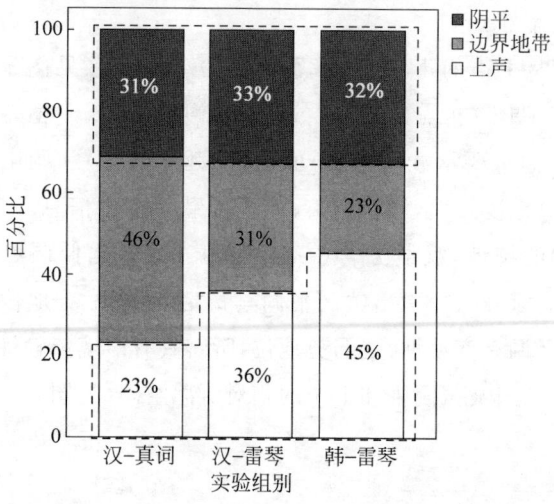

图 8 "阴平-上声"听感空间对比

现,不管刺激音物理性质如何,被试母语经验如何,阴平的绝对感知空间都相对固定,但是上声的感知空间上线则有较大浮动。这也证明了上声感知空间动态性的特点。

第四节 雷琴音阴平-去声听辨跟真词实验的对比[*]

一、引言

汉语声调区别意义,是一种调位。王士元等认为汉语普通话声调的知觉是范畴化的,国内的几位学者以元音或单音节为实验对象,认为阴平和去声是连续感知(刘娟,2001)或者是半范畴化感知(何江,2006a、2006b)。我们偏向于认为汉语的声调是范畴化感知的,这就需要更进一步的实验来证明。因此我们进行了真词和非真词的两组实验。

国外的研究者也有用非语言材料和语言材料做对应实验的做法。(Smith 等,1978;转自谷丰,2012)真实的语言材料和携带基频轮廓的非语言材料,它们之间最大的不同便是真实的语言材料不仅有声调,还携带着辅音和元音,而非语言材料只有声调,没有辅音和元音。这就使声调研究变得更单纯了。本实验即效仿这种研究方法,用非语言的雷琴音模拟普通话阴平和去声两个声调,验

---

[*] 本节原发表于《实验语言学》2014 年第 2 号,作者:马晓莉。

证以普通话真词为实验材料的阴平和去声听感分界实验的结果,并考察不同的刺激音类型对听感分界的影响。

二、实验方法

2.1 实验方法

雷琴实验和真词实验采用了相同的实验方法[①]:采用语音范畴化知觉研究的经典任务范式(Liberman,1957)——辨认实验和区分实验。

2.2 实验流程

2.2.1 选词原则

选择实验词的原则:1. 词频基本一致;2. 词语/音节结构基本一致;3. 规避零声母词和浊音声母词。在此基础上选出24个词,在42名学生中进行熟悉度测试,最后确定词表如下。

表1 实验词表

参照字声调	前字对比组	后字对比组
阴平组	中心-重心	发兵-发病
阳平组	单薄-淡薄	时间-实践
上声组	生产-盛产	厂家-厂价
去声组	兵变-病变	教师-教室

---

① 普通话阴平和去声听感分界的真词实验由薛鑫完成,雷琴实验的部分由笔者完成。基本实验方法和实验流程相同,些许差异在下文中有所介绍。数据方面,有关真词实验的辨认边界位置,区分峰值以及区辨对应值直接来自薛鑫(2012);雷琴实验的各种数据以及两组实验的对比数据由笔者完成。

这个工作是由薛鑫完成的,雷琴音实验直接沿用选出的八组词。

2.2.2 样本采集

真词实验的发音人是一名男性,南开大学本科生,老北京人,无口鼻咽喉障碍和阅读障碍。录音采用了负载句的形式,负载句为"我现在读的是××这个词"。雷琴实验的刺激音录自专业雷琴演员的演奏。录音软件 Cooledit Pro 2.0,采样标准 11025 Hz,16 位,单声道。录音地点为安静的语音实验室。

2.2.3 语音合成

真词实验的发音人调域为 80~160 Hz,以 50 Hz 为半音参考值换算,调域 9 半音到 19 半音。通过两个 Praat 语音脚本分两步进行合成(实验所用 Praat 脚本由贝先明先生提供)。第一步:将四个词中的字进行归一化处理,参照字中,阴平音高改为 19~19 半音,阳平改为 14~19 半音,两者的时长为 160 毫秒;上声的音高是 9~9 半音,时长是 140 毫秒,而去声的参照字分为两种情况,位于目标字前的字音高是 19~14 半音,目标字之后的字音高为 19~9 半音,时长统一为 140 毫秒。目标字的合成方法是:固定阴平的起点为 19 半音,以 1 半音为步幅,依次逐步降低阴平的终点,直至降到 9 半音;每组词均得到 11 个刺激音,八组共 8×11 个。如下图所示:

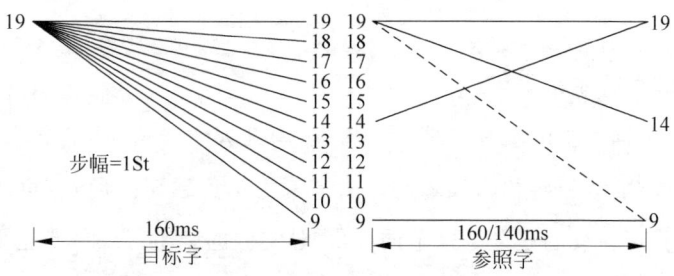

图 1 阴平-去声音高模式及参照字标准化音高

合成过程中,控制了所有的变量,每一个语音刺激的区别仅在于末点位置的音高(薛鑫,2012)。

雷琴音调域为 84~150Hz,跟真人发音相差不大。按真人发音的制作原则,目标字合成方法一致,参照字语音合成也是一致的,得到 11×8=88 个雷琴刺激音。

三、实验过程

3.1 被试

真词实验的被试为 32 名南开大学学生,平均年龄为 22 岁,雷琴实验的被试为 24 名南开大学学生,平均年龄为 24 岁,均为北方方言背景,普通话标准,听觉正常,无听觉障碍。

3.2 辨认实验

两个实验都使用 E-prime 进行。两个实验的辨认实验部分都是 88 个刺激音。将这些刺激音按随机排列的顺序放在一起,每一个词语前都带有一个提示音,正式实验之前有 4～8 个练习实验。听辨流程为电脑屏幕上首先出现注视点,被试按空格键开始,此时会播放提示音,接着播放刺激音,屏幕上同时出现选项图片,被试按键选择自己听到的词语,同时选择界面消失,再次出现注视点。这样循环往复,直到实验结束。辨认实验共有两组:按键反应页面中,目标字为阴平的词在前面出现;按键反应页面中,目标字为去声的词在前面出现。

3.3 区分实验

两个实验都使用 Pollock 和 Pisoni 使用的 AX 区分实验,即一次给出两个刺激音,要求被试判断两个刺激音相同还是不同。同时给出的两个刺激音相隔一个半音。例如,9St 和 11St 组成一对刺激音,10St 和 12St 组成一对刺激音,以此类推,共形成 72 对不同刺激音,每个刺激音之间间隔 500 毫秒。雷琴实验的区分实验部分还加入了相同刺激,合成相同刺激对的时候两个刺激音相同。如,9St 和 9St 合成一对刺激对。以此类推,共形成 88 个刺激对,两个刺激音之间同样间隔 500 毫秒。实验同样通过 E-prime 进行,随机将被试按照刺激音的顺序和按键反应屏幕显示的词序分为 ABCD 四组。参见表 2。

表 2 区分实验四种组合

	刺激音	反应页面
A	低阶-高阶	不同-相同
B	高阶-低阶	不同-相同
C	低阶-高阶	相同-不同
D	高阶-低阶	相同-不同

区分实验流程与辨认实验相似，只是选择界面显示的选项变成相同-不同/不同-相同。需要被试者选出所听到的一对刺激音是相同还是不同。正式实验前依旧是有4～8对刺激音作为整个实验的练习部分。

真词和雷琴音两组实验从各个方面控制了变量，实验方法和实验流程基本一致，只是刺激音类型不同，便于比较分析。

四、实验结果分析

根据已有的真词实验的数据，将两个实验进行对比分析，主要考察以下几个参数。

(1) 边界位置：辨认实验的分界点，是两条辨认曲线相交的位置处的半音值。

(2) 边界宽度：边界左右，25%～75%听辨率所占的半音值范围。

(3) 区分峰值：区分率的最大值。在观察区分峰值的同时，考察区分峰值的位置，看它与辨认边界位置的对应情况，即峰界对应情况。如图2：

第三章 声调听辨实验的拓展

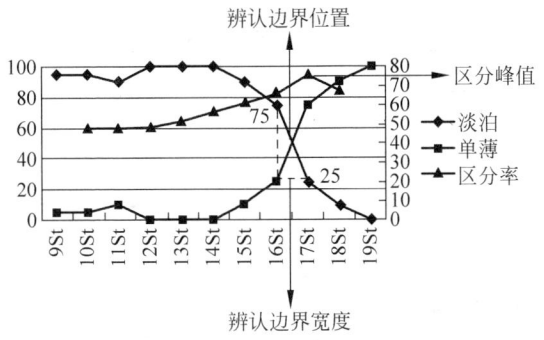

图 2 考察参数直观示意

4.1 辨认曲线和区分曲线对比

八组辨认曲线的对比见图 3，八组区分曲线的对比见图 4。左侧为前字组，右侧是后字组；从上往下参照字调依次为阴平-阳平-上声-去声。

从图 3 中可以看出，真词实验和雷琴实验的八组对比辨认曲线中，大部分曲线走势比较接近，尤其是前字组，两条曲线十分接近，后字组中两条曲线分离稍大。前字组的去声和后字组的上声辨认曲线真词比雷琴陡降趋势明显。雷琴实验的辨认曲线比真词实验的辨认曲线波动略大一些。Pearson 相关性分析表明它们之间显著相关：zhongxin（r＝0.981,Sig＝0.000＜0.005），danbo（r＝0.992,Sig＝0.000＜0.005），shengchan（r＝0.996,Sig＝0.000＜0.005），bingbian（r＝0.959,Sig＝0.000＜0.005），fabing（r＝0.978,Sig＝0.000＜0.005），shijian（r＝0.976,Sig＝0.000＜0.005），changjia（r＝0.938,Sig＝0.000＜0.005），jiaoshi（r＝0.990,Sig＝0.000＜0.005）。

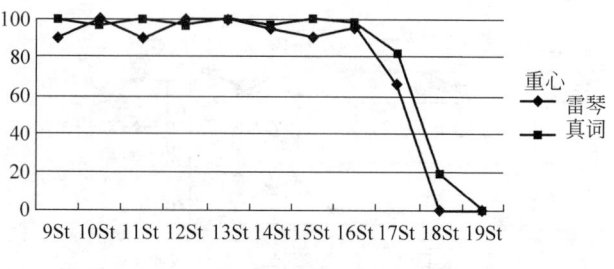

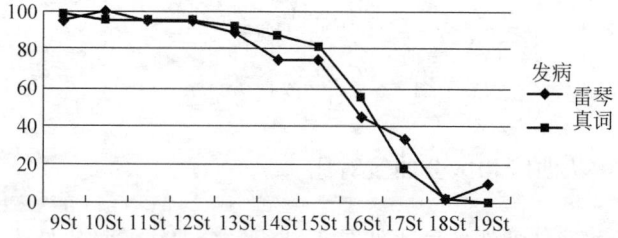

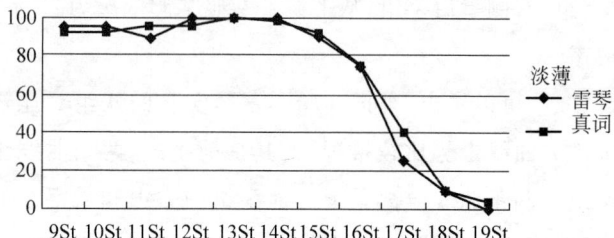

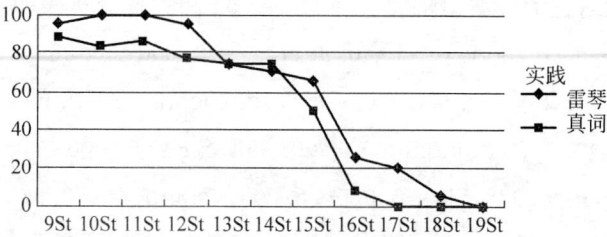

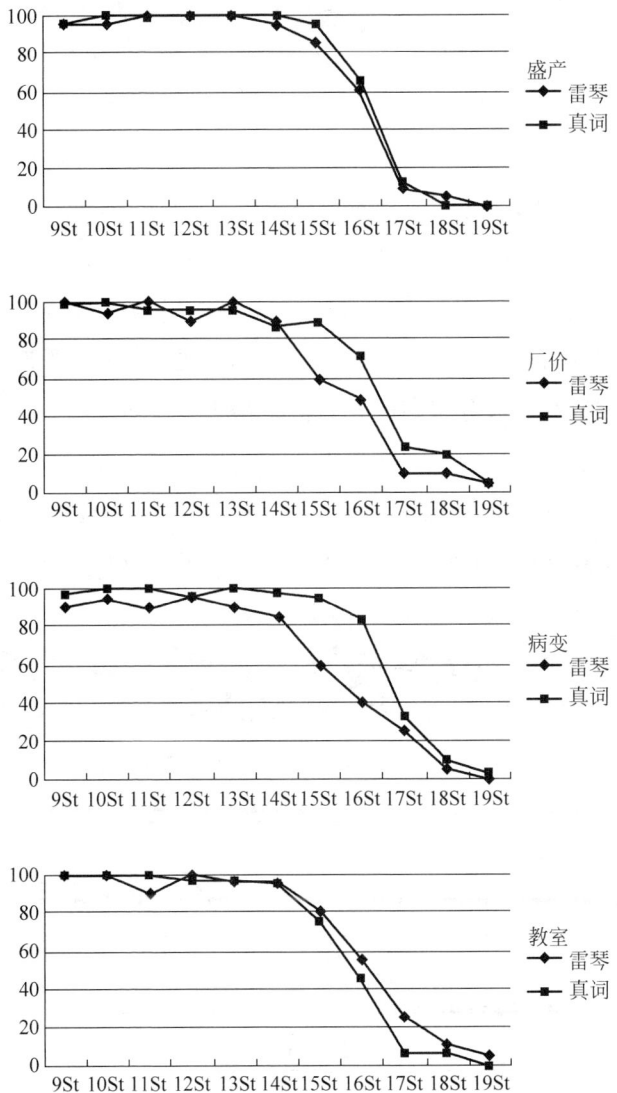

图3 辨认曲线对比

在区分曲线的对比中,雷琴的区分实验中的相同刺激去掉了。从图 4 中可以看出,八组区分曲线中,除了 shijian 组,其他七组真词和雷琴的区分曲线的形状都是一致的或接近的,jiaoshi 组最后一个刺激对处有偏离,shengchan 组 13~15St 之后真词实验的曲线明显高于雷琴实验,两条曲线分离较远。曲线形状基本一致的七组中,除了 shengchan 组,其他六组真词和雷琴的曲线都很接近,除去最后 jiaoshi 一组不容易看出规律,其他五组整体上都是雷琴区分率稍高。八组曲线无论是真词还是雷琴,都是低频区区分率低,高频区区分率高。大致都是从 12~14St 或者 13~15St 之后开始上升趋势,峰值位置都偏后。Pearson 相关性分析表明,除了 shijian(r=0.532,Sig=0.140>0.005)组,其他七组显著相关:zhongxin(r=0.981,Sig=0.000<0.005),danbo(r=0.941,Sig=0.000<0.005),shengchan(r=0.907,Sig=0.001<0.005),bingbian(r=0.965,Sig=0.000<0.005),fabing(r=0.970,Sig=0.000<0.005),changjia(r=0.934,Sig=0.000<0.005),jiaoshi(r=0.878,Sig=0.002<0.005)。

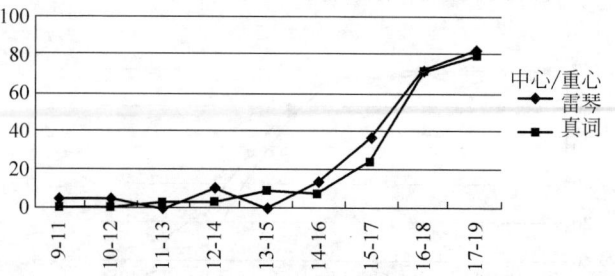

第三章 声调听辨实验的拓展

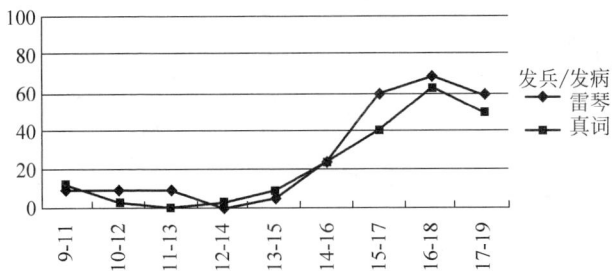

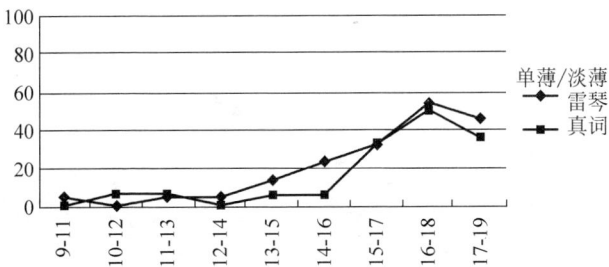

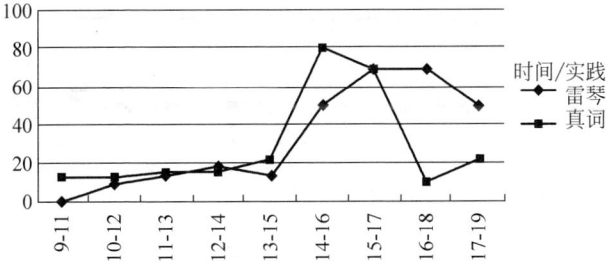

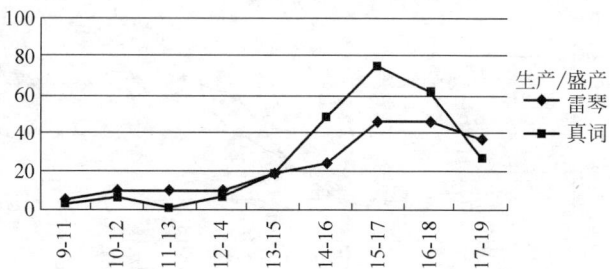

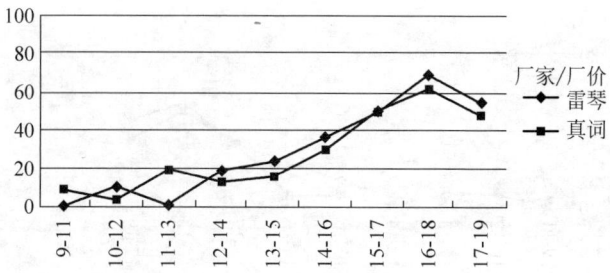

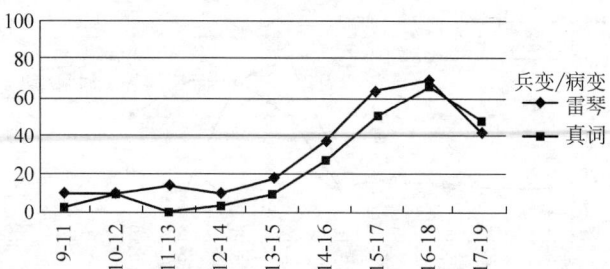

第三章 声调听辨实验的拓展

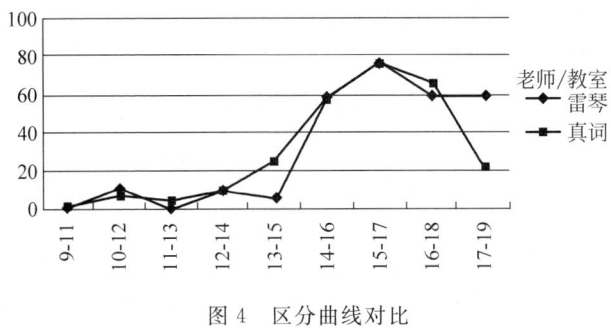

图 4 区分曲线对比

4.2 主要参数对比

我们将主要参数列表见表 3,以便对比分析各种数据。

表 3 真词实验与雷琴实验主要参数对比(单位:半音)

前字组	zhongxin		danbo		shengchan		bingbian	
刺激类型	真词	雷琴	真词	雷琴	真词	雷琴	真词	雷琴
边界位置	17.5	17.23	16.6	16.5	16.3	16.2	16.4	16
边界宽度	0.78	0.95	1.48	1	1.1	1.3	1.2	1.88
区分峰值	79%	82%	50%	54.5%	45.5%	74%	65%	68%
峰值位置	17~19	17~19	16~18	16~18	15~17	15~17/16~18	16~18	16~18
后字组	fabing		shijian		changjia		jiaoshi	
刺激类型	真词	雷琴	真词	雷琴	真词	雷琴	真词	雷琴
边界位置	16.2	16.8	15	15.38	16.6	15.5	15.8	16.17
边界宽度	1.55	2.29	2.8	3	1.15	2.6	1.51	1.8
区分峰值	62%	68%	79%	68%	62%	68%	76%	77%
峰值位置	16~18	16~18	14~16	15~17/16~18	16~18	16~18	15~17	15~17

4.2.1 辨认边界位置对比

真词前字组各声调辨认边界数值由高到低依次是阴平＞阳平＞去声＞上声，后字组各声调辨认边界数值由高到低依次是上声＞阴平＞去声＞阳平。雷琴实验前字组各声调的辨认边界数值由高到低依次是阴平＞阳平＞上声＞去声，后字组各声调的辨认边界数值由高到低依次是阴平＞去声＞上声＞阳平。雷琴实验的前字组和后字组都是阴平调参照组的边界最靠后，去声范围最大。两个实验的前字组中，都是阴平调参照的 zhongxin 组辨认边界最为靠后，去声范围最大；而在后字组中，都是阳平调参照的 shijian 组辨认边界最为靠前，去声范围最小。

真词实验中，同声调的参照字对比辨认边界位置，除了上声外，前字组的边界位置总是比后字组靠后，如 zhongxin(17.5St)＞fabing(16.2St)。雷琴实验中，除了去声组外，前字组的边界位置也是比后字组靠后。它们之间的差值基本上都大于一个半音，雷琴实验的表现尤为明显。表现例外的真词实验中的上声和雷琴实验中的去声，前后组的差别比较小，一组差 0.3 个半音，一组仅仅相差 0.17 个半音。

前字四组，都是真词的辨认边界要比雷琴音靠后；后字四组中，除 changjia 组以外，其他三组都是雷琴音的辨认边界靠后，真词靠前。前字组和后字组表现相反。如图 5 所示：

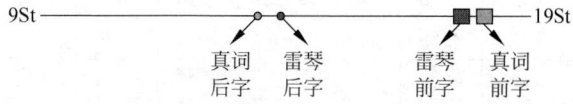

图 5　真词与雷琴实验辨认边界位置对比示意

独立样本 T 检验表明,无论是总体相比(t=0.231,Sig=0.820),还是前字组(t=0.566,Sig=0.592)、后字组(t=0.132,Sig=0.899)分别相比,边界位置的差异都是不显著的。

4.2.2 边界宽度对比

真词实验中,同一参照声调的前字组的辨认边界宽度与后字组相比,前字组总是大于后字组。雷琴实验中,除了去声,后字组的辨认边界宽度都大于前字组,而且相差数值较大,都大于 1 个半音。两组实验相对比,八组中,除了前字阳平参照 danbo 组,其他七组都是雷琴音的辨认边界宽度大于真词的边界宽度。两个实验都是后字阳平 shijian 组辨认边界宽度最大。独立样本 T 检验表明,两组实验边界宽度差异(t=−1.194,Sig=0.252)不显著。

在辨认边界上表现例外的真词实验上声组和雷琴实验去声组,在边界宽度上差值也比较小,一个相差 0.15 个半音,一个相差 0.17 个半音。这和它们辨认边界位置的差值的表现相一致。

4.2.3 区分峰值对比

真词实验中,同一参照声调的前字组区分曲线的峰值相比后字组来说,除了阴平以外,前字组较小,后字组较大。雷琴实验中,阴平和上声是前字组大于后字组,阳平和去声是后字组大于前字组。区分峰值位置上,真词实验除了上声组,其他三个参照声调都是前字组的峰值位置靠后;雷琴实验中,因为阳平的后字和上声的前字有两个位置出现了峰值,不好判断,在阴平和去声中,前字组比后字组靠后。

其中阳平组有可能是前字比后字峰值位置靠后,而上声组只能是峰值位置相同,或者是后字比前字靠后。这样来看,也可以说除了上声外,两个实验都是前字组的区分峰值位置较后字组靠后。

两个实验相对比,雷琴音实验和真词实验的区分峰值位置除了后字阳平 shijian 组之外,都是相同的,前字上声 shengchan 组雷琴音有两个位置出现峰值,其中一个也跟真词的相同。两个实验的区分实验部分结果比较一致。区分峰值除了前字上声 shengchan 组和后字阳平 shijian 组,其他六组都是雷琴音的峰值大于真词峰值。独立样本 T 检验表明,两组实验区分峰值间的差异(t=−0.981,Sig=0.343)是不显著的。

真词实验中,前字后字八组的辨认边界位置和区分峰值位置相差都没有超过 1 个半音,基本上是对应的。雷琴实验中,上声组后字的差别较大,阳平组后字区辨差值如果是 0.62,也是较小的,那么基本上区分实验和辨认实验也是相互对应的,只是没有真词实验的对应情况好。详见下表:

表 4 真词实验和雷琴实验区辨位置差值表

	雷琴实验区辨位差	真词实验区辨位差
中心−重心	0.67	0.5
单薄−淡薄	0.5	0.4
生产−盛产	0.2/0.8	0.3
兵变−病变	1	0.6
发兵−发病	0.2	0.8
时间−实践	0.62/1.62	0
厂家−厂价	1.5	0.4
教师−教室	0.17	0.2

4.3 分析

4.3.1 辨认实验

真词实验和雷琴实验的结果有很多相似之处。两个实验,对比的八组辨认曲线中,大部分曲线走势比较接近。两组实验的前字组中,阴平调参照的 zhongxin 组辨认边界最为靠后,去声范围最大;两组实验的后字组中,都是阳平调参照的 shijian 组辨认边界最为靠前,去声范围最小。两组实验,前字组的边界位置总是比后字组靠后,表现为前字组大于后字组。

汉语是典型的声调语言,依靠音节水平上的音高高度和音高曲拱的变化来区别词义。对于汉语普通话来说,因为只有一个高平调,任意声调组合都必然包含音高曲拱的变化。这种变化对声调的感知作用显著。(张林军,2010a、2010b)阴平调是个高平调,将它作为参照,以高降为特点的去声就更容易感知,而且前字组中目标字在参照字之前,受参照字影响较小,所以 zhongxin 组的去声范围最大。后字组的目标字在参照字之后,受到参照字调的影响较大。同时阳平的升调跟去声的降调形成对比(石锋、王萍,2006),这可能影响了被试的听辨,使得被试在听辨 shijian 组时对阴平的范围放宽。前字组比后字组辨认边界靠后,去声范围大,也是因为后字组目标字受前面参照字的影响。实际的语言运用中,前位声调对后位声调影响而产生的动态声调更为普遍(周燕飞,2004)。

这里涉及的是发音生理层面的表现,一个是音高下倾,还有一个就是此处表现出来的音高降阶,即两个相邻的音节或词产生的相互影响,前一个字下降,后一个词不可能呈高调,因此听感界线也会相应前移。(薛鑫,2012)真词实验的上声组和雷琴实验的去声组却是不符合这个规律的。雷琴实验的去声组,前字组和后字组都是两个降调相连,这可能影响到后字组参照字声调对目标字的辨认。而且去声这两组无论是边界位置差还是边界宽度差都甚为微小。真词实验的上声组原因还不清楚,但是这组也表现出边界位置差和边界宽度差都比较小。

不同的刺激音类型对辨认边界有影响。雷琴实验的刺激音只有基频轮廓这种非音段音位信息,没有元音辅音的音段音位信息。在辨认实验中,被试听到刺激音后要选择相对应的实验词,少了音节所携带的语义信息的支持,雷琴实验的辨认曲线比真词实验的辨认曲线波动稍大是可以理解的。

真词的刺激音不仅有声调,还有元音辅音组成的音节,语义信息完整,而雷琴的刺激音只有声调,语义信息不完整。受语义信息影响,前字组目标字在前,受后面参照字影响较小,所以在听辨时词义能在一定程度上帮助被试将更多刺激音判断为去声,但两者差别并不大。雷琴实验边界宽度大于真词实验,也是因为少了音质音位所携带的语义信息的帮助。后字组中,真词实验的辨认边界比雷琴音前移得厉害,这可能是因为后字组目标字在参照字之后,声调的曲拱变化对声调听辨影响很大,即参照字调对目标字声调影响较大。这对有元音辅音的真词来说可能影响更大一些,被试可能会关注更多的语义信息,造成边界上的前移。而雷琴音没有实在意义,只有模拟的声调信息,所以雷琴实验受到的影响较小。

4.3.2 区分实验

两个实验的区分实验整体结果是比较一致的。表现在两个实验区分峰值位置比较一致;除了上声组,两个实验都是前字组区分峰值位置较后字组靠后。这跟辨认边界位置有关,两个实验区分实验和辨认实验都是可以对应的,前字组的辨认边界位置靠后,就决定了相对应的区分实验峰值位置靠后。两个实验都是低频部分区分率低,高频部分区分率高,峰值位置都偏后。

区分实验中,我们要求被试在一对刺激音之间判断相同或者不同,虽然间隔都是2个半音,但越是高频区,刺激音的绝对音高之间的差别越大,也就更容易判断为"不同",即使听辨者将高频区的两个刺激音都判断为阴平调,也还是可以觉察出它们之间的差别,从而选择为不同的调,所以高频部分区分率高。我们实验要求被试者只要听感上有差异就选择"不同",而没有同时要求他们注意是否是同一调类。

两个实验的区分峰值的数值内部相比没有统一的规律。但可以发现一种倾向性,即雷琴实验的区分率稍高于真词实验。这跟前文所述原因一致,是因为真词有元音、辅音,所携带的语义信息更为复杂,彭刚等(2010)也说真词实验的刺激音更加复杂,这种复杂性减弱了人们对于音高本身的敏感性,所以影响了真词区分实验的区分结果。

五、结语

以真词为实验材料和以雷琴音为实验材料的探究普通话阴平和去声听感分界的实验,整体表现出相似的结果。雷琴实验的结果验证了真词实验的结果。两者在边界位置、边界宽度、区分峰值等方面都有相同的趋势。

普通话阴平和去声两个声调之间存在明显的听感分界,是范畴感知的。雷琴音的实验中,听感分界的平均值为16.22,根据公式计算,可以知道阴平的边界范围为27.8%,去声的边界范围为72.2%,真词实验的听感分界平均值为16.3,去声范围73%,阴平范围27%,两个结果十分相近。去声调从调域顶部到调域底部,是典型的全降调,其特点可以用"降"和"凸"来概括。(石锋,2006)而且去声是普通话中唯一的高降调,去声的终点是动态终点,终点跨度大,为2.3度。(石锋、王萍,2006)当被试感觉到"降"的特点时,只要起点是高的,不管终点的具体音高是多少,都会判断为去声。因为汉语声调不只是靠音高来区分,更重要的是靠调型来区分,所以去声的范围很大。

两个实验的整体一致中又有局部的差异性。比如边界位置的前移后移,边界宽度的差异,区分峰值的大小等。这些差异的主要原因就是刺激音的类型不同,雷琴音只有音高信息,而真词有属于音段音位的辅音+元音,同时也有声调这种音高信息,所以真词刺激音所携带的语义信息更复杂。这些导致了两组实验结果的差异。

第四章 汉语普通话元音听辨

第一节 元音感知影响因素[*]

一、引言

本节采用语音范畴感知的实验研究范式,探讨普通话元音/a//u/的听觉感知表现,深入考察调类因素以及词汇语境因素对普通话这种声调语言的元音感知的影响。

二、实验方法

2.1 实验刺激

本研究的实验语料包括普通话基础元音/a//u/的零声母单字词和双字词两部分(见表1)。其中,单字语料包括普通话的四种调类情况;双字语料仅采用阴平调类,在零声母实验字后加音节"婆"作为词汇语境,组成双字实验词。请一名标准普通话男性发音人以自然平稳语速发音得到语音样本。

---

[*] 本节原发表于《中国语音学报》第七辑,作者:张昊、及转转、石锋。

表 1 实验语料

单字	阴平	啊(ā)-屋
	阳平	啊(á)-无
	上声	啊(ǎ)-五
	去声	啊(à)-务
双字	阴平	阿婆-巫婆

实验刺激均在录制的语音样本的基础上,利用 Praat 语音分析软件合成。语音刺激连续统共包括五套:单字四个调类各一套,双字一套。各连续统均以前两条共振峰为重要声学线索(acoustic cue),等步长减小 F1、F2 的值(F1、F2 步长分别为 41Hz 和 51Hz),从元音/a/到/u/,合成 13 个刺激音。五套连续统中相应元音刺激的 F1、F2 采用统一的参数值(见图 1),其他声学参数(F3、F4、F5、带宽值、基频值等)均采用所录制语音样本中各条件下元音/a/的相应参数。所有刺激的音强统一为 75 分贝;单字的

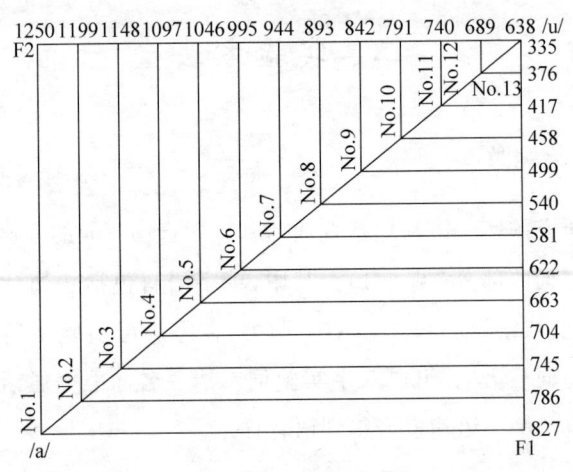

图 1 语音刺激连续统直观图

刺激音长统一为300毫秒,双字的刺激音长统一为750毫秒(300毫秒+450毫秒,即合成刺激时长为300毫秒,后置词汇语境时长为450毫秒)。

2.2 实验被试

实验被试共20人(男女各10人),均为土生土长的北京人,京津两地高校学生。所有被试裸视或矫正视力正常,无听力或阅读障碍,平均年龄为20.58岁(标准差=1.21岁)。被试均为自愿参与,在安静的语音实验室或教室环境中完成实验任务。

2.3 实验任务

实验通过E-prime 1.1程序实现,利用笔记本电脑呈现语音刺激和探测界面,实验采用范畴感知经典范式,包括辨认实验和区分实验两种测试,每位被试均需参与这两种测试。

在辨认实验中,各个刺激音逐一呈现,采取/a//u/范畴判断的方式,要求被试对所听到的语音刺激,在探测界面给出的两个选项中做强迫选择,并通过按键盘上的"F、J"键实现(见图2)。每个语音刺激重复4遍,并以随机播放的形式呈现,每位被试共需完成260个辨认判断任务(13个刺激音×4次重复×5个连续统)。

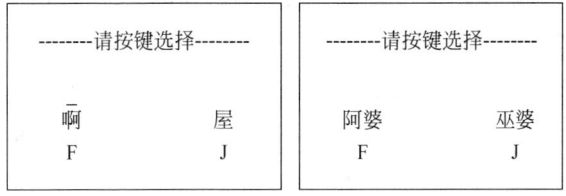

图2 辨认实验探测界面示例

在区分实验中,采取 AX 任务模式,由两个属于同一连续统的语音刺激组合成一个刺激音对的形式呈现,两个语音刺激之间间隔 500 毫秒(ISI=500ms)。刺激音对的组合有两种方式,即相同刺激音对和不同刺激音对。

实验要求被试判断刺激音对中的两个刺激音是否相同:相同按"F"键,不同按"J"键。每个刺激音对重复两遍,以随机顺序呈现,每位被试共需完成 140 个区分判断任务(35 个刺激音对×2 次重复×2 个连续统)。

两种实验任务在正式实验前均有练习环节,以确保被试理解实验任务、熟悉实验流程。正式实验中,要求被试尽可能迅速做出判断。所有被试均需完成如下实验任务:四个调类条件下零声母单字辨认实验,阴平条件下零声母单字区分实验,以及零声母双字词辨认、区分实验。各实验任务的顺序在被试间实现平衡。

2.4 数据处理

计算各位被试的辨认数据和区分数据,包括:辨认边界位置、边界宽度,区分正确率。

辨认边界位置是指两条辨认函数曲线的交点(即辨认率达到 50%处)所对应的刺激序号值。边界宽度是指辨认率是 25% 和 75% 之间的刺激序号的差值。这两类辨认数据均使用 Probit 分析模型拟合。

区分正确率的处理采用 Xu 等(2006)提出的计算方法,将所有的刺激音对分成 11 组,每组包括 AA、AB、BB、BA 四种形式,区分正确率 P 值得计算公式为:

$$P = P(\text{'S'}/S) \times P(S) + P(\text{'D'}/D) \times P(D)$$

其中，P('S'/S)表示相同刺激音对(AA、BB)判断的正确率，P('D'/D)表示不同刺激音对(AB、BA)判断的正确率；P(S)、P(D)分别表示相同刺激音对和不同刺激音对所占的比例，都为50%。

另外，根据Jiang等(2012)介绍的方法，将区分正确率根据每位被试的辨认边界位置，分为范畴内和范畴间的区分正确率。

三、实验结果和分析

3.1 调类影响因素

四种调类条件下元音连续统/a/-/u/的零声母单字辨认实验，重在考察具有稳态特征的普通话基础元音的听辨情况，探讨调类因素对普通话元音听觉感知的影响。实验分析20名被试的辨认数据，分调类绘制出元音辨认曲线图(见图3)，并拟合测算出不同调类条件下元音感知的辨认边界位置和边界宽度数值(见表2)。

表2 不同调类条件下/a/-/u/辨认数据表

调类	边界位置	边界宽度
阴平	8.8	1.9
阳平	8.5	1.7
上声	8.4	1.6
去声	8.1	1.8

由辨认曲线图可以看出，四个调类条件下元音/a/、/u/的辨认曲线都呈现出经典的"X"形分布状态，两元音的辨认率在首尾刺激音(刺激音1、13)处均达到了最大值100%，说明实验合成语音刺激的质量较高，能很好地满足听辨实验的要求。

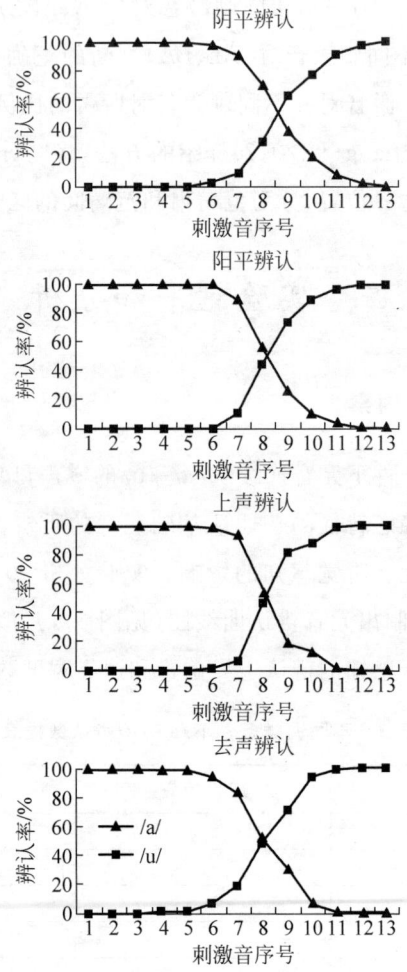

图 3 不同调类条件下/a/-/u/辨认曲线图

目前,已有研究表明元音会对声调的听觉感知产生一定的影响。郑秋晨(2014)分别以普通话中/a//ɔ//ɤ//i//u//y/六个单元音为负载声调的语音基础,合成由阴平调到阳平调的语音刺激连续统,作为声调听辨实验的语音材料。实验结果发现,不同负载元音会对阴平和阳平调的辨认边界位置产生重要的影响。主要表现在以低元音/a/作为负载元音时,两个平调的边界位置同其他五个元音条件下的差异显著,作者认为相比其他元音而言,/a/较低的内在音高是造成感知边界位置差异的主要原因。

反过来看,调类因素是否也会对元音感知产生重要影响?不同调类间的区别主要表现为基频曲线的差异。普通话的四个调类中,去声基频曲线从调域最高值骤降到最低值(本实验中去声元音连续统基频值由170Hz降到90Hz),其变化幅度、曲线斜率最大;阳平是一种中升调,基频曲线有一定的斜率但并非十分陡峭,变化幅度并不是很大(本实验中阳平元音连续统基频值由120Hz升至160Hz);阴平是一种高平调(本实验中基频值保持在160Hz),上声在本质上是一种低平调(本实验中基频值从95Hz先降至75Hz,最后升至120Hz),这两种调类的基频曲线较为平稳,波动不是很大。另外,在自然发音状态下,去声的时长明显短于其他三类声调。去声在声学特征上的特殊性,可能会使去声条件下的元音感知同其他三种调类下的元音感知有所差异。

在本实验研究中,普通话元音/a//u/的范畴边界位置虽然都在刺激8、9之间,但是在边界位置的具体刺激音序号数值上有所差异(在阴平、阳平、上声、去声情况下分别为8.8、8.5、8.4、8.1),尤其是在阴平和去声调类情况之间,两元音的边界位置差异较为明显。而两元音的辨认边界宽度在不同调类情况下的差异很小,仅在1.6~1.9个刺激音步长之间。

为了验证调类因素对元音感知的影响,我们以调类为组内变量(within-subject factor),并分别以边界位置和边界宽度为因变量(dependent variable),进行重复度量的方差分析(repeated ANOVA)。统计结果显示边界位置在不同调类间的差异呈现出边缘性显著[$F(3,57)=2.69, p=0.054$],然而边界宽度在各调类间并没有表现出显著差异($F(3,57)=0.54, p=0.66$)。事后成对比较(pairwise comparison)检验结果表明元音/a/、/u/边界位置的刺激音序号,在去声情况下(8.8)要比阴平下(8.1)小,但这种差异水平仅表现为边缘性显著($p=0.062$)。

以上分析说明去声状态下的元音辨认边界位置同阴平下的边界位置相比,有较为明显的前移现象,但是这种差异仅表现为统计学意义上的边缘性显著。不同调类间的元音边界位置差异未能达到 $p<0.05$ 意义上的显著性水平,究其原因可能在于被试辨认实验次数太少使得实验数据量过小,从而造成被试间个体差异较大。

3.2 语境影响因素

零声母单字、双字词条件下元音连续统/a/-/u/的辨认和区分表现的差异,有助于考察词汇语境因素对普通话元音听觉感知的影响。实验分析 20 名被试的听辨数据,分情况绘制出元音辨认区分曲线图(见图 4)。

由辨认区分曲线图可知,单、双字条件下元音连续统/a/-/u/的边界位置都在刺激音 8、9 之间,差异不大;然而前者辨认曲线的陡峭程度不如后者。从听辨数据表可知(表 3),在辨认边界位置上,双字条件下两元音的边界位置较单字而言表现出轻微的前移(在单、双字条件下分别为 8.8、8.5);在边界宽度上,双字条件下元音听辨的边界宽度数值略小,即辨认曲线的陡峭程度略高(在

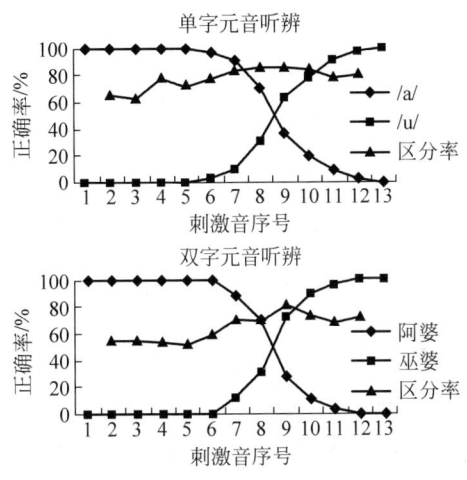

图 4 单、双字条件下/a/-/u/辨认区分曲线图

单、双字条件下分别为 1.9、1.5)。配对样本 T 检验分析结果表明,边界位置、边界宽度上的差异并未达到统计学意义上的显著($t1=-0.92, p1=0.37, df=19; t2=0.49, p2=0.63, df=19$)。

表 3 单、双字条件下/a/-/u/听辨数据表

类别	边界位置	边界宽度	区分峰值
单字	8.8	1.9	85%
双字	8.5	1.5	81.3%

在区分正确率曲线上,双字条件下的元音区分曲线有非常显著的峰值,且同辨认边界位置有很好的对应关系,即"峰界对应";而单字条件下的元音区分曲线非常平缓,没有表现出明显的峰值。为更深入分析单、双字条件下元音连续统/a/-/u/的区分数据的差异,我们将区分正确率分为范畴内和范畴间两类,如图 5 所示。

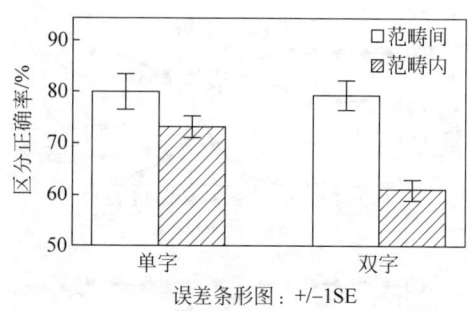

图 5 范畴内、范畴间区分正确率对比图

采用两因素重复度量方差分析(two-way repeated ANOVA),以元音刺激连续统(单字、双字两套)和区分率类别(范畴内、范畴间两种)作为组内变量,并选用格林豪斯-盖斯尔检验校正结果(Greenhouse-Geisser correction)。统计结果表明,区分率类别具有主效应[$F(1,19)=30.13, p<0.001$],连续统与区分率类别间有交互效应[$F(1,19)=9.22, p=0.007$],而元音刺激连续统没有表现出主效应[$F(1,19)=3.28, p=0.086$]。采用邦费罗尼校正(Bonferroni)多重比较的事后检验分析结果表明,在单字元音连续统中,范畴内区分率(73.17%)和范畴间区分率(80.02%)没有显著差异[$F(1,19)=3.86, p=0.064$];而在双字元音连续统中,范畴内区分率(60.95%)和范畴间区分率(79.38%)有显著差异[$F(1,19)=28.43, p<0.001$],前者明显低于后者。

四、总结和讨论

本节运用语音范畴感知研究的经典范式,考察普通话基础元音/a//u/的听觉感知情况,并重点探讨了调类和词汇语境两种语言学因素对普通话元音感知的影响,为深入研究语音的内在处理机制以及言语声学和听觉之间的关系进行一定的探索。

这里着重比较了零声母单字情况下,普通话基础元音连续统/a/-/u/,在阴平、阳平、上声、去声四种不同负载调类之间,在听觉感知上的差异。虽然在各调类条件之间,两元音之间的辨认边界宽度差别并不明显,但范畴边界位置的差异表现为边缘性显著。去声条件下元音边界位置较其他三种调类而言,尤其是相比阴平元音,有一定的偏移现象,边界位置向元音/a/的方向偏移。也就是说,相比阴平元音刺激,普通话母语者在去声元音刺激连续统/a/-/u/中,更多地将听到的语音刺激判断为元音/u/。

已有研究表明,基频信息会对元音感知产生一定的影响,主要表现在F1维度的辨认边界位置上。Gottfried和Chew(1986)认为元音的F0和F1之间有紧密的关系,并发现元音的F0经历整个八度音阶的变化(a full octave change),会导致该元音F1赫兹值有10%左右的增幅。在普通话四个调类中,去声的基频曲线斜率最大,基频值的变化速率最快。在本研究中,去声元音连续统的F0从最高值170Hz骤降到最低值90Hz。参照从赫兹到半音的转换公式:$St=12lg(f/fr)/lg2$(其中"f"表示需要转换的赫兹数值,"fr"表示参考频率,设为55赫兹)。去声调域横跨11个半音左右。因而,去声基频的这种动态属性会使得去声元音的F1值高于其他三种调类的元音。如元音连续统直观图(图1)所示,F1值越大,元音刺激越倾向于/a/。然而,各调类元音连续统中,序号相同的元音刺激均采用统一的F1参数,去声元音的高F1值会使得去声元音连续统/a/-/u/相比其他调类,尤其相比阴平而言,范畴边界位置更偏向元音/a/的方向。

另外,我们还考察了同为阴平调的元音连续统/a/-/u/在零声母单字音和双字词条件下的辨认和区分表现的差异,探讨有无后置词汇语境因素对元音感知的影响。参照 Liberman 等归纳的语音范畴化感知的基本特征,我们发现,单字条件下元音感知的范畴性程度较低,主要表现为范畴边界位置附近的辨认曲线变化较为平缓,并未表现出陡升陡降的走势;区分正确率曲线较为平缓,并未显示出显著的区分峰值,范畴内、范畴间的区分正确率差异小。相比而言,双字词条件下元音感知的范畴性程度较高,主要表现为范畴边界位置附近的辨认曲线变化更为陡峭;区分正确率曲线有非常明显的峰值,且同辨认边界位置相对应,另外,范畴内区分正确率显著小于范畴间区分正确率。也就是说,在有后置词汇语境时,元音感知呈现出明显的区分峰值,且同辨认边界位置表现出很好的"峰界对应";在没有后置词汇语境时,元音感知缺乏明显的区分峰值。总之,词汇语境因素会使元音感知更具范畴性。

声调是汉语的特色之一,同时也是汉语语音必需的超音段特征,我们很难抛开调类影响因素而仅谈元音感知。另外,在言语交际中有各式各样的语境信息,我们的语音研究应该立足于日常生活中的"活的语言",绝非仅限于"实验室语音",因而语境影响因素同样是元音感知研究重点考察的方面。本研究是仅就这两方面影响因素进行的比较初级的探讨,今后还需更为全面系统的探索。

第二节 基础元音/i/和/y/连续感知实验研究*

一、引言

本实验采用 Liberman 开创的语音感知经典范式对汉语普通话基础元音/i//y/进行实验研究,不过我们不探讨元音感知类型,而旨在找出元音/i/和/y/的边界位置,并讨论影响因素,探讨听感边界的状态,并通过归一化的方式得出元音/i/和/y/的听感格局图,从而为探讨元音/i/和/y/的声学和听觉之间的关系提供参考。

二、实验方法

2.1 语料选取

按声调[①]进行分类,本实验的语料均为使用频率高、较易辨识的二字组,分别为:阳平组"移民-渔民、小姨-小鱼",上声组"以后-雨后、无以-无语",去声组"意见-遇见、美意-美玉"。我们将"移民-渔民""以后-雨后""意见-遇见"定义为前字组,"小姨-小鱼""无以-无语""美意-美玉"定义为后字组。

---

* 本节原发表于《实验语言学》2016 年第 2 号,作者:杨荣志。
① 由于阴平组没有常用语料,故本次实验只包含阳平组、上声组和去声组。

2.2 实验录音

发音人为一位老北京人①,录音设备为装有 Cooledit 2.0 的笔记本电脑,采样率为 11025Hz、16 位、单声道。在安静的环境下,请发音人以自然语速朗读实验语料。

2.3 刺激音合成

元音的前三条共振峰是元音听辨的重要线索(Ladefoged & Broadbent,1957;Liberman,1967)。Jachson(2012)表示/i/和/y/的不同主要在 F2、F3 上。故本次实验利用 Praat 软件改变元音的 F2、F3 来合成刺激音,从/i/合成到/y/,每个调类有 11 个刺激音。其刺激音连续统具体制作方法为:阳平组,F2 从 2278Hz 合成到 1967Hz,步长为 31;F3 从 3113Hz 合成到 2165Hz,步长为 95。上声组,F2 从 2292Hz 合成到 1745Hz,步长为 55;F3 从 2960Hz 合成到 2237Hz,步长为 72。去声组,F2 从 2302 合成到 2046Hz,步长为 26;F3 从 3162Hz 合成到 2271Hz,步长为 89。

2.4 E-prime 脚本制作

辨认实验采取二选一迫选的方式,即播放一个刺激音,要求被试选择听到的是/i/还是/y/,双字组共 3×11×2=66 个刺激音。区分实验采取间隔一个刺激音对比的方法,如刺激音 1-3、3-1、2-4、4-2 等刺激对的形式,再加上相同刺激音组成的刺激对,如刺

---

① 参照胡明扬先生的意见,看发音人的父母是否为北京人。老北京人就是父母双方为老北京人,本人在北京长大。(胡明扬,1981)

激音 1-1、2-2 等,播放 AX 式刺激音,要求被试选择听到的两个刺激音是相同还是不同,双字组共 6×(9×2+11)=174 对刺激音。

根据测试界面的不同,我们又将辨认和区分实验各分正反序两个脚本:辨认实验测试界面默认/i/在前为正序,/y/在前为反序。① 区分实验测试界面默认相同-不同为正序,不同-相同为反序。实验共 8 个脚本,8 个脚本中均有练习和正式实验两部分。

2.5 实验被试

实验被试共 28 人,17 男 11 女,均为在北京出生并长大的老北京人,年龄 18 到 25 岁,都是京津两地的在校大学生。实验被试无视听障碍,右利手,均为自愿参加实验,实验在安静的语音实验室进行。

2.6 实验过程

辨认实验和区分实验的过程均为:画面出现注视点"+"→播放刺激音,同时屏幕显示选项→被试进行选择→出现空白页面→画面再现注视点"+"……以此类推。

2.7 数据计算

本实验最终选取了 24 个有效数据进行分析,男女各半。数据分析主要依靠 Excel 进行。

2.7.1 辨认数据

边界位置:指两条辨认曲线交点处 F2、F3 的赫兹值。

---

① "移民-渔民"为正序,"渔民-移民"为反序,剩下的以此类推。

边界宽度:辨认曲线上,从辨认率 25% 处的 F2、F3 的赫兹值到辨认率为 75% 处的 F2、F3 的赫兹值之间的差值。

最大辨认率:被试对元音的/i//y/的最大辨认率及其位置。

感知范围:每个目标字的 F2、F3 的数值范围占/i//y/整体区间范围的百分比。

辨认反应时:被试听到刺激音到完成判断所需要的时间,单位为毫秒(ms)。

2.7.2 区分数据

区分峰值:区分曲线的峰值,即区分正确率的最大百分比。

峰值位置:区分峰值所对应的刺激音对。

峰界对应:辨认曲线的边界位置同区分曲线峰值的对应情况。

区分反应时:被试听到刺激音对到完成判断所需要的时间,单位为毫秒(ms)。

三、实验结果分析

3.1 调类对/i/和/y/听感分界的影响

三个调类中/i/和/y/的两条辨认曲线均各有一个交点。阳平前字组、上声前字组、去声前后字组的边界位置均在刺激 4 到刺激 5 之间,阳平后字组在刺激 5 到刺激 6 之间,上声后字组在刺激 4 处。界前界后分离度均达到 100%。/i/和/y/的辨认曲线在边界位置处都呈现出陡升陡降的走势。三个调类都有明显的区分峰值,且区分率都比较接近,为 64%~78%。

/i/的感知范围为 30% 到 47%,/y/的感知范围为 53% 到

70%,/i/的感知范围比/y/的感知范围小。以/i/的感知范围为例,阳平(35%、47%)①＞去声(34%、39%)＞上声(34%、30%)。在听感边界上,F2为2106Hz到2214Hz,F3为2670Hz到2862Hz。在边界宽度上,F2为31Hz到101Hz;F3为95Hz到210Hz。在区分峰值上,三声区分峰值位置与边界位置基本对应,区分峰值是:阳平(78%、75%)＞上声(76%、66%)＞去声(64%、66%)。

3.2 测试界面选项顺序对/i/和/y/听感分界的影响

测试界面正反序的三个调类的/i/和/y/的辨认曲线都各有一个交点,阳平前字组正序的边界位置在刺激4处;阳平前字组反序、上声前字组正反序、上声后字组反序、去声前字组正反序、去声后字组正序在刺激4到刺激5之间;阳平后字组正反序在刺激5到刺激6之间;上声后字组正序在刺激3处;去声后字组反序在刺激5和刺激6处。界前界后分离度都达到了100%,边界位置处的辨认曲线均有陡升陡降的走势,区分峰值均比较明显。

在感知范围方面,/i/的感知范围正序比反序小,在阳平前字组中,正序的感知范围为30%,反序为36%;在阳平后字组中,正序为46%,反序为47%;在上声前字组中,正序为32%,反序为37%;在上声后字组中,正序为20%,反序为33%;在去声前字组中,正序为33%,反序为36%;在去声后字组中,正序为36%,反序为41%。

在边界位置方面,无论正反序,F2最小值在上声前字组,正序为2116Hz,反序为2090Hz;最大值在去声前字组,正序为2218Hz,

---

① 第一个百分比为前字组的感知范围,第二个百分比为后字组的感知范围。后文同理。

反序为 2211Hz。F3 最小值在阳声后字组,正序为 2676Hz,反序为 2662Hz;最大值在去声前字组,正序为 2873Hz,反序为 2851Hz。

在区分峰值位置方面,正序比反序偏后(上声后字组和去声前字组除外),在阳平前字组中,正序的区分峰值在刺激 4 到刺激 6 之间,反序在刺激 3 到刺激 5 之间;在阳平后字组中,正序在刺激 6 到刺激 8 之间,反序在刺激 5 到刺激 7 之间;在上声前字组中,正序在刺激 5 到刺激 7 之间,反序在刺激 4 到刺激 6 之间;在上声后字组中,正序在刺激 4 到刺激 6 之间,反序在刺激 5 到刺激 7 之间;在去声前字组中,正序在刺激 2 到刺激 4 之间,反序在刺激 5 到刺激 7 之间;在去声后字组中,正序在刺激 6 到刺激 8 之间,反序在刺激 3 到刺激 5 之间。

在区分峰值方面,三个声调中,前后字组的正序均大于反序,在阳平前字组中,正序的区分峰值为 79%,反序为 76%;在阳平后字组中,正序在 80%,反序为 77%;在上声前字组中,正序为 81%,反序为 72%;在上声后字组中,正序为 73%,反序为 62%;在去声前字组中,正序为 67%,反序为 61%;在去声后字组中,正序为 70%,反序为 65%。可见/i/和/y/的顺序有利于被试对于刺激音的听辨。

3.3 性别对/i/和/y/听感分界的影响

男女三个调类的/i/和/y/的辨认曲线都有一个交点。在阳平前字组中,男女的边界位置均在刺激 4 到刺激 5 之间;在阳平后字组中,男女均在刺激 5 到刺激 6 之间;在上声前字组中,男性在刺激 4 到刺激 5 之间,女性在刺激 5 到刺激 6 之间;在上声后字组中,男性在刺激 4 到刺激 5 之间,女性在刺激 3 到刺激 4 之间;在去声前字组中,男女均在刺激 4 到刺激 5 之间;在去声后字组中,男性在刺激 5 到刺激 6 之间,女性在刺激 4 到刺激 5 之间。

界前界后分离度都达到了 100%。边界位置处的辨认曲线都有陡升陡降的走势,区分曲线的峰值都比较明显。

在感知范围方面,阳平前后字组、上声后字组和去声后字组,均为男性感知范围大于女性;上声前字组和去声前字组,均为男性感知范围小于女性。以 /i/ 的感知范围为例,在阳平前字组中,男性的感知范围为 36%,女性为 32%;在阳平后字组中,男性为 47%,女性为 45%;在上声前字组中,男性为 35%,女性为 45%;在上声后字组中,男性为 31%,女性为 25%;在去声前字组中,男性为 34%,女性为 36%;在去声后字组中,男性为 46%,女性为 36%。

在边界位置方面,无论男女,F2 最小值在上声前字组,男性为 2100Hz,女性为 2045Hz;F2 最大值在去声前字组,男性为 2215Hz,女性为 2211Hz;F3 最大值在去声前字组,男性为 2863Hz,女性为 2851Hz。

在边界宽度方面,阳平前后字组、上声前字组和去声后字组均为男性大于女性;上声后字组和去声前字组则为女性大于男性。

在区分峰值位置方面,阳平前后字组、上声前后字组和去声前字组,均为男性的峰值位置不比女性靠前,去声后字组,男性的区分峰值位置较女性靠前。在阳平前字组中,男性的区分峰值位置在刺激 4 到刺激 6 之间,女性在刺激 3 到刺激 5 之间;在阳平后字组中,男性在刺激 6 到刺激 8 之间,女性在刺激 4 到刺激 6 之间;在上声前字组中,男女均在刺激 4 到刺激 6 之间;在上声后字组中,男性在刺激 4 到刺激 6 之间和刺激 5 到刺激 7 之间;女性在刺激 4 到刺激 6 之间；在去声前字组中，男性在刺激 5 到刺激 7 之间，女性在刺激 2 到刺激 4 之间；在去声后字组中，男性在刺激 3 到刺激 5 之间，女性在刺激 6 到刺激 8 之间。

在区分峰值方面，三个声调的前后字组均为男性小于女性。在阳平前字组中，男性的区分峰值为 78%，女性为 84%；在阳平后字组中，男性为 75%，女性为 84%；在上声前字组中，男性为 76%，女性为 78%；在上声后字组中，男性为 66%，女性为 69%；在去声前字组中，男性为 71%，女性为 72%；在去声后字组中，男性为 66%，女性为 78%。

3.4 刺激音高低对/i/和/y/区分率的影响

刺激音的高低并未对区分率产生明显的影响，四个声调的低-高刺激和高-低刺激的区分率折线图的走势基本一致。

区分峰值出现的位置，无论是低-高刺激还是高-低刺激，大致是对应的。在阳平前字组中，低-高区分峰值在刺激 4 到刺激 6 之间，为 70%；高-低区分峰值在刺激 5 到刺激 3 之间，为 75%。在阳平后字组中，低-高区分峰值在刺激 5 到刺激 7 之间，为 75%；高-低区分峰值在刺激 6 到刺激 4 之间，为 70%。在上声前字组中，低-高区分峰值在刺激 4 到刺激 6 之间，为 65%；高-低区分峰值在刺激 6 到刺激 4 之间，为 70%。在上声后字组中，低-高区分峰值在刺激 4 到刺激 6 之间，为 40%；高-低区分峰值在刺激 7 到刺激 5 之间，为 60%。在去声前字组中，低-高区分峰值在刺激 5 到刺激 7 之间，为 55%；高-低区分峰值在刺激 6 到刺激 4 之间，为 60%。在去声后字组中，低-高区分峰值在刺激 6 到刺激 8 之间，为 55%；高-低区分峰值在刺激 5 到刺激 3 之间，为 60%。

3.5 小结

汉语普通话基础元音 /i/和/y/三个调类的听感边界是:F2 为 2106Hz 到 2214Hz,F3 为 2670Hz 到 2862Hz,并不是一个固定的值,而是一个动态的边界。为了直观展现三个声调中,/i/和/y/的听感空间,我们以 F2 为横坐标,以 F3 为纵坐标,做出了/i/和/y/的具体听感空间图以及归一化的听感空间图,如图 1。

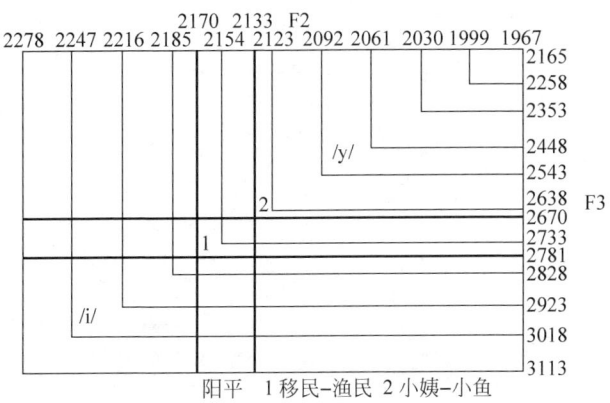

阳平　1 移民-渔民　2 小姨-小鱼

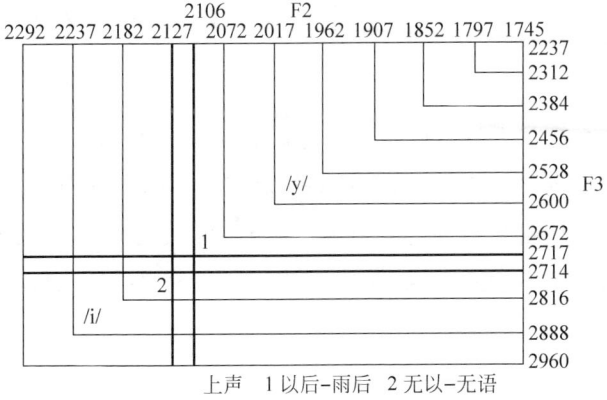

上声　1 以后-雨后　2 无以-无语

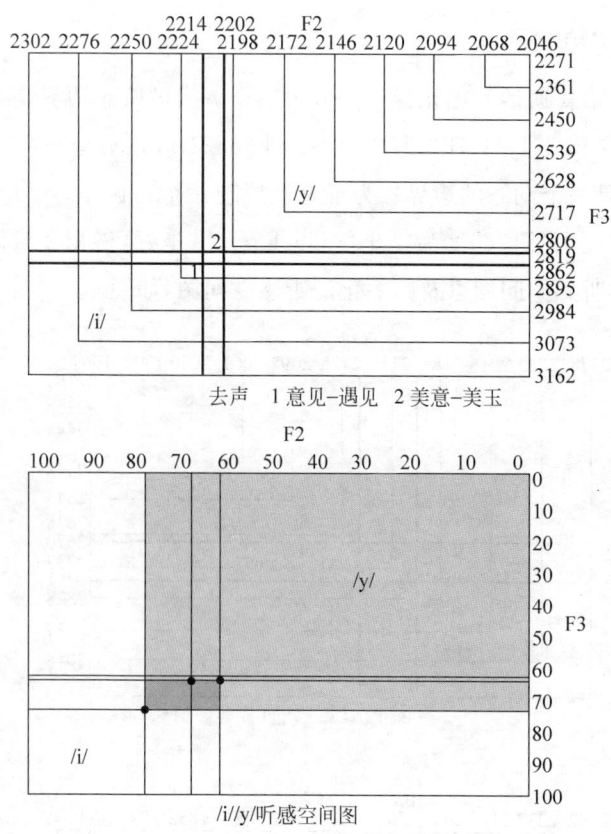

图 1 /i/和/y/三个声调的听感空间及归一化后的听感空间

汉语普通话基础元音/i/的感知范围为 30% 到 47%，/y/的感知范围为 53% 到 70%，/i/的感知范围比/y/的感知范围小，这一点在无论是测试界面还是性别，都有一定的体现。在三个声调中，/i/的感知范围是：阳平＞去声＞上声，这在测试界面和性别中，基本如此。见图 2。

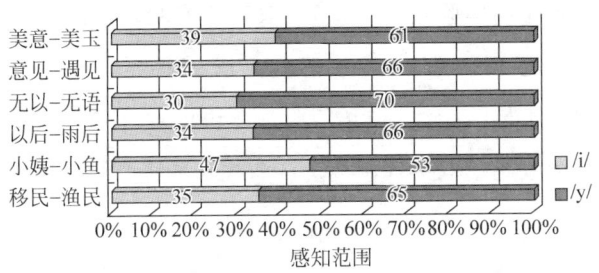

图 2 /i/和/y/三个声调的感知范围

汉语普通话基础元音/i/和/y/三个调类的区分峰值是:阳平＞上声＞去声,在测试界面和性别中,仍然如此。

同一声调中,正序/i/的感知范围小于反序/i/的感知范围。即,播放相同的刺激音时,由于正序/i//y/和反序/y//i/的不同,对被试听辨/i//y/会产生一定的影响。另外,正序的区分峰值大于反序的区分峰值(去声相反),说明"相同-不同"更容易让被试做出正确选择。

同一声调中,男女的/i//y/感知范围相差不大,说明性别对/i//y/的感知无明显影响。

四个声调的低-高刺激和高-低刺激的区分率折线图的走势基本一致。区分峰值出现的位置,无论是低-高刺激还是高-低刺激,大致是对应的。

四、结语

在汉语普通话的听感研究中,实验字组的设计分为单字组和双字组。单字组实验是孤立感知,双字组实验是连续感知。孤立感知是连续感知的基础,连续感知是听感研究的目标。(石锋,2015 年 11 月南开大学实验语言学沙龙讲话)

下面分别是单双字各调类辨认曲线和区分曲线对比图:

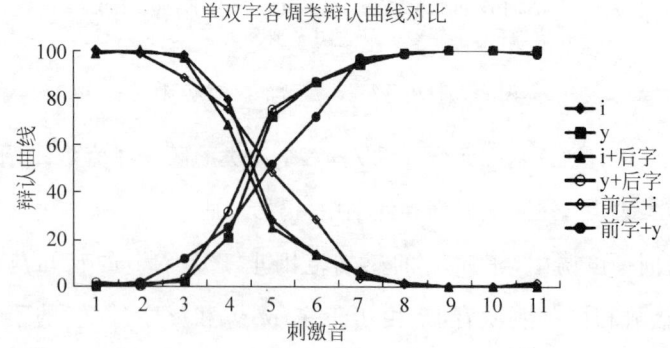

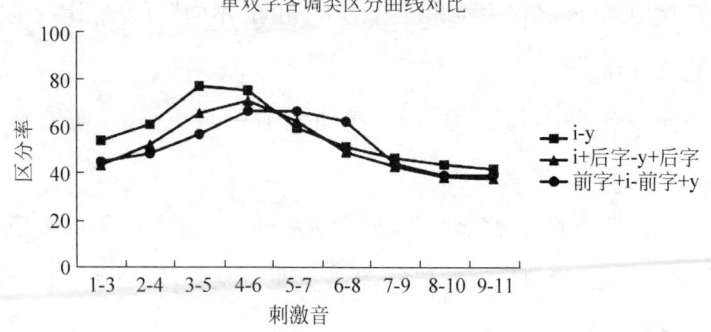

图 3　单、双字各调类辨认、区分曲线

从图中我们可以看到:单双字的辨认曲线的走向大体一致,边界位置比较集中;单双字的区分曲线的走向大体一致,区分峰值也比较集中。

下面是单双字听感边界、感知范围、边界宽度、区分峰值及位置的具体情况:

单、双字各调类辨认、区分数据

实验字	听感边界位置	/i/感知范围	/y/感知范围	边界宽度(Hz) F2	边界宽度(Hz) F3	区分峰值位置	区分峰值
衣－迂	刺激4～5	33%	67%	23	98	刺激3～5	96%
姨－鱼	刺激4～5	36%	64%	18	58	刺激3～5	82%
以－雨	刺激6	50%	50%	92	180	刺激5～7	71%
意－遇	刺激4～5	31%	69%	38	118	刺激3～5	85%
移民－渔民	刺激4～5	35%	65%	31	95	刺激3～5	78%
小姨－小鱼	刺激5～6	47%	53%	36	112	刺激5～7	75%
以后－雨后	刺激4～5	34%	66%	73	96	刺激4～6	76%
无以－无语	刺激4	30%	70%	101	132	刺激4～6	66%
意见－遇见	刺激4～5	34%	66%	35	119	刺激4～6 刺激5～7	64%
美意－美玉	刺激4～5	39%	61%	61	210	刺激6～8	66%

从上述表格,我们可以看到:

听感边界与区分峰值基本对应,说明被试在听感边界需要花费较多的时间来进行判断。单双字实验中,/i/的感知范围不比/y/的感知范围大。其中,单字实验中,/i/的感知范围为31%～50%;双字实验中,前字组/i/的感知范围为34%～35%,后字组/i/的感知范围为30%～47%,说明了语音环境对/i/和/y/的感知范围有一定的影响。为了更清楚地说明这个问题,我们以F2为横坐标,以F3为纵坐标,将单字音和双字组的实验结果进行归一化处理,得到下图:

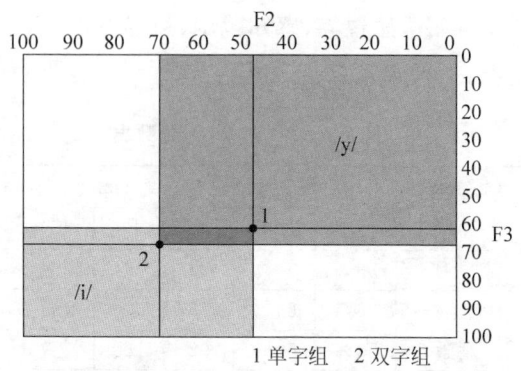

图 4 /i/和/y/归一化后的听感空间

单字音边界宽度变动幅度大于双字组边界宽度变动幅度,说明双字的听感边界较单字组稳定。语音环境的不同对听感是有影响的,即语境的存在,有利于被试对刺激音的听辨。单字组的区分峰值的变动幅度大于双字组的区分峰值的变动幅度,与听感边界的变化幅度保持一致的趋势。

第三节 基础元音/i/和/y/孤立感知实验研究[*]

一、引言

本节对汉语普通话基础元音/i/和/y/进行孤立感知实验研

---

* 本节原发表于《实验语言学》2016 年第 1 号,作者:杨荣志。

究,旨在找出元音/i/和/y/的边界位置,并讨论影响因素,探讨听感边界的状态,并通过归一化的方式得出元音/i/和/y/的听感格局图。

二、实验方法

2.1 语料选取

按声调进行分类,本实验的语料均为使用频率高、较易辨识的零声母字。阴平:衣-迂,阳平:姨-鱼,上声:以-雨,去声:意-遇。

2.2 实验录音

发音人同第二节。

2.3 刺激音合成

本次实验利用 Praat 软件改变元音的 F2、F3 来合成刺激音,从/i/合成到/y/,每个调类有 11 个刺激音。其刺激音连续统具体制作方法为:阴平中,F2 从 2022Hz 合成到 1763Hz,步长为 26;F3 从 3065Hz 合成到 1932Hz,步长为 113。阳平中,F2 从 2119Hz 合成到 1823Hz,步长为 30;F3 从 3015Hz 合成到 2042Hz,步长为 97。上声中,F2 从 2348Hz 合成到 1891Hz,步长为 46;F3 从 3115Hz 合成到 2220Hz,步长为 90。去声中,F2 从 2151Hz 合成到 1818Hz,步长为 33;F3 从 3060Hz 合成到 2023Hz,步长为 104。

2.4 E-prime 脚本制作

辨认实验采取二选一迫选的方式,即播放一个刺激音,要求被试选择听到的是/i/类字还是/y/类字,共 $4 \times 11 = 44$ 个刺激音。区分实验采取间隔两个步长的方法,再加上相同刺激组组成的刺激对,播放 AX 式刺激音,要求被试选择听到的两个刺激音是相同还是不同。共 $4 \times (9 \times 2 + 11) = 116$ 个刺激音。

根据测试界面的不同,我们又将辨认和区分实验各分正反序两个脚本:辨认实验测试界面默认/i/在前为正序,/y/在前为反序。区分实验测试界面默认相同不同为正序,不同相同为反序。实验共 8 个脚本,8 个脚本中均有练习和正式实验两部分。

2.5 实验被试

实验被试共 28 人,同第二节。

2.6 实验过程

辨认实验和区分实验的过程同第二节。

2.7 数据计算

本实验最终选取了 24 个有效数据进行分析,男女各半。数据分析主要依靠 Excel 进行。计算内容和计算方法同第二节。

三、实验结果分析

3.1 调类对/i/和/y/听感分界的影响

在四个调类中,/i/和/y/的两条辨认曲线都各有一个交点。阴平、阳平和去声的边界位置在刺激 4 和刺激 5 之间;上声偏后,在刺激6处。界前、界后分离度都达到了100%。/i/和/y/的辨认曲线在边界位置处都呈现出陡升陡降的走势。总体来说,四个调类都有一个明显的区分峰值,且四个调类的区分率都比较高,都在71%以上。

/i/的感知范围为31%到50%,/y/的感知范围为50%到69%,/i/的感知范围比/y/的感知范围小。以/i/的感知范围为例,上声(50%)>阳平(36%)>阴平(33%)>去声(31%)。在听感边界上,F2为1937Hz到2118Hz,F3为2665Hz到2739Hz。在边界宽度上,F2为18Hz到92Hz;F3为58Hz到180Hz。区分峰值位置与边界位置基本对应,区分峰值依次是:阴平(96%)>去声(85%)>阳平(82%)>上声(71%)。

3.2 测试界面选项顺序对/i/和/y/听感分界的影响

在测试界面正反序的四个调类中,/i/和/y/的辨认曲线都各有一个交点。正序的边界位置较反序靠前(阳平除外),阴平正序的边界位置在刺激4处,反序在刺激4和刺激5之间;阳平正反序的边界位置均在刺激4和刺激5之间;上声正序的边界位置在刺激5到刺激6之间,反序在刺激6到刺激7之间;去声正序的边界位置在刺激3到刺激4之间,反序在刺激4到刺激5之间。界前界后分离度都达到了100%。边界位置处的辨认曲线均有陡升陡降的走势,区分峰值均比较明显。

在感知范围方面,以/i/为例,其正序要比反序小(阳平一样)。阴平正序为30%,反序为34%;阳平正反序均为36%;上声正序为48%,反序为55%;去声正序为28%,反序为32%。

在边界位置方面,正序:F2为1944Hz到2130Hz,F3为2671Hz

到2763Hz;反序:F2为1934Hz到2095Hz,F3为2620Hz到2718Hz。无论正反序,F2最小值在阴平,最大值在上声;F3最大值在去声。

在边界宽度方面,阳平、上声、去声的正序的宽度小于反序(阴平相反)。阴平正序,F2为26,F3为113;反序,F2为16,F3为68。阳平正序,F2为16,F3为53;反序,F2为20,F3为65。上声正序,F2为52,F3为101;反序,F2为73,F3为143。去声正序,F2为32,F3为101;反序,F2为40,F3为126(单位为Hz)。

在区分峰值位置方面,无论正反序,阴平、阳平和去声的区分峰值都在刺激3到刺激5之间;上声正序在刺激6到刺激8之间,反序在刺激4到刺激6之间。在区分峰值方面,阴平、阳平和去声的正序小于反序,阴平正序为93%,反序为98%;阳平正序为79%,阳平反序为85%;去声正序为79%,去声反序为91%。上声则是正序大于反序,上声正序为78%,反序为72%。

3.3 性别对/i/和/y/听感分界的影响

男女四个调类的/i/和/y/的辨认曲线都各有一个交点。在阴平和阳平中,男女的边界位置均在刺激4到刺激5之间,在上声和去声中,男性边界较女性靠前,上声中,男性在刺激5到刺激6之间,女性在刺激6到刺激7之间;去声中,男性在刺激4处,女性在刺激4到刺激5之间。界前界后分离度都达到了100%。边界位置处的辨认曲线都有陡升陡降的走势,区分曲线的峰值都比较明显。

在感知范围方面,阳平、上声和去声中,男性对于/i/的感知范围要小于女性(阴平中,男性仅比女性大1%)。阴平中,男性为33%,女性为32%;阳平中,男性为35%,女性为37%;上声中,男性为49%,女性为54%;去声中,男性为30%,女性为32%。

在边界位置方面,男性:F2 为 1937 Hz 到 2123 Hz,F3 为 2675 Hz 到 2748 Hz;女性:F2 为 1939 Hz 到 2103 Hz,F3 为 2635 Hz 到 2727 Hz。无论男女,F2 最小值在阴平,F2 最大值在上声;F3 最小值在上声,最大值在去声。

在边界宽度方面,阴平和阳平中,男性小于女性;上声和去声中,男性大于女性。在阴平中,男性,F2 为 22,F3 为 95;女性,F2 为 24,F3 为 105。在阳平中,男性,F2 为 17,F3 为 55;女性,F2 为 20,F3 为 65。在上声中,男性,F2 为 72,F3 为 140;女性,F2 为 69,F3 为 135。在去声中,男性,F2 为 38,F3 为 119;女性,F2 为 36,F3 为 114。(单位 Hz)

在区分峰值位置方面,阴平和去声中,无论男女,区分峰值在刺激 3 到刺激 5 之间。阳平和上声,男性的区分峰值比女性要靠后。在阳平中,男性的区分峰值位置在刺激 4 到刺激 6 之间,女性在刺激 3 到刺激 5 之间。在上声中,男性在刺激 6 到刺激 8 之间,女性在刺激 5 到刺激 7 之间。

在区分峰值方面,阴平、上声和去声,男性区分峰值小于女性。阳平,男性区分峰值大于女性。在阴平中,男性区分峰值为 95%,女性为 98%;在阳平中,男性为 87%,女性为 80%。在上声中,男性为 72%,女性为 78%;在去声中,男性为 80%,女性为 94%。

3.4 刺激音高低顺序对/i/和/y/区分率的影响

刺激音的高低顺序并未对区分率产生明显的影响,四个声调的低-高刺激和高-低刺激的区分率折线图的走势基本一致。

区分峰值出现的位置,无论是低-高刺激还是高-低刺激,大致是对应的。在阴平中,低-高区分峰值出现在刺激 3 到刺激 5 之间,区分率为 96%;高-低区分峰值出现在刺激 5 到刺激 3 之间,区分率为 96%。在阳平中,低-高区分峰值出现在刺激 4 到刺激 6 之间,区分率为 67%;高-低区分峰值出现在刺激 5 到刺激 3 之间,区分率为 92%。在上声中,低-高区分峰值出现在刺激 6 到刺激 8 之间,区分率为 46%;高-低区分峰值出现在刺激 7 到刺激 5 之间,区分率为 71%。在去声中,低-高区分峰值出现在刺激 3 到刺激 5 之间,区分率为 83%;高-低区分峰值出现在刺激 5 到刺激 3 之间和刺激 6 到刺激 4 之间,区分率均为 75%。

3.5 反应时间与辨认曲线的关系

阴平、阳平和去声的边界位置都位于刺激 4 到刺激 5 之间,反应时间峰值位于刺激 4 处;上声的边界位置位于刺激 6 处,反应时峰值位于刺激 6 处。其中上声反应时间最长,为 1656.5 毫秒,去声、阳平次之,阴平最短,为 1536.2 毫秒。

在辨认边界位置上会出现一个反应时间的峰值,且四个调类的反应时间峰值位置与辨认边界大体一致。即,在听感边界位置,被试需要更长的时间去辨认听到的是/i/还是/y/。

四、结语

汉语普通话基础元音 /i/ 和/y/四个调类的听感边界是:F2 为 1937Hz 到 2118Hz,F3 为 2665Hz 到 2739Hz,并不是一个固定的值,而是一个动态的边界。为了直观展现四个声调中,/i/和/y/的听感空间,我们以 F2 为横坐标,以 F3 为纵坐标,做出了/i/和/y/的具体听感空间图以及归一化的听感空间图,如下:

第四章 汉语普通话元音听辨

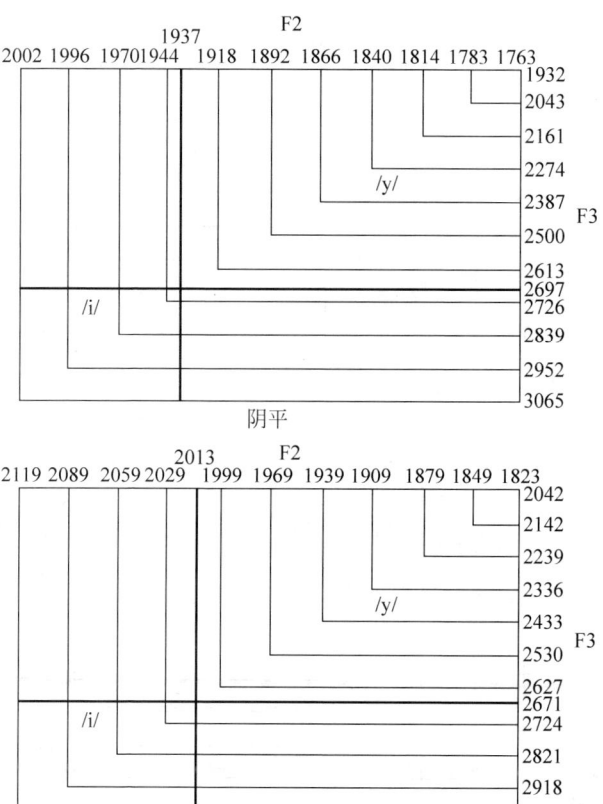

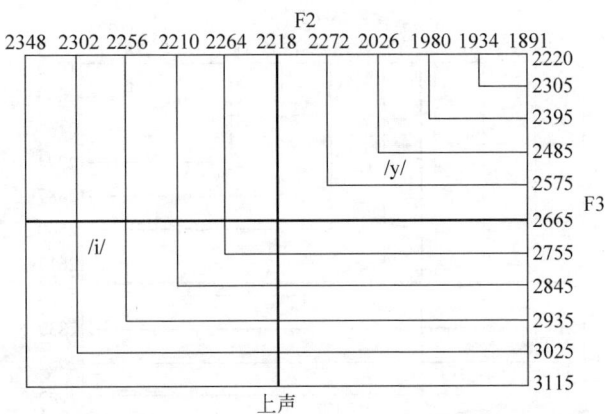

上声

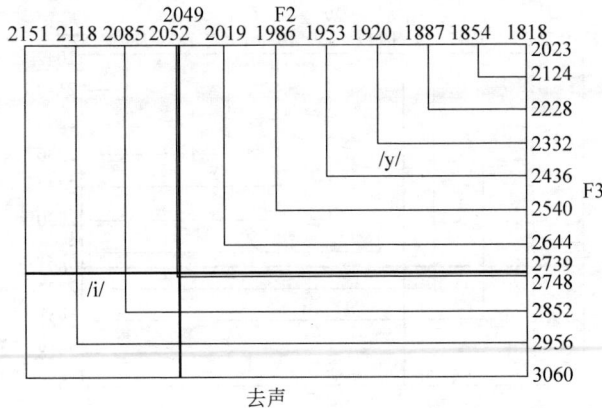

去声

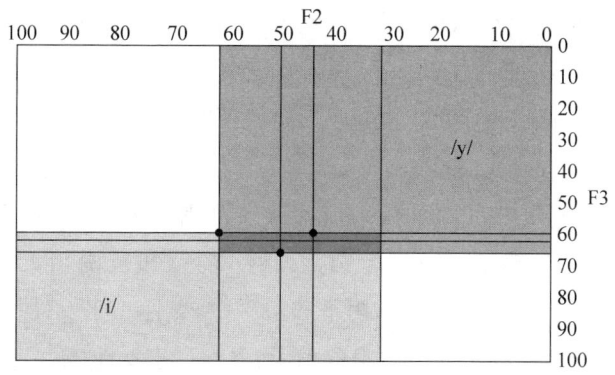

图 1 /i/和/y/四个声调及其归一化后的听感空间

汉语普通话元音/i/的感知范围为 31% 到 50%，/y/的感知范围为 50% 到 69%，/i/的感知范围比/y/的感知范围要小，这一点在无论是测试界面还是性别中，都有一定的体现。在四个声调中，/i/的感知范围是：上声＞阳平＞阴平＞去声，这在测试界面和性别中，仍然如此。如下图：

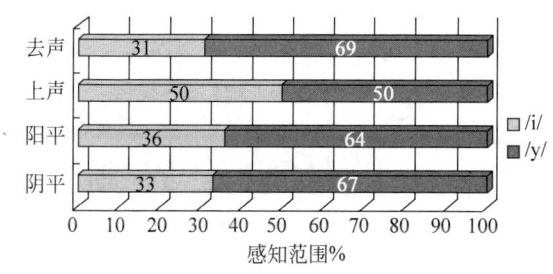

图 2 /i/和/y/四个声调的感知范围

汉语普通话元音/i/和/y/四个调类的区分峰值是：阴平＞去声＞阳平＞上声，在测试界面和性别中，仍然如此。

同一声调中，刺激音的呈现方式会影响感知范围，播放相同的刺激音时，/i//y/(我们设定其为正序) 和 /y//i/(我们设定为反序)的不同会对被试的听辨/i/和/y/产生一定的影响,正序/i/的感知范围小于或等于反序/i/的感知范围。另外,正序的区分峰值小于反序的区分峰值(上声相反),这说明"不同-相同"更容易让被试做出正确选择。

同一声调中,男女的/i/和/y/感知范围相差不大,说明性别对/i/和/y/的感知无明显影响,女性/i/的感知范围稍大于男性(阴平除外)。边界宽度上,阴平和阳平中,男性小于女性;上声和去声中,男性大于女性。区分峰值上,男性小于女性(阳平除外)。

四个声调的低-高刺激和高-低刺激的区分率折线图的走势基本一致。区分峰值出现的位置,无论是低-高刺激还是高-低刺激,大致是对应的。

辨认边界位置都会出现一个反应时间的峰值,四个调类的反应时间峰值位置与辨认边界大体一致。这说明:在听感边界位置,被试需要更长的时间去辨认听到的是/i/还是/y/。

第四节　元音/y/和/ə/在单字音中的听感边界测试[*]

一、引言

关于英语元音听感的实验研究由来已久,比较典型的有 Fry

---

[*] 本节原发表于《中国语音学报》2016 年第 6 辑,作者:刘掌才、石锋。

等(1962)关于合成元音的辨认和区分实验。他们通过改变第一共振峰(F1)和第二共振峰(F2)合成了英语元音/i//ɛ/和/æ/三个音位的刺激音连续体,实验认为/i//ɛ/和/æ/这三个音位的感知是连续性的。

此后,Stevens 等(1969)、Pisoni(1975)都对英语的元音进行了相关的研究,结论一致认为英语单元音为连续感知。

普通话元音的听感研究虽然起步较晚,但也陆续取得了一些研究成果。

张玉敏(Cheung Yuk-Man,2003)通过听感实验探讨了北京话舌尖元音/ɿ/和/ʅ/的感知征兆。实验表明,第三共振峰(F3)是两个舌尖元音感知中的重要征兆,且北京话舌尖元音/ɿ/和/ʅ/为非范畴化感知。

相对于前人的研究,我们的研究目的不仅在判断其是离散性范畴感知还是连续性范畴感知,更重要的是找到元音之间的听感边界并进一步探究影响听感边界的因素。[①]

黄荣佼、石峰(2013)、耿爽爽(2013)、鹿牧(2013)等通过听感实验分别考察了双字音中/i/和/y/、/i/和/u/以及/u/和/y/等普通话元音的听感边界情况。实验结果表明,各实验的听感边界是动态的,且语音环境、测试界面以及性别等因素对听感边界都会产生一定的影响。此后,刘掌才等初步考察了单字音中普通话元音/a/和/ə/的听感边界情况,为我们系统地探究普通话元音孤立感知格局打下了基础。

---

① 石锋 2014 年在南开大学实验语言学沙龙上的发言。

在普通话元音/y/和/ə/的听感实验中,我们的研究目的是找到单字音中/y/和/ə/的听感边界,并进一步从调类、测试界面和性别等角度考察影响听感边界的因素。

二、实验设计

2.1 实验设备

实验录音在天津师范大学语音实验室完成。录音软件 Cool-edit 2.0,采样率是 11025 Hz,采样精度 16 位,单声道。听辨实验在南开大学语音实验室进行,实验软件为 E-prime。

2.2 实验字表

本实验中单字均为零声母字,共四个调类,字表如下:

表1 /y/&/ə/听感实验字

调类	实验字
阴平	迂-婀(娜)
阳平	鱼-鹅
上声	雨-恶(心)
去声	寓-颚

刺激音合成和连续统的制作都在 Praat 软件中完成。Praat 自编脚本由广东外语外贸大学贝先明提供。刺激音的音质来自一位男性发音人,1994年生,老北京人,天津师范大学在校本科生。

一般认为表征元音有两个共振峰就够了,一个是 F1,另一个是 F2′(经过校正的 F2)。本次实验刺激音的合成综合考虑共振峰和带宽两个要素。观察/y/和/ə/的语图,二者的 F1、F2 和 F3 都有一定的差异,通过刺激音合成效果的比对,我们最终确定变量为 F1 和 F2 两个参数,F3 用首尾音的均值,F4 和 F5 用起点音的值;带宽前三个用均值,后两个用起始音的值。依此标准来合成/y/到/ə/的刺激音连续体。

每个刺激音时长 450 毫秒。辨认实验中整个刺激音时长包括空白段是 500 毫秒,区分实验的整个刺激时长是 1000 毫秒,两个刺激音之间的间隔为 500 毫秒,最后留 50 毫秒的空白段。

2.3 被试听辨人

本次实验被试听辨人共计 24 人,为天津大学和南开大学在校本科生,男、女各半,均为北京人,在北京出生、长大,母语均为北京话,没有听力、视觉障碍,右利手。实际有效数据 20 人,其中男 11 人,女 9 人。

2.4 实验步骤

本实验使用 E-prime 软件进行刺激音播放和数据的采集。

简要流程如下:注视点→按空格键→播放提示音→播放实验字音→呈现选项画面→按键选择→结束(新的注视点,循环直至所有刺激音随机播放完毕)。每个听感实验分为辨认实验和区分实验两个部分。

刺激对之间的关系有三种情况:一是两个刺激是同一个刺激,

如刺激 1 和刺激 1 一对,刺激 2 和刺激 2 一对;二是两个刺激是不同的刺激,相差 2 个步长,如刺激 1 和刺激 3,刺激 2 和刺激 4;三是两个刺激是不同的刺激,同样是相差 2 个步长,但是刺激呈现的顺序与二的情况不同,如刺激 3 和刺激 1 一对,刺激 4 和刺激 2 一对。辨认实验刺激音脚本 44 个,区分实验刺激音脚本 116 个。正式实验开始之前,会有 10% 的练习部分,确保每位听辨人熟知实验流程后方可进入正式实验部分。

根据选项显示界面的不同,辨认实验和区分实验又各分为正序和反序两种脚本。辨认实验中,/y/音在前我们默认为正序,/ə/音在前为反序;区分实验中,相同在前为正序,不同在前为反序。

三、实验结果与分析

本节分别从总体、选项显示界面和性别等角度对/y/和/ə/的听感实验结果进行描述与分析。

3.1 调类对听感实验的影响

根据听辨实验的结果分成阴平、阳平、上声和去声四个调类分别做出辨认曲线和区分曲线进行分析。图 1 中带菱形曲线为/y/的辨认曲线,带正方形曲线为/ə/的辨认曲线,带三角形曲线为区分率曲线。

如图 1 所示,/y/-/ə/辨认边界位置出现在刺激 7、8 之间,边界值分别为 F1:423Hz,F2:1423Hz,边界宽度分别为 F1:63Hz,F2:163Hz;界前界后的最大辨认率都达到了 100%;/y/-/ə/的感知范围分别为 64% 和 36%;区分曲线峰值出现在 6-8 刺激对和 7-9 刺激对处,峰值为80%。

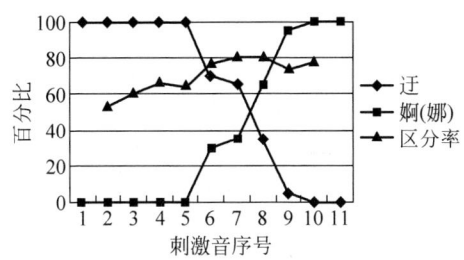

图1 /y/-/ə/听感实验总图-阴平

图2是单音节词阳平的辨认区分总曲线图,辨认边界位置在刺激7、8之间,边界值分别为F1:393Hz,F2:1412Hz,边界宽度分别为F1:24Hz,F2:74Hz;界前界后的最大辨认率都达到了100%,但是界后的最大辨认率出现在刺激10处;/y/-/ə/的感知范围分别为65%和35%;区分曲线峰值出现在6-8刺激对和7-9刺激对处,峰值为79%。

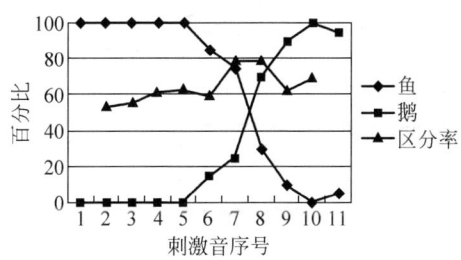

图2 /y/-/ə/听感实验总图-阳平

如图3所示,单音节词上声的辨认边界位于刺激7、8之间,边界值分别为F1:388Hz,F2:1395Hz,边界宽度分别为F1:48Hz,F2:165Hz;界前界后的最大辨认率都达到了100%;/y/-/ə/的感知范围分别为 66% 和 34%；区分曲线峰值出现在 7-9 刺激对处，峰值为 78%。

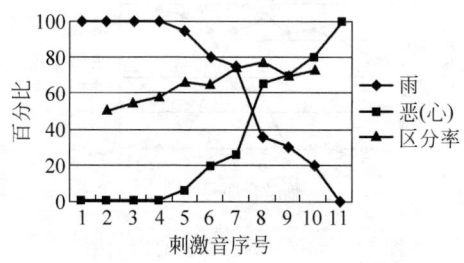

图 3　/y/-/ə/ 听感实验总图-上声

如图 4 所示，辨认边界位于刺激 7、8 之间，边界值分别为 F1:404Hz,F2:1458Hz，边界宽度分别为 F1:31Hz,F2:90Hz；界前界后的最大辨认率都达到了 100%；/y/-/ə/ 的感知范围分别为 64% 和 36%；区分曲线峰值出现在 5-7 刺激对处，峰值为 91%。

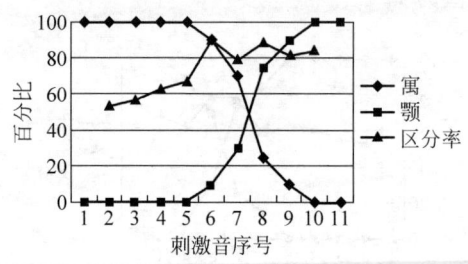

图 4　/y/-/ə/ 听感实验总图-去声

我们得出了 /y/-/ə/ 实验的听感边界、边界宽度、区分峰值、目标字的感知范围等，具体见表 2。

表2 /y/&/ə/听感实验各调类总体数据

调类	边界值(Hz)		边界宽度(Hz)		目标字的感知范围 /y/-/ə/(%)	区分峰值(%)
阴平	F1	423	F1	63	64~36	80
	F2	1423	F2	163		
阳平	F1	393	F1	24	65~35	79
	F2	1412	F2	74		
上声	F1	388	F1	48	66~34	78
	F2	1395	F2	165		
去声	F1	404	F1	31	64~36	91
	F2	1458	F2	90		

表2是/y/和/ə/四个调类听感实验的数据汇总。边界值F1为388Hz~423Hz,F2为1395Hz~1458Hz;边界宽度F1为24Hz~63Hz,F2为74Hz~165Hz;/y/的感知范围为64%~66%,/ə/的感知范围为34%~36%,/y/的感知范围均大于相应的/ə/;界前界后的最大辨认率都为100%;区分峰值的范围为78%~91%。

为了进一步考察调类对听感边界的影响,我们对相关结果进行了单因素方差分析。统计结果显示不一致。[F1检验结果:$F(3,76)=10.681, p<.05$,有显著影响;F2检验结果:$F(3,76)=2.515, p>.05$,没有显著影响]

3.2 选项显示界面对听感实验的影响

根据听感实验的结果得出阴平、阳平、上声和去声四个调类选项显示界面正反序的辨认和区分曲线。

如图5所示,单音节词阴平正序的辨认边界位于刺激6和刺激 7 之间,边界值是一个动态带,分别为 F1:385～410Hz,F2:1520～1455Hz,边界宽度分别为 F1:71Hz,F2:185Hz;界前界后的最大辨认率都达到了 100%;/y/-/ə/的感知范围分别为 50% 和 40%,中间 10% 为动态范围;区分曲线峰值位于 7-9 和 8-10 刺激对处,区分峰值 88%。

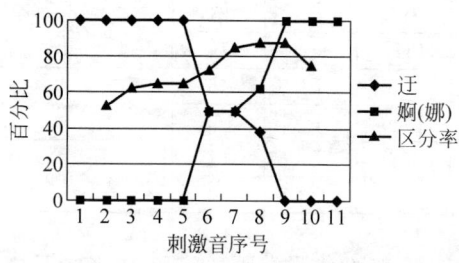

图 5 /y/-/ə/听感实验-阴平-正序

在图 6 中,阴平反序的辨认边界位于刺激 7、8 之间,边界值分别为 F1:425Hz,F2:1416Hz,边界宽度分别为 F1:33Hz,F2:86Hz;界前界后的最大辨认率都达到了 100%;/y/-/ə/的感知范围分别为 66% 和 34%;区分曲线峰值位于 5-7 和 9-11 刺激对处,区分峰值为 81%。

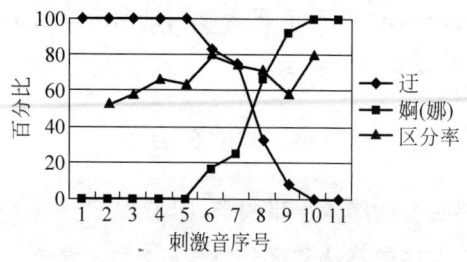

图 6 /y/-/ə/听感实验-阴平-反序

如图 7 所示,阳平正序/y/-/ə/辨认边界位置出现在刺激 7、8 之间,边界值分别为 F1:392Hz,F2:1416Hz,边界宽度分别为 F1:19Hz,F2:59Hz;界前界后的最大辨认率都达到了 100%;/y/-/ə/ 的感知范围分别为 64% 和 36%;区分曲线峰值出现在 7-9 刺激对处,峰值为 88%。

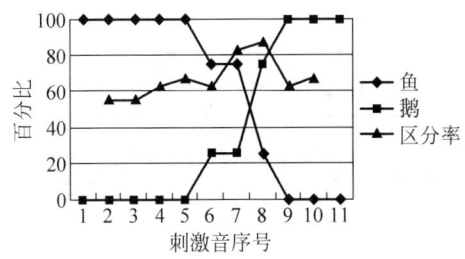

图 7 /y/-/ə/听感实验-阳平-正序

图 8 是阳平反序的辨认区分曲线图,辨认边界位置在刺激 7、8 之间,边界值分别为 F1:393Hz,F2:1410Hz,边界宽度分别为 F1:29Hz,F2:89Hz;界前界后的最大辨认率都达到了 100%;/y/-/ə/的感知范围分别为 65% 和 35%;区分曲线峰值出现在 6-8 刺激对处,峰值为 75%。

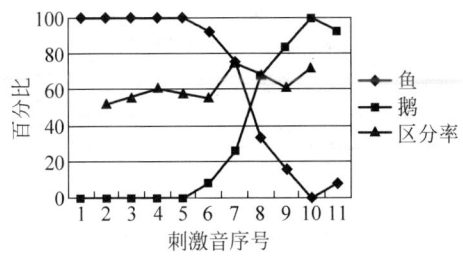

图 8 /y/-/ə/听感实验-阳平-反序

如图 9 所示，/y/-/ə/辨认边界位置出现在刺激 7、8 之间，边界值分别为 F1:384Hz,F2:1409Hz,边界宽度分别为 F1:15Hz,F2:53Hz；界前界后的最大辨认率都达到了 100%；/y/-/ə/的感知范围分别为 63% 和 37%；区分曲线峰值出现在 7-9 刺激对处,峰值为 88%。

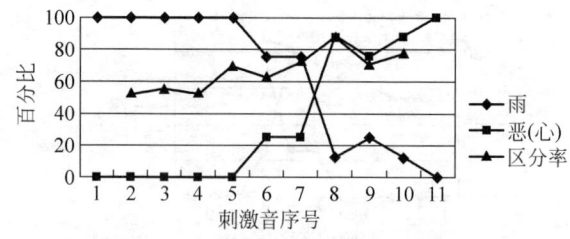

图 9 /y/-/ə/听感实验-上声-正序

图 10 是上声反序的辨认区分曲线图,辨认边界位置在刺激 8 处,边界值分别为 F1:395Hz,F2:1370Hz,边界宽度分别为 F1:57Hz,F2:198Hz；界前界后的最大辨认率都达到了 100%；/y/-/ə/的感知范围分别为 69% 和 31%；区分曲线峰值出现在 6-8 刺激对处,峰值为 75%。

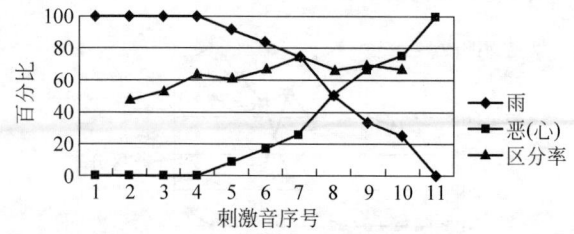

图 10 /y/-/ə/听感实验-上声-反序

如图 11 所示，/y/-/ə/辨认边界位置出现在刺激 7、8 之间,边界值分别为 F1:410Hz,F2:1441Hz,边界宽度分别为 F1:50Hz,

F2:144Hz;界前界后的最大辨认率都达到了100%;/y/-/ə/的感知范围分别为66%和34%;区分曲线峰值出现在7-9刺激对处,峰值为95%。

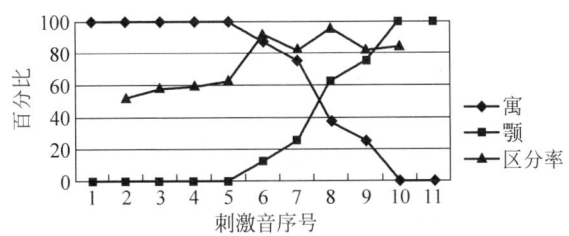

图11 /y/-/ə/听感实验-去声-正序

图12是去声反序的辨认区分曲线图,辨认边界位置在刺激7、8之间,边界值分别为F1:402Hz,F2:1465Hz,边界宽度分别为F1:29Hz,F2:84Hz;界前界后的最大辨认率都达到了100%;/y/-/ə/的感知范围分别为63%和37%;区分曲线峰值出现在5-7刺激处,峰值为89%。

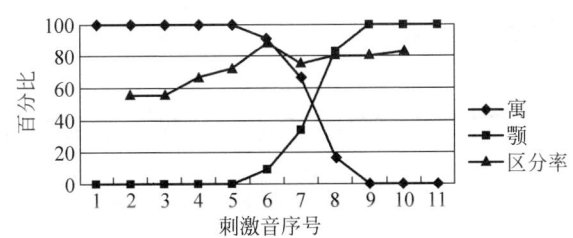

图12 /y/-/ə/听感实验-去声-反序

我们得出了/y/-/ə/单音节词听感实验测试界面正反序的听感边界、边界宽度、区分峰值、目标字的感知范围等,具体见表3:

表 3 /y/-/ə/听感实验测试界面数据汇总

调类	正/反序	边界值(Hz)		边界宽度(Hz)		目标字的感知范围(y-ə)%	区分峰值(%)
阴平	正序	F1	385-410	F1	71	50～40	88
		F2	1520-1455	F2	185		
	反序	F1	425	F1	33	66～34	81
		F2	1416	F2	86		
阳平	正序	F1	392	F1	19	64～36	88
		F2	1416	F2	59		
	反序	F1	393	F1	29	65～35	75
		F2	1410	F2	89		
上声	正序	F1	384	F1	15	63～37	88
		F2	1409	F2	53		
	反序	F1	395	F1	57	69～31	75
		F2	1370	F2	198		
去声	正序	F1	410	F1	50	66～34	95
		F2	1441	F2	144		
	反序	F1	402	F1	29	63～37	89
		F2	1465	F2	84		

由表3可知,四个调类正序的边界值范围分别为F1:384Hz～410Hz,F2:1520Hz～1409Hz,反序的边界值范围分别为F1:393Hz～425Hz,F2:1465Hz～1370Hz,同一个调类正反序的边界位置基本一致,阴平正序的位置稍前于相应的反序;边界宽度正序分别为F1:15Hz～71Hz,F2:53Hz～185Hz,反序为F1:29Hz～57Hz,F2:84Hz～198Hz,整体上正序的边界宽度大于相应的反序;四个调类/y/的感知范围都大于相应的/ə/,相对而言,阴平的正反序目标字的感知范围差异最大,其余三个调类,同一个调类的正反序的相同目标字的感知范围差异不大;正序区分峰值为88%～

95%,反序区分峰值为75%～89%,整体上反序区分峰值大于正序,具体来看,阳平和上声正反序的区分峰值相差最大为13%,去声正反序的区分峰值相差最小为6%。

为了进一步考察选项显示界面正、反序对听感边界的影响,我们对相关结果进行了配对样本T检验。结果显示正、反序对听感边界没有显著的影响。[F1检验结果:t(3)=-1.034,p>.05;F2检验结果:t(3)=1.122 ,p>.05]

3.3 性别对听感实验的影响

根据听感实验的结果得出阴平、阳平、上声和去声四个调类不同性别的辨认和区分曲线。

男生的实验结果如图13所示,/y/-/ə/辨认边界位置出现在刺激6、7之间,边界值分别为F1:403Hz,F2:1472Hz,边界宽度分别为F1:65Hz,F2:170Hz;界前界后的最大辨认率都达到了100%;/y/-/ə/的感知范围分别为47%和53%;区分曲线峰值出现在5-7刺激对处,峰值为85%。

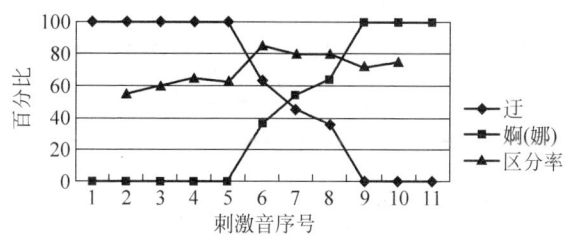

图13 /y/-/ə/听感实验-阴平-男

图 14 是女生的阴平辨认区分曲线图,辨认边界位置在刺激 7、8 之间,边界值分别为 F1:427Hz,F2:1410Hz,边界宽度分别为 F1:28Hz,F2:72Hz;界前界后的最大辨认率都达到了 100%;/y/-/ə/的感知范围分别为 67% 和 33%;区分曲线峰值出现在 6-8、7-9、9-11 刺激对处,峰值为 81%。

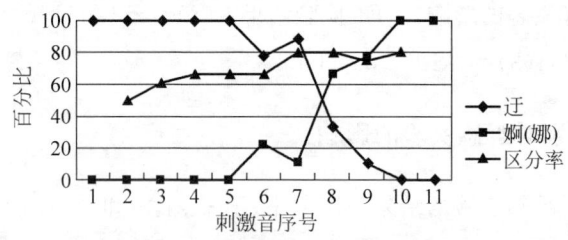

图 14　/y/-/ə/听感实验-阴平-女

男生阳平曲线如图 15 所示,/y/-/ə/辨认边界位置出现在刺激 7、8 之间,边界值分别为 F1:394Hz,F2:1408Hz,边界宽度分别为 F1:33Hz,F2:102Hz;界前界后的最大辨认率都达到了 100%;/y/-/ə/的感知范围分别为 66% 和 34%;区分曲线峰值出现在 6-8 刺激对处,峰值为 85%。

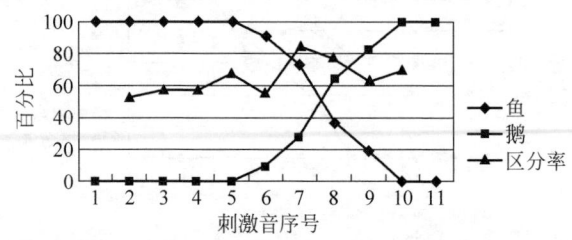

图 15　/y/-/ə/听感实验-阳平-男

图 16 是女生的阳平辨认区分曲线图,辨认边界位置在刺激 7、8 之间,边界值分别为 F1:392Hz,F2:1416Hz,边界宽度分别为

F1:17Hz,F2:53Hz;界前界后的最大辨认率都达到了100%；/y/-/ə/的感知范围分别为64%和36%；区分曲线峰值出现在7-9刺激对处，峰值为81%。

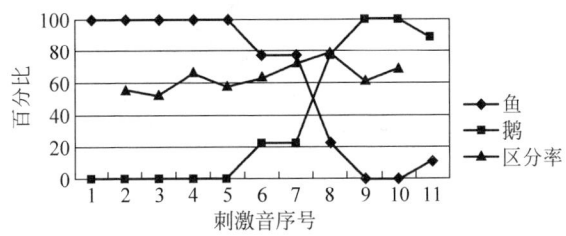

图16 /y/-/ə/听感实验-阳平-女

男生的实验结果如图17所示，/y/-/ə/辨认边界位置出现在刺激7、8之间，边界值分别为F1:386Hz,F2:1403Hz，边界宽度分别为F1:27Hz,F2:95Hz；界前界后的最大辨认率都达到了100%；/y/-/ə/的感知范围分别为64%和36%；区分曲线峰值出现在6-8刺激对处，峰值为75%。

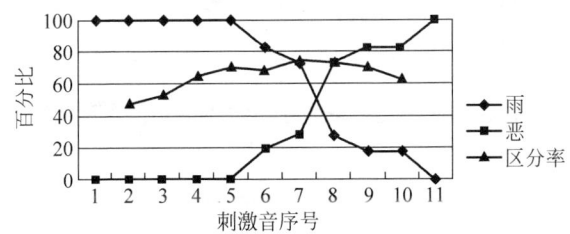

图17 /y/-/ə/听感实验-上声-男

图18是女生的上声辨认区分曲线图，辨认边界位置在刺激7、8之间，边界值分别为F1:392Hz,F2:1382Hz，边界宽度分别为F1:53Hz,F2:183Hz；界前界后的最大辨认率都达到了100%；

/y/-/ə/的感知范围分别为68%和32%；区分曲线峰值出现在7-9、9-11刺激对处，峰值为83%。

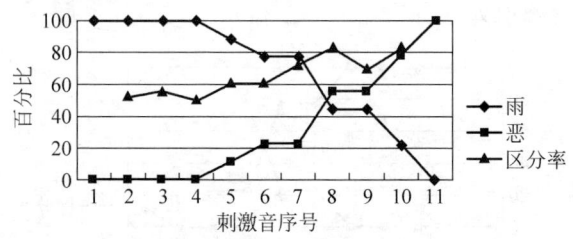

图18 /y/-/ə/听感实验-上声-女

男生的实验结果如图19所示，/y/-/ə/辨认边界位置出现在刺激7、8之间，边界值分别为F1：402Hz，F2：1464Hz，边界宽度分别为F1：22Hz，F2：62Hz；界前界后的最大辨认率都达到了100%；/y/-/ə/的感知范围分别为63%和37%；区分曲线峰值出现在5-7刺激对处，峰值为95%。

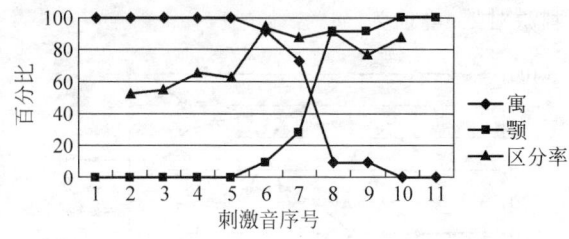

图19 /y/-/ə/听感实验-去声-男

图20是女生的去声辨认区分曲线图，辨认边界位置在刺激7、8之间，边界值分别为F1：411Hz，F2：1437Hz，边界宽度分别为F1：48Hz，F2：140Hz；界前界后的最大辨认率都达到了100%；/y/-/ə/的感知范围分别为67%和33%；区分曲线峰值出现在5-7、7-9、8-10刺激对处，峰值为86%。

第四章 汉语普通话元音听辨

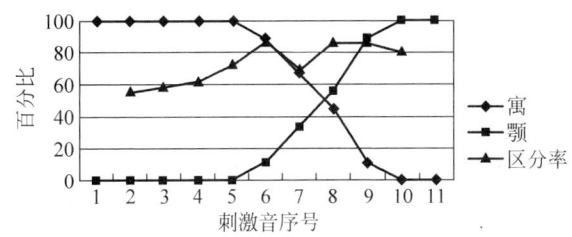

图 20 /y/-/ə/听感实验-去声-女

我们得出了/y/-/ə/听感实验中不同性别的听感边界、边界宽度、区分峰值、目标字的感知范围等，具体见表4：

表 4 /y/-/ə/听感实验不同性别数据汇总

调类	性别	边界值（Hz）		边界宽度（Hz）		目标字的感知范围/y/-/ə/(%)	区分峰值(%)
阴平	男	F1	403	F1	65	47～53	85
		F2	1472	F2	170		
	女	F1	427	F1	28	67～33	81
		F2	1410	F2	72		
阳平	男	F1	394	F1	33	66～34	85
		F2	1408	F2	102		
	女	F1	392	F1	17	64～36	81
		F2	1416	F2	53		
上声	男	F1	386	F1	27	64～36	75
		F2	1403	F2	95		
	女	F1	392	F1	53	68～32	83
		F2	1382	F2	183		
去声	男	F1	402	F1	22	63～37	95
		F2	1464	F2	62		
	女	F1	411	F1	48	67～33	86
		F2	1437	F2	140		

由表 4 可知,四个调类男生的边界值范围分别为 F1:386Hz～403Hz,F2:1472Hz～1403Hz,女生的边界值范围分别为 F1:392Hz～427Hz,F2:1437Hz～1382Hz,同一个调类男女的边界位置基本一致,阴平男生的位置稍前于相应的女生;边界宽度男生分别为 F1:22Hz～65Hz,F2:62Hz～170Hz,女生为 F1:17Hz～53Hz,F2:53Hz～183Hz,整体上男生 F1 的边界宽度变动范围大于相应的女生,F2 的变动范围小于女生;阴平男生/y/的感知范围小于/ə/,其余三个调类/y/的感知范围都大于/ə/,且同一个调类的男女生相同目标字的感知范围差异不大;男生区分峰值为 75%～95%,女生区分峰值为 81%～86%,整体上男生区分峰值的范围大于女生,具体来看,去声男女的区分峰值相差最大为 9%,阴平和阳平男女的区分峰值相差最小为 4%。

为了进一步考察不同性别对听感边界的影响,我们对相关数据进行了独立样本 T 检验。结果显示男、女性别对听感边界没有显著的影响。[F1 检验结果:$t(6)=-0.991, p>.05$;F2 检验结果:$t(6)=1.192, p>.05$]

3.4 实验小结

通过对单音节词中普通话元音/y/-/ə/辨认和区分实验进行分析,我们初步得出如下结论:

(一)综合四个调类整体的情况,/y/-/ə/辨认曲线边界位置大致位于刺激 7、8 之间,边界值为一个动态的区间,分别为 F1:388～423Hz,F2:1458～1395Hz,F1 最大值在阴平,F2 最大值在去声,F1、F2 的最小值都出现在上声,图 21 为归一化后四个调类/y/和/ə/边界位置的相对百分比值,其中阴影部分所示为四个调类听感边界百分比值的动态区间。

结合 SPSS 的检测结果可知,调类对 F1 的听感边界有显著的影响,对 F2 没有显著影响。

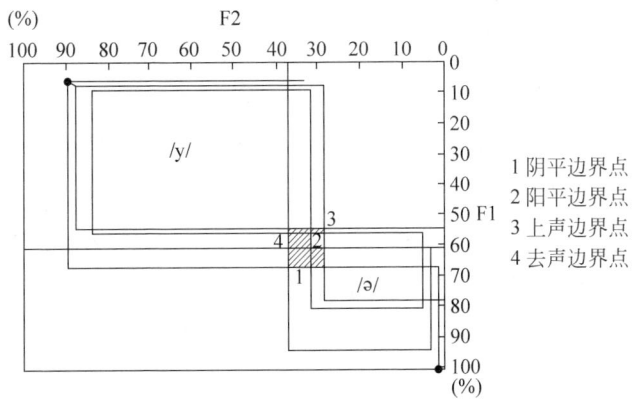

图 21 归一化后四个调类听感边界的相对百分比值

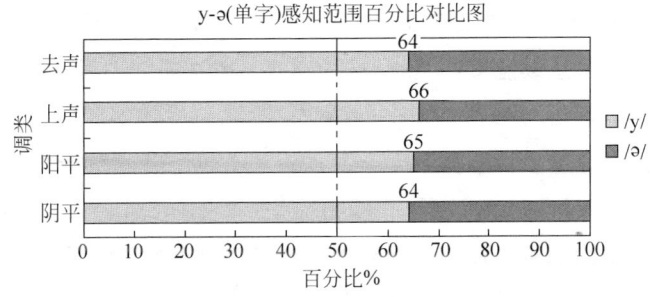

图 22 /y/-/ə/目标字感知范围百分比值

(二) 四个调类边界宽度为 F1：24Hz～63Hz,F2：74～165Hz,F1 的最大值出现在阴平,F2 的最大值出现在上声,F1 和 F2 的最小值出现在阳平,四个调类边界宽度由大到小排序为 F1：

63（阴平）＞48（上声）＞31（去声）＞24（阳平），F2：165（上声）＞163（阴平）＞90（去声）＞74（阳平）；

（三）目标字的感知范围，四个调类/y/的感知范围都大于/ə/，且总体范围基本一致，我们按/y/的感知范围由大到小排序如下 66％（上声）＞65％（阳平）＞64％＞（阴平、去声），见图22；

（四）四个调类的区分峰值在78％～91％之间，最大值出现在去声91％，最小值出现在上声78％，各调类区分峰值由大到小依此为91％（去声）＞80％（阴平）＞79％（阳平）＞78％（上声）；

（五）结合前文SPSS的相关的分析可知，选项显示界面正、反序和不同性别对听感边界都没有统计学上的显著影响。

四、结语

在普通话元音听感研究中，实验词表的设计分为单音节词和双音节词，单音节词实验是孤立感知，双音节词实验是连续感知，孤立感知是连续感知的基础，连续感知是听感研究的目标。[①]

本节通过对单音节词中/y/和/ə/听感边界的实验研究，初步得出其听感边界总体上是一个动态的区间，分别为 F1：388～423Hz，F2：1458～1395Hz。同时考察了影响听感边界的因素，结果显示不同测试界面和性别对听感边界都没有显著的影响。对单音节词中/y/和/ə/听感边界的考察是探索普通话元音孤立感知格局的一个重要组成部分，也为进一步探索普通话元音连续感知格局奠定了基础。

---

① 石锋2014年在南开大学实验语言学沙龙上的发言。

第五节 元音/y/和/ə/在二字组中的听感边界测试[*]

一、引言

叶蜚声等(2012)认为语音有发音-传递-感知三个环节,分别对应于生理-物理-心理三个方面的属性。前人的研究多从发音和声学的角度考察语音的生理和物理属性,对其心理属性的研究相对较少。随着研究的深入,越来越多的研究者将目光投入到语音感知的研究中来,其中元音感知的研究一直备受关注。

Ladefoged 和 Broadbent(1957)以合成的英文词语 bit、bet、bat、but 为目标词语,将它们放在句子末尾处,并改变句中其他各元音的共振峰的频率,发现被试对目标词的识别情况会随着前句共振峰的变化而变化,该实验证明了语言环境的变化通过信息传递会对元音的感知具有一定的影响。

黄荣佼(2013)、耿爽爽(2013)、鹿牧(2013)分别通过听感实验考察了双字音中/i/-/y/、/i/-/u/以及/u/-/y/的听感边界情况。结论表明,各实验的听感边界是动态的,且语音环境(目标字位置)、测试界面正反序以及性别等因素对听感边界都会造成一定的影响。此外,刘掌才、石锋(2015)、张昊、石锋(2014)、王丫珍(2014)、

---

[*] 本节原发表于《南华大学学报》(社会科学版)2015 年第 6 期,作者:刘掌才、石锋。

黄旭男（2014）和陈畅（2014）等分别对单字音中的/a/-/ə/、/i/-/y/、/a/-/u/、/i/-/ə/、/ə/-/u/和/ɿ/-/ʅ/进行了初步考察。

在普通话元音/y/-/ə/的听感实验中，我们的实验目的是找到双字音语言环境中/y/-/ə/的听感边界，并进一步从目标字位置、测试界面正、反序和性别等角度考察影响听感边界的因素。

二、实验设计

2.1 实验设备

实验录音在天津师范大学语音实验室完成。录音软件Cooledit 2.0，采样率是11025Hz，采样精度16位，单声道。听辨实验在南开大学语音实验室进行，实验软件为E-prime。

2.2 实验字表

双字音目标字为零声母，有阳平和去声两个调类。字表如下：

表1 /y/-/ə/听感实验字表

调类 \ 例字	前字	后字
阳平	鱼头-额头	大鱼-大鹅
去声	寓意-恶意	上谕-上颚

2.3 刺激音合成

刺激音合成和连续统的制作都在Praat软件中完成。Praat自编脚本由广东外语外贸大学贝先明提供。刺激音的音质来自一位男性发音人,1994年生,老北京人,天津师范大学在校本科生。

一般认为表征元音有两个共振峰就够了,一个是F1,另一个是F2′(经过校正的F2)。本次实验刺激音的合成综合考虑共振峰和带宽两个要素。观察/y/和/ə/的语图,二者的F1、F2和F3都有一定的差异,通过刺激音合成效果的比对,我们最终确定变量为F1和F2两个参数,F3用首尾音的均值,F4和F5用起点音的值;带宽前三个用均值,后两个用起始音的值。依次标准来合成/y/到/ə/的刺激音连续统。具体刺激音连续统见图1。

每个刺激音时长在400(+/−)50毫秒之间。辨认实验中整个刺激音时长包括空白段是1000毫秒,其中最后留50毫秒空白段;区分实验的整个刺激时长是2000毫秒,两个刺激音之间的间隔为500毫秒,最后同样留50毫秒的空白段。

2.4 被试听辨人

本次实验的被试听辨人共24人,为天津大学和南开大学在校本科生,男、女各半,均为北京人,在北京出生、长大,母语均为北京话,没有听力、视觉障碍,右利手。实际有效数据20人,其中男9人,女11人。

2.5 实验步骤

本实验使用E-prime软件进行刺激音播放和数据的采集。实验步骤同第四节。

三、实验结果与分析

本章分别从总体、测试界面正、反序和性别等角度对/y/-/ə/的听感实验结果进行分析。

3.1 听感实验总体结果

根据听感实验的结果分别从阳平和去声两个调类前、后字的总体情况得出了/y/-/ə/的听感边界、边界宽度、区分峰值以及目标字的感知范围,具体见表2。

表2 /y/-/ə/双字音听感实验总结果

调类	前/后字	边界值(Hz)		边界宽度(Hz)		目标字感知范围(/y/-/ə/)%	区分峰值(%)
阳平	前字	F1	387	F1	26	69~31	68
		F2	1420	F2	128		
	后字	F1	369	F1	42	59~41	70
		F2	1508	F2	205		
去声	前字	F1	355	F1	13	45~55	66
		F2	1582	F2	82		
	后字	F1	368	F1	23	53~47	83
		F2	1497	F2	147		

由表2可知,/y/-/ə/双字音前字的边界值分别为F1:355Hz~387Hz,F2:1582Hz~1420Hz,后字的边界值分别为F1:368Hz~369Hz,F2:1508Hz~1497Hz,前字的F1和F2的变动范围大于

相应的后字。边界宽度前字分别为 F1:13Hz～26Hz,F2:82Hz～128Hz,后字为 F1:23Hz～42Hz,F2:147Hz～205Hz,整体上后字的边界宽度变动范围大于相应的前字。去声前字/y/的感知范围小于相应的/ə/,其他情况下/y/的感知范围都大于相应的/ə/,相对而言,阳平前后字目标字的感知范围差异大于相应的去声。整体上双字组区分峰值的位置基本一致,前字区分峰值为 66%～68%,后字区分峰值为 70%～83%,整体上后字区分峰值的范围大于前字,具体来看,去声前后字的区分峰值的差别大于相应的阳平。

综上所述,前、后字整体上都有一个动态的听感边界;后字的边界宽度变动范围大于前字,说明后字的听感边界较前字模糊;/y/的感知范围整体上大于相应的/ə/,即/y/的感知不论在前字还是后字都具有优势。

3.2 影响听感边界的因素分析

本小节分别从测试界面和性别两个角度考察其对/y/-/ə/听感边界的影响。

3.2.1 测试界面对听感边界的影响

根据听感实验的结果得出了测试界面正、反序的听感边界、边界宽度、区分峰值以及目标字的感知范围,具体见表3。

表 3 /y/-/ə/双字音不同测试界面听感实验结果

调类	前/后字	正/反序	边界值（Hz）		边界宽度（Hz）		目标字感知范围(/y/-/ə/)%	区分峰值(%)
阳平	前字	正序	F1	387	F1	32	69～31	68
			F2	1420	F2	154		
		反序	F1	387	F1	26	69～31	68
			F2	1420	F2	128		
	后字	正序	F1	363	F1	35	56～44	70
			F2	1537	F2	169		
		反序	F1	375	F1	50	63～37	70
			F2	1479	F2	242		
去声	前字	正序	F1	355	F1	11	45～55	65
			F2	1583	F2	70		
		反序	F1	355	F1	17	45～55	75
			F2	1580	F2	113		
	后字	正序	F1	364	F1	22	51～49	78
			F2	1521	F2	142		
		反序	F1	372	F1	21	56～44	88
			F2	1468	F2	135		

由表 3 可知，/y/-/ə/双字音总体上，正序的边界值分别为 F1：355Hz～387Hz，F2：1583Hz～1420Hz，反序的边界值分别为 F1：355Hz～387Hz，F2：1580Hz～1420Hz，同一个调类内部，阳平后字正序的边界位置稍前于相应的反序，其余的情况边界位置都基本一致。边界宽度正序分别为 F1：11Hz～35Hz 之间，F2：70Hz～169Hz，反序为 F1：17Hz～50Hz，F2：113Hz～242Hz。整体上，去声前字正反序/y/的感知范围都小于相应的/ə/，其余的情况/y/的感知范围都大于相应的/ə/。具体来看，同一个调类内部，前字的正反序/y/-/ə/的听感范围一致，阳平后字正反之间的听感范围差

值最大为7%,去声后字正反之间的差值次之。去声前字正序的区分峰值位置后于相应的后字,其余的情况区分峰值的位置基本一致。正序区分峰值为65%~78%,反序区分峰值为68%~88%。同一个调类内部,阳平前字正反序区分峰值一致;后字正反序区分峰值一致,去声前字正反序之间和后字正反序之间区分峰值各相差10%。

我们对正、反序的边界值和边界宽度进行了配对样本T检验,结果显示二者在统计上都没有显著的差异。(P值分别为边界值 F1:p=0.194,F2:p=0.166;边界宽度 F1:p=0.498,F2:p=0.428。本节中均值差的显著性水平为0.05)

3.2.2 性别对听感边界的影响

根据听感实验的结果分别得出了男生和女生的听感边界、边界宽度、区分峰值以及目标字的感知范围,具体见表4。

表4 /y/-/ə/双字音不同性别听感实验结果

调类	前/后字	性别	边界值(Hz)		边界宽度(Hz)		目标字感知范围(/y/-/ə/)%	区分峰值(%)
阳平	前字	男	F1	392	F1	42	72~28	67
			F2	1398	F2	207		
		女	F1	382	F1	24	67~33	68
			F2	1442	F2	116		
	后字	男	F1	366	F1	27	58~42	75
			F2	1524	F2	131		
		女	F1	374	F1	53	62~38	68
			F2	1485	F2	261		

（续表）

调类	前/后字	性别	边界值（Hz）		边界宽度（Hz）		目标字感知范围（/y/-/ə/）%	区分峰值(%)
去声	前字	男	F1	355	F1	11	45～55	64
			F2	1582	F2	73		
		女	F1	355	F1	15	45～55	70
			F2	1582	F2	96		
	后字	男	F1	369	F1	13	54～46	89
			F2	1492	F2	88		
		女	F1	367	F1	38	53～47	77
			F2	1504	F2	247		

由表4可知，/y/-/ə/双字音总体上，男生的边界值分别为F1:355Hz～392Hz,F2:1582Hz～1398Hz,女生的边界值分别为F1:355Hz～382Hz,F2:1582Hz～1442Hz。同一个调类内部,去声前字男女生边界位置一致,后字男女生边界位置也一致,阳平前字男生边界位置后于女生,后字男生边界位置前于相应的女生。边界宽度男生分别为F1:11Hz～42Hz,F2:73Hz～207Hz,女生为F1:15Hz～53Hz,F2:96Hz～261Hz。总体上,去声前字男女生/y/的感知范围都小于相应的/ə/,其余的情况/y/的感知范围都大于相应的/ə/。具体来看,阳平前字男女生的/y/-/ə/的听感范围差值最大为5%,阳平后字男女生之间的听感范围差值次之。阳平前字男女生的区分峰值位置基本一致,去声后字男女生的区分峰值位置一致。男生区分峰值为64%～89%,女生的区分峰值为68%～77%。去声后字男女生区分峰值相差最大为12%,阳平前字男女生区分峰值相差最小为1%。

我们对男女生的边界值和边界宽度进行了独立样本 T 检验，结果显示二者在统计上都没有显著的差异。（P 值分别为边界值 $F1:p=0.921$, $F2:p=0.933$；边界宽度 $F1:p=0.432$, $F2:p=0.333$。本节中均值差的显著性水平为 0.05）

3.3 实验小结

通过对普通话双字音中/y/-/ə/的听感实验结果进行分析，我们初步得出如下结论：

综合双字音阳平和去声前、后字的总体实验情况，/y/-/ə/双字音前字的边界值分别为 $F1:355Hz\sim387Hz$, $F2:1582Hz\sim1420Hz$，后字的边界值分别为 $F1:368Hz\sim369Hz$, $F2:1508Hz\sim1497Hz$，前字的 F1 和 F2 的变动范围大于相应的后字。

图 1 显示阳平和去声前、后字边界值在刺激音连续统所处的位置及其对应感知范围。图中坐标值为听感边界值，百分比值为/y/和/ə/对应的听感空间值。图 2 为归一化后/y/-/ə/双字音前、后字边界位置的相对百分比图，其中阴影部分所示为听感边界百分比值的动态区间。图 2 直观地显示了归一化后/y/-/ə/在不同调类前、后字条件下的听感边界的相对位置，听感空间的大小和形状。

前字的边界宽度分别为 $F1:13Hz\sim26Hz$, $F2:82Hz\sim128Hz$，后字为 $F1:23Hz\sim42Hz$, $F2:147Hz\sim205Hz$，整体上后字的边界宽度变动范围大于相应的前字，阳平前、后字的边界宽度大于相应的去声，两个调类后字的边界宽度都大于相应的前字。

去声前字/y/的感知范围小于相应的/ə/，其余的情况/y/的感

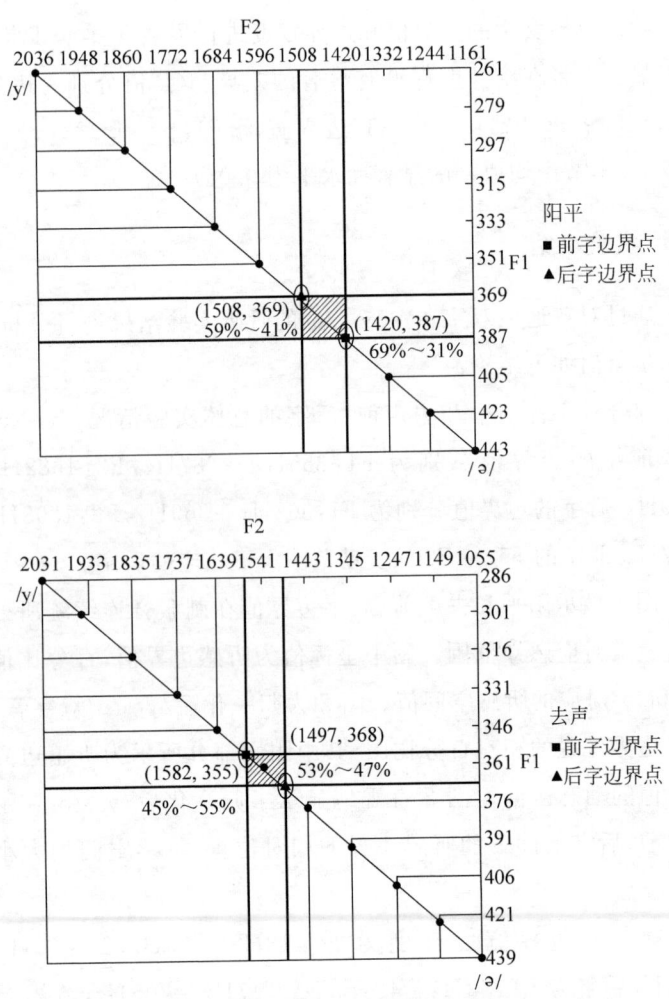

图 1 /y/-/ə/听感边界在刺激音连续统中的位置-阳平和去声

知范围都大于相应的/ə/,相对而言,阳平前、后字/y/和/ə/的感知范围的差值大于相应的去声,两个调类前字的目标字感知范围差值都大于相应的后字,我们按/y/的感知范围由大到小排序依次

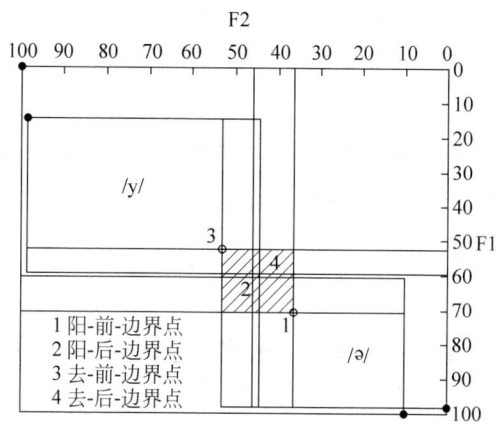

图 2 归一化后的相对百分比值

为 69%（阳平前字）＞59%（阳平后字）＞53%（去声后字）＞45%（去声前字），见图 3；

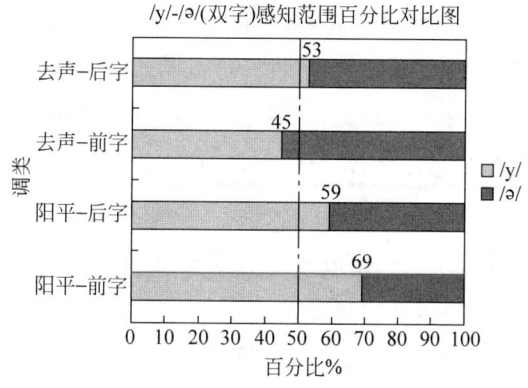

图 3 感知范围百分比值对比图

总体上双字音区分峰值的位置基本一致，前字区分峰值为 66%～68%，后字区分峰值为 70%～83%。同一个调类中，后字区分峰值都大于相应的前字,区分峰值由大到小排序如下 83%(去声后字)>70%(阳平后字)>68%(阳平前字)>66%(去声前字)。

影响听感边界的因素:不论是测试界面正反序,还是男女性别,在主要的感知参数听感边界值和边界宽度上都没有统计学意义上的显著差异。

四、单、双字音听感边界对比

在普通话元音听感研究中,实验字的设计分为单字音和双字音,单字音实验是孤立感知,双字音实验是连续感知,孤立感知是连续感知的基础,连续感知是听感研究的目标。

本小节中,我们主要从总体上对比/y/-/ə/听感实验双字音和以往单字音实验的听感边界,从而进一步认识/y/-/ə/实验中孤立感知和连续感知在听感边界上的不同表现。单字音实验总的听感边界值为 F1:402,F2:1422,双字音实验总的听感边界值为 F1:370,F2:1502,从总体来看,单字音的听感边界位置后于相应的双字音实验。

如图 4 所示,归一化后单字音听感边界值为 F1:65%,F2:34%,双字音听感边界的百分比值为 F1:50%,F2:43%。通过图示,我们可以直观地看到在单、双字音不同的条件下/y/-/ə/听感边界的相对位置,以及各种听感空间的大小和分布空间。从边界位置来看,单字音处于双字音的右下角,在单字音情况下,/y/的感知空间显著大于/ə/的感知空间,而在双字音情况下,/y/的感知空间有一定的压缩,/ə/的感知空间明显扩大,整体上/y/和/ə/各自的感知空间差距减小,说明语音环境对感知边界的影响是显著的。

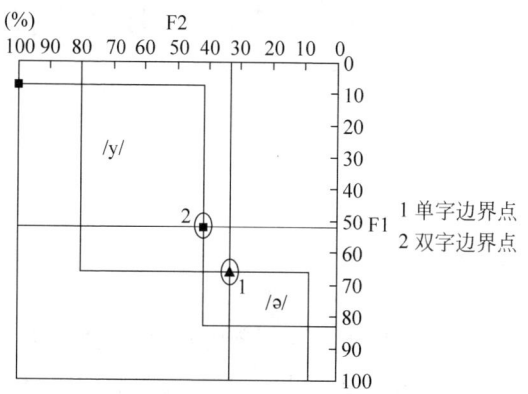

图 4 归一化后/y/-/ə/实验单、双字总听感边界相对百分比值对比

五、结语

本节通过对普通话双字音/y/-/ə/听感实验,进一步得出/y/-/ə/前、后字听感边界总体上是一个动态的区间,前字的边界值范围为 F1:355Hz～387Hz,F2:1582Hz～1420Hz,后字的边界值范围分别为 F1:368Hz～369Hz,F2:1508Hz～1497Hz。同时考察了双字音中测试界面正、反序和性别因素对听感边界的影响,结果显示二者对听感边界都没有显著的影响。

最后,从总体上对比了/y/-/ə/单字孤立感知和双字连续感知在听感边界上的不同表现。对单、双字音中/y/-/ə/听感边界的实验研究,是探索普通话元音听感格局的一个重要组成部分。

第六节 元音/i/和/ə/的听感边界[*]

一、实验方法

1.1 词语选择

本次实验以零声母单音节词为听辨材料,按照阴平、阳平、上声、去声四个声调,选择四对以/i/和/ə/为韵腹的零声母字为实验词。下表为听辨实验词。

表 1 实验词表

声调	/ə/	/i/
阴平	婀	衣
阳平	鹅	姨
上声	恶(心)	椅
去声	饿	艺

1.2 录音材料

根据选取的实验词,请一位普通话标准的北方男性发音人进行录音,发音人为南开大学学生。录音在南开大学语音实验室进行,采用单声道录制,采样率为11025Hz。录音要求发音人用自然

---

[*] 本节原发表于《实验语言学》2014 年第 1 号,作者:王丫珍。

的说话方式每个发3遍。录音后,通过Praat软件观察录音的语图,选取共振峰最平稳、效果最好的语音作为合成语音的基础音。

1.3 合成刺激音

通过测量和观察录音词的共振峰值我们发现/i/和/ə/的主要差异在于F2和F3。因此,我们用Praat脚本(广东外语外贸大学贝先明老师提供),把/ə/的F2和F3逐渐升高,合成/i/,这样形成了包含11个刺激音的连续体。具体合成情况如下表所示。

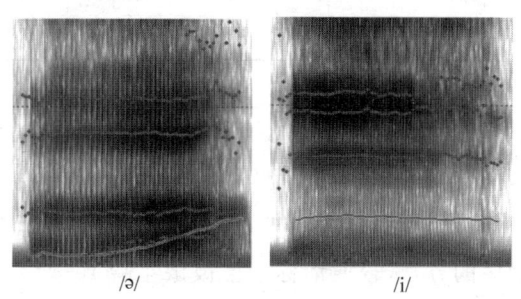

图1 Praat中显示的/ə/和/i/和语图

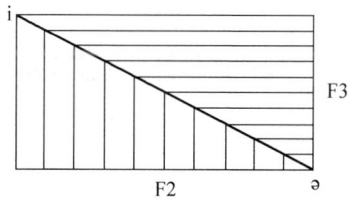

图2 刺激音合成示意图

表 2 连续统数据表

刺激序号		/ə/ 1	2	3	4	5	6	7	8	9	10	/i/ 11	步长
阴平	F2	1172	1269	1363	1457	1551	1645	1739	1833	1027	2021	2115	94
	F3	2483	2538	2591	2644	2697	2750	2803	2856	2909	2962	3015	53
阳平	F2	1122	1214	1299	1384	1469	1554	1639	1724	1809	1894	1979	85
	F3	2614	2652	2690	2728	2766	2804	2842	2880	2918	2956	2994	38
上声	F2	1123	1219	1316	1413	1510	1607	1704	1801	1898	1995	2092	97
	F3	2575	2624	2671	2718	2765	2812	2859	2906	2953	3000	3047	47
去声	F2	1140	1243	1347	1451	1555	1659	1763	1867	1971	2075	2179	104
	F3	2496	2546	2600	1654	2708	2762	2816	2870	2924	2978	3032	54

1.4 实验被试

参加实验的被试均为北京十一中学的学生，从小生活在北京，不讲其他地区的方言，普通话标准。被试年龄 15～18 岁，身体健康，听力正常，右利手。

1.5 实验步骤

实验采用 E-prime 软件进行语音的播放和行为数据及反应时间的采集。

1.5.1 辨认实验

辨认实验中每个刺激音随机播放一次，要求被试通过按键对两个词语选项进行迫选。实验在安静、亮度适中的实验室中进行。正式实验前有 10 个任务练习，当被试完全了解实验要求后进人正式实验。实验开始后,被试按空格键,即由 E-prime 软件通过耳机以相同音强随机不重复地播放刺激音,随后被试会看到一个选择界面,屏幕左右各出现一个词语选项,如"鹅(F)、姨(J)",要求被试选择所听到的是屏幕左边的词还是右边的词。如果是左边的词(如"鹅")就按 F 键,以此类推,要求又快又准地做出判断。被试选择后选择界面消失,进入下一题流程。不同按键反应差异通过不同被试组进行组间平衡。正式实验 5~6 分钟。

1.5.2 区分实验

区分实验采用 AX 式方式,由两个词语组成一个刺激对,每个刺激对随机播放一次,要求被试通过按键判断两个词语是否完全一样。

刺激对之间的关系有两种情况:第一种情况是刺激对由两个相同的刺激组成;第二种情况是每对刺激由相隔的两个刺激组成,即两个刺激间的 F2、F3 相差两个步长,同一刺激对中的两个刺激音之间相隔 500 毫秒。具体实验流程与辨认实验基本一致,只是听到刺激音后呈现的选择界面略有不同,屏幕左右会各出现一个提示,如"相同(请按 F)、不同(请按 J)",要求被试判断所听到的两个音是否完全一样。不同刺激组合顺序和按键反应差异通过不同被试组进行组间平衡,其他实验流程相同。正式实验需要的时间为 9~10 分钟。

二、结果分析

2.1 辨认曲线的分析(图中横坐标的刺激音序号,下同)

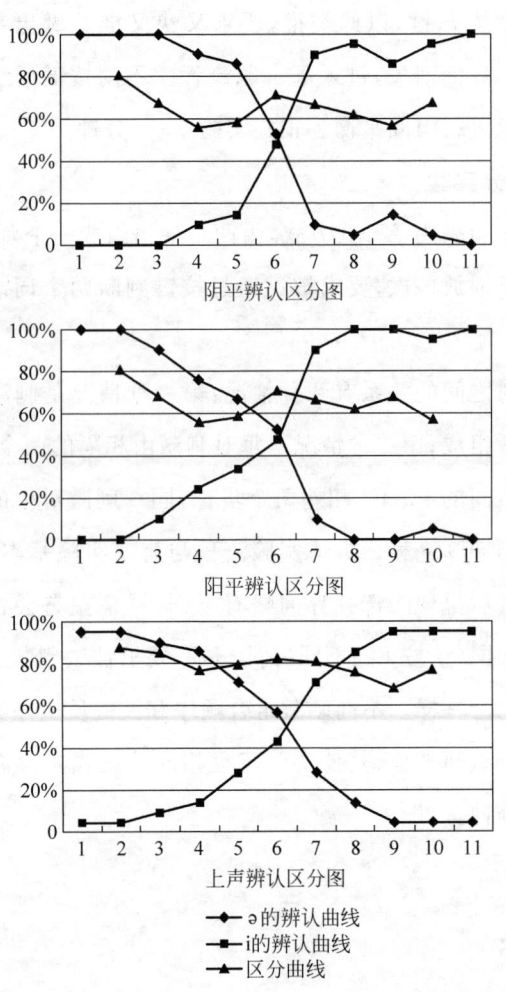

第四章 汉语普通话元音听辨

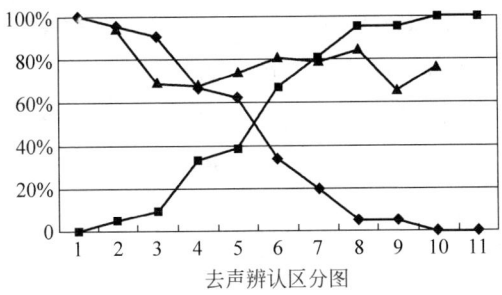

去声辨认区分图

图3 四个调类辨认区分图

计算出四个声调辨认曲线的边界位置、边界宽度、听感范围、最大辨认率和最大区分率,得出下表。

表3 辨认区分数据表

调类		边界位置	边界宽度	听感范围 ə/i		最大辨认率 ə/i		区分峰值
阴平	F2	1649	124	55%	45%	100%	100%	71%
	F3	2753	69					
阳平	F2	1558	218	55%	45%	100%	100%	71%
	F3	2806	97					
上声	F2	1631	245	57%	43%	95%	95%	82%
	F3	2824	119					
去声	F2	1598	238	49%	51%	100%	100%	81%,85%
	F3	2730	158					
最小值	F2	1558	124	49%	43%	95%	95%	71%
	F3	2730	69					
最大值	F2	1649	238	57%	51%	100%	100%	85%
	F3	2824	158					

总体上看,辨认实验的两条曲线基本平滑,两端开口度大,边界位置明显;区分曲线有较明显的峰值;辨认边界位置和区分峰值位置基本对应。

除去声边界位置在5~6外,其他三个调类边界位置都在刺激6~7,F2在1558Hz~1649Hz,F3在2730Hz~2824Hz,边界宽度

F2 在 124Hz～238Hz，F3 在 69Hz～158Hz。/i/和/ə/的最大辨认率都能达到 100%。区分峰值在 85%～71%。/ə/的感知范围为 49%～57%，/i/的感知范围为 43%～51%，听辨为/i/或/ə/的倾向性基本相当，/ə/在总体上略占优势。下图为/ə/和/i/听感边界示意图。

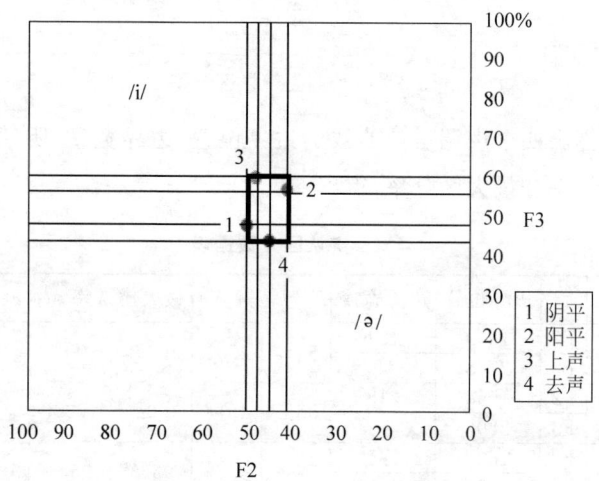

注：图中心的黑框表示/ə/-/i/在四个调类下听感边界的动态范围。

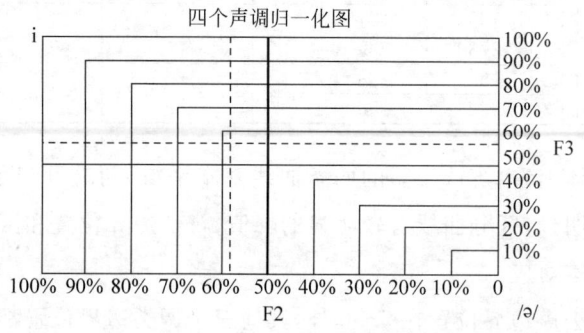

图 4 四个调类的听感边界示意图

2.2 辨认曲线和辨认反应时的分析

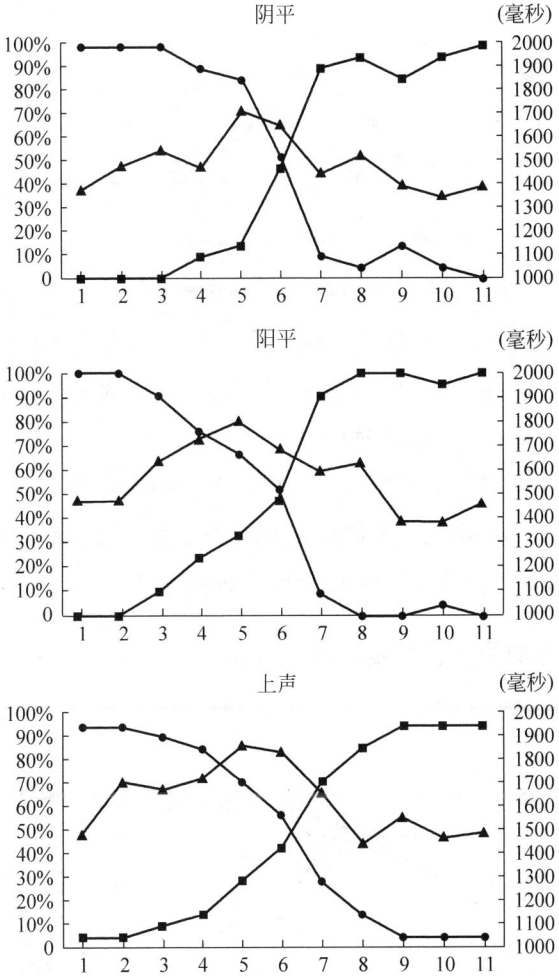

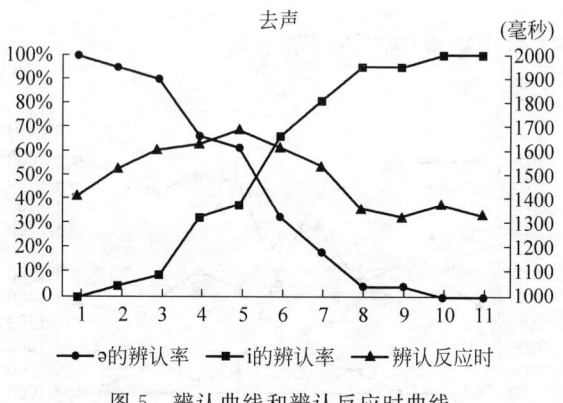

图 5 辨认曲线和辨认反应时曲线

辨认实验的反应时间 1333ms~1700ms, 辨认实验反应时间曲线的总体变化趋势为从刺激 1 处缓慢上升, 到辨认边界附近出现峰值, 接着缓慢下降。连续体两端的刺激的反应时间短, 反应时间的峰值和辨认边界并没有完全对应, 而是在稍前于边界处。这就是说在连续体两端的刺激最易于辨认, 被试能迅速判断出刺激是哪个音, 而在边界附近的刺激, 被试需要较长时间做出判断。

2.3 区分曲线和区分反应时间分析

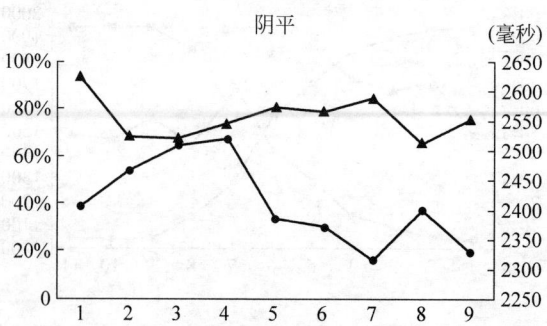

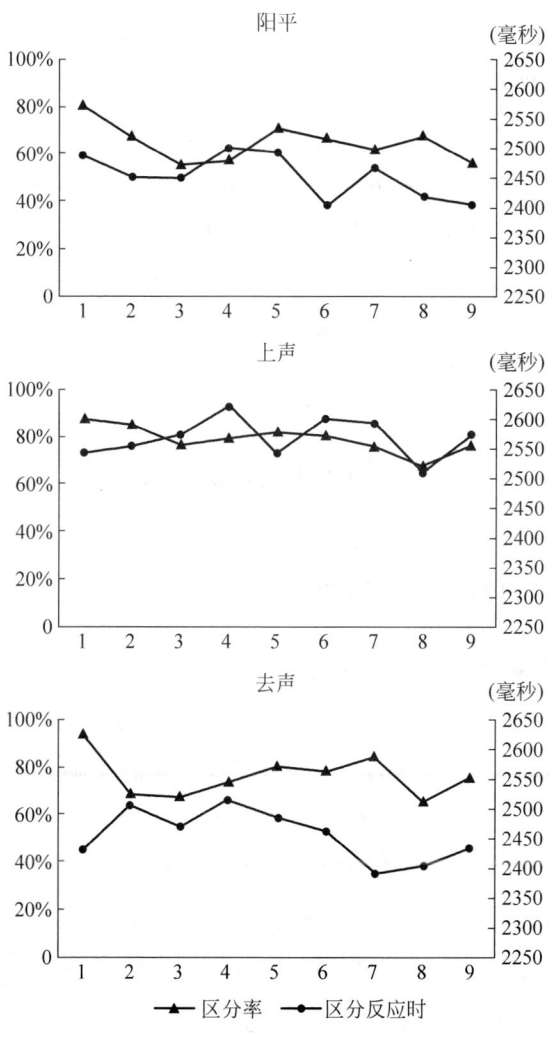

图 6 区分曲线和区分反应时曲线

区分实验的反应时间为 2620～2317 毫秒。观察区分曲线和区分反应时间的对应图可以发现区分曲线变化趋势较平缓,而反应时间曲线波动很大,二者不能很好对应。区分峰值处的反应时间有一定规律性。上声和去声的区分峰值都对应反应时间的谷值,阴平区分峰值处的反应时间也低,阳平在区分峰值稍后处出现了反应时间的谷值。这表明在区分峰值附近,反应时间较短。我们已经知道区分峰值对应辨认边界,所以我们可以说,对于辨认边界处的两个刺激,被试比较容易把它们区别开来。

三、影响因素分析

3.1 不同调类对实验结果的影响

3.1.1 不同调类对辨认实验的影响

对四个调类的边界位置做单因素方差分析,结果表明:在 F2 维度上声和阴平、去声没有显著差异,其他都有显著差异;在 F3 维度上声和阳平没有显著差异,其他都有显著差异。也就是说,不同的调类会造成边界位置的偏移,使边界模糊。

对四个调类的听感范围做单因素方差分析,结果表明:去声和其他声调显著不同,声调影响听感范围。与其他三个调类相比去声使/ə/的听感范围缩小,/i/的听感范围扩大。

对四个调类的边界宽度做单因素方差分析,结果表明:不同调类的边界宽度无显著差异。

3.1.2 不同调类对区分实验的影响

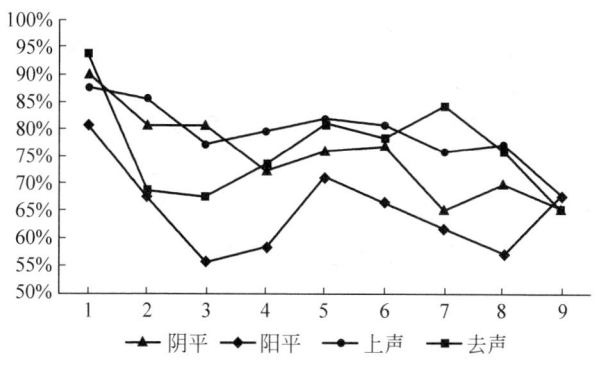

图 7　四个调类区分率对比图

我们可以看到,四个调类的区分曲线在连续统两端的刺激处几乎重合于一点,四个调类在两端的刺激处的区分率几乎相同,这就是说,对于两端的刺激而言,调类对其区分实验没有影响。另外,阳平的区分率始终低于其他三个声调,这就是说,对被试而言,与其他三个调类相比,阳平的刺激较难区分,被试不能敏感地察觉到阳平刺激音的变化。

对不同调类的区分峰值做单因素方差分析,结果表明不同调类的区分峰值间无显著差异。

3.1.3 不同调类对区分反应时间的影响

上声的反应时始终高于其他三声,也就是说,被试需要较长时间对上声的刺激对做出区分。

对不同调类的区分反应时做单因素方差分析,结果表明不同调类间无显著差异。

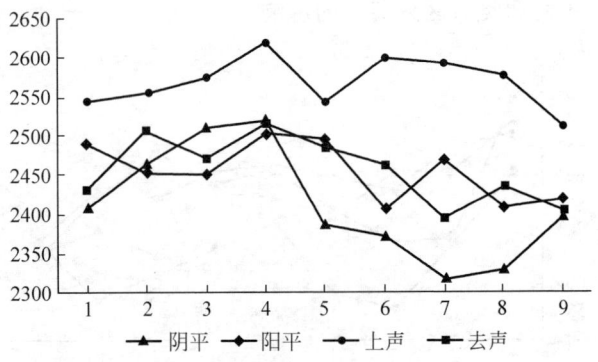

图 8 四个调类区分反应时对比图

3.1.4 调类对辨认反应时间的影响

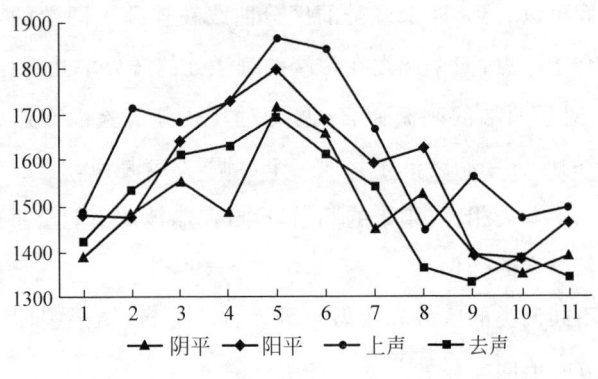

图 9 四个调类辨认反应时对比图

四个调类辨认反应时间变化趋势和时长差异很小,在对比图中四条曲线吻合程度较高,这就是说调类对辨认反应时的影响很小。

对不同调类的辨认反应时间做单因素方差分析,结果表明不同调类间无显著差异。

3.2 性别对实验结果的影响

3.2.1 性别对辨认实验的影响

表 4 男女辨认实验数据表

男生辨认实验数据				感知范围 ə/i		最大辨认率 ə/i	
调类		边界位置	边界宽度				
阴平	F2	1622	129	52%	48%	100%	100%
	F3	2737	73				
阳平	F2	1533	255	52%	48%	100%	100%
	F3	2795	114				
上声	F2	1607	251	55%	45%	90%	90%
	F3	2812	121				
去声	F2	1607	260	50%	50%	100%	100%
	F3	2735	135				
	F3	2824	158				
女生辨认实验数据				感知范围 ə/i		最大辨认率 ə/i	
调类		边界位置	边界宽度				
阴平	F2	1669	105	57%	43%	100%	100%
	F3	2763	59				
阳平	F2	1576	208	57%	43%	100%	100%
	F3	2814	93				
上声	F2	1645	264	57%	43%	100%	100%
	F3	2825	129				
去声	F2	1582	366	48%	52%	100%	100%
	F3	2722	190				
	F3	2824	158				

在阴平,阳平上声、去声三个调类中,男生的听感边界都比女生靠前,/ə/的听感范围都小于女生,而去声恰好与此相反。这就是说在阴平、阳平、上声三个声调中,男生能在较小的 Hz 值内察觉到/ə/到/i/的过渡,而在面对去声实验词时,则需要较大的 Hz 值变化才能察觉。另外阴平、阳平声调中男生的边界宽度比女生宽,说明在

这两个声调下男生的听感边界较模糊;而上声和去声的边界宽度比女生窄,说明在听辨上声和去声时,男生的听感边界较清晰稳定。

对男女生的边界位置,边界宽度,感知范围做独立样本 T 检验,结果表明男女生辨认实验的边界位置,边界宽度和感知范围都无显著差异。

3.2.2 性别对辨认反应时的影响

在阴平的辨认试验中,女生的反应时间始终高于男生,而在其他三个调类的实验中,女生的反应时间普遍小于男生,这就是说在辨认阴平刺激时,女生不如男生迅速,而在辨认其他三个声调的刺激时,女生比男生更快判断出刺激音属于哪一个音。

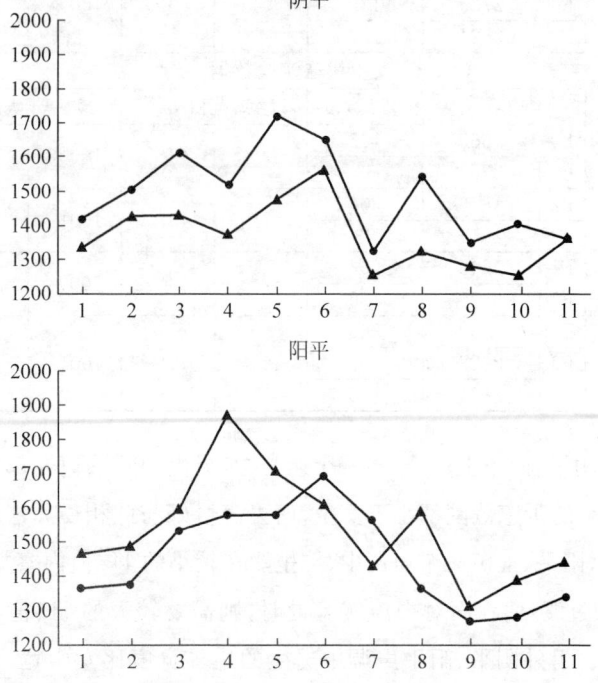

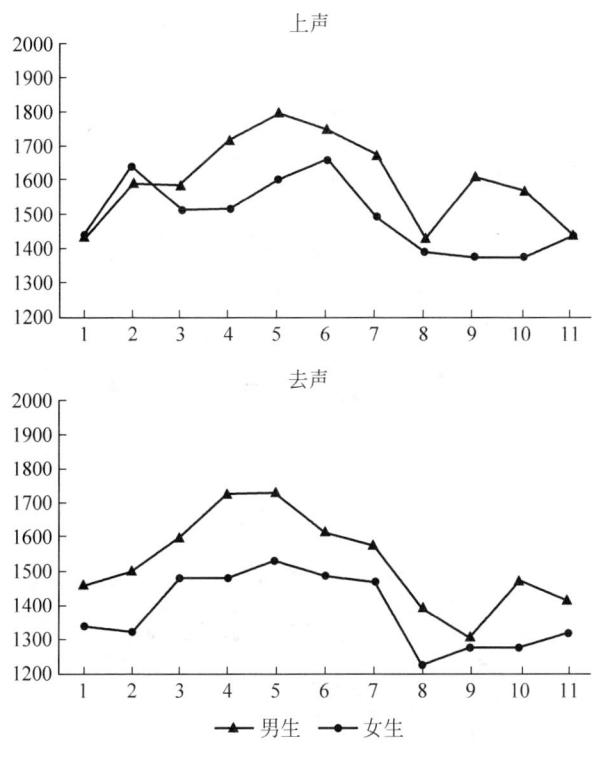

图 10 不同性别的辨认反应时曲线

对男女生的辨认反应时间做独立样本 T 检验,结果证明男女间无显著差异,也就是说男女在进行辨认判断时,所用时间基本相当。

3.2.3 性别因素对区分实验的影响

男女四个调类的区分曲线走势都比较吻合,区分峰值的位置比较接近;另外,对男女四个调类的区分峰值做独立样本 T 检验,结果证明男女的区分峰值无显著差异。可见性别因素对区分实验影响不大。

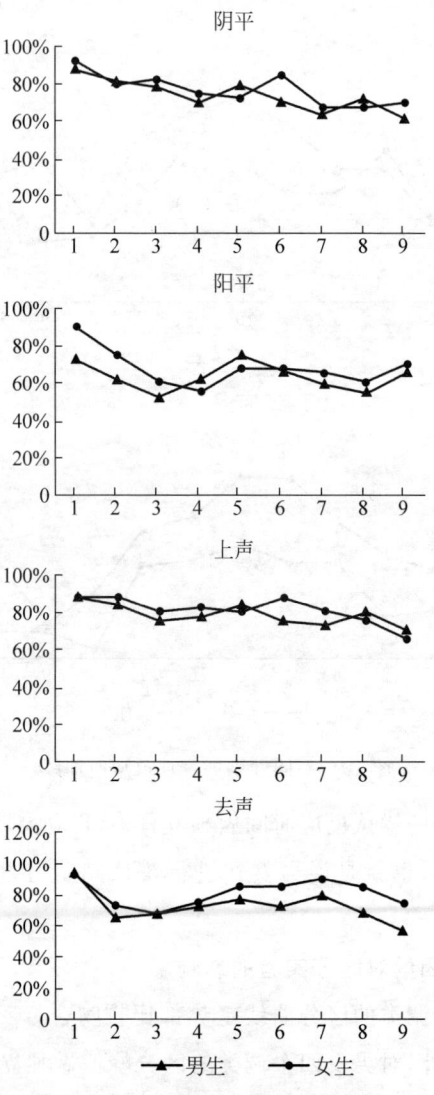

图 11 不同性别的区分率曲线

3.3 显示界面对实验结果的影响

3.3.1 显示界面对辨认实验的影响

辨认实验中我们设计了两种显示界面,一种是/ə/在前,如"鹅-姨",称为正序;另一种是/i/在前,如"姨-鹅",称为反序。下面分析这两种显示界面对辨认实验的影响。参见表5。

表5 正反序辨认实验数据表

正序辨认实验数据							
调类		边界位置	边界宽度	感知范围 ə/i		最大辨认率 ə/i	
阴平	F2	1669	153	57%	43%	100%	100%
	F3	2763	86				
阳平	F2	1554	181	55%	45%	100%	100%
	F3	2804	81				
上声	F2	1607	194	55%	45%	100%	100%
	F3	2812	94				
去声	F2	1597	224	50%	50%	100%	100%
	F3	2730	116				

反序辨认实验数据							
调类		边界位置	边界宽度	感知范围 ə/i		最大辨认率 ə/i	
阴平	F2	1640	104	54%	46%	100%	100%
	F3	2747	59				
阳平	F2	1565	245	56%	44%	100%	100%
	F3	2807	109				
上声	F2	1646	404	58%	42%	90%	90%
	F3	2830	196				
去声	F2	1607	333	50%	50%	100%	100%
	F3	2735	173				

在阳平、上声、去声三个调类的试验中,正序与反序相比,边界位置都靠前,边界宽度窄,/ə/的听辨范围较小。这就是说在阳平、上声、去声这三个声调试验中,正序的探测界面有利于被试将刺激音听变成/i/,并且能产生较清晰的稳定的听感边界。而对于阴平的听辨实验,使用正序的探测界面产生与此相反的结果。

对正序和反序的边界位置,边界宽度,感知范围做独立样本 T 检验,结果证明二者间无显著差异。

3.3.2 显示界面对辨认反应时间的影响

观察图 12 的对比图,我们发现正序和反序的辨认反应时间曲线吻合程度很高,因此显示界面对辨认反应时间影响很小。

对正序反序的辨认反应时间做独立样本 T 检验,结果证明二者无显著差异。这就说显示界面对被试的辨认速度没有影响。

3.3.3 显示界面对区分实验的影响

我们在区分实验设计了两种不同的显示界面,它们选项呈现的顺序不同。第一种呈现顺序为"相同-不同"我们称之为正序;第二组呈现顺序为"不同-相同",我们称之为反序。参见图 13。

阴平区分曲线中,正序的区分峰值出现在刺激 6 处,反序的区分峰值出现在刺激 3 处,反序的峰值比正序的峰值提早了 3 个刺激;阳平的分曲线中,正序的区分峰值出现在刺激 6 处,反序的区分峰值出现在刺激 5 处,反序的峰值比正序的峰值提早了 1 个刺激;上声区分曲线中,正序的区分峰值出现在刺激 6 处,反序的区分峰值出现在刺激 5 处,反序的峰值比正序的峰值提早了 1 个刺激;去声正序的峰值不明显,因此不做分析。由此可知,与正序探测界面相比,反序的探测界面使被试更早达到区分峰值。

第四章 汉语普通话元音听辨

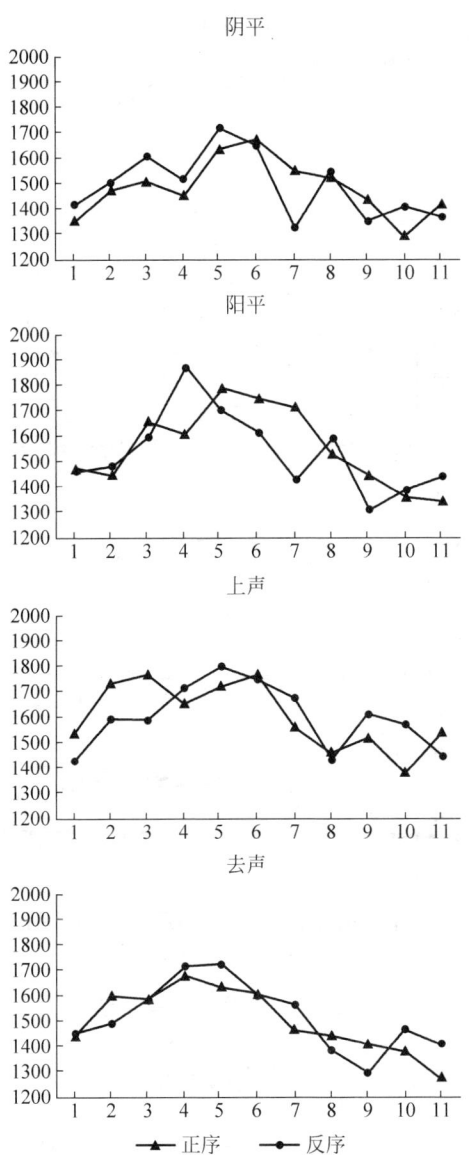

图 12 不同显示界面的辨认反应时间曲线

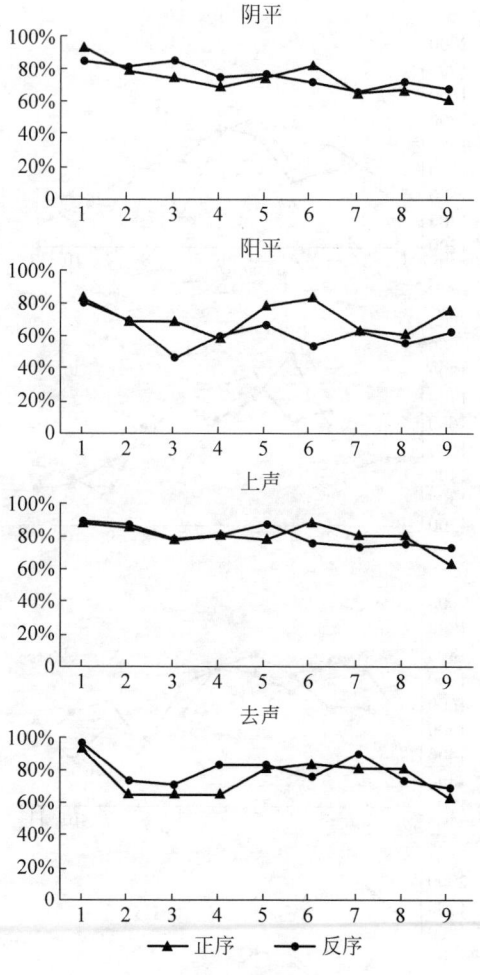

图 13 不同显示界面的区分率曲线

3.4 刺激音播放顺序对区分实验的影响

在区分实验中,两个刺激音的组合有两种播放顺序,如 1~3,我们称之为升序;3~1,我们称之为降序。下面分析刺激音播放顺序对区分实验的影响。(以下的区分数据统计没有统计相同刺激的区分率)参见图 14。

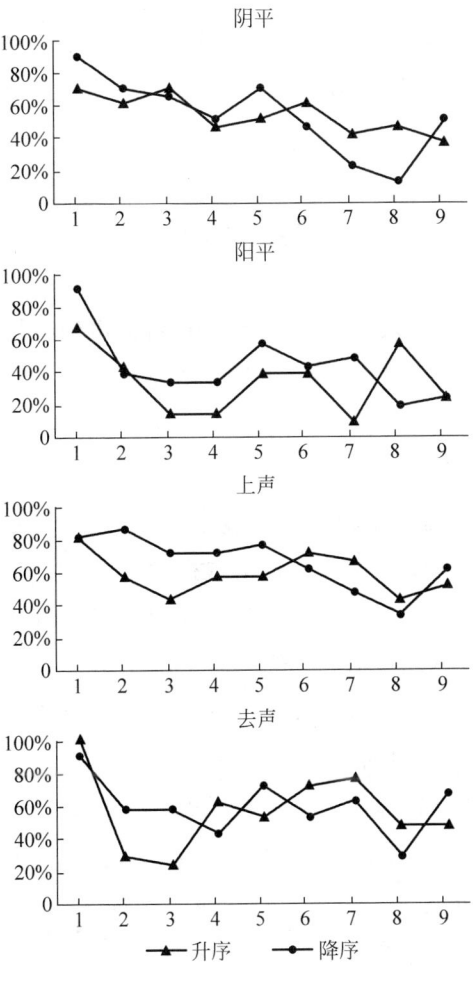

图 14 不同播放顺序的区分率曲线

阴平的区分实验中,升序的区分峰值为62%,降序的区分峰值为71%;阳平的区分实验中,升序的区分曲线没有峰值,降序的区分峰值为57%,上声的区分实验中,升序的区分峰值为61%,降序的区分峰值为76%;去声的区分实验中,升序的区分峰值为76%,降序的区分峰值为71%。总体来看,降序的顺序有利于被试正确做出判断。

四、总结

/i/和/ə/的辨认实验边界位置明显,去声的边界位置在刺激5～6,其他三个调类的边界位置都在刺激6～7,边界处F2在1558Hz～1649Hz;F3在2730Hz～2824Hz;边界宽度F2:124Hz～238Hz,F3:69Hz～158Hz;/i/和/ə/的边界是有一定宽度的动态边界。/ə/的听感范围为49%～57%,/i/的感知范围为43%～51%,听辨为/i/或/ə/的倾向性基本相当,/ə/在总体上略占优势。区分实验的区分峰值在85%～71%,峰界对应良好。

辨认实验的反应时间1333ms～1700ms,辨认反应时间峰值在边界附近。区分实验的反应时间2620ms～2317ms,在区分峰值附近,区分反应时间较短。

不同调类的边界位置有显著差异,不同的调类会造成边界位置的偏移,使边界模糊。不同调类对感知范围有显著影响。与其他三个调类相比,去声使/ə/的听感范围缩小,/i/的听感范围扩大。与正序显示界面相比,反序的显示界面使被试更早达到区分峰值。降序的顺序有利于被试正确做出判断。

第七节　元音/a/和/ə/的听感边界*

一、引言

在普通话/a/和/ə/的听感实验中,我们的实验目的是找到单字音中/a/和/ə/的听感边界,并进一步考察影响其听感边界位置的因素。

二、实验设计与说明

2.1　被试听辨人

本次实验的被试听辨人共 24 人,为北京十一中学的高二学生,男 12 人,女 12 人,听辨人母语均为北京话,基本不会其他的方言,没有听力、视觉障碍,右利手。实际有效数据 20 人,男女各半。

2.2　实验字表①

本次实验主要考虑单字音中的零声母字,带声母的情况受刺激音合成效果的影响暂不考虑。四个调类的字表如下:

---

* 本节原发表于《中国语音学报》2015 年第五辑,作者:刘掌才、石锋。
① 本实验中/a/没有四声齐备的实验代表字,我们用"啊"代替。考虑到"啊"是语气词,没有严格意义上的声调只有语调,实验前要求发音人按照四声的类型练习并录音。

表 1 各调类实验字表

阴平	阳平	上声	去声
阿(姨)—婀(娜)	啊—俄	啊—恶(心)	啊—饿

2.3 实验设备

实验录音在南开大学语音实验室完成。录音软件 Cooledit 2.0,采样率 11025Hz,采样精度 16 位,单声道。听辨实验在北京十一中学安静的会议室进行,实验软件为 E-prime 2.0。

2.4 刺激音合成[①]

刺激音的合成在 Praat 中进行,Praat 自编脚本由广东外语外贸大学贝先明提供。刺激音音质来自一位男性发音人,发音人是北方人,普通话一级乙等,南开大学在校本科生。通过语图观察,/a/-/ə/的不同主要是 F1 的不同(以阴平为例,见图 1),我们分别

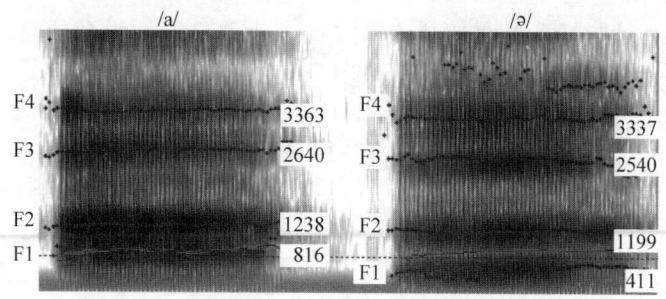

图 1 /a/-/ə/阴平,主要共振峰对比(单位:赫兹)

---

① 共振峰取值依据:一般参考各共振峰稳态段的中点。根据前人的研究并结合图 2.1 可知,/ə/的 F1 在声学上有一定的起伏,但考虑到取值方法的一致性以及实际的合成效果,我们仍然取其稳态段的中点值。

测得四个调类/a/和/ə/的共振峰值,然后以/a/为刺激音的起点,通过不断改变 F1 的值从而合成/ə/。每个调类合成 9 个刺激,步长为 50Hz 左右,各成为语音连续统。具体如下：

表 2　各调类合成的刺激音连续统(单位：赫兹)

调类	刺激 1	刺激 2	刺激 3	刺激 4	刺激 5	刺激 6	刺激 7	刺激 8	刺激 9
阴平	816	761	711	661	611	561	511	461	411
阳平	829	770	720	670	620	570	520	470	420
上声	806	754	704	654	604	554	504	454	404
去声	834	776	719	669	619	569	519	469	419

2.5　实验步骤

实验分为辨认实验和区分实验。根据显示界面的不同,辨认实验和区分实验又各分为正序和反序两种情况。辨认实验中,/a/音在前我们默认为正序,/ə/音在前为反序；区分实验中,相同在前为正序,不同在前为反序,见图 2-5：

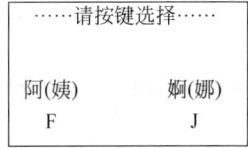

图 2　/a/-/ə/辨认实验-阴平-正序　　图 3　/a/-/ə/辨认实验-阴平-反序

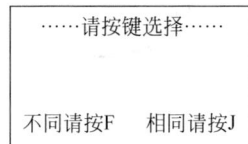

图 4　/a/-/ə/区分实验-正序　　图 5　/a/-/ə/区分实验-反序

三、实验结果及对比分析

下文分别从调类、测试界面正反序和性别等角度对/a/和/ə/的听辨结果进行分析。

3.1 调类对/a/-/ə/听辨的影响

根据听辨实验的结果分成阴平、阳平、上声和去声四个调类分别做出辨认曲线和区分曲线进行分析。

图 6 是/a/-/ə/辨认区分总曲线图-阴平。如图所示,辨认边界位置出现在刺激 4 和刺激 5 之间,边界处的 F1 值为 636Hz,边界宽度为 42Hz。界前界后的曲线波动较为平缓,界后的曲线波动稍大于界前,边界处有明显的陡升陡降趋势,界前界后的分离度分别为 100%~90%,界前最大分离度未出现在首点位置。/a/的感知范围为 44%,/ə/的感知范围为 56%。/a/-/ə/区分峰值出现在 4-6 刺激对处,区分峰值为 85%。

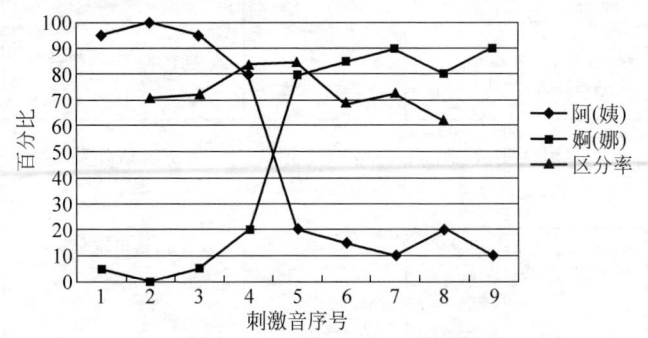

图 6 /a/-/ə/辨认区分总曲线图-阴平

图7是/a/-/ə/辨认区分总曲线图-阳平。如图所示,辨认边界位置出现在刺激5和刺激6之间,边界处的F1值为600Hz,边界宽度为133Hz。界前的曲线波动较为平缓,界后刺激6和刺激7处有一个陡升,然后呈水平走势,边界处有明显的陡升陡降趋势,界前界后的分离度分别为90%~95%。/a/的感知范围为56%,/ə/的感知范围为44%。/a/-/ə/区分峰值出现在3-5刺激对处,区分峰值为83%。

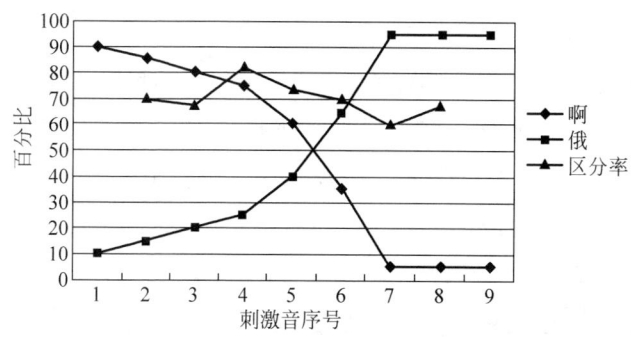

图7 /a/-/ə/辨认区分总曲线图-阳平

图8是/a/-/ə/辨认区分总曲线图-上声。如图所示,辨认边界位置出现在刺激4和刺激5之间,边界处的F1值为621Hz,边界宽度为158Hz。界前界后的曲线波动都较大,边界处有明显的陡升陡降趋势,界前界后的分离度同为95%,界后最大分离度未出现在尾点位置。/a/的感知范围为46%,/ə/的感知范围为54%。/a/-/ə/区分峰值出现在4-6刺激对处,区分峰值为75%。

图9是/a/-/ə/辨认区分总曲线图-去声。如图所示,辨认边界位置出现在刺激3和刺激4之间,边界处的F1值为682Hz,边界宽度为112Hz。界前曲线较为陡直,界后曲线整体较为平缓,边

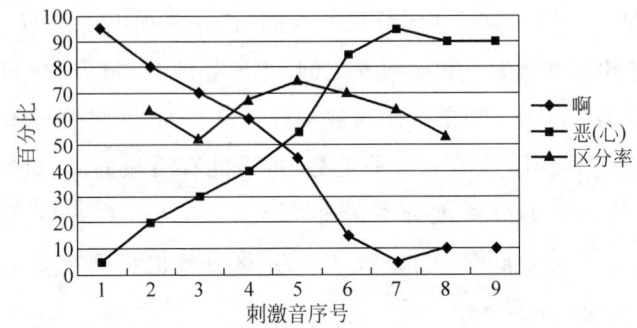

图 8 /a/-/ə/辨认区分总曲线图-上声

界处有明显的陡升陡降趋势,界前界后的分离度分别为 95%～100%,界后最大分离度未出现在尾点位置。/a/的感知范围为 37%,/ə/的感知范围为 63%。/a/-/ə/区分峰值出现在 1-3 刺激对处,区分峰值为 86%。

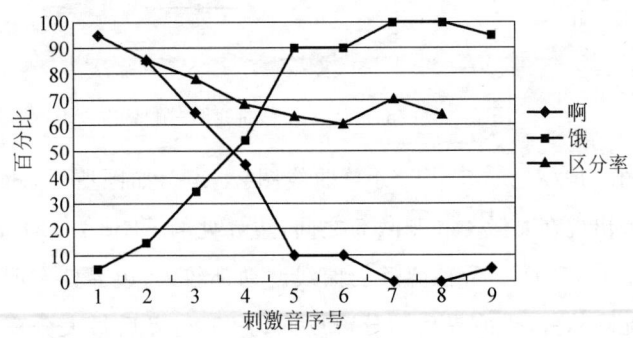

图 9 /a/-/ə/辨认区分总曲线图-去声

表 3 是/a/-/ə/辨认和区分曲线四个调类相关数值的对比。由上表可知,/a/-/ə/辨认曲线边界位于刺激 4 和刺激 5 左右,边界值在 600Hz～682Hz,最小值在阳平,最大值在去声。边界宽度在 42Hz～158Hz,阳平、上声和去声较为接近,阴平边界宽度为

42Hz与前面的三个调类有显著的差距。也就是说,相对于其他三个调类,阴平在更小的F1范围内实现了前后字边界的过渡。目标字的感知范围,除阳平外,其余三个调类的/a/感知范围都小于/ə/。界前界后的最大分离度都在90%以上,但最大分离度不一定在首尾点处。去声的区分峰值位置最靠前,阳平次之,阴平和上声最靠后。四个调类的区分峰值在75%～86%,上声的区分峰值最小,其余三个调类峰值接近。

表3 /a/-/ə/辨认和区分曲线四个调类对比

调类	边界位置	边界值(Hz)	边界宽度(Hz)	目标字感知范围(/a/-/ə/)	界前/界后分离度	区分峰值位置	区分峰值
阴平	刺激4-5	636	42	44%～56%	100%～90%	4-6刺激对	85%
阳平	刺激5-6	600	133	56%～44%	90%～95%	3-5刺激对	83%
上声	刺激4-5	621	158	46%～54%	95%～95%	4-6刺激对	75%
去声	刺激3-4	682	112	37%～63%	95%～100%	1-3刺激对	86%

3.2 显示界面对/a/-/ə/听辨的影响

根据听辨实验的结果分成正序和反序分别做出辨认曲线和区分曲线进行分析。

图10和11是/a/-/ə/辨认区分曲线不同显示界面-阴平的结果对比。阴平,正反序的辨认边界位置,边界值一致,/a/的听感范围都小于/ə/;边界宽度正序比反序小17Hz,正序在更小的F1的

范围内,辨认曲线从 25% 上升到了 75%(或者从 75% 下降到 25%);反序界后的分离度小于正序;正序在两个位置出现区分峰值,其中 4-6 刺激对与反序峰值的位置一致,正反序峰值分别为 84% 和 85%,差别不大。

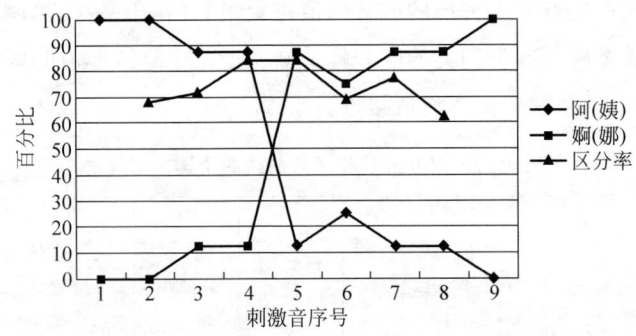

图 10 /a/-/ə/辨认区分曲线-阴平-正序

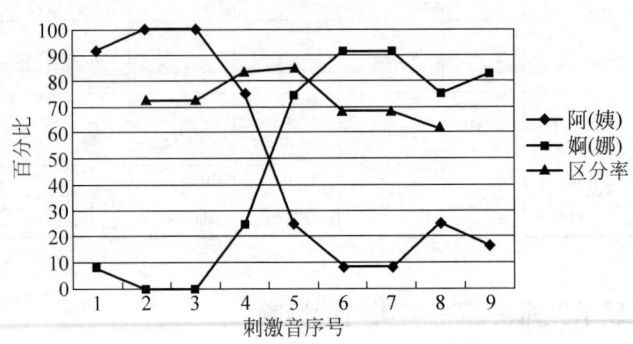

图 11 /a/-/ə/辨认区分曲线-阴平-反序

图 12 和 13 是/a/-/ə/辨认区分曲线不同显示界面-阳平的结果对比。阳平,正反序的辨认边界位置一致,边界值相差 8Hz,/a/的听感范围都大于/ə/;边界宽度正序比反序小 50Hz;正序界前的分离度小于反序;正反序区分峰值都出现在 3-5 刺激对处,峰

值分别为 91% 和 77%，相差 14 个百分点。

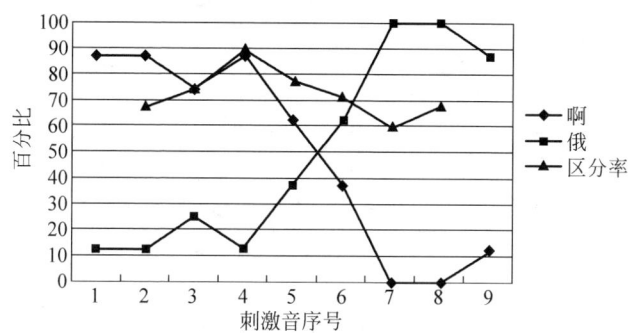

图 12　/a/-/ə/辨认区分曲线-阳平-正序

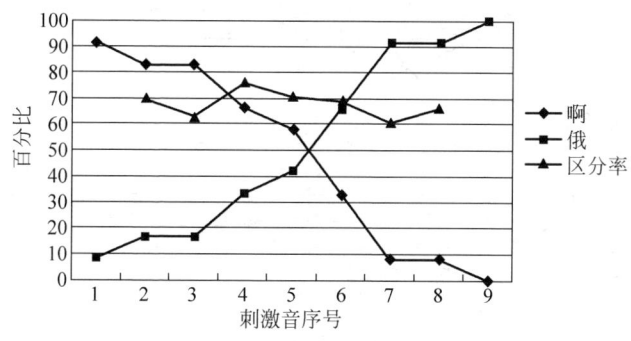

图 13　/a/-/ə/辨认区分曲线-阳平-反序

图 14 和 15 是/a/-/ə/辨认区分曲线不同显示界面-上声的结果对比。上声，正序的辨认边界不是一个点而是一个边界带，在 654Hz~604Hz，反序的边界值为 621Hz，在正序边界带的范围内；不论是正序还是反序，/a/的感知空间都小于/ə/；边界宽度正序比反序大 50Hz；正序界前界后最大分离度都达到 100%，反序界前界后最大分离度为 92%；正序区分峰值都出现在 4-6 和 5-7 刺激对两处，反序为 4-6 刺激对处，峰值分别为 72% 和 77%，相差 5 个百分点。

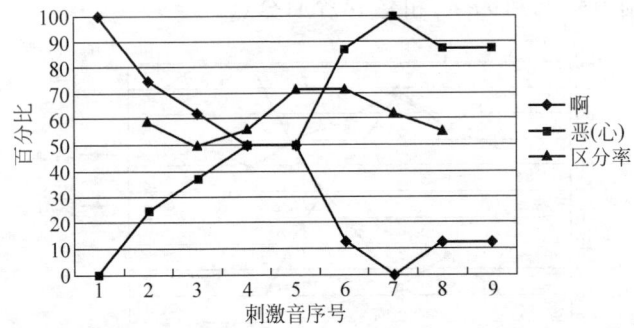

图 14 /a/-/ə/辨认区分曲线-上声-正序

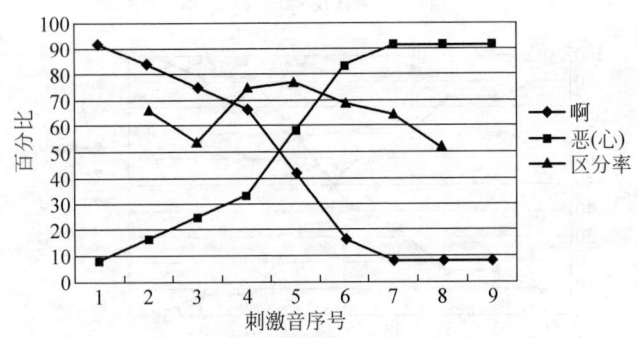

图 15 /a/-/ə/辨认区分曲线-上声-反序

图 16 和 17 是/a/-/ə/辨认区分曲线不同显示界面-去声的结果对比。去声,正序的辨认边界在刺激 4 处,反序的边界在刺激 3-4,边界值相差 13Hz;不论是正序还是反序,/a/的感知空间都小于/ə/;边界宽度正序比反序大 46Hz;正序界前界后最大分离度都达到 100%,反序界前最大分离度为 92%,小于正序的界前;正反序区分峰值都出现在 1-3 刺激对处,峰值分别为 88% 和 85%,相差 3 个百分点。

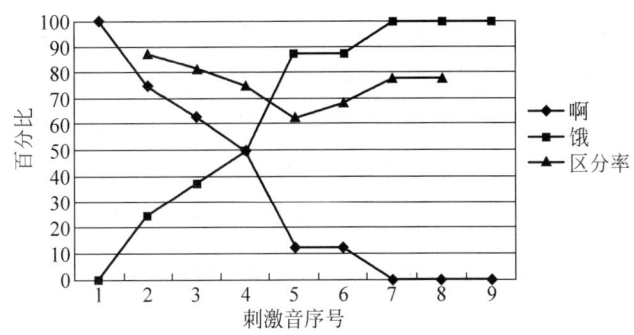

图 16 /a/-/ə/辨认区分曲线-去声-正序

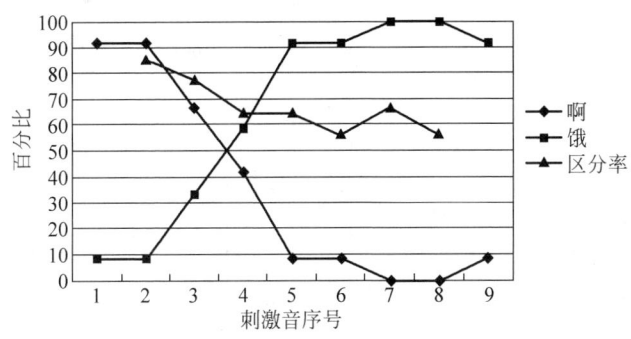

图 17 /a/-/ə/辨认区分曲线-去声-反序

由表 4 可知,整体上四个调类正序的边界范围在 595Hz～669Hz,反序的边界值范围在 603Hz～686Hz。阳平和去声正序的边界值都小于反序,阴平的正反序边界值相等,上声反序的边界值包含在正序边界值范围之中。四个调类正序的边界宽度在 33Hz～183Hz,反序的边界宽度在 50Hz～142Hz。阴平和阳平正序的边界宽度小于相应的反序,上声和去声正序的边界宽度大于相应的反序。整体上看,阴平的正反序边界宽度都远小于其余的三个调类,阴平在更小的 F1 的范围里实现了/a/到/ə/的边界过渡。阳平不论正反序前字的感知范围都大于后字,其余三个调类都是后字大于前字。同一个调类内,正反序之间的区分峰值位置基本一致,正序四个调类区分峰值在72%～91%,反序四个调类区分峰值在77%～85%。除阳平正反序的区分峰值相差14个百分点外,其余的三个调类正反序之间的区分峰值都相差不大。

表4 /a/-/ə/听辨不同显示界面四个调类的结果对比

调类		边界位置（刺激音）	边界值（Hz）	边界宽度（Hz）	目标字感知范围（/a/-/ə/）	界前/界后分离度	区分峰值位置（刺激对）	区分峰值
阴平	正序	4-5	636	33	44%～56%	100%～100%	3-5,4-6	84%
	反序	4-5	636	50	44%～56%	100%～91%	4-6	85%
阳平	正序	5-6	595	92	57%～43%	88%～100%	3-5	91%
	反序	5-6	603	142	55%～45%	92%～100%	3-5	77%
上声	正序	4和5	654～604	183	38%～50%	100%～100%	4-6,5-7	72%
	反序	4-5	621	133	46%～54%	92%～92%	4-6	77%
去声	正序	4	669	140	40%～60%	100%～100%	1-3	88%
	反序	3-4	686	94	36%～64%	92%～100%	1-3	85%

3.3 性别对/a/-/ə/听辨的影响

根据听辨实验的结果分成男生和女生分别做出辨认曲线和区

分曲线进行分析。

图18和19是/a/-/ə/辨认区分曲线-阴平调不同性别之间的结果对比。男女的边界位置都出现在刺激4-5,边界值相差9Hz,男生的边界宽度比女生大34Hz。男生在更大的F1的范围内,辨认曲线从25%上升到了75%(或者从75%下降到25%)。不论男女/a/的感知范围都小于/ə/;女生界后的分离度小于男生。女生出现两个区分峰值,其中刺激对4-6与男生一致,男生区分峰值比女生小15个百分点。

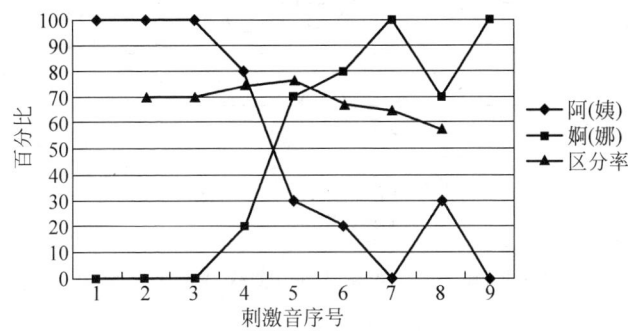

图18 /a/-/ə/辨认区分曲线-阴平-男

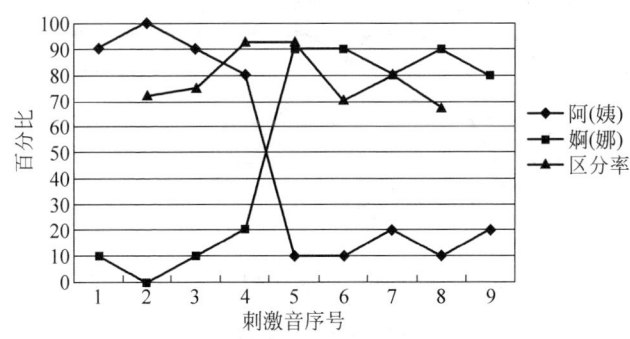

图19 /a/-/ə/辨认区分曲线-阴平-女

图 20 和 21 是/a/-/ə/辨认区分曲线-阳平调不同性别之间的结果对比。男生的边界位置出现在 5-6 刺激,女生边界位置在刺激 5 处,边界值相差 25Hz。男生的边界宽度比女生小 116Hz。不论男女/a/的感知范围都大于/ə/;女生界前的分离度小于男生。男女生的区分峰值都出现在 3-5 刺激对处,区分峰值相差 5 个百分点。

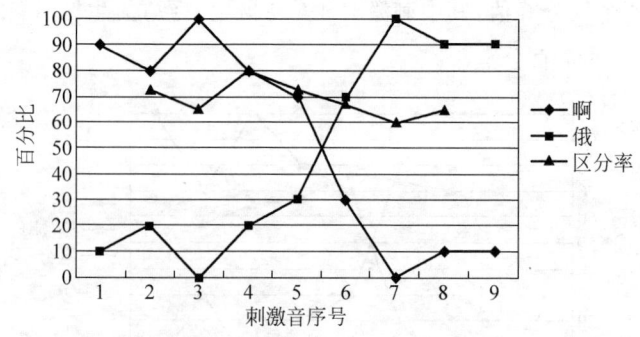

图 20 /a/-/ə/辨认区分曲线-阳平-男

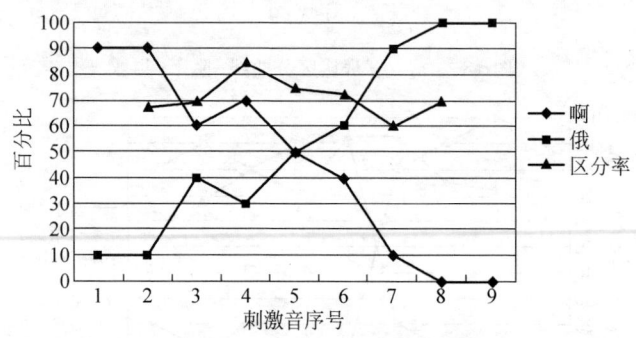

图 21 /a/-/ə/辨认区分曲线-阳平-女

图 22 和 23 是/a/-/ə/辨认区分曲线-上声调不同性别之间的结果对比。男生的边界位置出现在 5-6 刺激之间,女生边界位置

在刺激4处,边界值相差70Hz。男生的边界宽度比女生小30Hz。男生/a/的感知范围都大于/ə/,女生/a/的感知范围小于/ə/;女生界前的分离度都大于男生。男生的区分峰值出现在1-3刺激对处,女生区分峰值出现在4-6刺激对处,区分峰值相差7个百分点。

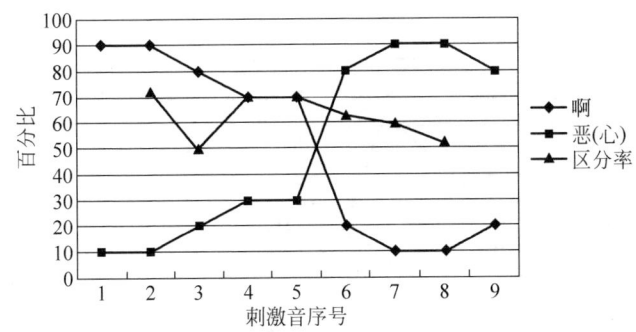

图22 /a/-/ə/辨认区分曲线-上声-男

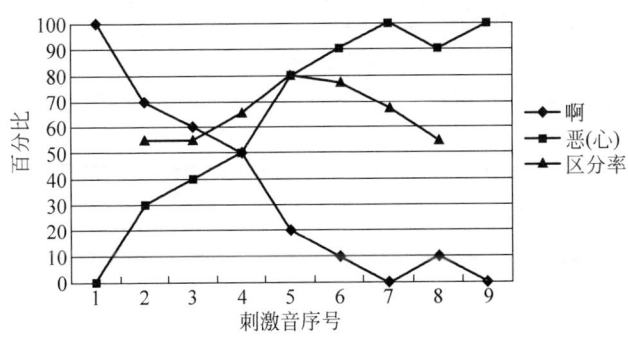

图23 /a/-/ə/辨认区分曲线-上声-女

图24和25是/a/-/ə/辨认区分曲线-去声调不同性别之间的结果对比。男生的边界位置出现在4-5刺激,女生边界位置在刺

激 3 处,边界值相差 60 Hz。男生的边界宽度比女生小 37 Hz。男女生/a/的感知范围都大于/ə/;女生界前的分离度都大于男生。男生的区分峰值出现在 2-4 刺激对处,女生区分峰值出现在 1-3 刺激对处,区分峰值相差 15 个百分点。

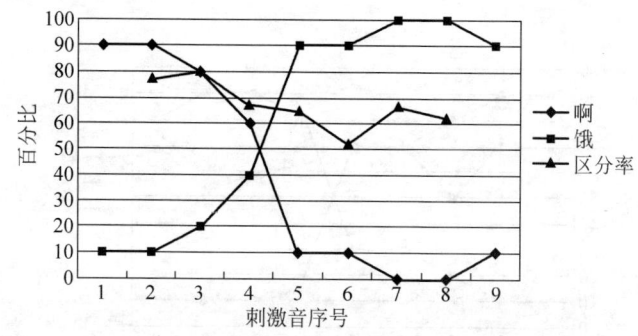

图 24　/a/-/ə/辨认区分曲线-去声-男

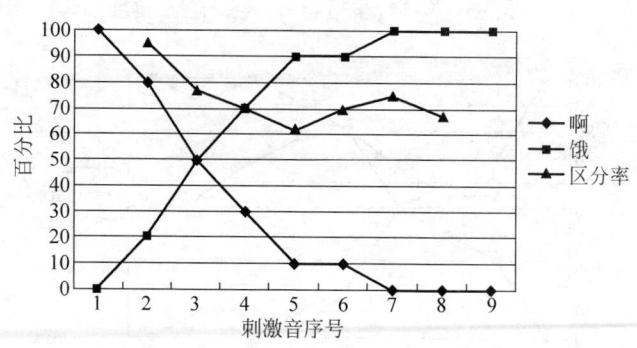

图 25　/a/-/ə/辨认区分曲线-去声-女

如表 5 所示,整体上看四个调类,男生的边界值在 584 Hz～659 Hz,女生的边界值在 620 Hz～719 Hz。男生阴平的边界宽度大于女生,其余三个调类男生的边界宽度都小于女生。值得一提的是,四个调类边界宽度的最小值,不论男女都在阴平。而男女生边界宽度的最大差值出现在阳平,相差116 Hz。阴平和去声不论男女/a/的感知范围都小于/ə/,阳平男女生/a/的感知范围都大于/ə/,差别最大的在上声,男生/a/的感知范围大于/ə/,女生/a/的感知范围小于/ə/。阴平和阳平中,男女生区分峰值位置基本一致,上声中,男生的峰值位置比女生靠前,去声中男生的峰值位置比女生靠后。四个调类中,男生的区分峰值在73%~80%,女生的区分峰值在80%~95%,且男生的区分峰值都小于女生。

表5 不同性别四个调类的/a/-/ə/听辨结果对比

调类		边界位置(刺激音)	边界值(Hz)	边界宽度(Hz)	目标字感知范围(/a/-/ə/)	界前/界后分离度	区分峰值位置(刺激对)	区分峰值
阴平	男	4-5	631	70	46%~54%	100%~100%	4-6	78%
	女	4-5	640	36	43%~57%	100%~90%	3-5,4-6	93%
阳平	男	5-6	595	84	57%~43%	100%~100%	3-5	80%
	女	5	620	200	51%~49%	90%~100%	3-5	85%
上声	男	5-6	584	120	55%~45%	90%~90%	1-3	73%
	女	4	654	150	38%~62%	100%~100%	4-6	80%
去声	男	4-5	659	73	42%~58%	90%~100%	2-4	80%
	女	3	719	110	28%~72%	100%~100%	1-3	95%

四、小结

通过单字音中普通话元音/a/-/ə/辨认和区分实验,以及从多个角度的对比分析,我们初步得出如下结论:

4.1 综合四个调类的情况,/a/-/ə/辨认曲线边界处的F1值在600Hz~682Hz,最小值在阳平,最大值在去声。为了更直观地显示边界值在刺激音连续统中所处的位置,我们用图表辅助说明。见图26~29。以图26阴平为例,/a/-/ə/听感边界交点处F2:1238Hz,F1:636Hz,/a/的感知范围44%,/ə/的感知范围56%,图26~29依此类推。

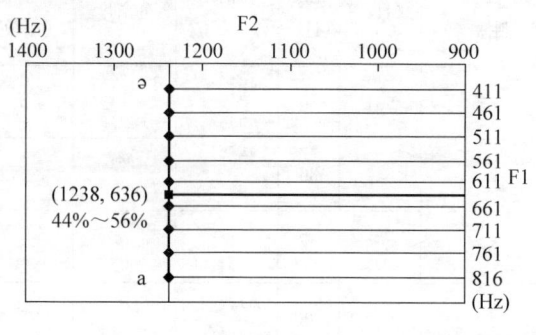

图26 阴平

图30是把/a/-/ə/四个调类听感边界值归一化、相对化后的百分比值。需要说明的是,F2在本实验中并不是变量,但是从刺激音合成的实际情况以及图表制作等方面考虑,我们把四个调类的起始音/a/的F2值平均后,也进行了归一化和相对化的处理,如图所示,相对化后的F2值为33%,各调类边界值F1的相对百分比值分别为,阴平54%,阳平46%,上声50%和去声65%。

第四章 汉语普通话元音听辨

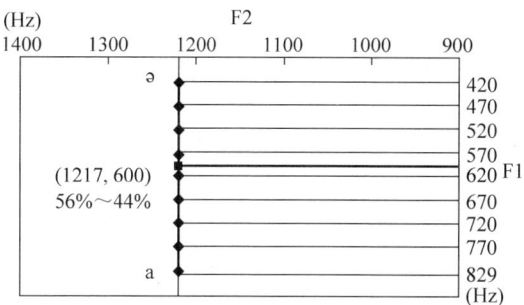

图 27 阳平

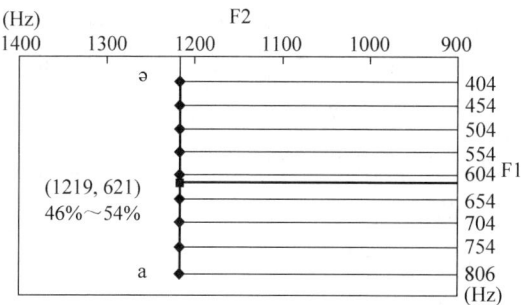

图 28 上声

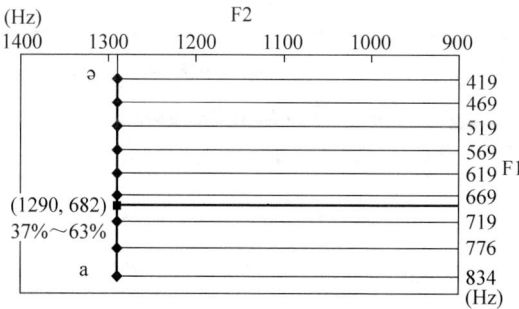

图 29 去声

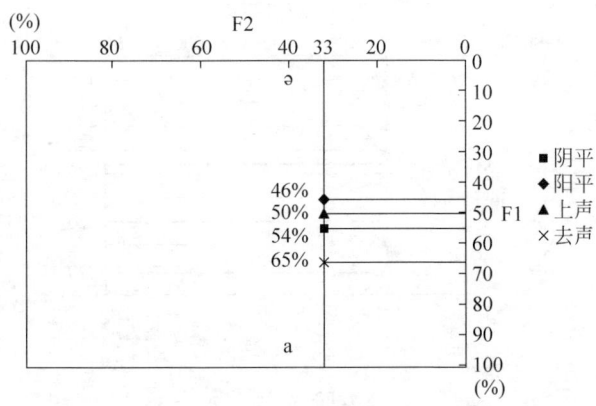

图 30 /a/-/ə/四个调类听感边界值的百分比

4.2 /a/-/ə/的感知范围:阴平、上声和去声/a/感知范围都小于/ə/,阳平的反之;阴平、阳平和上声/a/-/ə/的感知范围差值较为接近,去声的/a/-/ə/感知范围相差最大,为26%。见图31,图中的数字表示/a/的感知范围。

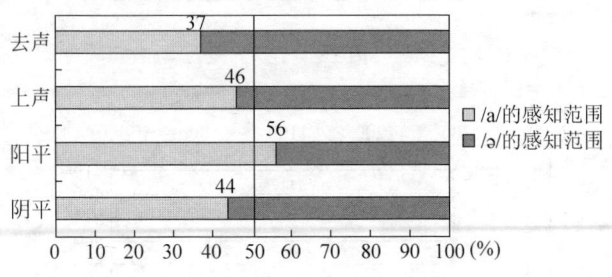

图 31 四个调类/a/-/ə/感知范围对比

4.3 四个调类的区分峰值在75%～86%,上声的区分峰值最小,为75%,其余三个调类峰值接近。

4.4 显示界面的影响:反序的边界值大于相应的正序。同一个调类内部,正反序边界值之间,阴平的差值为零,去声的差值为17Hz。正反序的边界宽度没有呈现出明显的规律,阴平的正反序边界宽度都远小于其余的三个调类,阴平在更小的F1的范围里实现了/a/到/ə/的边界过渡。同一个调类内,正反序的区分峰值位置基本一致,除阳平正反序的区分峰值相差14个百分点外,其余的三个调类正反序之间的区分峰值都相差不大。

4.5 性别因素的影响:女生的边界值大于相应的男生;除阴平外,女生的边界宽度都大于男生。男生的区分峰值在73%～80%,女生在80%～95%,男生的区分峰值都小于女生。

五、结语

在普通话元音听感研究中,单字音实验是孤立感知,双字音实验是连续感知。孤立感知是连续感知的基础,连续感知是听感研究的目标。

本节通过对单字音中/a/和/ə/听感边界的实验研究,初步得出其听感边界整体上是一个动态的区间,F1值在600Hz～682Hz,归一化和相对化之后,各调类听感边界值的百分比值由小到大依次为阳平46%,上声50%,阴平54%和去声65%;同时考察了测试界面正、反序和性别等因素对听感边界、边界宽度、目标字感知范围和区分峰值的影响。对单字音中/a/-/ə/听感边界的考察是探索普通话元音孤立感知格局的一个重要组成部分,也为进一步探索普通话元音连续感知格局奠定了基础。

第八节　元音/ə/和/u/的听感边界[*]

一、引言

本节以汉语普通话元音/ə/和/u/为研究对象，以正就读于北京十一中学的老北京人为实验对象，旨在探讨普通话一级元音/ə/和/u/的听感分界及边界位置，并且探讨影响听感边界位置的语言学因素及非语言学因素。研究汉语普通话一级元音/ə/和/u/的听感分界是探索元音听感格局的一部分。

二、实验说明

2.1　实验对象及语料

本次的实验对象包括发音人和听辨人。其中，发音人是一位北方人，男，普通话一级乙等，南开大学在校本科生。图 1 为发音人的一级元音声学格局图。听辨人共 29 人，其中 27 名为北京十一中学的高中生，两名为清华大学年轻职工。听辨人母语均为北京话，基本不会其他的方言，均没有听力、视觉障碍，右利手，其中

---

[*] 本节原发表于《实验语言学》2014 年第 1 号，作者：黄旭男、石锋。

男 12 人,女 17 人。排除听辨人离群值后,实际使用到的是 26 个人的数据,男 10 人,女 16 人。

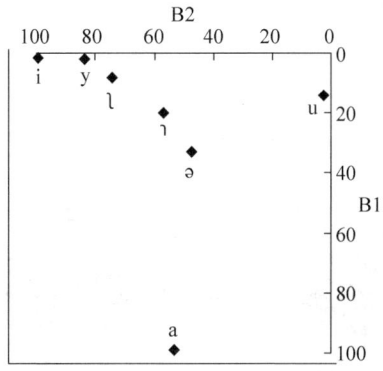

图 1 发音人普通话一级元音声学格局图

本次实验中,声母及前后参照字对元音听感的影响暂不考虑,所以此次实验以/ə/和/u/四个调类的零声母单字为实验语料。如表 1:

表 1 普通话一级元音/ə/和/u/的实验字

/ə/-/u/	阴平	阳平	上声	去声
语料	婀—乌	俄—吴	恶(心)—午	饿—物

2.2 实验录音及合成刺激音

录音在较为专业的录音室完成,录音地点为南开大学汉语言文化学院录音室,使用 Cooledit 1.9 软件录音,采样率为 11025 Hz,单声道,采样精度为 16 位。发音人每个字读三次,后期处理时选择效果最好的字。

利用 Praat 软件合成刺激音。通过语图(图 2)观察,/ə/和/u/最明显的不同体现在 F2 上,同时,F1 略有不同。本次实验同时改变 F1 和 F2 的赫兹值。实验以/ə/为基础音,同时逐步降低/ə/的 F1、F2 的赫兹值,使其逐渐接近并最终合成目标音/u/。每个调类分别合成 9 个刺激音,F2 步长约 64 Hz,F1 步长约 16 Hz。以阴平为例(如图 3),横纵坐标的单位都是赫兹。

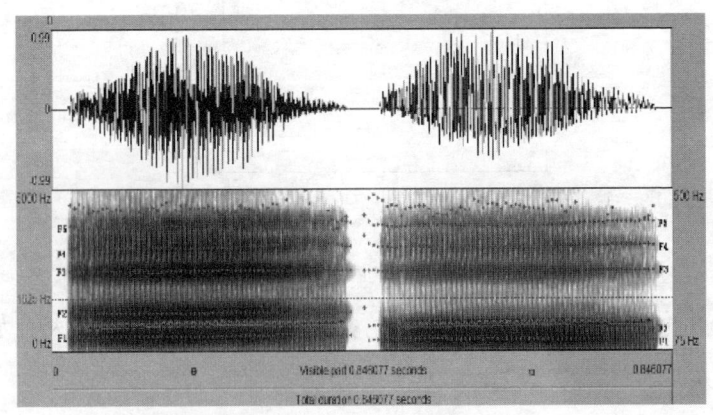

图 2　/ə/和/u/的基础音(阴平为例)

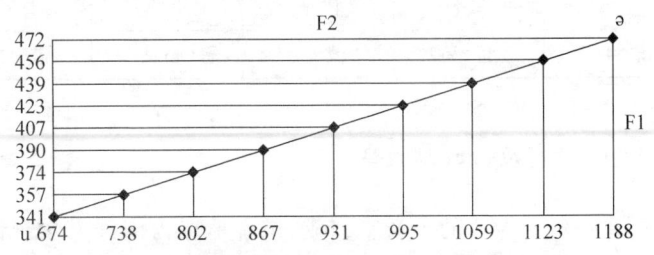

图 3　阴平刺激音的 F1、F2 值(单位:Hz)

三、实验数据分析

3.1 /ə/和/u/的辨认区分特征及听感空间

3.1.1 各调类/ə/和/u/辨认区分特征

图 4 中横坐标为刺激音序号,纵坐标的刻度为百分比,两条对称的高降曲线和低升曲线分别表示各调类/ə/和/u/的辨认率。中间的曲线表示被试的区分率,被试把相同的刺激听辨为相同得 1 分,反之得 0 分,被试把不同的刺激听辨为不同得 1 分,反之 0 分,得 1 分的总数占总区分数的百分比,即为区分率。总体上看,四个调类的辨认曲线都有一个交点;除上声外,其他调类界前、界后分离度都达到了 100%。

阴平元音/ə/前 4 个刺激的辨认率都是 100%,然后有骤降的趋势,到第 7 个刺激处辨认率降为 0。计算得知,阴平的边界位置出现在 5.11 刺激处,边界位置的 F1 的频率 405 Hz,F2 为 923 Hz。边界宽度为 1.35 个步长,频率分别为 23 Hz 和 94 Hz。元音的/ə/的感知范围为 54%,/u/的感知范围为 46%,/ə/略大于/u/。此外/ə/和/u/的区分峰值为 91%,出现在 4~6 刺激对处。辨认边界与区分峰值的位置基本对应。

阳平的边界宽度占了 1.85 个步长。虽然其辨认曲线界前、界后分离度都达到了 100%,但其界前的最大分离度未出现在首点位置。/ə/的辨认率在第 3 个刺激处达到最高峰 100%,而后平滑下降,到第 8 个刺激处辨认率降为 0。计算得知,阳平辨认的边界

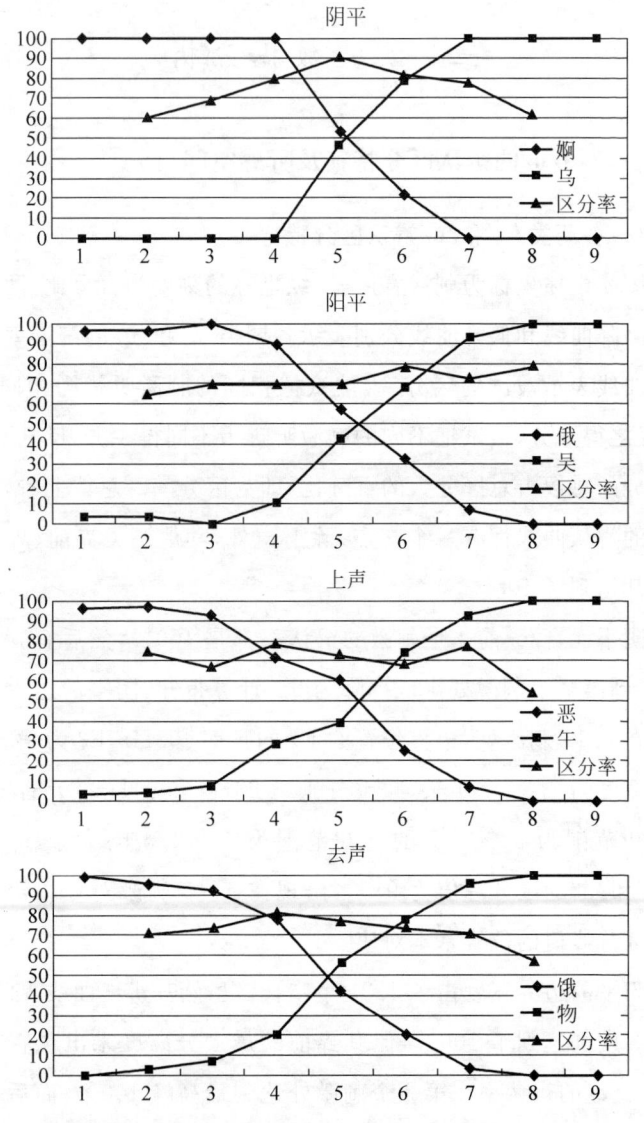

图 4 各调类/ə/和/u/辨认区分曲线

位置在 5.29 刺激处,其 F1 的频率为 406Hz,F2 为 912Hz。/ə/ 和/u/的听感范围分别为 54% 和 46%,/ə/略大于/u/。/ə/和/u/ 的区分峰值为 79%,出现在 5~7 刺激对处。与边界位置相比,区分峰值略偏后。

上声的辨认曲线中,界前的最大分离度在第二刺激处,达到 95%。边界位置以前辨认曲线比较平缓,交点之后,曲线的斜率增大,到第 8 个刺激音处,辨认率降至 0。边界位于 5.3 刺激处,F1、F2 分别为 422Hz、910Hz。上声的边界宽度比阴平、阳平的长,占 2.17 个步长,边界宽度分别是 21Hz 和 139Hz。上声的区分曲线出现两个峰值,分别在 3~5 和 6~8 刺激处,区分峰值均为 78%,上声的区分曲线总体呈波浪形,峰界位置不对应。

与前 3 个调类不同,去声的辨认边界位置比较靠前,出现在 4.8 刺激处,边界处的 F1 值为 448Hz,F2 为 926Hz。去声的边界宽度占 1.73 个步长。界前界后曲线整体较为平缓。/ə/和/u/的感知范围分别为 48%、53%,/ə/略小于/u/。/ə/和/u/去声的区分峰值比较靠前,出现在 3~5 刺激对处,区分峰值为 82%,峰界位置不对应。

用 Pearson 相关性分析调类对辨认曲线影响,结果为:各调类两两相关系数 R 都大于 0.95,显著性 Sig 值均小于 0.01。

3.1.2 普通话元音/ə/和/u/各调类的听感空间

根据各调类的刺激音频率值及边界位置的频率值,我们可以画出/ə/和/u/各调类的听感空间。如图 5。

阴平

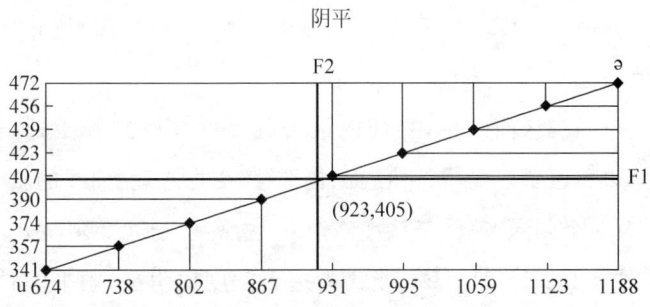

阳平

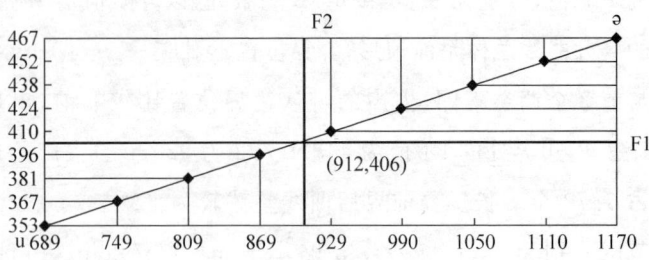

上声

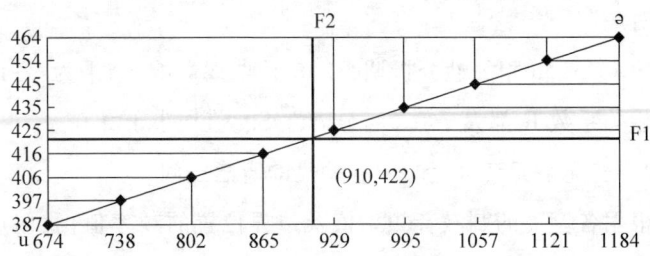

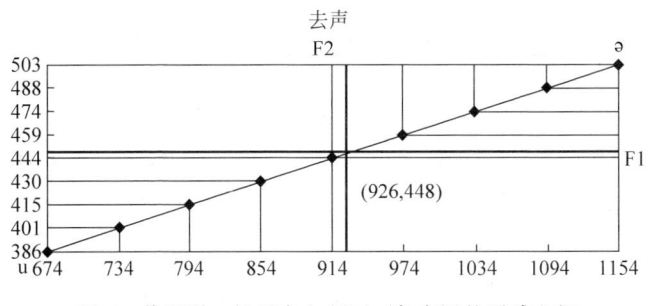

图 5 普通话一级元音 /ə/ 和 /u/ 各声调的听感空间

我们不难发现,普通话元音 /ə/ 和 /u/ 是存在听感分界的,而且其分界是在一定的空间内动态的分布的,其中 F2 的边界分布在 910Hz~926Hz,F1 分布在 405Hz~448Hz。为了使元音的感知范围与我们的声学空间更为接近,我们将最小值从左下角移动到右上角,并且用归一化的方法得出 /ə/ 和 /u/ 的感知范围,及两者之间的边界位置,如图 6。其中,/ə/ 和 /u/ 之间的空白处即为动态边界范围。

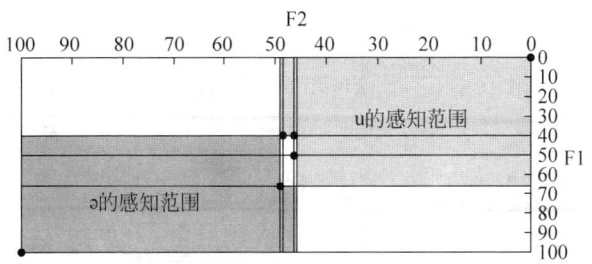

图 6 /ə/ 和 /u/ 的听感分界

3.1.3 各调类辨认区分规律总结

将上文关于元音 /ə/ 和 /u/ 四个调类的辨认和区分的相关数据汇总(见表 2),可以得出如下结论(横坐标为刺激音序号):

表 2 各调类辨认区分数据

调类	阴平		阳平		上声		去声	
实验字	婀—乌		俄—吴		恶—午		饿—物	
边界位置	5.11 刺激处		5.29 刺激处		5.3 刺激处		4.8 刺激处	
边界值(Hz)	F1	405	F1	406	F1	422	F1	448
	F2	923	F2	912	F2	910	F2	926
边界宽度(步长)	1.35		1.85		2.17		1.73	
边界宽度(Hz)	F1	23	F1	26	F1	21	F1	25
	F2	94	F2	111	F2	139	F2	104
区分峰值位置	4～6 刺激处		5～7 刺激处		3～5/6～8 刺激处		3～5 刺激处	
区分峰值	91%		79%		78%		82%	
目标字感知范围	54%～46%		54%～46%		54%～46%		48%～53%	
界前/界后分离度	100%～100%		100%～100%		95%～100%		100%～100%	

首先，区分峰值与边界位置无明显对应，但区分峰值与边界宽度有关：区分峰值越高，边界宽度越小；区分峰值越低，边界宽度越大。其次，除去声外，/ə/和/u/辨认曲线边界位置都在刺激 5 和刺激 6 之间，去声与其他声调相比，边界位置较为靠前。F1 的边界值约在 405Hz～448Hz，F2 的边界值在 910Hz～926Hz，F1 和 F2 的最大值都在去声。此外，从边界宽度上看，F1 的边界宽度范围为 21Hz～26Hz，F2 的边界宽度范围为 94Hz～139Hz，分布规律为：阴平的边界宽度最窄，上声的边界宽度最大。也就是说，相对于其他三个调类，阴平在更小的 F1、F2 范围内实现了前后字边界的过渡；上声在最大的 F1、F2 范围内实现了前后字边界的过渡。最后，四个调类的区分峰值出现位置并不规律，区分峰值在 78%～91%，阴平的区分峰值最大，其余三个调类峰值接近。

3.2 反应时间与/ə/-/u/辨认区分曲线的关系

图7和表3分别为不同声调的反应时间与辨认曲线关系图与统计表（横坐标为刺激音序号）：

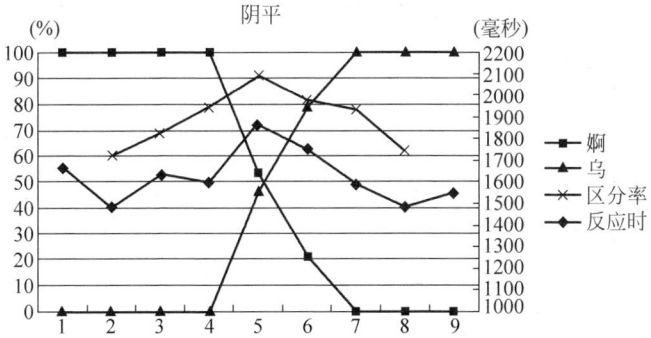

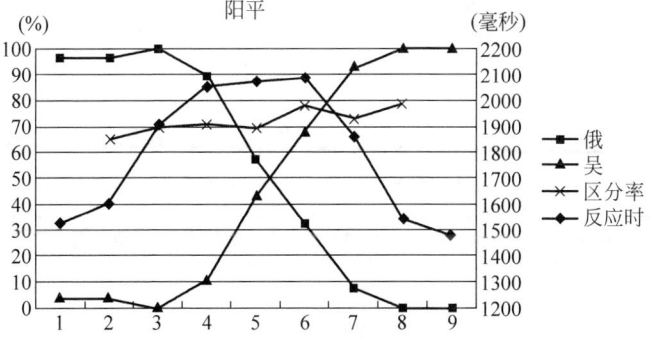

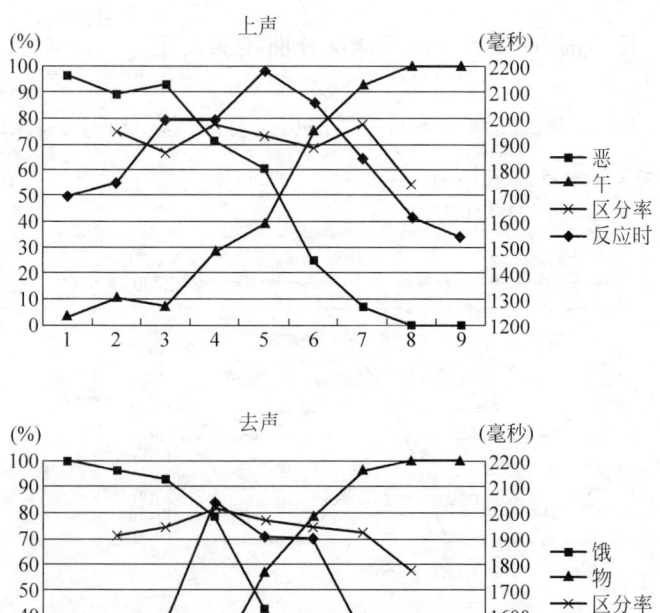

图 7 反应时间与辨认区分曲线的关系

表 3 反应时间与辨认曲线关系表

调类	反应时长	辨认边界位置	Rt 峰值位置	边界位置与 Rt 峰值是否对应
阴平	1482～1859ms	5.11 刺激处	5 刺激处	大体对应
阳平	1479～2084ms	5.29 刺激处	6 刺激处	大体对应
上声	1539～2185ms	5.3 刺激处	5 刺激处	大体对应
去声	1426～2039ms	4.8 刺激处	4 刺激处	大体对应

图 7 的次坐标的单位为毫秒,为了横向对比不同调类的反应时间,我们将其刻度单位的最小值、最大值统一为 1200 毫秒和 2200 毫秒。对比四幅图,我们可以发现,上声的反应时间比其他调类的都长。时间越长,说明被试越难做出选择,也就是说,上声的刺激音整体上较难辨认。前文已经算出,阴平、阳平、上声、去声的辨认边界位置分别在 5.11、5.29、5.3、4.8 刺激处,经计算得知,四个声调的辨认反应时间峰值分别出现在 5、6、5、4 刺激处(见表3)。/ə/和/u/四个调类的反应时间峰值出现位置与其辨认边界位置均大体对应,也就是说,在/ə/和/u/辨认边界的位置,被试较难做出选择。

3.3 性别对/ə/和/u/辨认和区分曲线的影响

将各声调不同性别的辨认和区分数据进行统计整合得出表4,其中,边界位置的数据代表刺激处,如,阴平男生的边界位置出现在 5.94 刺激处;边界宽度的单位是步长。

表 4 不同性别的辨认区分特征

		边界位置	区分峰值位置	区分峰值	边界宽度	目标字感知范围 /ə/-/u/	界前/界后分离度
阴平	男	5.94	4-6	89%	1.11	62%～38%	100%～100%
	女	4.94	4-6	92%	1.51	49%～51%	100%～100%
阳平	男	5	6-8	77%	2.44	50%～50%	100%～100%
	女	5.3	5～7,7～9	83%	1.84	54%～46%	88%～100%
上声	男	5.33	1-3	82%	2.75	54%～46%	100%～100%
	女	5.36	3～5,6～8	80%	2.15	55%～46%	100%～100%
去声	男	5	4-6	78%	2	50%～50%	100%～100%
	女	4.75	3-5	86%	1.65	47%～53%	100%～100%

如上表所示,四个调类中,男生听辨的边界位置在刺激 5～5.94,女生在 4.75～5.36;男生阴平的边界宽度小于女生,其余三个调类男生的边界宽度都大于女生;阴平和阳平中,男女生区分峰值位置基本一致,上声中,男生的峰值位置比女生靠前,去声中男生的峰值位置比女生靠后;四个调类中,男生的区分峰值在 73%～80%,女生的区分峰值在 80%～95%,且男生的区分峰值都小于女生。

用独立样本 T 检验进行统计分析,得出结果如下:性别对边界位置无显著影响,$p=0.419>0.05$;性别对边界宽度的大小无显著影响,$p=0.487>0.05$。

3.4 显示界面的字序对辨认区分的影响

显示界面的字序是指探测界面中/ə/字和/u/字的相对位置,如果/ə/字在前,/u/字在后,则为正序,反之,则为反序。如,正序为"婀-乌"的显示顺序,反序为"乌-婀"的显示顺序,其他几个声调亦然。在区分实验中,正序的显示界面要求两个刺激音相同选 F,两个刺激音不同选 J;反序的显示界面要求两个刺激音不同选 F,相同选 J。这样做的目的是考察显示界面字序的不同会不会对辨认实验和区分实验的正确率造成影响。

将各声调不同字序的辨认区分数据进行统计整合,得出表 5。

第四章 汉语普通话元音听辨

表5 不同字序的辨认区分特征

		边界位置	区分峰值位置	区分峰值	边界宽度（步长）	目标字感知范围	界前/界后分离度
阴平	正序	5	4-6	86	1.5	50%～50%	100%～100%
	反序	5.25	4-6	96	1.25	53%～47%	100%～100%
阳平	正序	4.57	7-9	84	0.86	45%～55%	100%～100%
	反序	5.64	5-7	77	1.14	58%～42%	100%～100%
上声	正序	4和5.6	1-3	77	3	38%～43%	100%～100%
	反序	5.1	4-6	83	1.5	51%～49%	100%～100%
去声	正序	4.33	4-6	85	2	42%～58%	100%～100%
	反序	5.12	4-6	80	1.62	53%～47%	100%～100%

如上表所示，四个调类中，正序听辨的边界位置4～5刺激处（上声正序的第一个边界位置也是这样），反序的听辨边界位置分布在5.1～5.64刺激处，正序的边界位置微微靠前，且比较不稳定；正序的边界宽度在0.8～3步长，反序的边界宽度范围为1.1～1.6步长，反序的边界宽度也比正序的稳定；正序和反序的峰界位置都不对应；正序的区分峰值在77%～86%，反序的区分峰值在77%～96%。正反序的听感分界除上声以外，其他调类的听感范围分布都是正序比反序靠前，差距最大的为阳平。正序和反序的界前界后分离度都达到了100%。

用独立样本T检验进行统计分析，得出结果如下：显示界面字序对边界位置无显著影响，$p=0.368>0.05$；显示界面字序对边界宽度的大小无显著影响，$p=0.532>0.05$。

四、结论

总体来说，北京人对汉语普通话元音/ə/、/u/的感知是有边界的，其分界位置分布在 4.3～5.8 刺激处；辨认边界位置与区分峰值无明显对应，但区分峰值与边界宽度有关，同时与辨认的反应时间峰值有较明显的对应。边界宽度在 1.37 至 2.17 步长。动态的边界位置与边界宽度受到诸多因素的影响，这些因素有调类、性别、选项显示顺序等。

调类对/ə/-/u/辨认和区分的影响表现如下：上声的边界宽度最大，这说明/ə/和/u/的上声，在更大的 F1、F2 范围内实现了前后字边界的过渡；除去声外，/ə/-/u/辨认曲线边界位置都在刺激 5 和刺激 6 之间。去声边界位置的 F1 和 F2 频率值较其他声调都是最大的。其原因是去声的边界靠前；四个调类的区分峰值出现位置并不规律，区分峰值在 78%～91%，阴平的区分峰值最大，其余三个调类峰值接近；除上声外，界前、界后的最大分离度都达到 100%，但最大分离度不一定在首尾点处；目标字的感知范围，除去声外，其余三个调类的前字感知范围都大于后字。

反应时间与/ə/-/u/辨认区分曲线有关。/ə/和/u/四个调类的反应时间峰值均与其辨认边界位置对应，在/ə/和/u/辨认边界的位置，被试较难做出选择。从各调类反应时长上看，上声的反应时长较其他调类的长，也就是说，上声的刺激音总体上较难辨认。

从性别上看,男生听辨的边界位置较女生的边界位置微微后移。此外,男生阴平的边界宽度小于女生,其余三个调类男生的边界宽度都大于女生;四个调类中,男生的区分峰值在73%～80%,女生的区分峰值在80%～95%,男生的区分峰值都小于女生。虽然存在差异,但检验证明,男女的听感边界位置和边界宽度并没有显著性差异。

显示界面字序对/ə/和/u/辨认区分曲线的影响表现在:四个调类中,反序的边界位置都比正序的稳定;正序的区分峰值在76%～86%,反序的区分峰值在76%～96%;正序和反序的界前、界后分离度都达到了100%。

第九节　普通话舌尖元音听感实验研究[*]

一、引言

汉语普通话基础元音在声学上已有独立的存在空间,通过对前三个共振峰的测量和归一化处理,石锋(2002a、2002b)绘制出声学格局图,表现出各元音舌位的变化范围。在听感上,不同元音之间的听觉范畴研究已系统性出现,与生理发音上舌位的格局相对

---

[*] 本节原发表于《实验语言学》2015年第2号,作者:陈畅、时秀娟。

应。黄荣佼和石锋(2013)、耿爽爽(2013)、鹿牧(2013)、张昊和石锋(2014)、陈畅(2014)、王丫珍(2014)、黄旭男和石锋(2014)以及蔡晓露(2015)等文章初步验证了普通话基础元音是范畴化感知,与声学格局的空间分布相对应。

关于普通话舌尖元音的听感研究还不多,已有研究使用了不同方法。谢国平(1997)利用声谱分析的方法分析了两个舌尖元音的 F1、F2 在频率和音强两方面的特征,他同样采用切割声韵母拼合成六个非自然语音(/tsɿ/、/tʂʅ/、/tsʰɿ/、/tʂʰʅ/、/sɿ/、/ʂʅ/)的方法进行听辨测试,实验结果表明虽然辅音为齿音,辨认时超过半数的受试觉得他们听到的是卷舌音,卷舌特性存在于辅音时,听成卷舌的比例更多,高达 76%。

张玉敏(Cheung Yuk-Man 2003)通过四种改变共振峰的模式各合成 7 个刺激音,探究送气、不送气塞擦音和擦音后的舌尖元音阴平字的听感边界位置。第一种,保留/ɿ/的 F1、F2 值,改变 F3,结果在刺激 6 和刺激 7 之间形成听感分界;第二种,保留/ʅ/的 F1、F2 值,改变 F3,结果在刺激 4 和刺激 5 之间形成听感分界;第三种,F1 取/ɿ/、/ʅ/的平均值,改变 F2、F3,结果在刺激 5 处找到听感分界;第四种,F1、F2 均取/ɿ/、/ʅ/的平均值,改变 F3,结果在刺激 5 和刺激 6 之间形成听感分界。该文认为/ɿ/、/ʅ/的听觉感知既不是"范畴感知"也不是"连续感知",而是独立于这两种感知类型之外的第三种感知类型。

陈畅(2014)通过改变/ɿ/、/ʅ/的第二、三共振峰数值,合成/tsɿ/→/tsʅ/以及/tʂɿ/→/tʂʅ/连续统,借助 E-prime 软件进行听辨实验,结果显示/tsɿ/→/tsʅ/连续统没有出现听感边界,/tʂɿ/→

/tʂɿ/连续统出现边缘性边界,初步看出"范畴化"的趋势。为进一步探究舌尖元音的听感范畴情况,本节进行第二次实验,选用zi/zhi、ci/chi、si/shi 三种声母的对比组,合成从/ɿ/→/ʅ/以及从/ʅ/→/ɿ/的双向连续统,继续探究两个舌尖元音的听感分辨问题,同时考察声母对元音的影响。

二、实验设计

2.1 实验准备

2.1.1 发音字表

本实验选取可以和/ɿ//ʅ/相拼所有声母的实验对比字,通过对实验字熟悉度的调查,多音字的排查,各声调选出最佳对比组进行录音,具体实验用字参看表1。

表1 实验字表

实验用字	zi/zhi	ci/chi	si/shi
阴平	资—知	疵—吃	思—湿
阳平	/	磁—持	/
上声	紫—纸	此—尺	死—史
去声	字—致	次—翅	四—是

2.1.2 实验录音

采用 Adobe Audition 软件在专业录音室用麦克风录音,采样率11025Hz,采样精度为16位,单声道。录音人为老北京人,男,无口鼻咽喉障碍。每个实验字用均匀语速朗读5遍,选择共振峰最平稳的作为合成语音的原本。

2.1.3 共振峰数据测量及刺激音合成

2.1.3.1 共振峰数据测量

用 Praat 软件导入实验字录音测得 F2、F3 平均数值,如表 2:

表 2 实验字平均 F2、F3 值(单位:Hz)

阴平	资	知	疵	吃	思	湿
F2	1368	1678	1330	1485	1290	1595
F3	2524	1855	2562	1808	2594	1838
阳平	/	/	磁	持	/	/
F2	/	/	1410	1606	/	/
F3	/	/	2505	1910	/	/
上声	紫	纸	此	尺	死	史
F2	1454	1654	1362	1635	1414	1629
F3	2639	2073	2629	1998	2647	1915
去声	字	致	次	翅	四	是
F2	1368	1582	1351	1562	1284	1572
F3	2607	1894	2620	1842	2611	1798

2.1.3.2 发音人基础元音声学格局图

为探求发音人两个舌尖元音的声学空间位置,直观比对 F2、F3 的相对关系,运用南开大学 Mini-Speech-Lab 软件导入发音人录音,做出基础元音声学格局图,如图 1 所示。

王萍、石锋(2008)指出 /ɿ//ʅ/ 相对位置,二者 F1 值相近,/ʅ/ 的 F2 值小于 /ɿ/,说明两个音位在舌位高低上相近,而 /ʅ/ 的舌位比 /ɿ/ 靠后。从图 1 中可以看到,/ɿ/、/ʅ/ 的主要差别在 F3,其次是 F2,在 F1 相差最小。

2.1.3.3 合成刺激音

/ɿ//ʅ/ 没有零声母音节,选用不同声调带不同声母的真字进

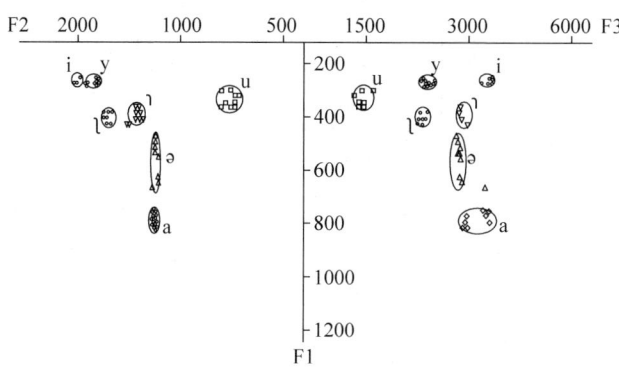

图 1 发音人基础元音声学格局图

行录音,用 Adobe Audition 软件将声母与元音切分,逐步改变切下来的 /ɿ//ʅ/ 共振峰,再与各自声调的声母拼合回去。

为了探究 /ɿ//ʅ/ 是否受声母影响,本实验合成了双向连续统:/ɿ/→/ʅ/ 和 /ʅ/→/ɿ/。将各声母组成的实验字分别做声调的归一化处理,选取四个声调中 F2、F3 的最大值和最小值作为合成刺激音的起点和终点值,具体合成刺激音的 F2、F3 值如表 3 所示。

表 3 不同声母双向连续统刺激音频率值

		刺激1	刺激2	刺激3	刺激4	刺激5	刺激6	刺激7	刺激8	刺激9	步长
zi-zhi	F2	1257	1312	1367	1422	1477	1532	1587	1642	1697	55
	F3	2669	2559	2449	2339	2229	2119	2009	1899	1789	110
ci-chi	F2	1272	1322	1372	1422	1472	1522	1572	1622	1672	50
	F3	2648	2538	2428	2318	2208	2098	1988	1878	1768	110
si-shi	F2	1241	1291	1341	1391	1441	1491	1541	1591	1641	50
	F3	2658	2546	2434	2322	2210	2098	1986	1847	1762	112

(续表)

		刺激1	刺激2	刺激3	刺激4	刺激5	刺激6	刺激7	刺激8	刺激9	步长
zhi-zi	F2	1697	1642	1587	1532	1477	1422	1367	1312	1257	55
	F3	1789	1899	2009	2119	2229	2339	2449	2559	2669	110
chi-ci	F2	1672	1622	1572	1522	1472	1422	1372	1322	1272	50
	F3	1768	1878	1988	2098	2208	2318	2428	2538	2648	110
shi-si	F2	1641	1591	1541	1491	1441	1391	1341	1291	1241	50
	F3	1762	1847	1986	2098	2210	2322	2434	2546	2658	112

2.1.3.4 选择被试

由于实验任务量大，所受条件限制较多，选择被试总共88人，保证每个连续统均有北京男、女各6人，天津男、女各6人参加实验。平均年龄22周岁，均为在校大学生或大专生。北京被试包括地区为东城区、西城区、大兴区和石景山区，天津被试包括地区为和平区、河西区、南开区、河东区、西青区和北辰区，均为右利手，无耳鼻喉障碍。

2.2 实验流程

利用E-prime软件进行听辨选择实验，分为辨认和区分两部分。辨认实验要求被试听到刺激音以后根据屏幕提示选出自己听到的词，根据选项顺序分为正序、反序两组。区分实验是让被试判断听到的刺激对是否相同。采用间隔一个刺激音相对比的方法，同时增加了相同刺激音的组对。在区分实验中，根据选项顺序分为正序、反序两组，测试界面"相同-不同"为正序，测试界面"不同-相同"为反序，如下图所示。同时，根据刺激音播放次序分为顺序、倒序两组，合成刺激音数据"低-高"组为顺序，"高-低"组为倒序。

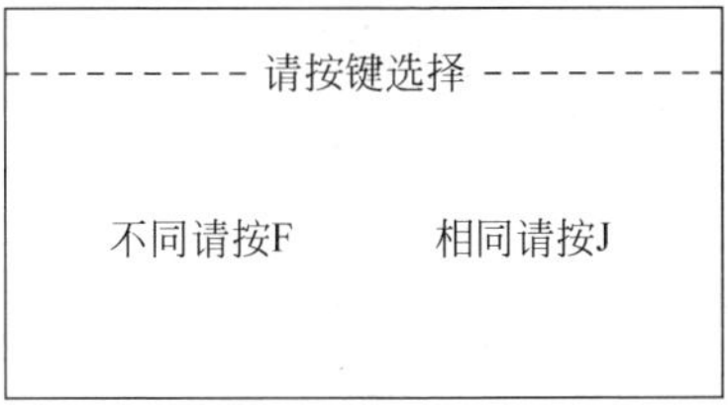

第四章 汉语普通话元音听辨

请按键选择	请按键选择
不同请按F　　相同请按J	相同请按F　　不同请按J

图 2　正序 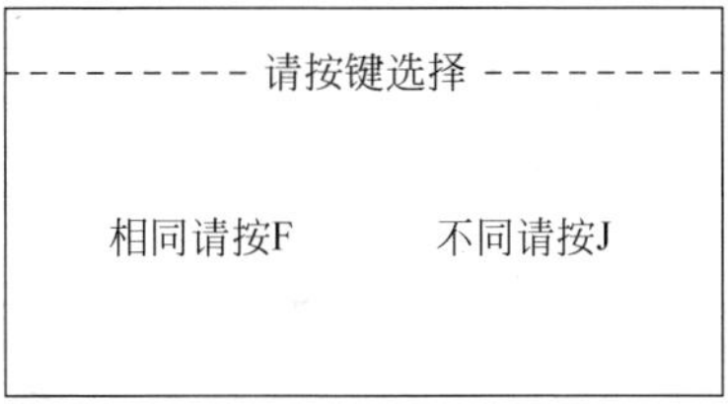　　　　　　　　图 3　反序

三、实验结果

根据实验数据,画出每个连续统的辨认-区分-辨认反应时间总图,以便了解边界位置、区分峰值以及辨认反应峰值的对应情况。横坐标拼音后数字代表声调,"1"代表阴平,"3"代表上声,"4"代表去声,第二个数字代表刺激音序号,区分曲线的第一个点对应刺激1~3,恰好对应辨认曲线的第2个刺激音。主坐标轴纵坐标代表百分比,次坐标轴代表辨认反应时长,单位为毫秒(ms)。

3.1　/tsʅ/→/tsʅ/和/tʂʅ/→/tʂʅ/连续统的情况

3.1.1　结果汇总

图 4 是/tsʅ/→/tsʅ/方向的三个连续统,均在刺激 6 和刺激 7 之间出现听感分界。(横坐标为刺激音序号,下同)在听感分界处区分曲线出现了明显峰值,辨认反应时长峰值与边界位置也基本对应一致。这说明,被试在边界位置处能清楚地做出两个刺激音不同的选择,且在辨认的时候需要更长的时间确定选项。

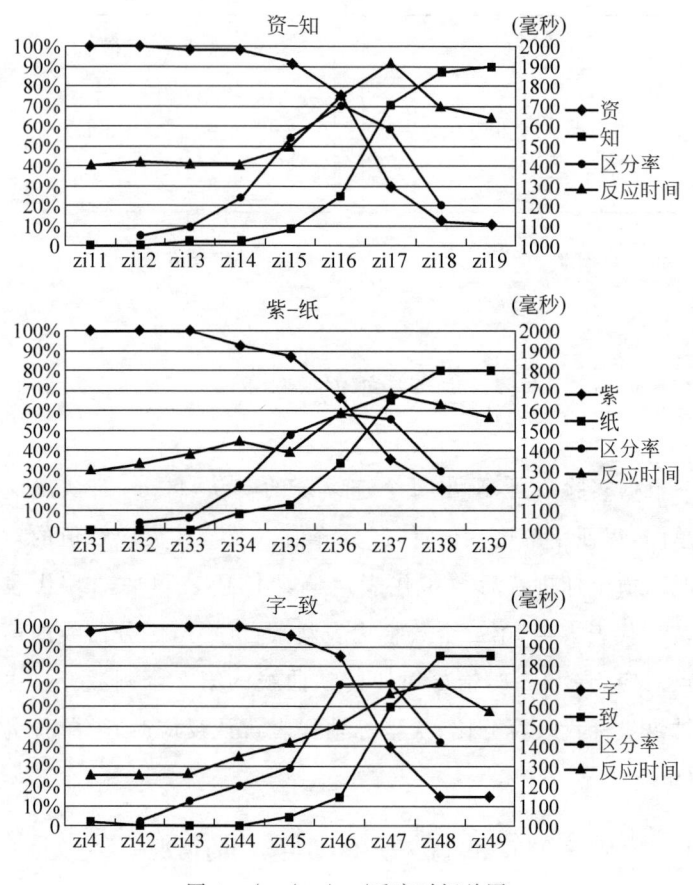

图 4 /tʂɿ/→/tsɿ/反应时间总图

图 5 是/tʂɿ/→/tʂɿ/方向的三个连续统,也出现了边界位置,但均比/tsɿ/→/tʂɿ/方向连续统的边界位置明显靠后。在各自的边界位置处区分曲线出现峰值,辨认反应时长曲线也出现峰值,与边界位置对应一致。

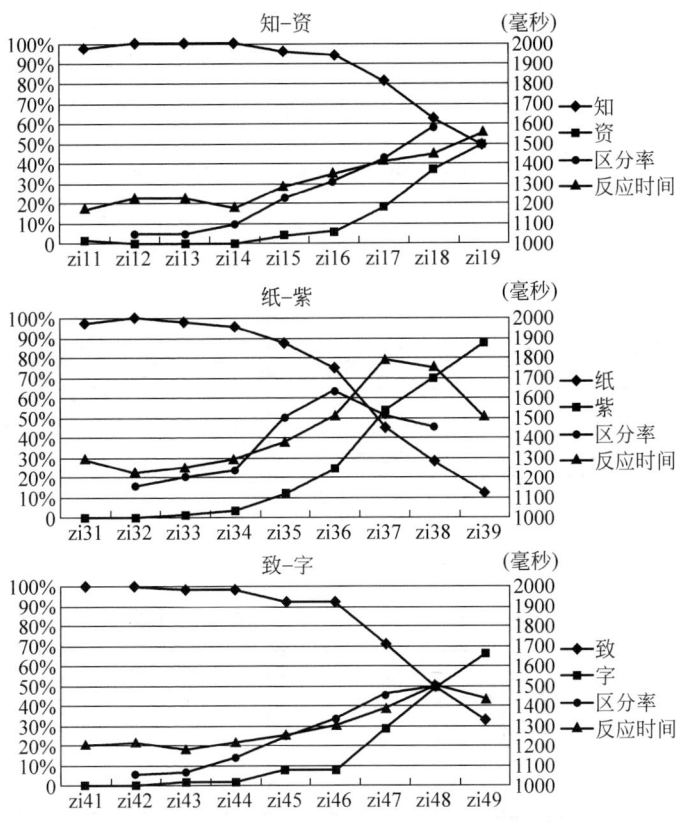

图 5 /tʂɻ/→/tʂɻ/反应时间总图

3.1.2 对比分析

我们分别比较这两种连续统边界位置、区分峰值、边界宽度、目标字感知范围以及界后分离度情况。在/tsɻ/→/tʂɻ/连续统中，边界位置越靠后，/ɻ/的感知范围越大，/ɻ/的感知范围越小；在/tʂɻ/→/tʂɻ/连续统中，边界位置越靠后，/ɻ/的感知范围越小，/ɻ/的感知范围越大。计算辨认率在75%(25%)处的边界宽度，边界宽度越大,说明听感边界越模糊。界后分离度越小,说明被试越不能更好地感知到目标刺激音。结合统计数据计算出各连续统具体数值,如表4和表5所示。

表4 /tsʅ/→/tʂʅ/各声调相关数据统计表

实验字	边界位置	区分峰值	边界宽度	目标字感知范围		分离度	
				/ʅ/	/ʅ/	界前	界后
资—知	F2:1562 F3:2059	71%	F2:68 F3:136	69%	31%	100%	90%
紫—纸	F2:1561 F3:2061	58%	F2:117 F3:232	69%	31%	100%	79%
字—致	F2:1575 F3:2033	72%	F2:74 F3:149	72%	28%	100%	85%

表5 /tʂʅ/→/tsʅ/各声调相关数据统计表

实验字	边界位置	区分峰值	边界宽度	目标字感知范围		分离度	
				/ʅ/	/ʅ/	界前	界后
知—资	F2:1257 F3:2669	58%	/ /	0	100%	100%	50%
纸—紫	F2:1375 F3:2434	64%	F2:124 F3:248	27%	73%	100%	88%
致—字	F2:1312 F3:2559	51%	/ /	12%	88%	100%	67%

比较/tsʅ/→/tʂʅ/方向三个连续统,边界位置从前到后排序为上声-阴平-去声,边界宽度从小到大排序为阴平<去声<上声,界后分离度从大到小排序为阴平>去声>上声,区分峰值从

大到小排序为去声＞阴平＞上声。三个声调的边界位置相差不大,阴平和去声的区分峰值、边界宽度、界后分离度相近,表现都好于上声。我们判定在该连续统中,上声的听觉辨认表现出最不敏感。

比较/tʂʅ/→/tsʅ/方向三个连续统,边界位置从前到后排序为上声-去声-阴平。只有上声可以计算出75%/25%处的边界宽度。界后分离度从大到小排序为上声＞去声＞阴平,区分峰值从大到小排序为上声＞阴平＞去声。由此看出,上声是最敏感的声调,另外两个声调表现都不如上声,靠近端点刺激处才形成听感分界。这与/tsʅ/→/tʂʅ/连续统的各声调表现正好相反。

3.1.3 听觉空间示意图

对照两个合成方向连续统的辨认曲线和边界位置、听感范围等统计数据,做出各声调听觉格局示意图。横坐标为 F3 的赫兹值,纵坐标为 F2 的赫兹值。我们可以清楚地看到两个方向连续统各实验字的听感范围。图 6a 是/tsʅ/→/tʂʅ/各实验字听感范围和边界位置情况,图 6b 是/tʂʅ/→/tsʅ/各实验字听感范围和边界位置情况。

通过听觉格局示意图,直观地看到各实验字的听觉感知范围。在/tsʅ/→/tʂʅ/连续统,舌尖前元音所占听感空间更大,在/tʂʅ/→/tsʅ/连续统,舌尖后元音所占听感空间更大。且翘舌声母连续统,舌尖前、后元音之间听感空间差值大于平舌声母连续统中两种元音之间听感空间的差值。三个声调的舌尖前元音比较,图 6a 中"紫"的听感空间最小,图 6b 中"紫"的听感空间最大。

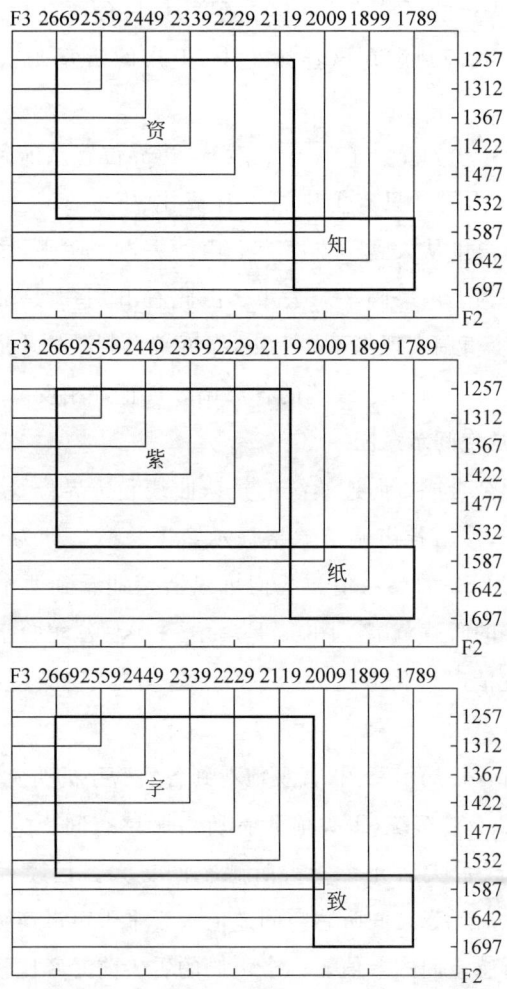

图 6a /tsʅ/→/tsʅ/ 各实验字听感空间示意图

第四章 汉语普通话元音听辨

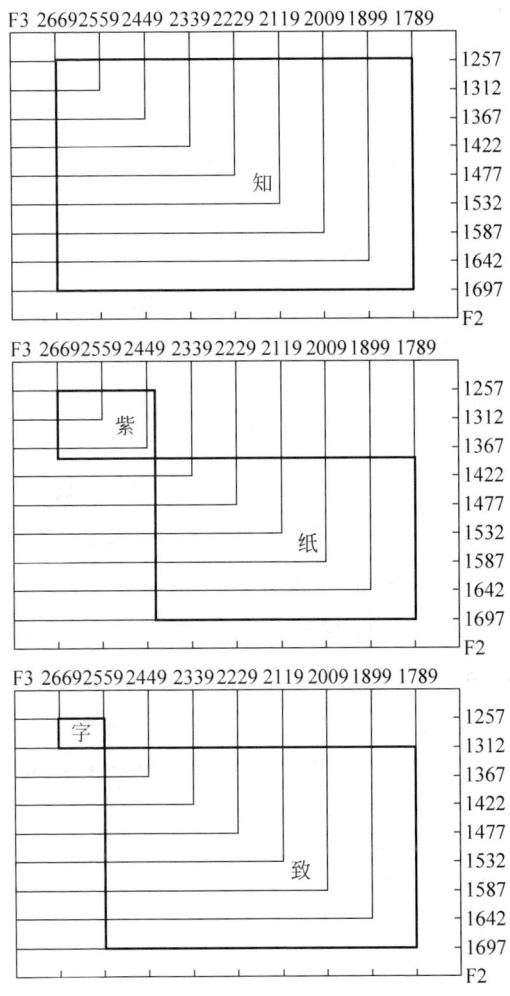

图 6b /tʂɿ/→/tʂɿ/各实验字听感空间示意图

3.2 /tsʰɿ/→/tʂʰʅ/和/tsʰɿ/→/tʂʰʅ/连续统的情况

3.2.1 结果汇总

与/tsɿ/→/tʂʅ/连续统方法相同,结合曲线图分析/tsʰɿ/→/tʂʰʅ/连续统边界位置、区分峰值、辨认反应时间峰值位置,见图7。四个连续统除了上声在刺激7和刺激8之间出现听感边界,其他三个声调均在刺激6和刺激7之间形成听感分界处。除了去声的区分峰值比边界位置靠前近2个步长,其他声调的区分峰值均与边界位置形成良好的对应。辨认反应时长曲线均在辨认边界处形成凸起,这说明被试可以清楚地感知到连续统中刺激音的变化。

与/tsɿ/→/tʂʅ/连续统方法相同,结合曲线图分析/tsʰɿ/→/tʂʰʅ/连续统边界位置、区分峰值、辨认反应时间峰值位置,见图8。四个连续统中除了阴平调没有出现听感边界,其他三个声调均在刺激8或刺激8和刺激9之间出现听感分界。阴平调的区分曲线在端点时达到峰值,且区分率很高,但是并未出现听感分界。这跟/tsɿ/→/tʂʅ/连续统的阴平表现相似。另外三个声调的区分峰值均比边界位置靠前了约1个步长,且区分率并不高,低于/tsʰɿ/→/tʂʰʅ/连续统中区分峰值。这与该连续统显示出的边缘性边界位置是对应一致的,说明被试不好判断刺激音情况。辨认反应时长均在边界位置处达到峰值。

3.2.2 对比分析

与/tsɿ/→/tʂʅ/和/tsɿ/→/tʂʅ/连续统考察方法相同,比较这两种连续统边界位置、区分峰值、边界宽度、目标字感知范围以及界后分离度情况,具体统计数值分别参见表6和表7。

第四章 汉语普通话元音听辨

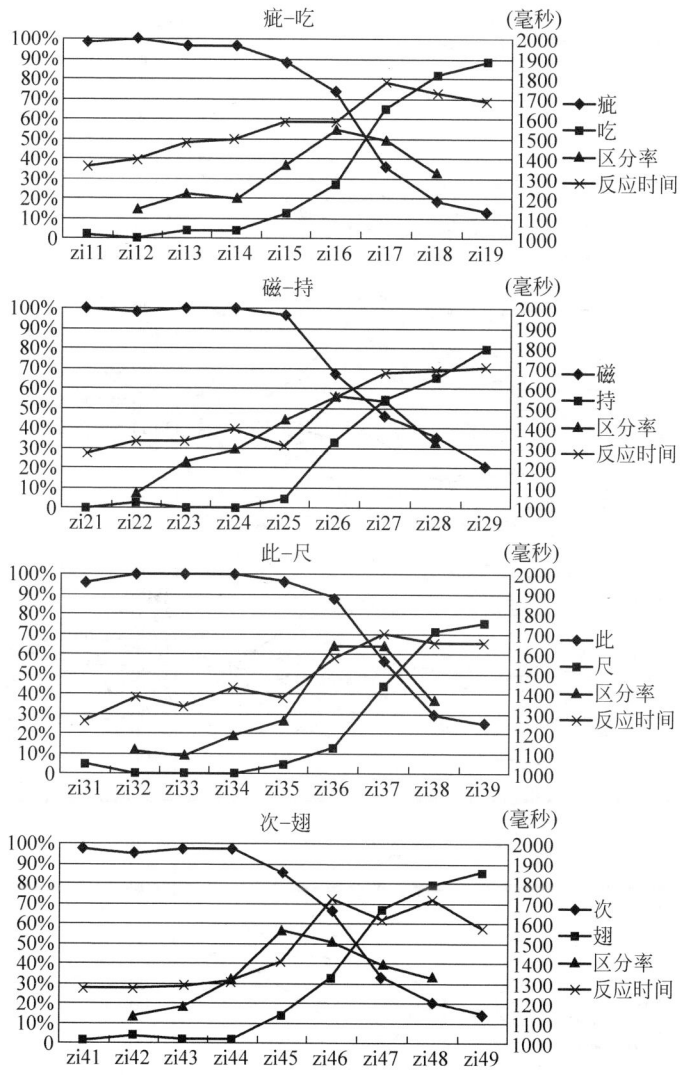

图7 /tsʰ ɿ/→/tsʰ ʅ/辨认-区分-辨认反应时间总图

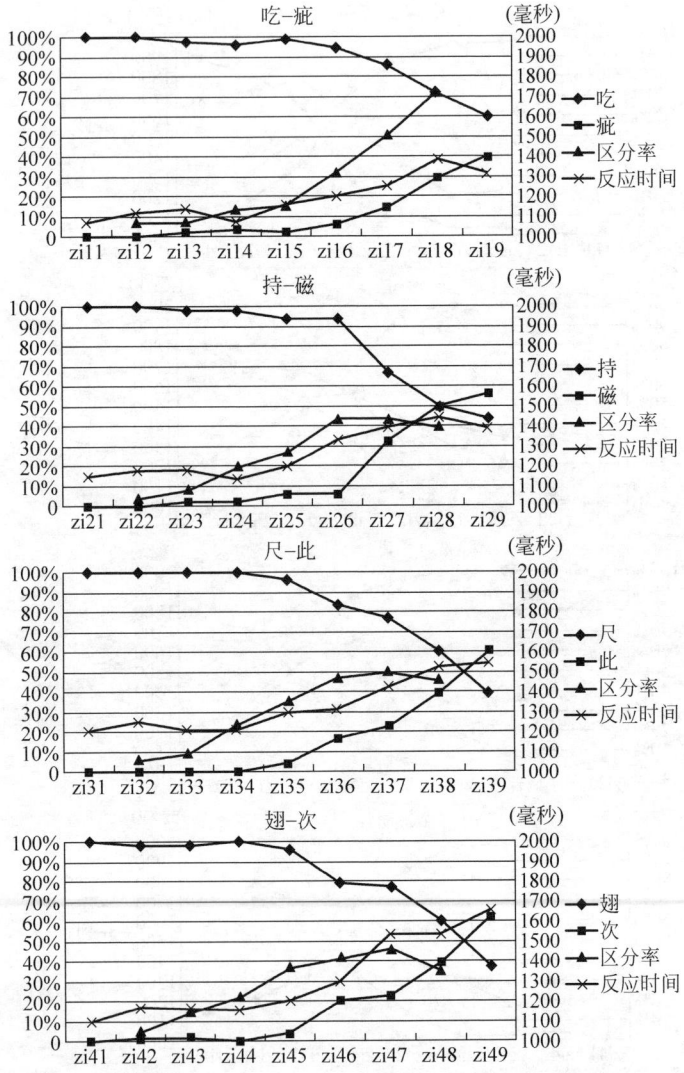

图 8 /tṣʰʅ/→/tṣʰʅ/辨认-区分-辨认反应时间总图

表 6 /tsʰɿ/→/tsʰʅ/各声调相关数据统计表

实验字	边界位置	区分峰值	边界宽度	标字感知范围 /ɿ/	标字感知范围 /ʅ/	分离度 界前	分离度 界后
疵—吃	F2:1553 F3:2031	54%	F2:89 F3:195	70%	30%	100%	88%
磁—持	F2:1562 F3:2010	55%	F2:150 F3:330	72%	28%	100%	79%
此—尺	F2:1584 F3:1963	64%	F2:130 F3:286	78%	22%	100%	75%
次—翅	F2:1547 F3:2043	56%	F2:106 F3:232	69%	31%	100%	85%

表 7 /tʂʰʅ/→/tsʰɿ/各声调相关数据统计表

实验字	边界位置	区分峰值	边界宽度	目标字感知范围 /ɿ/	目标字感知范围 /ʅ/	分离度 界前	分离度 界后
吃—疵	/ /	74%	/ /	0	100%	100%	/
持—磁	F2:1322 F3:2538	44%	/ /	13%	87%	100%	56%
尺—此	F2:1297 F3:2593	50%	/ /	6%	94%	100%	60%
翅—次	F2:1300 F3:2588	46%	/ /	7%	93%	100%	63%

观察对比表 6 发现，边界位置从前到后排序为去声→阴平→阳平→上声（前三个声调相差不大），与/tsɿ/→/tsʅ/连续统各声调表现情况完全相反，是否与/tsʰ/这个送气声母有关还需进一步分析。边界宽度从小到大排序为阴平＜去声＜上声＜阳平。界后分离度从大到小排序为阴平＞去声＞阳平＞上声，与边界宽度基本

对应,可以反映出被试对目标刺激音的敏感程度。边界宽度与界后分离度的表现与/tsʅ/→/tʂʅ/连续统三个声调的情况基本一致。区分峰值从大到小排序为上声＞去声＞阳平＞阴平。从这一点来看,上声的表现与/tsʅ/→/tʂʅ/连续统并不完全一致。

观察对比表7,边界位置从前到后排序为阳平→去声→上声(→阴平)。边界宽度均无法考察。界后分离度从大到小排序为去声＞上声＞阳平。区分峰值从大到小排序为阴平＞上声＞去声＞阳平。各项考察参数的对应关系并不一致,尤其阴平在目标刺激音处尚未形成听感分界,区分峰值的区分率却最高。另外三个声调的区分峰值均在50%左右,且界后分离度都不大,这说明/tʂʰʅ/→/tʂʰʅ/连续统的听辨受到声母的很大影响。

3.2.3 听觉空间示意图

仿照/ts、tʂ/声母绘制/tsʰ、tʂʰ/声母听觉空间,图9a是/tsʰʅ/→/tʂʰʅ/各实验字听感范围和边界位置情况,图9b是/tʂʰʅ/→/tʂʰʅ/各实验字听感范围和边界位置情况。

与/tsʅ/→/tʂʅ/和/tʂʅ/→/tʂʅ/很相似,从舌尖前元音合成到后元音的连续统,舌尖前元音的听感空间更大;从舌尖后元音合成到前元音的连续统,舌尖后元音的听感空间更大。我们可以看到平舌声母与翘舌声母对元音的影响。并且,从/ʅ/→/ʅ/连续统中,舌尖前后元音听感空间的差值小于从/ʅ/→/ʅ/连续统中舌尖前后元音听感空间的差值。z/zh与c/ch声母均表现出一致的听感空间差异,我们分析这与翘舌声母标记性更强有关,需要更大的发音动作才能发出目标音。

第四章 汉语普通话元音听辨

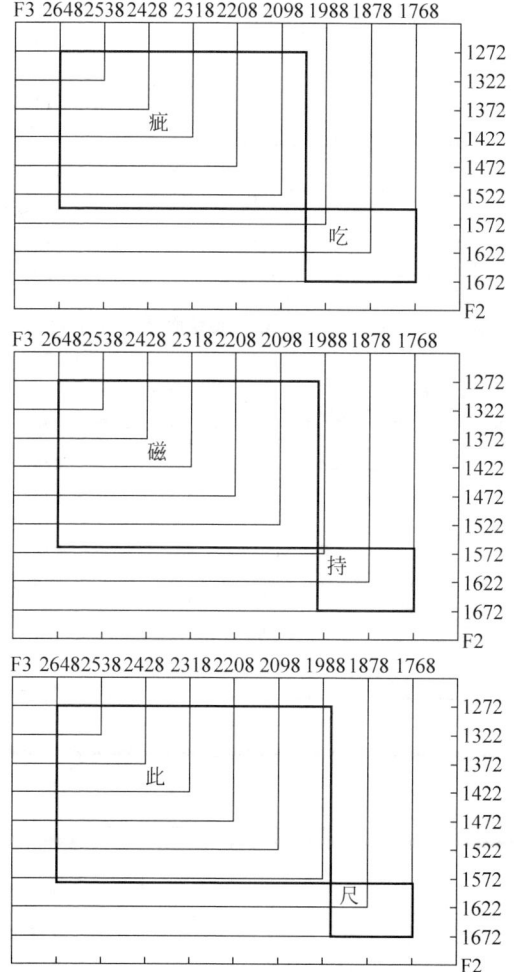

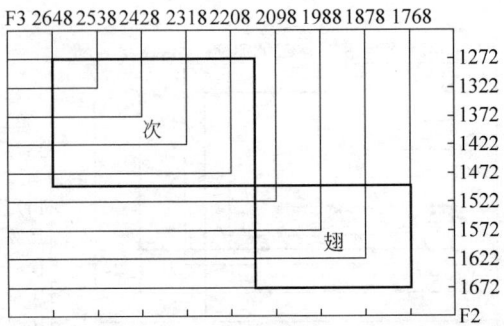

图 9a /tsʰʅ/→/tsʰʅ/各实验字听感空间示意图

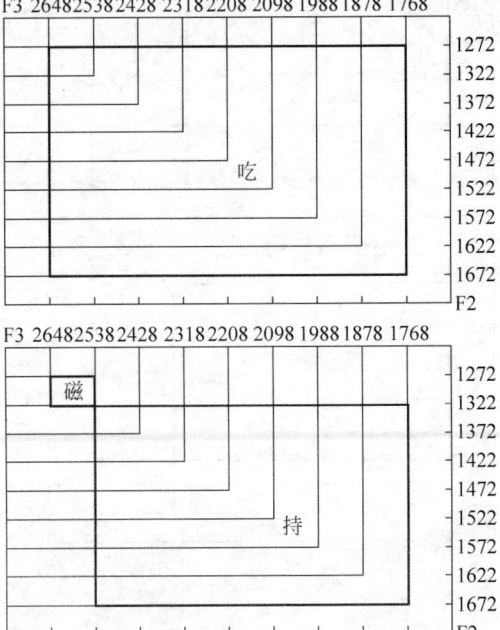

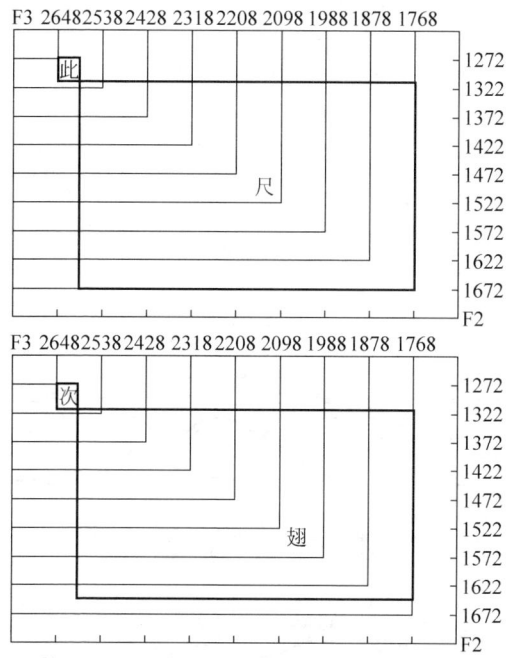

图 9b /tʂʰʅ/→/tʂʰʅ/各实验字听感空间示意图

3.3 /sʅ/→/sʅ/和/ʂʅ/→/ʂʅ/连续统

3.3.1 结果汇总

图 10 和图 11 分别显示/sʅ/→/sʅ/连续统以及/ʂʅ/→/ʂʅ/连续统边界位置、区分峰值、辨认反应时峰值位置。

图 10 是/sʅ/→/sʅ/方向的三个连续统,阴平在刺激 6 和刺激 7 之间出现听感分界,上声和去声在刺激 7 和刺激 8 之间出现听感分界。区分峰值在边界位置处均出现明显的凸起。辨认反应时

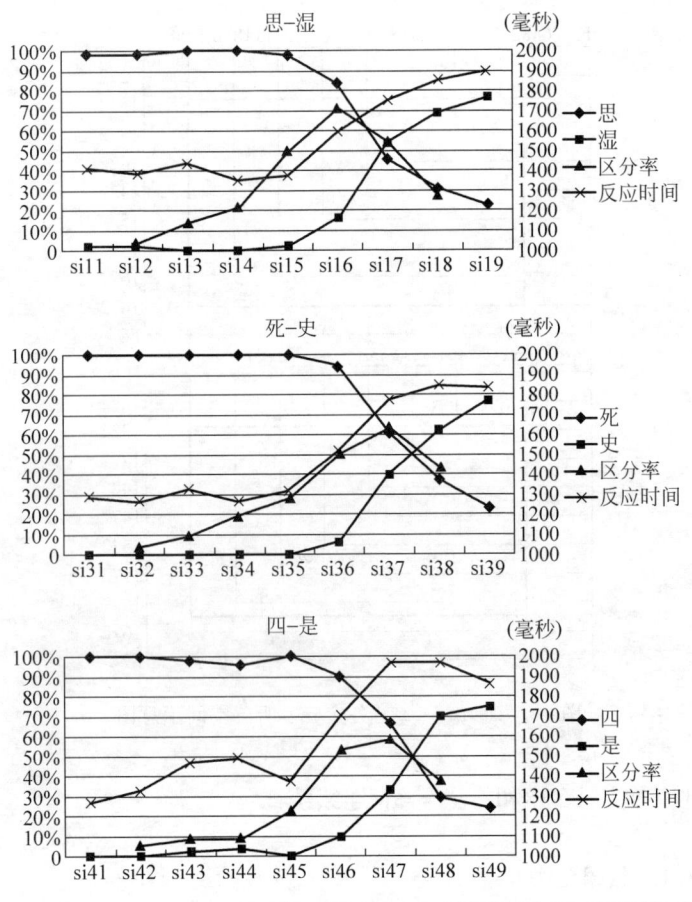

图 10 /sʅ/→/ʂʅ/反应时间总图

长曲线从刺激 5 以后出现陡增,阴平在结尾刺激处达到峰值,上声和去声均在边界位置达到峰值。虽然界后无陡降,但是可以看到峰值位置。

图 11 是/sʅ/→/ʂʅ/方向的三个连续统,上声在刺激 6 和刺激

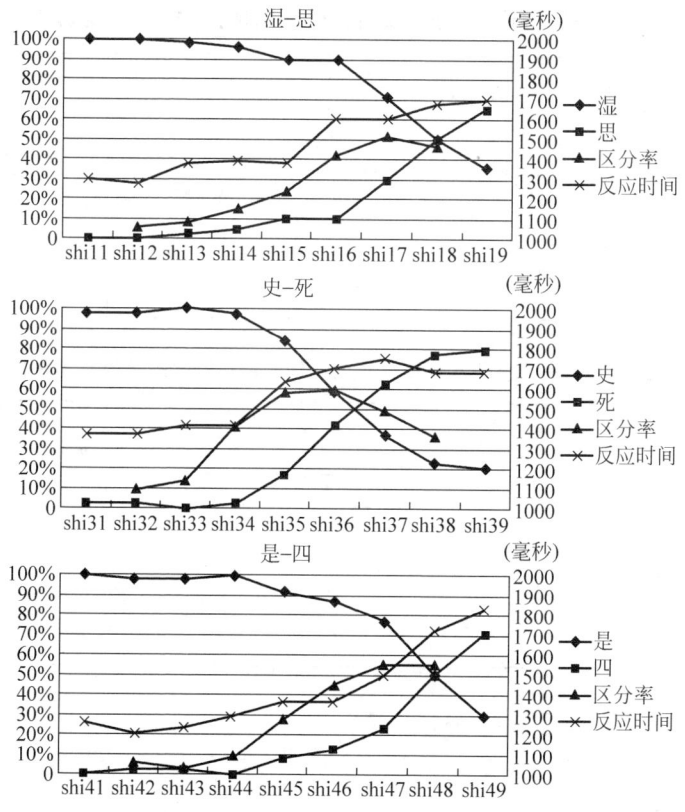

图 11 /ʂʅ/→/sʅ/反应时间总图

7 之间形成听感分界,阴平和去声均在刺激 8 处形成听感分界。区分峰值均与边界位置对应。辨认反应时长曲线阴平和去声在结尾刺激处达到峰值,上声基本在边界位置处达到峰值。

3.3.2 对比分析

比较 6 个连续统边界位置、区分峰值、边界宽度、目标字感知范围以及界后分离度情况,具体数据参见表 8 和表 9。

表8 /sɿ/→/ʂʅ/各声调相关数据统计表（注：数字的单位为赫兹）

实验字	边界位置	区分峰值	边界宽度	目标字感知范围		分离度	
				/ɿ/	/ʅ/	界前	界后
思—湿	F2:1536 F3:1998	72%	F2:127 F3:283	77%	26%	100%	77%
死—史	F2:1564 F3:1936	64%	F2:115 F3:256	81%	19%	100%	77%
四—是	F2:1564 F3:1936	58%	F2:118 F3:264	81%	19%	100%	75%

表9 /ʂʅ/→/sɿ/各声调相关数据统计表（注：数字的单位为赫兹）

实验字	边界位置	区分峰值	边界宽度	目标字感知范围		分离度	
				/ɿ/	/ʅ/	界前	界后
湿—思	F2:1291 F3:2546	51%	/	13%	87%	100%	65%
史—死	F2:1371 F3:2367	60%	F2:127 F3:283	32%	68%	100%	79%
是—四	F2:1291 F3:2546	55%		12%	88%	100%	71%

观察对比表8，边界位置从前到后排序为阴平→去声＝上声。边界宽度从小到大排序为上声＜去声＜阴平。界后分离度从大到小排序为去声＞阴平＝上声。区分峰值从大到小排序为阴平＞上声＞去声。我们无法肯定地判断哪个声调在辨认实验中表现最为稳定或不稳定。

观察对比表9，边界位置从前到后排序为上声＜阴平＝去声。边界宽度只有上声可以计算出来，故无法排序。界后分离度从大到小排序为上声＞去声＞阴平。区分峰值从大到小排序为上声＞去声＞阴平。从中可看出，不同声调排序在边界位置、边界宽度、界后分离度以及区分峰值大小方面的表现情况是对应一致的，上声表现出最为稳定的听觉感知。

3.3.3 听觉空间示意图

绘制听觉空间示意图,图 12a 是/sʅ/→/ʂʅ/各实验字听感范围和边界位置情况,图 12b 是/ʂʅ/→/sʅ/各实验字听感范围和边界位置情况。

擦音声母与塞擦音声母情况一样,从舌尖前元音合成到后元音的连续统,舌尖前元音所占听感空间更大,而从舌尖后元音到舌尖前元音的连续统,舌尖后元音所占听感空间更大。这验证了在普通话带舌尖元音的音节中,元音受到声母的影响。并且,舌尖后元音合成到前元音的连续统中,舌尖后元音与前元音听感空间差值要大于舌尖前元音合成到后元音的连续统中,舌尖前元音与后元音听感空间的差值。不管舌尖元音带塞擦音或者擦音声母,均表现出一致性。我们认为这是由于翘舌声母这个标记性更强的声母给元音带来的影响。

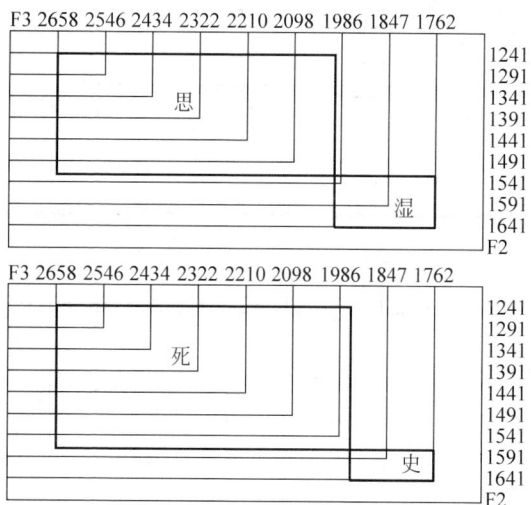

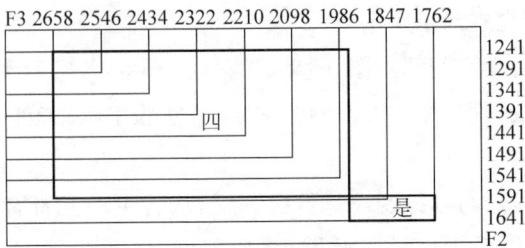

图 12a /ʂʅ/→/sʅ/各实验字听感空间示意图

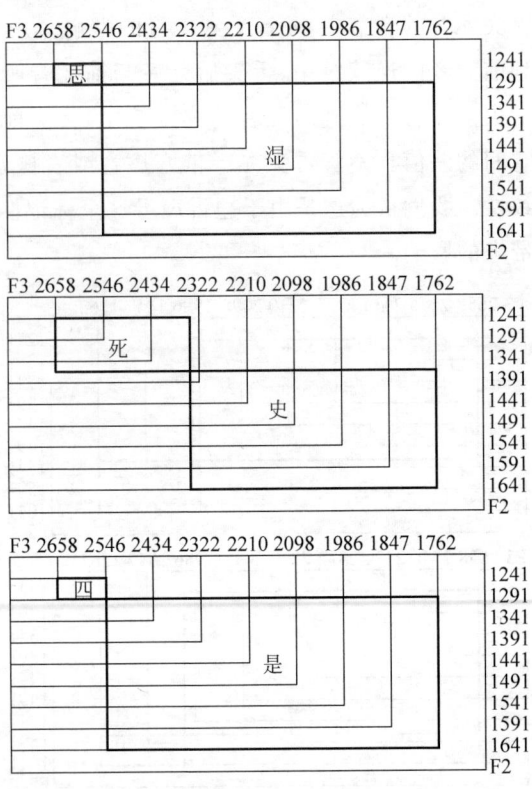

图 12b /sʅ/→/ʂʅ/各实验字听感空间示意图

四、总结和探讨

本实验共合成20个连续统,从各连续统变现可以得到以下结论:第一,找到实验字的听感范畴,从而回答了普通话基础元音的听觉是否为范畴化感知的问题。第二,验证了普通话舌尖元音的声韵共生特性。因为普通话中,舌尖元音没有零声母音节,所以本实验采取切割声、韵母的方法,结果发现声母对韵母的影响是很大的,带平舌声母的刺激音,/ɿ/的听感空间更大,带翘舌声母的刺激音,/ʅ/的听感空间就更大。后者表现尤为突出。第三,在翘舌声母的连续统中,舌尖前、后元音的听感空间差值大于平舌声母的连续统中舌尖前、后元音的听感空间差值。我们认为这是由于"翘舌"标记性比平舌更强。翘舌音特征的强标记性导致韵母对于声母的依赖性更大。

具有强标记性的语音特征会导致更大的感知依赖性。在声调听辨中,有低平调对参照音的依赖性表现。在这里的舌尖元音听辨中,又有翘舌音表现出的依赖性,做出了验证。

第五章 汉语普通话辅音听辨

第一节 塞音 /p/-/pʰ/ 的听感分界[*]

一、引言

本节通过选取有意义的双音节词为语料,利用 Praat 软件对 VOT 进行剪切及词对合成,并通过 E-prime 软件完成辨认实验和区分实验,来探索普通话双唇塞音 /p/-/pʰ/ 的听感分界。

二、实验过程

2.1 实验语料

实验选择有意义的双音节词对作为语料,原则有以下两点:(1)词语使用频率基本一致,(2)词语结构或音节结构基本一致。本次实验选词时,选取了与塞音声母相拼的不同元音的音节,有前、后元音,高、低元音,共九对词语:

前字组:篇幅-蝙蝠　排骨-白骨　配送-背诵　谱写-补写

---

[*] 本节原发表于《实验语言学》2013 年第 2 号,作者:胡泽颖。

婆母-伯母

后字组:逃跑-淘宝　阿婆-阿伯　开辟-开闭　上铺-上部

2.2　录音

本次实验发音人为一位女生,北京人,南开大学本科四年级学生,用 Cooledit 软件录音,采样率为 22050Hz,16 位单声道。

2.3　被试

本次实验共选取了 20 名在校大学生(南开大学、复旦大学)做被试,均是北方方言背景,男女比例为 1 比 1。所有被试无视力、听力障碍。

2.4　实验操作

使用 Praat 软件合成刺激音。通过剪切来改变送气音字的 VOT 值,根据不同参照字 VOT 值的不同,平均分成 10 份,依次剪切。

使用 E-prime 软件完成辨认实验和区分实验。在正式实验开始前,被试需要进行练习。正式实验的流程如下:注视点→被试按空格开始→播放提示音→播放刺激音→显示选项画面→被试按键选择,同时选择界面消失,再次出现注视点。

2.4.1　辨认实验

辨认实验包括 99 个刺激音(每个送气词 11 个刺激,9 对词共有 99 个刺激音),按照按键反应页面中,选项呈现出不同的顺序,分为正序和反序两组:正序组是原送气字在前,如:逃跑-淘宝;反序组是原不送气字在前,如:淘宝-逃跑。

X 的辨认率＝选 X 的数/总选择数

2.4.2 区分实验

区分实验包括 162 对刺激音,都是由相隔的两个刺激组成。采用 AX 式。在每对刺激音中,两个刺激音相隔 500 毫秒。根据按键反应页面选项的显示顺序,也将实验分为两组,表现为"不同-相同"和"相同-不同"。

区分率＝选不同的数量/总选择数

三、实验结果

3.1 前字组

3.1.1 篇幅-蝙蝠

各个刺激的 VOT 值(单位:毫秒 ms)步长:8.3ms。

刺激0	刺激1	刺激2	刺激3	刺激4	刺激5	刺激6	刺激7	刺激8	刺激9	刺激10
104	95.7	87.4	79.1	70.8	62.5	54.2	45.9	37.6	29.3	21

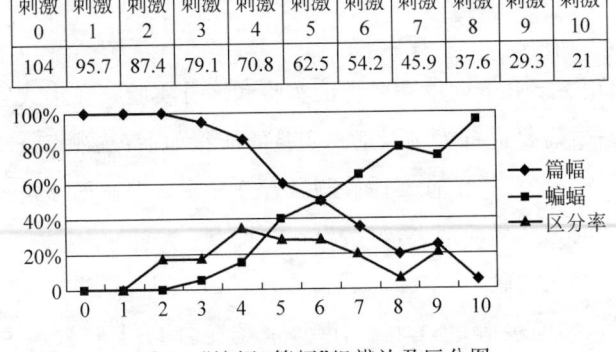

图 1 "蝙蝠-篇幅"组辨认及区分图

在图 1 中"篇幅-蝙蝠"组的听感分界在刺激 6(横坐标为刺激音序号,下同),为 54.2 毫秒。从刺激 0 至 4 处,"篇幅"的辨认率维持在85%以上,即绝大部分人将该词听辨为送气词;从刺激4开始到刺激8,"篇幅"的辨认率由85%逐渐降至20%,相应地,"蝙蝠"的辨认率呈上升趋势,到刺激8升至80%。辨认曲线在0至4保持平稳,刺激4处开始,呈平稳下降趋势。"篇幅-蝙蝠"的区分峰值出现在刺激3～5,为35%,比刺激2～4、4～6处的区分率分别高出17.5%、7.5%,区分效果良好,区分峰值较听感分界前移。

3.1.2 排骨-白骨

各个刺激的VOT值(单位:毫秒 ms)步长:10.6ms。

刺激0	刺激1	刺激2	刺激3	刺激4	刺激5	刺激6	刺激7	刺激8	刺激9	刺激10
116	105.4	94.8	84.2	73.6	63	52.4	41.8	31.2	20.6	10

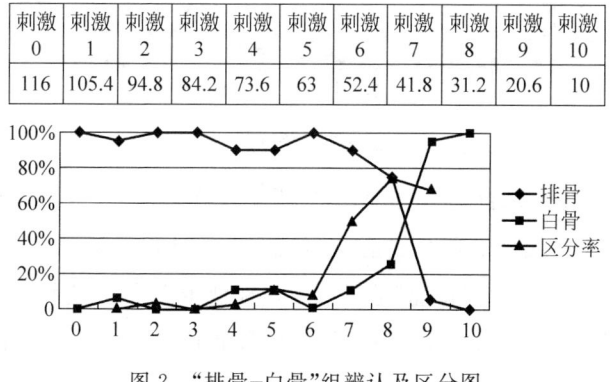

图2 "排骨-白骨"组辨认及区分图

图2"排骨-白骨"组的听感分界出现在刺激8至9之间,为28.6毫秒。从刺激0至刺激7,"排骨"的辨认率保持在90%以上,而"白骨"的辨认率始终低于10%。从刺激8开始,"排骨"辨认率出现了骤降,从75%下降到刺激9处的5%,再到刺激10处的0。相应地,"白骨"的曲线骤升至刺激9的95%,再到刺激10的100%。辨认曲线在前半段保持平稳,刺激7处开始,呈下降趋势。区分峰值出现在刺激7～9,为72.5%,比刺激6～8、8～10处的区分率分别高出22.5%、5%,区分效果明显。听感分界和区分

峰值基本对应,区分峰值略微前移。

3.1.3 配送-背诵

各个刺激的 VOT 值(单位:毫秒 ms)步长:9.2ms。

刺激0	刺激1	刺激2	刺激3	刺激4	刺激5	刺激6	刺激7	刺激8	刺激9	刺激10
107	97.8	88.6	79.4	70.2	61	51.8	42.6	33.4	24.2	15

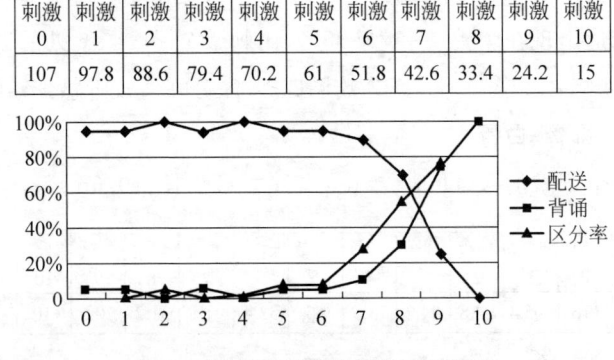

图 3 "配送-背诵"组辨认及区分图

图3"配送-背诵"组的听感分界出现在刺激8~9,为28.8毫秒。界前曲线平滑稍有波动,在刺激0~7处,"配送"的辨认率保持在90%以上,而"背诵"的辨认率始终低于10%。从刺激7开始"配送"的曲线快速下降,"背诵"的曲线相应上升。区分峰值出现在刺激8~10,为77.5%,比刺激7~9处的区分率高出22.5%,区分效果明显,听感分界和峰值基本对应,区分峰值轻微后移。

3.1.4 谱写-补写

各个刺激的 VOT 值(单位:毫秒 ms)步长:10ms。

图4"谱写-补写"组的听感分界出现在刺激5~6,为68.3毫秒。从刺激0至刺激4,"谱写"的辨认率保持在80%以上。从刺激4开始,"谱写"辨认率开始骤降,从80%下降到刺激6处的20%,再降到刺激7处的0,随后辨认率都低于5%。"补写"的辨认率在刺激0至刺激4处始终低于20%,然后从刺激4的20%骤

刺激0	刺激1	刺激2	刺激3	刺激4	刺激5	刺激6	刺激7	刺激8	刺激9	刺激10
121	111	101	91	81	71	61	51	41	31	21

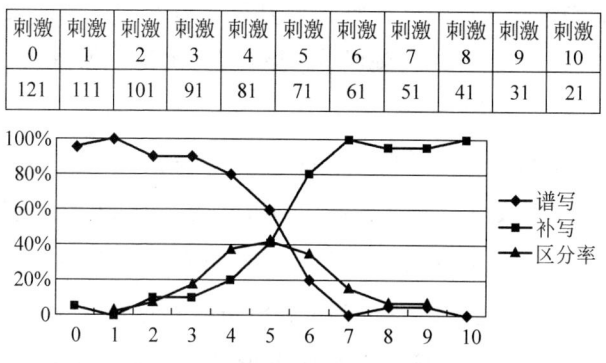

图 4 "谱写-补写"组辨认及区分图

升至刺激 6 的 80%,再升到刺激 7 的 100%,随后辨认率都高于 95%。区分峰值出现在刺激 4~6,为 42.5%,比刺激 3~5 和刺激 5~7 的区分率分别高出 5% 和 7.5%,听感分界和区分峰值基本对应,区分峰值轻微前移。

3.1.5 婆母-伯母

各个刺激的 VOT 值(单位:毫秒 ms)步长:9ms。

刺激0	刺激1	刺激2	刺激3	刺激4	刺激5	刺激6	刺激7	刺激8	刺激9	刺激10
122	113	104	95	86	77	68	59	50	41	32

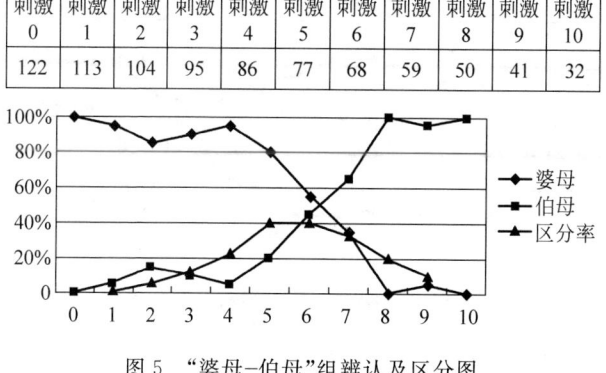

图 5 "婆母-伯母"组辨认及区分图

图 5"婆母-伯母"组的听感分界在刺激 6 和刺激 7 之间,为 65.7 毫秒。从刺激 0 至刺激 5,"婆母"的辨认率保持在 80%以上,从刺激 5 开始,"婆母"辨认率出现骤降,从 80%下降到刺激 8 处的 0,随后辨认率都低于 5%。"伯母"的辨认率在刺激 0 至刺激 5 处始终低于 20%,然后从刺激 5 的 20%骤升至刺激 8 的 100%,随后辨认率都高于 95%。区分峰值在刺激 4~6 和刺激 5~7 为 40%,比刺激 3~5 和刺激 6~8 的区分率分别高出 17.5%和 7.5%。听感分界和区分峰值基本对应,区分峰值轻微前移。

3.2 后字组

3.2.1 逃跑-淘宝

各个刺激的 VOT 值(单位:毫秒 ms)步长:8ms。

刺激0	刺激1	刺激2	刺激3	刺激4	刺激5	刺激6	刺激7	刺激8	刺激9	刺激10
98	90	82	74	66	58	50	42	34	26	18

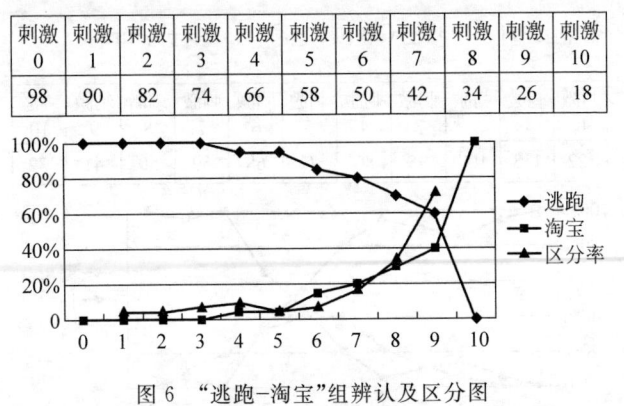

图 6 "逃跑-淘宝"组辨认及区分图

图 6"逃跑-淘宝"组的听感分界在刺激 9 至 10 之间,为 25 毫秒。在刺激 0 至刺激 3 处,"逃跑"的辨认率均为 100%,"淘宝"的

辨认率均为0,从刺激5开始"逃跑"辨认曲线开始呈下降趋势,至刺激9处由60%骤降至刺激10处的0。"淘宝"的辨认曲线相应由40%升至100%。区分峰值出现在刺激8~10,为72.5%,比刺激7~9的区分率高出27.5%,区分效果明显。听感分界和区分峰值基本对应,区分峰值略微前移。

3.2.2 阿婆-阿伯

各个刺激的VOT值(单位:毫秒ms)步长:10.9ms。

刺激0	刺激1	刺激2	刺激3	刺激4	刺激5	刺激6	刺激7	刺激8	刺激9	刺激10
134	123.1	112.2	101.3	90.4	79.5	68.6	57.7	46.8	35.9	25

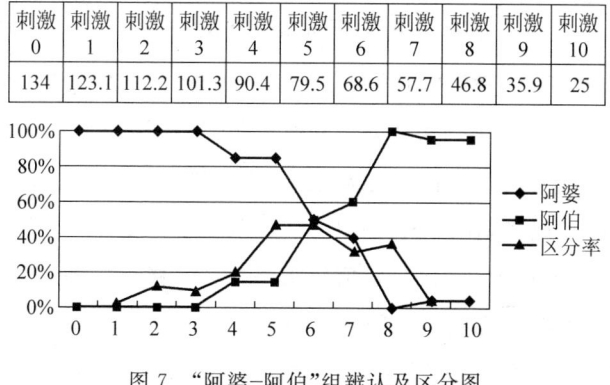

图7 "阿婆-阿伯"组辨认及区分图

图7"阿婆-阿伯"组的听感分界在刺激6,为68.6毫秒。在刺激0至刺激3处,"阿婆"的辨认率均为100%,"阿伯"的辨认率均为0。从刺激5开始"阿婆"辨认曲线骤降,"阿婆"的辨认曲线陡升,界后曲线从刺激8处趋于平缓。区分峰值为44%,在刺激4~6和5~7,比刺激3~5、6~8处的区分率高17.5%和7.5%,区分效果良好。听感分界和区分峰值基本对应。

3.2.3 开辟-开闭

各个刺激的VOT值(单位:毫秒ms)步长:9.4ms。

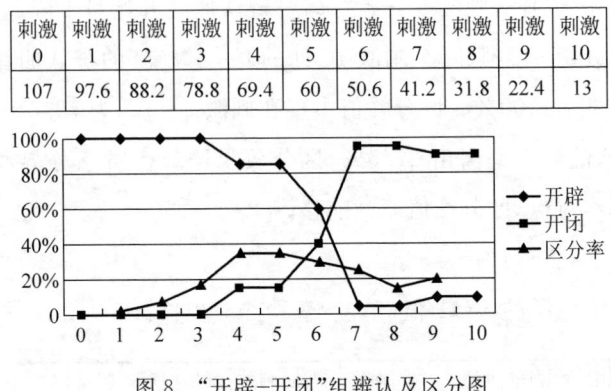

刺激0	刺激1	刺激2	刺激3	刺激4	刺激5	刺激6	刺激7	刺激8	刺激9	刺激10
107	97.6	88.2	78.8	69.4	60	50.6	41.2	31.8	22.4	13

图 8 "开辟-开闭"组辨认及区分图

图 8 "开辟-开闭"组的听感分界在刺激 6 和 7 之间,为 48.5 毫秒。在刺激 0 至刺激 3 处,"开辟"的辨认率均为 100%,从刺激 5 开始曲线骤降。界后曲线从刺激 7 处开始趋于平缓。区分峰值为 35%,出现在刺激 3~5 和 4~6,比刺激 2~4、5~7 处的区分率高出 17.5% 和 5%。区分峰值较听感分界前移。

3.2.4 上铺-上部

各个刺激的 VOT 值(单位:毫秒 ms)步长:9.9ms。

刺激0	刺激1	刺激2	刺激3	刺激4	刺激5	刺激6	刺激7	刺激8	刺激9	刺激10
120	110.1	100.2	90.3	80.4	70.5	60.6	50.7	40.8	30.9	21

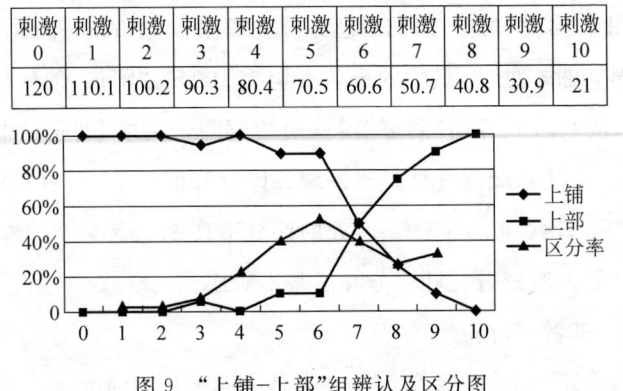

图 9 "上铺-上部"组辨认及区分图

图 9"上铺-上部"组的听感分界在刺激 7 处,听感分界为 50.7 毫秒,界前曲线平滑稍有波动,在刺激 0~6 处,"上铺"的辨认率为 90%以上,"上部"的辨认率均在 10%以下。从刺激 6 开始"上铺"的辨认曲线骤然下降,"上部"的曲线骤升。区分峰值为 52.5%,出现在刺激 5~7,比刺激 4~6、6~8 处的区分率均高出 12.5%,区分效果明显。听感分界和区分峰值基本对应,区分峰值稍有前移。

3.3 实验结果数据

我们将以上各项实验结果的数据汇集为表 1,以便于分析对比。

表 1 实验结果数据

组别	实验词	听感分界及位置(ms)	分界点位置比例	区分峰值位置刺激对	区分峰值
前字组	篇幅-蝙蝠	54.2(6)	40%	3~5(前)	35%
	排骨-白骨	28.6(8~9)	17.5%	7~9(前)	72.5%
	配送-背诵	28.8(8~9)	15%	8~10(后)	77.5%
	谱写-补写	68.3(5~6)	47.3%	4~6(前)	42.5%
	婆母-伯母	65.7(6~7)	37.4%	4~6 和 5~7(前)	40%
后字组	逃跑-淘宝	25(9~10)	8.7%	8~10(前)	72.5%
	阿婆-阿伯	68.6(6)	40%	4~6 和 5~7	44%
	开辟-开闭	48.5(6~7)	37.7%	3~5 和 4~6	35%
	上铺-上部	50.7(7)	30%	5~7(前)	52.5%

四、讨 论

4.1 送气音的听感范围

表 2　听感分界的范围

前字组	蝙蝠-篇幅	排骨-白骨	配送-背诵	谱写-补写	婆母-伯母
分界点位置比例	40%	17.5%	15%	47.3%	37.4%
后字组	逃跑-淘宝	阿婆-阿伯	开辟-开闭	上铺-上部	
分界点位置比例	8.7%	40%	37.7%	30%	

表 2 显示的不送气音的听感分界的范围均小于 50%，即送气音都大于 50%。因此可以说送气音的听感范围较大。

4.2 后接元音的影响

表 3　区分峰值的百分比

前字组	篇幅-蝙蝠 35%	婆母-伯母 40%	谱写-补写 42.5%	排骨-白骨 72.5%	配送-背诵 77.5%
后字组	开辟-开闭 35%	阿婆-阿伯 40%	上铺-上部 52.5%	逃跑-淘宝 72.5%	

按照区分峰值的百分比从小到大排列，得到表 3。从中我们可以看出，前后字对区分峰值的影响不大，重要的是后接元音的影响。从韵母的四呼来看，前后字都是：齐齿呼＜合口呼＜开口呼。

从这个角度再去看表 2 的听感范围，正好相反：齐齿呼和合口呼大于开口呼。

五、结语

本节使用听辨实验对普通话双唇塞音送气/不送气的听感分界进行了分析。结果表明,送气音的听感范围大于不送气音的听感范围。后接元音对听感会造成规律性影响,在前后字对比组中均有出现。区分峰值百分比均为齐齿呼、合口呼＜开口呼。前后字组不送气音的听感范围都是:齐齿呼、合口呼＞开口呼。一般是后接低元音的不送气音听感范围更小些。

第二节 塞音/k/-/k^h/的听感分界[*]

一、引言

汉语普通话中有六个塞音声母,分别是双唇塞音/p/-/p^h/、舌尖中塞音/t/-/t^h/和舌根塞音/k/-/k^h/,塞音又分为送气塞音和不送气塞音,/k/为不送气塞音,/k^h/为送气塞音。本节希望通过双字组真词的前后字位置,考察普通话舌根塞音不送气-送气即/k/-/k^h/的听感空间及其听感分界,并对听感分界的影响因素进行讨论。

---

[*] 本节原发表于《实验语言学》2013年第2号,作者:尹怡萍。

二、实验过程

2.1 实验语料

2.1.1 语音材料选择

本次实验遵循语料选择原则,选取双音节真词为实验材料,词语使用频率基本一致,词语结构或音节结构基本一致,声调完全相同。本次实验选词时,选取了与塞音声母相拼的不同元音的音节,后接元音 a、e、u,限于汉语拼音组合规则,g、k 不能和 i 相拼,故没有和元音 i 相拼的音节。选出实验词对如下表:

表1 字表

前字对比组	考订-搞定	客人-个人	口粮-狗粮	空城-工程
后字对比组	不堪-不甘	分科-分割	大口-大狗	天空-天公

2.1.2 语音材料制作

2.1.2.1 录音

根据选取的语音材料,请一位普通话标准的女性发音人进行录音。发音人为北京人,现为南开大学学生。录音在南开大学语音实验室进行,在安静的环境下采用 Cooledit 软件录音,采样率为 22050Hz,16 位,单声道。共 8 对 16 个词,每词说 4 遍,从中选出合适的目标词语,用 Praat 软件剪切出。

2.1.2.2 刺激音合成

使用 Praat 软件合成刺激音。由于送气、不送气塞音 VOT 长度差别的范围总体为 80～120 毫秒,连续体之间间隔的长度太大不利于找出准确的听感界限,长度太小人耳分辨力不够。切成10次连续体之间的间隔长度在8~12毫秒,这个长度比较合适。因此,通过剪切送气字的VOT值制作刺激音连续统,根据不同目标字VOT值,平均分成10份,依次剪切。

如图1,后字组中"不堪"的"堪"字VOT为135.2毫秒,步长为13.5毫秒,这样依次剪切其VOT的值,得到10个刺激。

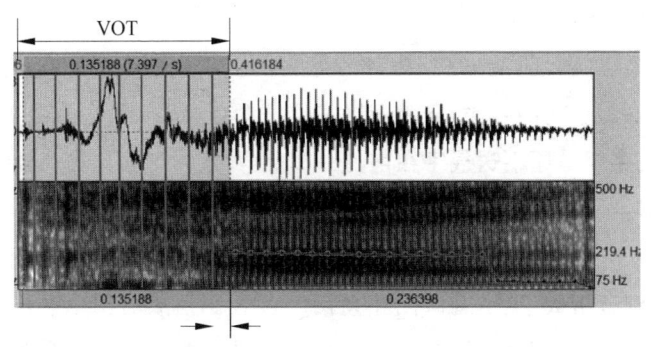

图1 "堪"字刺激合成示意图

2.2 被试

本次实验共选取了20名南开大学、天津大学的学生做被试,平均年龄21岁,均为北方方言背景,男女比例为1比1。所有被试无视力、听力障碍。

2.3 实验步骤

本次实验由辨认实验和区分实验两部分组成,在安静的室内环境中进行,通过E-prime软件进行语音的播放和数据的收集。辨认实验通过呈现给被试者不同的刺激音,让被试判断听到的语音是送气音的词还是不送气音的词,每个刺激音随机播放一次。区分实验采用AX式,选择间隔一个刺激音的两个刺激音进行对比,同时呈现给被试两个刺激音,要求被试指出是否相同。在正式实验开始前,被试需要适应练习。正式实验的流程如下:注视点→被试按空格开始→播放提示音→播放刺激音→显示选项画面→被试按键选择,同时选择界面消失,注视点再次出现。

2.3.1 辨认实验

辨认实验包括 $11 \times 8 = 88$ 个刺激音,按照按键反应页面中,选项呈现出不同的顺序,分为正序和反序两组,正序组是原送气字在前,反序组是原不送气字在前。

2.3.2 区分实验

区分实验包括 $18 \times 8 = 144$ 对刺激音。每对刺激对由相隔的两个刺激组成,两个刺激间相差两个步长。播放时两个刺激音间隔500毫秒。我们设定了两种方式:一种是"长-短",一种是"短-长"。同时,根据按键反应页面选项的显示顺序,也将实验分为两组,表现为"不同-相同"和"相同-不同"。如下表所示:

表2 区分实验

组别	刺激音	反应页面
1	短-长	不同-相同
2	长-短	不同-相同
3	短-长	相同-不同
4	长-短	相同-不同

2.4 数据统计

采用Excel对实验所得数据进行统计分析。计算出前后字组各对二字组词的听感分界、分界点位置比例(即不送气音 VOT 所占百分比值)、区分峰值,以及每组词各刺激处的辨认率和区分率,计算公式如下:X 的辨认率=选 X 的数/总选择数;区分率=选不同的数量/总选择数。并根据各组词的辨认率和区分率做出各组词的听辨曲线(辨认曲线和区分曲线)。

三、实验结果

3.1 图表及分析

3.1.1 前字对比组

(1)"考订-搞定"

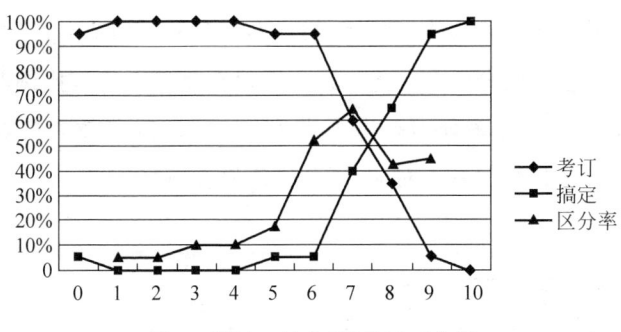

图 2 "考订-搞定"辨认及区分图

图 2"考订-搞定"组的听感分界在刺激 7 和刺激 8 之间。听感分界为 46.8 毫秒,界前曲线平滑稍有波动。在刺激 0~6 处,考订的辨认率为 90%以上,从刺激 6 开始曲线逐渐下降。区分峰值为 65%,出现在刺激 6~8,比刺激 5~7、7~9 处的区分率分别高出 12.5%和 22.5%,区分效果良好。听感分界和区分峰值基本对

应,区分峰值稍有前移。

(2)"客人-个人"

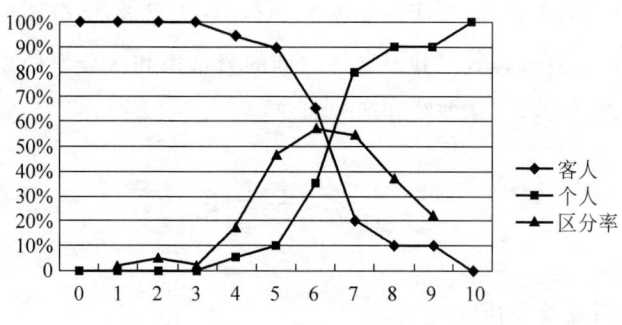

图 3 "客人-个人"辨认及区分图

图3"客人-个人"组的听感分界在刺激6和刺激7之间,为81.2毫秒。在刺激0~4处,客人的辨认率均为100%,从刺激5开始客人辨认曲线骤降,个人的辨认曲线陡升,界后曲线从刺激8处趋于平缓。区分峰值为57.5%,出现在刺激5~7,比刺激4~6、6~8处的区分率分别高出10%和12.5%,区分效果良好。听感分界和区分峰值基本对应,区分峰值稍有前移。

(3)"口粮-狗粮"

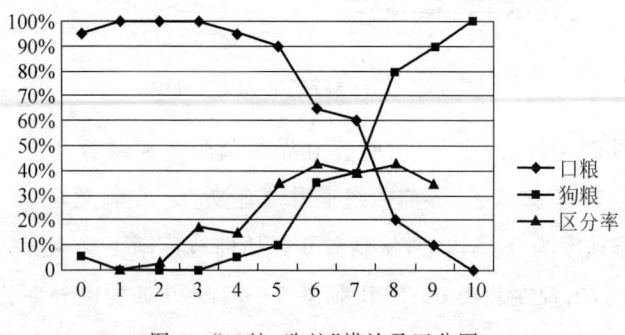

图 4 "口粮-狗粮"辨认及区分图

图4"口粮-狗粮"组的听感分界在刺激7和刺激8之间,靠近刺激7,为46.8毫秒。在刺激0～5处,口粮的辨认曲线平滑,辨认率在90%以上,中段有明显压缩,界后曲线伸展良好,随后逐渐下降至0。区分曲线在刺激5～7处和刺激7～9处峰值为42.5%。

(4)"空城-工程"

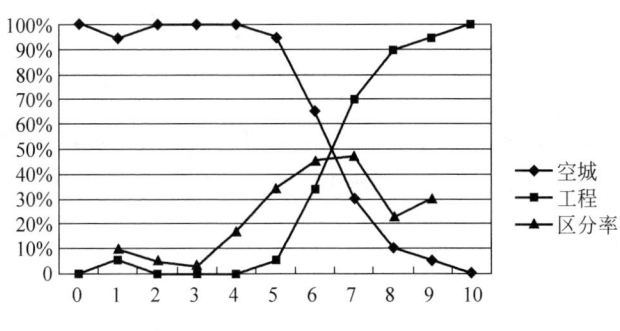

图5 "空城-工程"辨认及区分图

图5"空城-工程"组的听感分界在刺激6和刺激7之间,为53.6毫秒。界前曲线有轻微波动,界后曲线平滑。区分峰值出现在刺激6～8,为47.5%,比刺激5～7、7～9处的区分率分别高出12.5%和25%,区分效果良好。听感分界和区分峰值基本对应,区分峰值稍有后移。

3.1.2 后字对比组

(1)"不堪-不甘"

图6"不堪-不甘"组的听感分界在刺激7和刺激8之间为58.3毫秒。在刺激0～7处,"不堪"的辨认率稳定在90%以上,即在这一区间绝大部分人将该词听辨为送气词;到刺激8时候,"不堪"的辨认率骤降至10%,相应地,"不甘"辨认率陡升至90%。从刺激7到刺激8,辨认曲线有陡升和陡降,前后都维持稳定。区分

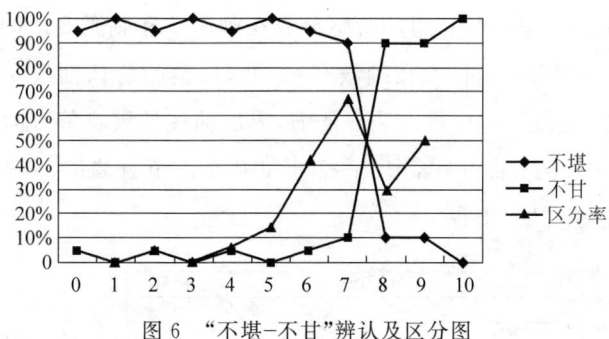

图 6 "不堪-不甘"辨认及区分图

峰值出现在刺激 6~8 为 67.5%,分别比刺激 5~7、7~9 处的区分率高出 25%和 37.5%。听感分界和区分峰值基本对应,区分峰值稍有前移。

(2)"分科-分割"

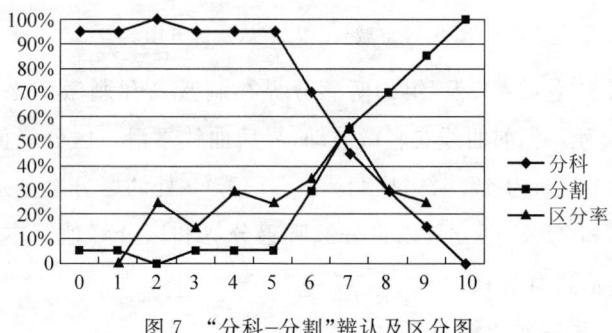

图 7 "分科-分割"辨认及区分图

图 7"分科-分割"组的听感分界在刺激 6 和刺激 7 之间,非常接近刺激 7。听感分界为 88.1 毫秒。在刺激 0~5 处,"分科"的辨认率均为 95%以上;在刺激 6 处,听辨为"分科"的人逐渐减少,辨认率从刺激 5 的 95%逐渐降至刺激 10 的 0。"分割"的辨认率则从刺激 5 的 5%渐次上升至刺激 10 处的 100%。辨认曲线在前半段保持平稳,刺激 6 处开始,呈平稳下降趋势。区分峰值出现在

刺激 6~8 为 57.5%，比刺激 5~7、7~9 处的区分率分别高出 22.5% 和 27.5%，区分效果显著，听感分界和区分峰值基本对应，区分峰值轻微后移。

(3)"大口-大狗"

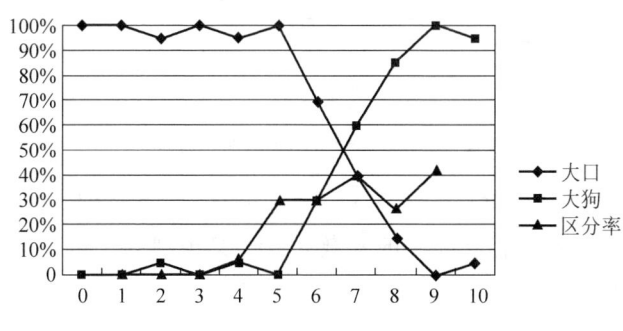

图 8 "大口-大狗"辨认及区分图

图 8"大口-大狗"组的听感分界在刺激 6 和刺激 7 之间，为 64.6 毫秒。在刺激 0~5 处，"大口"的辨认率维持在 95% 以上。从刺激 5 开始到刺激 9，"大口"的辨认率由 95% 逐渐降至 0，"大狗"的辨认率呈上升趋势，到刺激 9 升至 100%。到刺激 10，辨认曲线出现了轻微的回升。在刺激 6~8 处出现了一个区分峰值 40%，比刺激 5~7、7~9 处的区分率高出 10%、12.5%，但随后在刺激 8~10 处，又出现一个峰，数值为 42.5%。听感分界和区分峰值基本对应，区分峰值轻微后移。

(4)"天空-天公"

图 9"天空-天公"组的听感分界在刺激 7 和刺激 8 之间为 55.9 毫秒，在刺激 0~5 处，"天空"的辨认率为 95% 以上。从刺激 6 开始，"天空"的辨认率下降至 5%，"天公"的辨认率上升至 95%。界前曲线平缓稍有波动，界后曲线斜率陡增。在刺激 6~8

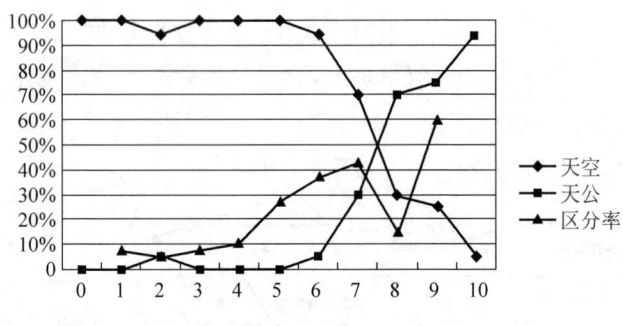

图 9 "天空-天公"辨认及区分图

出现了一个区分峰值 42.5%,比刺激 5~7、7~9 处的区分率高出 15% 和 27.5%,但在随后的刺激 8~10 又出现一个更高的峰值,为 60%。

3.2 小结

我们把以上分析结果的数据汇集为表 3。并且分类列出表 4、表 5、表 6,以便于对照比较。

表 3 普通话舌根塞音 /k/-/kʰ/ 听辨结果

组别	实验词	听感分界（ms）	分界点位置比例（%）	区分峰值位置刺激对	区分峰值（%）
前字对比组	考订-搞定	46.8(7~8)	23.6	6~8	65
	客人-个人	81.2(6~7)	40.5	5~7	57.5
	口粮-狗粮	46.8(7~8)	26.6	5~7、7~9	42.5
	空城-工程	53.6(6~7)	44.0	6~8	47.5
后字对比组	不堪-不甘	58.3(7~8)	15.3	6~8	67.5
	分科-分割	88.1(6~7)	31.9	6~8	57.5
	大口-大狗	64.6(6~7)	33.3	8~10	42.5
	天空-天公	55.9(7~8)	22.8	8~10	60

表 4 不同后接元音区分峰值、分界点位置比例

后接元音		/a/	/ə/	/ɤ/	/u/
区分峰值(%)	前字组	65	42.5	57.5	47.5
	后字组	67.5	42.5	57.5	60
分界点的位置比例(%)	前字组	23.6	26.6	40.5	44.0
	后字组	15.3	33.3	31.9	22.8

表 5 各组区分峰值百分比及峰值位置

前字组	口粮-狗粮 42.5%(5~7、7~9)	客人-个人 57.5%(5~7)	空城-工程 47.5%(6~8)	考订-搞定 65%(6~8)
后字组	大口-大狗 42.5%(6~8、8~10)	分科-分割 57.5%(6~8)	天空-天公 60%(8~10)	不堪-不甘 67.5%(6~8)

表 6 各组分界点位置比例(不送气字 VOT 百分比)

前字组	考订-搞定 23.6%	口粮-狗粮 26.6%	客人-个人 40.5%	空城-工程 44.0%
后字组	不堪-不甘 15.3%	大口-大狗 33.3%	分科-分割 31.9%	天空-天公 22.8%

四、讨论

由表 2 可知,前后字的位置对区分峰值的百分比影响不大,但舌根塞音受到其后接元音的影响。在前后字对比组中,区分峰值百分比都是低元音 a 的数值最大。在前后字对比组中,分界点位置比例都是低元音 a 的数值最小。

区分峰值和听感分界的比例在前后字组的位置上表现出一些差异,如:ke-ge、kou-gou 的听辨中,后字对比组(6~8)的区分峰值位置比前字对比组(5~7)靠后。

由表6可知,各组的分界点位置比例均小于50%,即不送气音的听感范围比较小,送气音的听感范围比较大。因此,在舌根塞音/k/-/k^h/的听感实验中,被试的选择均向送气音倾斜。

五、结语

本节运用范畴感知的方法,通过辨认实验和区分实验考察了普通话舌根塞音/k/-/k^h/的听感分界,实验结果表明,塞音声母的后接元音对送气/不送气舌根塞音的感知有影响,前后字的位置也对舌根塞音区分界带的宽度有一定影响。送气音的听感范围比不送气音的听感范围更大。

第三节　中、韩学生汉语普通话送气/不送气舌尖塞音听感实验对比分析[*]

一、引言

关于汉语与韩语中舌尖塞音的声学特点及两者的异同,以往已有一些研究。如,高美淑(2001)采用VOT和送气时长参量对汉、韩塞音进行了声学上的对比。研究结果表明,汉、韩塞音按照

---

[*] 本节原发表于《实验语言学》2014年第2号,作者:付瑜、田弘瑶佳。

发音部位均可分为双唇、舌尖齿槽和舌根软腭三类,但汉语塞音构成送气与不送气的二元对立,韩语塞音则为松、紧、送气的三元对立。从 VOT 数据上看,韩语紧塞音与汉语不送气塞音相近;韩语送气塞音与汉语送气塞音相近;韩语松塞音从音位角度考虑属于不送气音,但声学表现上带有轻微送气,送气程度因人而异、随时不同,总体来看介于汉语送气音与不送气音之间。肖启迪(2010)使用语音格局的研究方法,考察初级水平韩国学习者的韩语塞音格局与汉语塞音格局,并与汉语母语者的汉语塞音格局进行对比分析,发现韩国学习者能够较好地区分汉语送气音与不送气音两个音位范畴,但受母语发音松紧特征的影响,其产出的塞音与汉语母语者相比,存在着发音松紧上的差异。

从声学角度来看,汉、韩塞音系统存在相似之处,初级阶段的韩国学习者就已经能在发音上较好地区分开汉语塞音送气与不送气的音位特征。那么在听觉感知方面,他们的表现会与汉语母语者有哪些异同呢?本节即旨在探索以韩语为母语的汉语学习者对现代汉语普通话舌尖送气与不送气塞音的听感分界特点,以及他们与汉语母语者之间的差异。本研究选取双音节真词为实验材料,使用 Praat 软件合成刺激音,通过 E-prime 软件完成辨认实验和区分实验。

二、实验概述

2.1 实验设计:找到/t/-/th/听感分界位置

2.1.1 舌尖塞音送气不送气的两个实验

1) 汉语母语者对现代汉语普通话舌尖送气与不送气塞音的

听觉感知实验。

2) 以韩语为母语的汉语学习者对现代汉语普通话舌尖送气与不送气塞音的听觉感知实验。

2.1.2 实验语料

选取双音节真词有以下三点原则:1)词语使用频率基本一致;2)词语结构或音节结构基本一致;3)尽量避免使用零声母词。

实验词:前字对比组为"碳水-淡水、通讯-冬训、提示-敌视、挺住-顶住、兔子-肚子、退换-兑换";后字对比组为"分摊-分担、交通-胶东、乞讨-祈祷、开拓-开舵、拼图-拼读、远眺-远调"。

2.1.3 发音人和被试

两组实验被试听到的语料相同,发音人为女性,北京人,南开大学学生。录音地点为南开大学语音实验室,录音软件为Cooledit。实验1的被试为20名南开大学的在校生,都是北方方言背景,男女各半。实验2的被试为南开大学的韩国留学生,共22人,都会讲韩国标准语,汉语为中级以上水平。实验保留有效样本20人,男女各10人。所有被试无视力、听力障碍。

2.2 实验方法

以送气音词对为基础语料,通过改变送气声母的VOT值合成刺激音。具体操作为,首先根据不同目标字VOT时长的不同,用送气音的VOT时长减去不送气音的VOT时长,所得差值平均分成10份,依次在频谱图上对送气音的VOT进行剪切。每组词对合成11个刺激音,刺激音合成用Praat 5.3完成。

使用E-prime软件完成辨认实验和区分实验。在正式实验开始前,被试需要进行练习。正式实验的流程如下:注视点→被试按空格开始→播放提示音→播放刺激音→显示选项画面→被试按键选择,同时选择界面消失,再次出现注视点。

辨认实验包括132个刺激音。在按键反应页面中设计了两种选项呈现顺序,分别为正序情况和反序情况,正序为送气音词在前,反序为送气音词在后。(X的辨认率=选X的数/总选择数)

区分实验包括216对刺激音。播放时每对刺激音中两刺激音相隔500毫秒。区分实验采用AX式,采用间隔一个刺激音相对比的方法。我们设定了两种刺激音播放模式:一种是VOT时长较长的刺激音在前,一种是VOT时长较短的刺激音在前。同时,根据按键反应页面选项的显示顺序,也将实验分为两组,表现为"不同-相同"和"相同-不同"。(区分率=选不同的数量/总选择数)

三、辨认、区分曲线对比

3.1 前字组

3.1.1 碳水-淡水

表1 第1~11个刺激VOT值(单位:毫秒ms,下同)

1	2	3	4	5	6	7	8	9	10	11
98	89.9	81.8	73.7	65.6	57.5	49.4	41.3	33.2	25.1	17

图1中国学生"碳水-淡水"的听感分界为34.6毫秒,在刺激8和刺激9之间。辨认曲线从刺激7处的90%依次呈下降趋势,直到刺激11处降至0。交点前后曲线平滑。区分峰值为73%,出

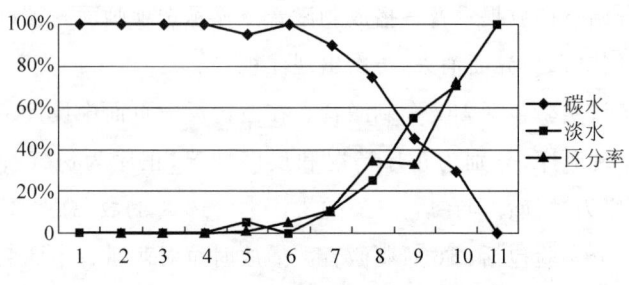

图 1 "碳水-淡水"的峰界对应图-中国

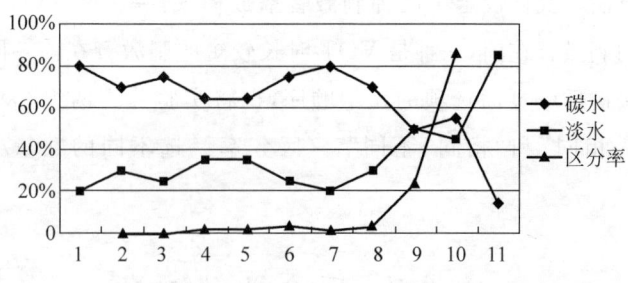

图 2 "碳水-淡水"的峰界对应图-韩国

现在刺激对 9～11 处。图 2 韩国学生的辨认曲线有两个交点,分别出现在刺激 9、刺激 10 和刺激 11 之间,为 24.1 毫秒。区分峰值在刺激对 9～11 处,为 88%。

从刺激 1 到刺激 4,中国学生"碳水"的辨认率始终为百分之百,韩国学生则呈现很大的波动性,从刺激 1 到刺激 8,辨认率都低于中国学生,辨认曲线的分离度也小于中国学生。区分曲线从刺激对 1～3 到刺激对 6～8,中韩学生的走向基本一致,但是到刺激对 9～11 处的区分峰值,韩国学生比中国学生高出了 15 个百分点。

3.1.2 提示-敌视

表 2 第 1~11 个刺激 VOT 值

1	2	3	4	5	6	7	8	9	10	11
126	115.3	104.6	93.9	83.2	72.5	61.8	51.1	40.4	29.7	19

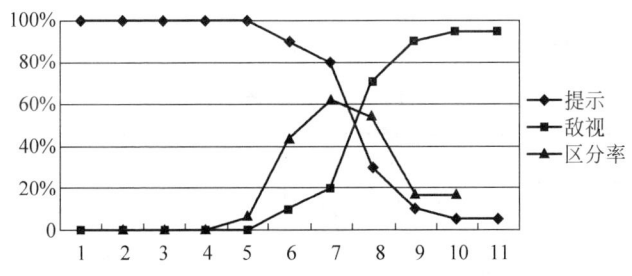

图 3 "提示-敌视"的峰界对应图-中国

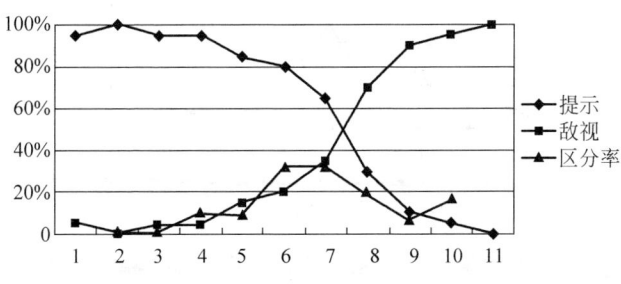

图 4 "提示-敌视"的峰界对应图-韩国

图 3 中国学生"提示-敌视"的听感分界在刺激 7 和刺激 8 之间,为 55.4 毫秒。辨认曲线从刺激 7 处的 80% 陡然降到刺激 8 处的 30%,随后呈平稳态势依次下降。区分峰值出现在刺激 6~8 处,为 63%,区分峰值和听感分界的位置基本对应,稍有前移,区

分效果较为显著。图 4 韩国学生的听感分界为 57.2 毫秒,在刺激 7 和刺激 8 之间。区分峰值出现在刺激对 5～7 和 6～8 处,为 33%。区分峰值的位置比听感分界略微前移。

"提示-敌视"的辨认曲线差别不大,分界点位置比例中国学生为 34%,韩国学生为 35.7%,比较接近。但是中国学生的区分峰值为 63%,明显高于韩国学生。

3.1.3 挺住-顶住

表 3 第 1～11 个刺激 VOT 值

1	2	3	4	5	6	7	8	9	10	11
102	93.6	85.2	76.8	68.4	60	51.6	43.2	34.8	26.4	18

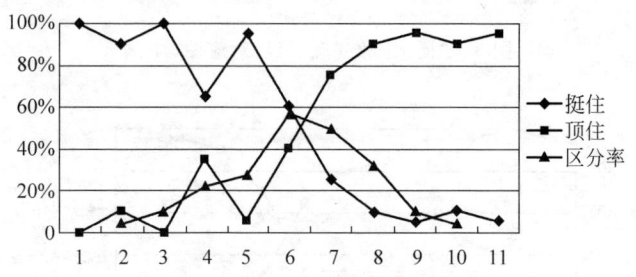

图 5 "挺住-顶住"的峰界对应图-中国

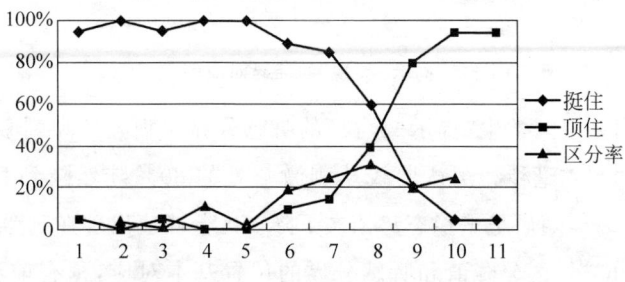

图 6 "挺住-顶住"的峰界对应图-韩国

图5中国学生"挺住-顶住"的听感分界在刺激6到刺激7之间,为57.6毫秒。辨认曲线在刺激4处出现了较大波动,随后呈缓慢下降的趋势,界后曲线相对平缓。区分峰值出现在刺激5~7处,为58%,区分效果较为显著。图6韩国学生的听感分界为41.1毫秒,在刺激8和刺激9之间,界前界后曲线都比较平稳。区分峰值出现在7~9刺激对,为33%。

中国学生听感分界的位置比韩国学生靠前,交点前后的斜率小于韩国学生,区分峰值为58%,高于韩国学生的33%,峰值位置也比韩国学生的前移。

3.1.4 通讯-冬训

表4 第1~11个刺激 VOT 值

1	2	3	4	5	6	7	8	9	10	11
75	68.4	61.8	55.2	48.6	42	35.4	28.8	22.2	15.6	9

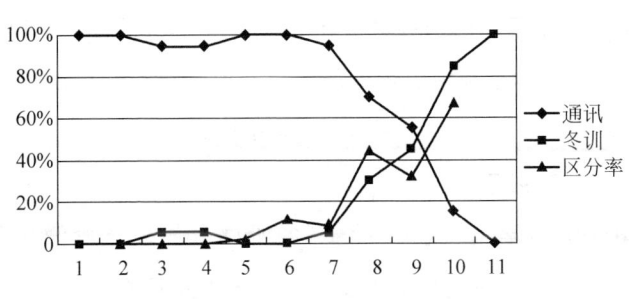

图7 "通讯-冬训"的峰界对应图-中国

图7中国学生"通讯-冬训"的听感分界位于刺激9到刺激10之间,为21.3毫秒。辨认曲线从刺激8处开始逐渐下降,到刺激11处降至0。界前和界后的曲线相对平滑。区分曲线在刺激7~

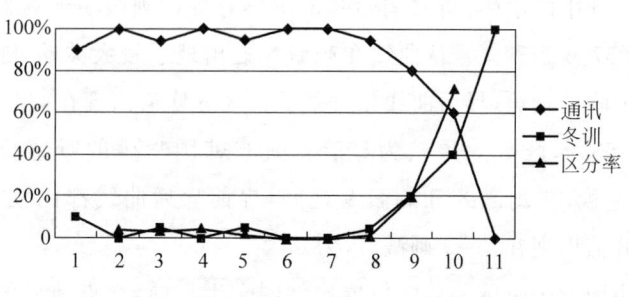

图 8 "通讯-冬训"的峰界对应图-韩国

9 处达到一个小高峰,为 48%,在刺激 8~10 处有所下降,随后在刺激 9~11 处达到顶峰,区分峰值为 68%。区分峰值比听感分界位置略微后移。图 8 韩国学生的听感分界位于刺激 10 和刺激 11 之间,为 14.5 毫秒。区分曲线的峰值出现在刺激对 9~11 处,为 73%,区分峰值和听感分界位置基本对应。

辨认曲线从刺激 1 到刺激 7 两组被试差别不大,从刺激 8 处开始中国学生下降的趋势略明显于韩国学生,最后都在刺激 11 处达到 0。韩国学生和中国学生的区分峰值都出现在刺激对 9~11 处,但韩国学生的峰值比中国学生高出了 5%。

3.1.5 兔子-肚子

图 9 中国学生"兔子-肚子"的听感分界位于刺激 8 处,为 35.3 毫秒。辨认曲线从刺激 6 处开始逐渐呈下降趋势,到刺激 10 和刺激 11 处,下降至 0。界前界后曲线平滑。区分峰值出现在刺激对 6~8 处,为 48%,随后区分率一直保持在 40% 左右。图 10 韩国学生的听感分界为 32.6 毫秒,位于刺激 8 和刺激 9 之间。区分峰值在刺激对 7~9,为 60%。两组被试的区分峰值和听感分界

位置都基本对应,略有前移。

辨认曲线两组被试的基本相似,但韩国学生在听感分界前后的斜率稍大于中国学生。韩国学生的区分峰值为60%,高于中国学生,位置比中国学生后移。

表5 第1~11个刺激 VOT 值

1	2	3	4	5	6	7	8	9	10	11
92	83.9	75.8	67.7	59.6	51.5	43.4	35.3	27.2	19.1	11

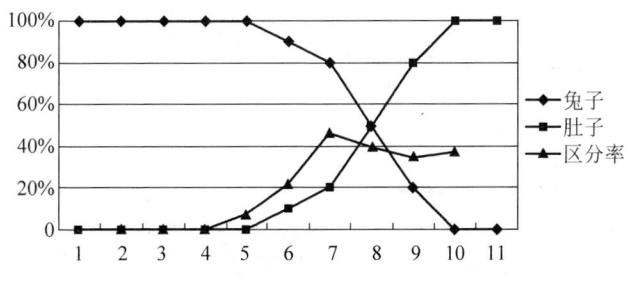

图9 "兔子-肚子"的峰界对应图-中国

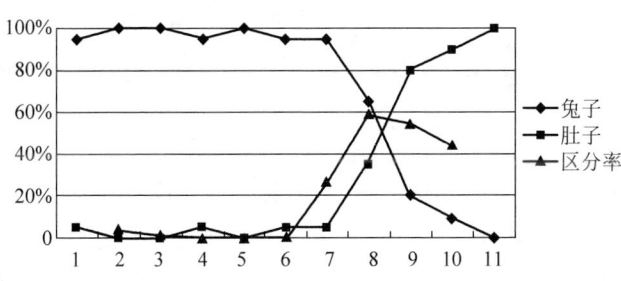

图10 "兔子-肚子"的峰界对应图-韩国

3.1.6 退换-兑换

表6 第1~11个刺激VOT值

1	2	3	4	5	6	7	8	9	10	11
85	77.7	70.4	63.1	55.8	48.5	41.2	33.9	26.6	19.3	12

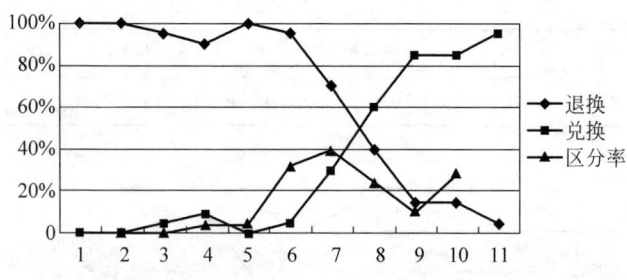

图11 "退换-兑换"的峰界对应图-中国

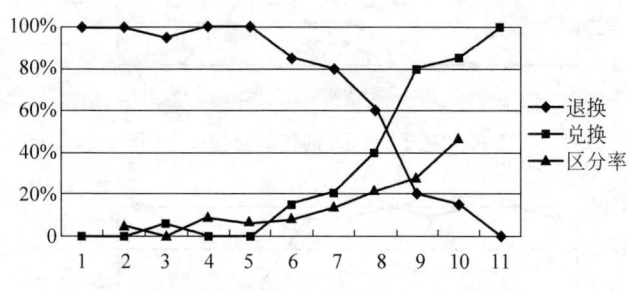

图12 "退换-兑换"的峰界对应图-韩国

图11中国学生"退换-兑换"的听感分界位于刺激7到刺激8之间,为36.3毫秒。辨认曲线在刺激1到刺激6处稍有波动,随后开始呈下降趋势,在刺激11处降至最低,为5%。区分峰值为40%,出现在刺激对6~8处,比听感分界位置稍有前移。图12韩国学生的听感分界在刺激8到刺激9之间,为32.1毫秒,区分峰值出现在刺激对9~11处,为48%。

两组被试的辨认曲线基本相似,中国学生在交点前后的斜率小于韩国学生。区分曲线呈现出很大的差异,中国学生的峰值在刺激对 6~8 处,比韩国学生峰值位置靠前,但峰值稍低。

3.2 后字组

3.2.1 分摊-分担

表 7 第 1~11 个刺激 VOT 值

1	2	3	4	5	6	7	8	9	10	11
100	91.4	82.8	74.2	65.6	57	48.4	39.8	31.2	22.6	14

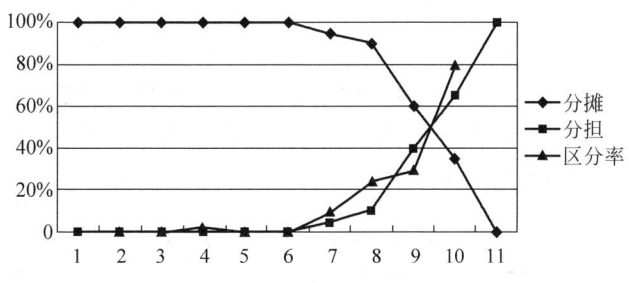

图 13 "分摊-分担"的峰界对应图-中国

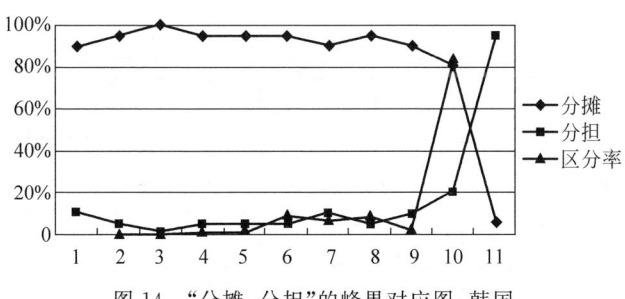

图 14 "分摊-分担"的峰界对应图-韩国

图 13 中国学生"分摊-分担"的听感分界在刺激 9 到刺激 10 之间,为 27.7 毫秒。区分曲线的峰值位于刺激对 9~11 处,为 80%。区分峰值和听感分界位置基本对应,稍有后移。图 14 韩国学生的听感分界为 19.2 毫秒,在刺激 10 和刺激 11 之间。区分率从刺激对 8~10 处陡升,区分峰值出现在刺激对 9~11 处,为 85%。区分峰值和听感分界位置基本对应。

中国学生的辨认曲线从刺激 8 处开始逐渐下降,在交点处的斜率小于韩国学生。两组被试的区分峰值都在刺激对 9~11 处,韩国学生的峰值比中国学生略高。

3.2.2 交通-胶东

图 15 中国学生"交通-胶东"的听感分界在刺激 9 处,为 30.8 毫秒。交点前后曲线平滑。区分曲线的峰值为 65%,出现在刺激 9~11 处,比辨认曲线的交点略微后移。图 16 韩国学生的听感分界在刺激 10 和刺激 11 之间,为 19.9 毫秒,和出现在刺激对 9~11 处的区分峰值基本对应。

表 8　第 1~11 个刺激 VOT 值

1	2	3	4	5	6	7	8	9	10	11
102	93.1	84.2	75.3	66.4	57.5	48.6	39.7	30.8	21.9	13

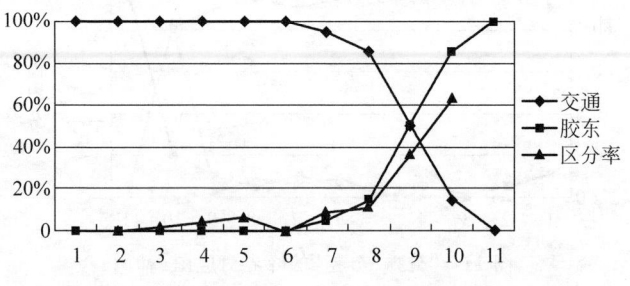

图 15　"交通-胶东"的峰界对应图-中国

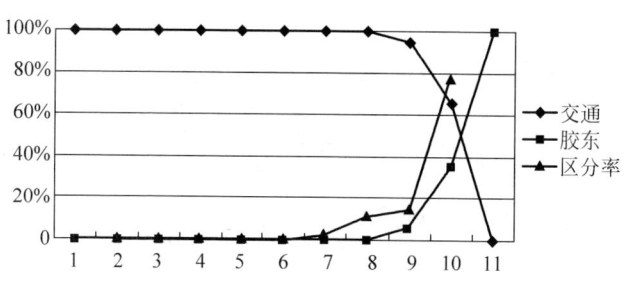

图 16 "交通-胶东"的峰界对应图-韩国

中国学生的辨认曲线在交点处的斜率小于韩国学生,听感分界的位置较韩国学生前移。两组被试的区分峰值都出现在刺激对 9～11 处,韩国学生的区分峰值略高。

3.2.3 开拓-开舵

表 9 第 1～11 个刺激 VOT 值

1	2	3	4	5	6	7	8	9	10	11
113	102.8	92.6	82.4	72.2	62	51.8	41.6	31.4	21.2	11

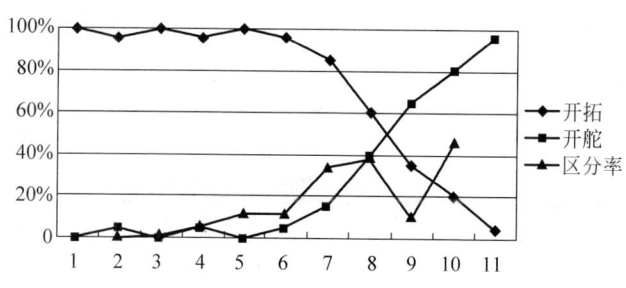

图 17 "开拓-开舵"的峰界对应图-中国

图 17 中国学生"开拓-开舵"的听感分界位于刺激 8 到 9 之间,为 37.5 毫秒。辨认曲线在刺激 1 到 6 处稍有波动,随后开始下降,从刺激 7 处的 85%一直降到刺激 11 处的 5%。界前和界后

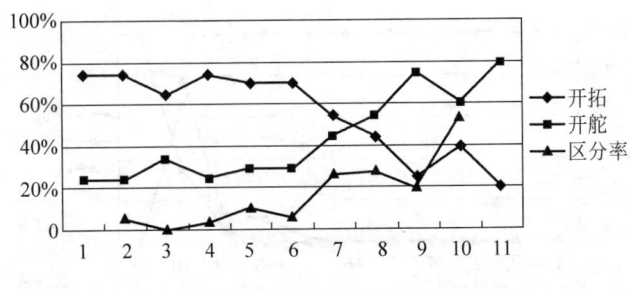

图 18 "开拓-开舵"的峰界对应图-韩国

曲线相对平滑。区分曲线在刺激 7～9 处达到一个小的高峰,为 40%,随后有所下降,在刺激 9～11 处达到顶峰,为 48%。图 18 从刺激 1 到刺激 6 韩国学生开拓的辨认率始终没有达到 80%,只在 75%～65% 浮动。听感分界位于刺激 7 和 8 之间,为 46.7 毫秒,界后曲线呈波动下降趋势,在刺激 11 处也没有达到 0,曲线的分离度较小。区分峰值在刺激对 9～11 处,为 55%。

从刺激 1 到刺激 9,韩国学生"开拓"辨认率都低于中国学生,交点前后斜率很小,辨认曲线分离度也小于中国学生。区分曲线中、韩学生的走向基本一致,但是刺激 9～11 处的区分峰值,韩国学生比中国学生高了 7%。

3.2.4 拼图-拼读

图 19 中国学生"拼图-拼读"的听感分界位于刺激 8 到刺激 9 之间,为 52.6 毫秒。区分曲线呈缓慢上升的趋势,在刺激对 9～11 处达到顶峰,为 45%。图 20 韩国学生的听感分界为 58.68 毫秒,在刺激 7 到刺激 8 之间,区分峰值也位于刺激 9～11 处,为 35%。

两组实验的辨认曲线走势大体一致,界点前后的曲线都很平滑,中国学生的听感分界比韩国学生的稍有后移。区分曲线的峰值都出现在刺激 9～11 处,中国学生的峰值略高于韩国学生。

第五章 汉语普通话辅音听辨

表 10 第 1~11 个刺激 VOT 值

1	2	3	4	5	6	7	8	9	10	11
126	115.8	105.6	95.4	85.2	75	64.8	54.6	44.4	34.2	24

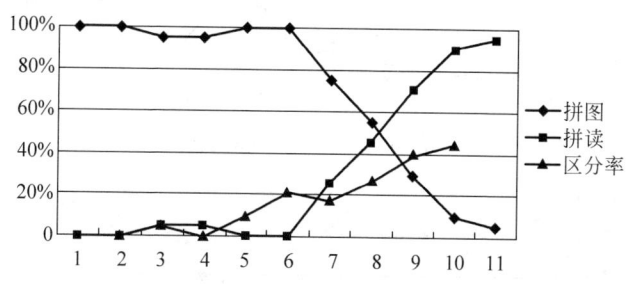

图 19 "拼图-拼读"的峰界对应图-中国

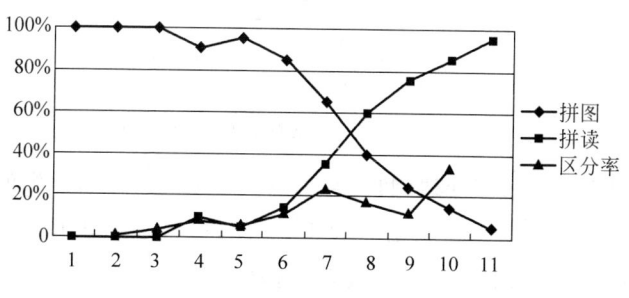

图 20 "拼图-拼读"的峰界对应图-韩国

3.2.5 乞讨-祈祷

表 11 第 1~11 个刺激 VOT 值

1	2	3	4	5	6	7	8	9	10	11
123	111.9	100.8	89.7	78.6	67.5	56.4	45.3	34.2	23.1	12

图 21 中国学生"乞讨-祈祷"的听感分界位于刺激 8 到 9 之间,为 37.9 毫秒。辨认曲线从刺激 7 处开始呈现下降趋势,从 90% 一直下降到刺激 11 处的 5%。交点前后曲线平滑。区分曲

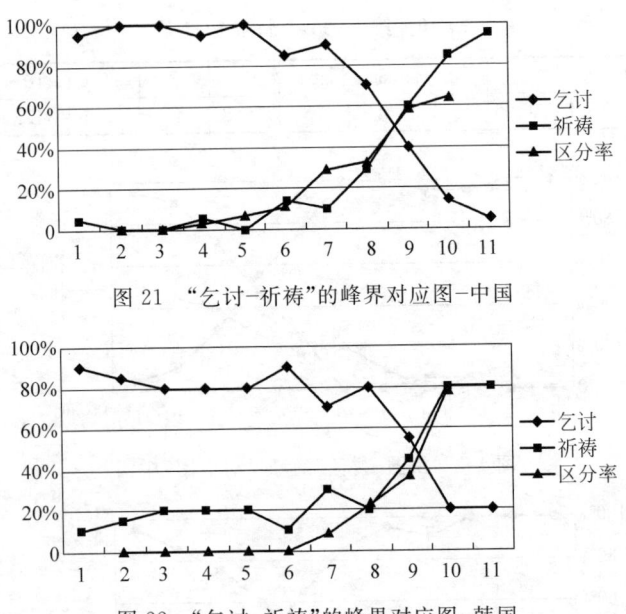

图 21 "乞讨-祈祷"的峰界对应图-中国

图 22 "乞讨-祈祷"的峰界对应图-韩国

线在刺激对 9~11 处达到顶峰,为 65%。图 22 韩国学生的听感分界为 32.6 毫秒,在刺激 9 和 10 之间,区分峰值出现在 9~11 处,为 80%。从刺激 1 到刺激 5,韩国学生"乞讨"的辨认率始终低于中国学生,在刺激 11 处,也没有达到百分之百,辨认曲线的分离度比中国学生小。区分峰值都出现在刺激 9~11 处,韩国学生的区分率比中国学生高出 15%。

3.2.6 远眺-远调

图 23 中国学生"远眺-远调"的听感分界在刺激 6 处,为 62 毫秒。区分峰值分别出现在刺激对 4~6 和 5~7 处,为 38%。图 24 韩国学生的听感分界在刺激 5 和 6 之间,为 65.3 毫秒。区分峰值也出现在刺激对 4~6 和 5~7 处,为 38%。两组实验的区分峰值和听感分界的位置基本对应,稍有前移。

中国学生和韩国学生辨认曲线的走势基本一致,只是在交点前后的斜率中国学生略小于韩国学生。区分曲线的峰值和位置两组实验结果没有差别。

表 12　第 1~11 个刺激 VOT 值

1	2	3	4	5	6	7	8	9	10	11
106	97.2	88.4	79.6	70.8	62	53.2	44.4	35.6	26.8	18

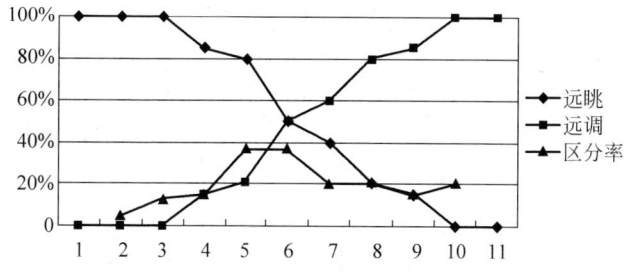

图 23　"远眺-远调"的峰界对应图-中国

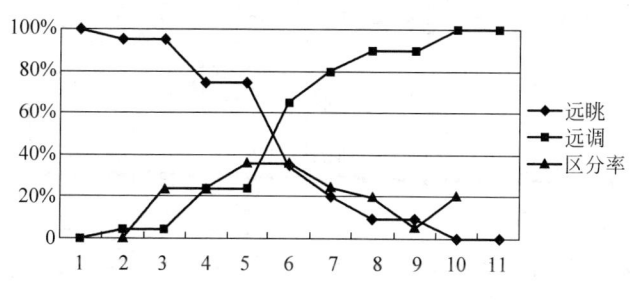

图 24　"远眺-远调"的峰界对应图-韩国

四、实验结果与分析

我们将中、韩学生辨认实验与区分实验结果总结为表 13:

表 13 中、韩学生辨认实验与区分实验结果（单位：毫秒峰值位置除外）

前字组	淡水 中	淡水 韩	通讯-冬训 中	通讯-冬训 韩	提示-敌视 中	提示-敌视 韩	挺住-顶住 中	挺住-顶住 韩	兔子-肚子 中	兔子-肚子 韩	退换-兑换 中	退换-兑换 韩
听感分界	34.6	24.1	21.3	14.5	55.4	57.2	57.6	41.4	35.3	32.6	36.3	32.1
边界宽度	17.55	26.33	12.87	8.8	12.31	20.5	12.6	10.29	13.49	9.9	13.14	11.86
分界点位置比例	22%	9%	19%	8%	34%	36%	47%	28%	29%	27%	33%	28%
区分峰值	73%	88%	68%	73%	63%	33%	58%	33%	48%	60%	40%	48%
峰值位置	9~11	9~11	9~11	9~11	6~8	5~7;6~8	5~7	7~9	6~8	7~9	6~8	9~11

后字组	分摊-分担 中	分摊-分担 韩	交通-胶东 中	交通-胶东 韩	乞讨-折磨 中	乞讨-折磨 韩	远眺-远调 中	远眺-远调 韩	拼图-拼读 中	拼图-拼读 韩	开拓-开舵 中	开拓-开舵 韩
听感分界	27.7	19.2	30.8	19.9	37.9	32.6	62	65.3	52.6	58.7	37.5	46.7
边界宽度	15.36	5.73	15.26	8.44	20.54	18.39	22.73	14.67	22.95	25.5	23.12	51
分界点位置比例	16%	6%	20%	8%	23%	19%	50%	54%	27%	32%	26%	35%
区分峰值	80%	85%	65%	78%	65%	80%	38%	38%	45%	35%	48%	55%
峰值位置	9~11	9~11	9~11	9~11	9~11	9~11	4~6; 5~7	4~6; 5~7	9~11	9~11	9~11	9~11

4.1 区分峰值

实验结果表明,中国学生听辨实验中区分峰值随后接元音的不同而存在以下趋势:塞音后接高元音的实验组,区分峰值较小;后接非高元音的实验组,区分峰值则较大。同时,元音的前后对区分峰值可能也有影响:前元音的区分峰值小,后元音的区分峰值大。但是这种影响没有元音高低的影响显著。

韩国学生的前字组也大体呈现出与中国学生相似的趋势,甚至有些表现更为明显:低元音前面的区分峰值往往高于中国学生。也就是后接低元音的区分峰值更大,后接高元音的区分峰值更小。

这可能与汉韩辅音系统的差异有关。从辅音的发音方法来看,汉韩两种语言中都有塞音、擦音和塞擦音,但其内部的区别特征有所不同。韩语塞音有汉语一样的送气和不送气区别,可是韩语的不送气音又分为紧音和松音。这样就成为送气音、不送气松音、不送气紧音三种类型。韩国学生的区分峰值高于中国学生,对于 VOT 和变化更敏感,可能是受到母语的影响,把塞音的三分迁移到了汉语里来。

4.2 分界点位置比例

分界点位置比例就是不送气音的听感范围。在中、韩学生的实验结果中,除"远眺-远调"这对词外,其余所有词对的分界点位置比例都小于 50%。这说明中国学生和韩国学生对/t//th/的听感均向送气音倾斜,也即不送气音的听感范围比较小,送气音的听感范围比较大。

中国学生和韩国学生在前字组均体现出很强的规律性,即后接高元音时,听感分界位置相对更靠近送气音一侧,即不送气音听感范围大些;后接低元音时,听感分界位置相对更靠近不送气音一侧,即送气音听感范围大些。我们分析认为,这是因为塞音后接低元音,开口度大,送气的程度强;而塞音后接高元音,口腔打开的程度小,送气的程度弱一些。因此后接低元音的刺激组,较容易被感知为送气音;后接高元音的刺激组,由于送气较弱不易被感知,因此往往需要更长的 VOT 方能被感知为送气音。[①] 韩国学生受到母语的迁移影响,表现更为显著。

4.3 边界宽度

从表 13 可看出,韩国学生边界宽度的规律性不明显,和中国学生相比有的大,有的小。可以说:中国学生的边界宽度总体来说比较稳定,变动范围在 12Hz~23Hz。韩国学生的边界宽度并不稳定,小的不及 10Hz,大的可达到 50Hz,可能是因为母语塞音三分的音位边界跟汉语不一致而造成。

4.4 辨认曲线的波动程度

中国学生的辨认曲线相比韩国学生更平滑,波动更少。这可

[①] 词对"通讯-冬训""交通-胶东"的情况比较特殊,其目标字韵母中的元音尚存在一些争论。《汉语拼音方案》将韵母 ong 的实际读音标写为/uŋ/;也有学者(如吴宗济,1992)认为韵母 Tong 中的元音是一个介乎高元音/u/与半高元音/o/之间的松元音/ʋ/,且其在 ong 中的发音要比它作为单元音出现时更低一些。近年来实验语音学对韵母 ong 的声学特征进行研究的结果(如石锋,2002a、200b;方庆蓉、施向东,2014)也表明,ong 中元音的发音舌位要低于高元音/i//u/。

能是汉语水平的不同造成的。汉语为中国学生的母语,这就使得中国学生的听辨结果更为统一,没有很大的起伏。而韩国学生虽然是中级2以上的水平,但是和中国学生比起来,对词语的掌握不牢固,导致结果有一定的随机性。

五、结语

总体来说,中国被试和韩国被试对普通话舌尖塞音/t//th/的感知是范畴化的,具体表现为两国被试在辨认实验结果中都能看到明显的听感边界,在区分实验里区分曲线均存在峰值,且辨认实验的听感边界位置同区分实验的区分峰值位置大致对应。

两组被试(除韩国学生"远眺-远调"这对词外),其余所有词对的分界点位置比例都小于50%,说明中国学生和韩国学生的听感均向送气音倾斜,即送气音/th/的听感范围大于不送气音/t/。

从区分峰值和分界点位置比例来看,韩国学生大都比中国学生表现更为明显,可能是受到韩语母语的影响,把塞音的三分迁移到了汉语里来。

从边界宽度来看,中国学生有较强的规律性,韩国学生的选择有随机的因素。这也可能是母语迁移的影响。

从辨认曲线波度的差异可以看到中国学生的母语跟韩国学生的第二语言的差异。

第四节 声母/n/-/l/分混的听感实验研究*

一、引言

/n/和/l/在现代汉语普通话中是两个不同的音位,它们分别主要来自于古泥母、来母。依照发音方法的不同将/n//l/定为鼻音和边音。在普通话中,鼻音/n/和边音/l/的分别非常明显,但有些方言中鼻音/n/和边音/l/常常发生混淆,而混淆的情况又各有不同。(袁家骅等,2001)在南京方言中,鼻音/n/和边音/l/的区分并不明显。

南京方言属于江淮方言区洪巢片,赵元任曾对南京音系做过调查,写成《南京音系》一文,指出在南京方言中,"/l/母略带鼻音,碰到/i/、/y/音时几乎变为/n/音"。孙华先根据这样的描写,认为"南京话声母中的/n/、/l/不是一个音位的两个自由变体,而是一个音位的两个条件变体"。

20世纪50年代,江苏省进行了一次方言普查,最后写成《江苏省与上海市方言概况》。在对南京方言声母进行描写时,指出"n、l不分,n 和 l 可以互换。总的来说,用 l 的时候比较多"。在描写声母时,只出现了/l/声母并没有出现/n/声母。《江苏省志·方

---

* 本节原发表于《实验语言学》2016年第1号,作者:张婧祎、时秀娟。

言志》对南京方言声母的描写同样只出现了/l/音位而没有出现/n/音位。

20世纪70年代,鲍明炜对南京话进行调查,在《六十年来南京方音向普通话靠拢情况的考察》中指出,南京话中的/n//l/分三种情况,"有的全是 l;有的全是 n;有的混用,l 占优势"。在鲍明炜的调查中已经有个别能区分/n//l/的情况,他推测南京方言"/n/、/l/互分的趋势将更加明显"。

随着普通话的进一步推广,在南京方言中本应相混的/n//l/产生了一些变化。潘丹婧在《新派南京话元音系统的实验研究》中提到,"新派已经有不少人能区分 n-,l-"。时秀娟、梁磊用鼻音计(Nasometer)对南京方言中的/n//l/进行了考察。在统计南京话鼻音声母与边音声母的总体鼻化度时发现,"南京话中鼻音声母与边音声母总体上是能区分开的。这似乎与传统上讲的'南京话 n、l 不分'不一致"。

本次实验将在前人研究的基础上,进一步考察普通话声母/n//l/在南京方言中的分混情况,试图找到南京人分辨/n//l/时的规律。

二、实验概述

2.1 实验词

本次实验为探究声母/n//l/在不同条件下的分混情况。在设计词表时,从现代汉语普通话中挑选实验词。所挑选的实验词对声母/n//l/均是成对出现的,且一对词语中只有声母不同。

2.2 实验设备

本次实验发音人为男性,老北京人,在安静的录音室中进行录音,录音软件为 Cooledit Pro 2.0,采样率为 22050Hz,16 位,单声道。后期用 Adobe Audition CS6 对录音文件进行切割和合并,最后用 E-prime 1.0 进行实验和数据收集,使用 Excel 对数据进行统计分析。

2.3 实验过程

本次实验中,被试听到的均为自然语音。实验分为单字组、双字组两部分。

在辨认实验中,单字组共有 56 对 112 个字音,如:脑-老,牛-刘。其中高频字 34 对,低频字 22 对。双字组共有 49 对 98 个词,如:恼人-老人。其中高频词 20 对,低频词 29 对。每次播放 1 个字或词,顺序随机。要求被试听音后在词对中做出选择。

在区分实验中,每次播放 1 对字音。在单字组中,成对的字音只是声母不同,韵母和声调均相同,例如"恋-念";在双字组中,对比字音只是声母不同,韵母、声调以及参照字均相同,例如"黏着-连着"。每对字词中的两个测试音相隔 500 毫秒,单字组共 130 对字音,双字组共 122 对刺激音。

本次实验为考察词频对声母 /n//l/ 听辨的影响,因此将单、双字组的辨认实验和区分实验分别分为两部分,一部分是单、双字组高频词的辨认和区分实验,另一部分为单、双字组低频词的辨认和区分实验。

2.4 被试

实验共有 22 位被试,均为南京人,语音属于新派。其中女性有 13 位,男性有 9 位,均为右利手,无视、听觉障碍,18~24 岁,父母均为南京人。实验最后获得 20 人的有效数据,女性 12 位,男性 8 位。

2.5 实验流程

实验采用 E-prime 1.0 来完成。每一实验正式开始前有练习部分(不计入数据统计)。

实验的具体流程为:注视点→被试按空格键→播放提示音→显示选择画面并播放刺激音→被试按键选择,同时选择界面消失→注视点再次出现。

2.6 实验参数

本次实验统计被试在不同条件下的选择正确率:即被试选择的结果和其听到的刺激音一致。计算公式为:正确率=选择正确数/总数。

在辨认实验中,"正确率"即为"辨认率";在区分实验中,"正确率"即为"区分率"。

三、单字组实验分析

3.1 单字组辨认实验

在不考虑韵母、声调、词频的条件下,我们统计了单字音声母

/n//l/的辨认率。声母/n/的辨认率为83.9%,声母/l/的辨认率为78.3%,声母/n/的辨认率比声母/l/更高。也就是说,在听感实验中,南京人在区分声母/n//l/时更容易将声母/l/听为声母/n/。

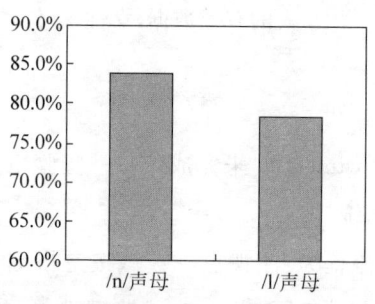

图1 单字组总体辨认率

表1 在不同韵母、声调条件下的辨认率

声母	开口呼	合口呼	齐齿呼	撮口呼
/n/	82.3%	80.7%	88.1%	83.3%
/l/	77.3%	82.1%	79.3%	80.8%
声母	阴平	阳平	上声	去声
/n/	83.9%	84.1%	83.1%	84.6%
/l/	86.1%	73.6%	77.5%	79.6%

在不同韵母的条件下,/n/声母后韵母为齐齿呼的辨认率最高,为88.1%;开口呼、合口呼、撮口呼的辨认率相差不大,其中合口呼的辨认率最低,为80.7%;撮口呼的辨认率高于开口呼。/l/声母后韵母为合口呼的辨认率最高为82.1%,开口呼的辨认率最低为77.3%,撮口呼的辨认率高于齐齿呼。

在不同声调的条件下,/n/声母的辨认率相差不大,声调为去声时/n/的辨认率最高为 84.6%,声调为上声时辨认率最低为 83.1%,阳平的辨认率高于阴平。/l/声母相差比较大,在声调为阴平时的辨认率最高,为 86.1%,声调为阳平时的辨认率最低,为 73.6%,去声的辨认率高于上声。

表 2　不同词频在不同韵母、声调条件下的辨认率

	声母	开口呼	合口呼	齐齿呼	撮口呼
高频词	/n/	83.4%	78.5%	87.7%	88.2%
	/l/	71.6%	83.8%	78.4%	73.8%
	声母	阴平	阳平	上声	去声
	/n/	86.8%	83.4%	84.2%	86.4%
	/l/	82.5%	74.8%	76.3%	79.1%
低频词	声母	开口呼	合口呼	齐齿呼	撮口呼
	/n/	82.0%	97.4%	91.1%	76.3%
	/l/	82.3%	72.5%	82.0%	95.0%
	声母	阴平	阳平	上声	去声
	/n/	85.3%	94.7%	82.1%	86.5%
	/l/	87.5%	57.5%	80.0%	84.7%

3.1.1　高频词

高频词在不同韵母的条件下,/n/声母后韵母为撮口呼时的辨认率最高,为 88.2%;韵母为合口呼时的辨认率最低,为 78.5%;齐齿呼的辨认率高于开口呼。/l/声母后韵母为合口呼时的辨认率最高,为 83.8%;韵母为开口呼时的辨认率最低,为 71.6%;齐齿呼的辨认率高于撮口呼。

高频词在不同声调的条件下,声母/n/四个声调的辨认率相差不大。声调为阴平时/n/声母的辨认率最高,为 86.8%;为阳平时辨认率最低,为 83.4%;去声的辨认率高于上声。声母为/l/时四个声调的辨认率相差较大。声调为阴平时/l/声母的辨认率为

82.5%,为阳平时辨认率最低,为74.8%;去声的辨认率高于上声。

3.1.2 低频词

低频词在不同韵母的条件下,/n/声母后韵母为合口呼时的辨认率最高,为97.4%;韵母为撮口呼时的辨认率最低,为76.3%;齐齿呼的辨认率高于开口呼。/l/声母后韵母为撮口呼时的辨认率最高,为95%;韵母为合口呼时的辨认率最低,为72.5%;开口呼和齐齿呼的辨认率相差不大,但开口呼的辨认率略高于齐齿呼。

低频词在不同声调的条件下,声母/n/在声调为阳平时的辨认率最高,为94.7%;为上声时辨认率最低,为82.1%,去声的辨认率高于阴平。声母/l/在声调为阴平时的辨认率最高,为87.5%;为阳平时的辨认率最低,为57.5%;去声的辨认率高于上声。

3.2 单字组辨认实验小结

从以上的分析来看,南京人在听辨声母/n//l/时,在各种条件下均存在声母/n//l/相混的情况,即同时存在着将声母/n/听为声母/l/、将声母/l/听为声母/n/这两种情况。从总体上看,声母/n/的辨认率比声母/l/更高,也就是说,南京人在区分声母/n//l/时更容易分出声母/n/,更容易将声母/l/听为声母/n/。

3.3 单字组区分实验

在不分条件的情况下,南京人声母/n//l/的区分率为79.3%。也就是说,当声母/n/和声母/l/先后同时出现时,南京人会有

20.7%的可能性不区分这两个声母。

表3 在不同韵母、声调条件下的区分率

开口呼	合口呼	齐齿呼	撮口呼
72.3%	79.3%	85.8%	86.7%
阴平	阳平	上声	去声
77.1%	79.5%	76.5%	82.4%

在不同韵母的条件下,韵母为撮口呼的区分率最高,为86.7%;韵母为开口呼的区分率最低,为72.3%;齐齿呼的区分率高于合口呼。从表格中还可以看出,齐齿呼和撮口呼的区分率均为80%以上,合口呼和开口呼的区分率在80%以下。

在不同声调的条件下,声调为去声时的区分率最高为82.4%,为上声时的区分率最低为76.5%;阳平的区分率高于阴平。在这四个声调中,只有去声的区分率在80%以上,阴平、阳平和上声的区分率均低于80%。

表4 不同词频在不同韵母、声调条件下的区分率

	开口呼	合口呼	齐齿呼	撮口呼
高频词	76.2%	80.6%	86.0%	85.7%
	阴平	阳平	上声	去声
	85.0%	80.4%	78.1%	83.9%
低频词	开口呼	合口呼	齐齿呼	撮口呼
	70.0%	77.5%	87.5%	95.0%
	阴平	阳平	上声	去声
	74.0%	67.5%	74.0%	80.3%

3.3.1 高频词

高频词在不同韵母的条件下,韵母为齐齿呼的区分率最高,为86.0%;韵母为开口呼的区分率最低,为76.2%;撮口呼的区分率高于合口呼。从表格中可以看出,齐齿呼和撮口呼的区分率均在85%以上,和合口呼、开口呼的区分率相差较大。

高频词在不同声调的条件下,声调为阴平时的区分率最高,为85%;声调为上声时的区分率最低为78.1%;去声的区分率高于阳平。在这四个声调中,只有上声的区分率低于80%,其余三个声调的区分率均在80%以上。

3.3.2 低频词

低频词在不同韵母的条件下,韵母为撮口呼时的区分率最高,为95%;韵母为开口呼的区分率最低为70%;齐齿呼的区分率高于合口呼。撮口呼和齐齿呼的区分率均高于85%,同样和合口呼、开口呼的区分率相差较大。

低频词在不同声调的条件下,声调为去声时的区分率最高,为80.3%;声调为阳平时的区分率最低,为67.5%;上声和阴平的区分率相同,均为74%。

3.4 单字组区分实验小结

从单字组区分率的统计结果可以看出,齐齿呼、撮口呼的区分率均高于开口呼和合口呼,出现这样的现象和声母/n//l/的发音部位有关。在和开口呼、合口呼韵母相拼时,声母/n//l/的发音部位、嘴唇圆展相差不大;在和齐齿呼、撮口呼相拼时,声母/n//l/的发音部位、嘴唇圆展相差较大。

四、双字组实验分析

4.1 双字组辨认实验

在不区分对比字位置的情况下,/n/声母的总体辨认率为89.3%,/l/声母的总体辨认率为82.8%,/n/声母的总体辨认率高于/l/声母。

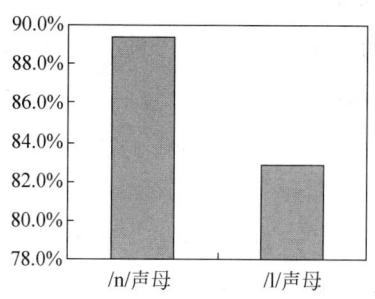

图 2 双字组总体辨认率

表 5 在不同参照字条件下的总体辨认率

声母	前字组	后字组
/n/声母	87.6%	91.8%
/l/声母	83.3%	83.9%

当对比字在前时,声母/n/的辨认率为87.6%,声母/l/的辨认率为83.3%;当对比字在后时,声母/n/的辨认率为91.8%,声母/l/的辨认率为83.9%。以对比字为变量,声母/n/和声母/l/后字组的辨认率均高于前字组。声母/n/表现更为明显。

表 6　不同词频在不同参照字条件下的辨认率

	声母	前字组	后字组
高频词	/n/声母	88.5%	88.9%
	/l/声母	78.0%	84.4%
	声母	前字组	后字组
低频词	/n/声母	86.8%	93.9%
	/l/声母	87.5%	83.5%

4.1.1　双字组高频词

当对比字在前时,声母/n/的辨认率为 88.5%,声母/l/的辨认率为 78.0%;当对比字在后时,声母/n/的辨认率为 88.9%,声母/l/的辨认率为 84.4%。尽管声母/n/前、后字组的差异不大,但是和声母/l/相同,均是后字组的辨认率高于前字组。

4.1.2　双字组低频词

当对比字在前时,声母/n/的辨认率为 86.8%,声母/l/的辨认率为 87.5%;当对比字在后时,声母/n/的辨认率为 93.9%,声母/l/的辨认率为 83.5%。

双字组低频词声母/n//l/的辨认情况不一致。声母/n/后字组的辨认率高于前字组,声母/l/前字组的辨认率高于后字组。

4.2　双字组辨认实验小结

尽管在低频词中,声母/l/的辨认出现前字组辨认率高于后字组的情况,但是从总体上来看,后字组的辨认率高于前字组。同时,双字组总体辨认结果和单字组一致,二者均是声母/n/的辨认率高于声母/l/。也就是说,当先后出现两个分别带有声母/n/和声母/l/的词语时,南京人更容易将声母/l/听为声母/n/。

4.3 双字组区分率

在不区分参照字位置、词频的情况下,双字组的总体区分率为82.2%。其中,前字组的区分率为78.8%,后字组的区分率为87.5%,后字组的区分率高于前字组。

表7 不同词频在不同参照字条件下的区分率

	前字组	后字组
高频词	78.3%	92.1%
低频词	78.3%	85.9%

在高频词中,对比在前时,声母/n//l/的区分率为78.3%;对比字在后时,声母/n//l/的区分率为92.1%。在低频词中,对比字在前时,声母/n//l/的区分率为78.3%;对比字在后时,声母/n//l/的区分率为85.9%。

无论是高频词还是低频词,后字组的区分率均高于前字组。这一结果和双字组辨认实验的结果基本一致。考虑到对比字的位置,我们认为后字组区分率高的原因在于参照字发挥了语义提示的作用。参照字在对比字前可以给被试提供一个预判的方向,他们可以更加准确地选出所听到的那个词。

五、总结

通过对南京话声母/n//l/的听辨结果分析发现新派南京人对声母/n//l/大多数可以比较明确地区分,但是还存在着一定程度的混淆。

在单字组的实验中,通过辨认实验和区分实验发现新派南京人在各种条件下均存在声母/n//l/相混的情况。从总体上看/n/声母的辨认率高于/l/声母,即新派南京人在听辨中更容易将/l/声母听为/n/声母。

在双字组的实验中,辨认实验和区分实验同样证明新派南京人在各种条件下均存在声母/n//l/相混的情况。考察对比字的位置,可以发现当对比字在后时,新派南京人对声母/n//l/的分辨均好于对比字在前时的情况。我们推测,这一结果受语义提示的影响。

第五节 鼻音韵尾/-n/和/-ŋ/分混的听感实验研究[*]

一、引言

在汉语方言的辅音韵尾中,/-n/、/-ŋ/这两个鼻音韵尾的覆盖面最广,从南到北,各地方言几乎都有。许多学者早就关注语音中部分/-n/和/-ŋ/韵尾的混同现象。王力(1979)归纳咸深山臻在现代汉语方言里九种不同的类型,并列出了典型的代表方言,为现代汉语方言中的/-m//-n//-ŋ/相混的情况给出了语音演变方面原因的线索。张燕芬(2009)以"汉语方言地图集数据库"

---

[*] 本节原发表于《实验语言学》2015年第2号,作者:谭力超、时秀娟。

930 个方言点共 165540 个阳声韵字为依据,将中古阳声韵韵尾在现代汉语方言中的读音类型分为八类:(1)/-m//-n//-ŋ/三分型,(2)/-n//-ŋ/两分型,(3)/-n/或/-ŋ/一个韵尾型,(4)鼻音韵尾与鼻化元音共存型,(5)鼻音韵尾与口元音共存型,(6)鼻音韵尾与鼻化元音、口元音共存型,(7)鼻化元音与口元音共存型,(8)口元音型。

本次实验被试的选取,依据上述八大类型。对(1)/-m//-n//-ŋ/三分型的广西南宁的白话和(2)/-n//-ŋ/两分型的普通话进行了统计分析,作为实验的初探,余下的类型有待进一步寻找被试完成实验。

实验的目的是,运用听感测试的方法,分析这两个类型的被试对汉语普通话鼻音韵尾/-n//-ŋ/感知的分混情况,并以类型(2)/-n//-ŋ/两分型作为参照,对比三分型的被试对鼻音韵尾/-n//-ŋ/的感知情况,找出/-m//-n//-ŋ/三分型被试在什么样的条件下比较容易出现前、后鼻尾相混的情况。

二、实验概述

2.1 实验词

本次实验所设计的词表包含单字、双字及语流三个方面。考察 an-ang、ian-iang、uan-uang、en-eng、in-ing、un-ong、ün-iong 七组词对在不同条件的分混情况。

单字组中,分为零声母音节和带清、浊声母音节的两个部分。其中的零声母音节部分设计为前鼻尾、后鼻尾和单元音的两两相比,如 an-ang-a 这样的对比对,将其两两相比,即得到 an-ang、an-a、ang-a 的三个对比组。具体例字为"安-阿、肮-阿、安-肮"。单字零声母音节主要考察主要元音和调类两个变量对前、后鼻尾听辨的影响。单字带清、浊声母音节则考察主要元音和声母两个变量。双字组中,主要考察对比字的位置、主要元音、参照字对前、后鼻尾听辨的影响,其中参照字分为清声母无鼻尾、清声母带鼻尾、浊声母无鼻尾、浊声母带鼻尾四种情况。如前字组有"班会-帮会、担心-当心",后字组有"开饭-开放、天坛-天堂"。语流中,将双字组中的前、后鼻尾词进行一一相对应,形成相对应的前、后鼻尾对比对,并将这些对比对嵌入到句子中,所以在语流中所考察影响前、后鼻尾听辨的因素与双字组一致。

2.2 实验语料

发音人是一名男性,老北京人,天津师范大学本科生,无口鼻咽喉障碍和阅读障碍,录音时发音人用自然语速朗读发音字表。录音在语音实验室进行,录音软件为 Cooledit Pro 2.0,采样标准为 11025Hz,16 位,单声道。

2.3 实验被试

类型(1)/-m//-n//-ŋ/三分型被试一共 22 人,均为广西南宁人,均以南宁白话为母语,平均年龄 25 岁,在剔除不认真被试后最终选用了 20 人的数据(男 10 人,女 10 人)。南宁白话属于粤语,是粤语 7 个方言片中邕浔片的代表点。

类型(2)/-n//-ŋ/两分型被试一共 20 人(男 10 人,女 10 人),均为北方方言背景,普通话标准,平均年龄 24 岁。

2.4 实验流程

实验分为辨认和区分两部分。正式开始前都有练习部分(不进入统计)。实验采用 E-prime 来完成。

流程:注视点→被试按空格键→播放提示音→显示选择画面并播放刺激音→被试按键选择,同时选择界面消失→注视点再次出现。

2.5 实验参数

正确率:在某种条件下的音中,被试选择正确的音的个数/该条件下的音的总个数。

在辨认实验中,"正确率"即为"辨认率";在区分实验中,"正确率"即为"区分率"。

三、/-n//-ŋ/两分型实验结果分析

3.1 辨认实验分析

3.1.1 单字零声母音节

将/-n//-ŋ/两分型 20 名被试的辨认实验数据汇总,得到单字零声母音节中前、后鼻尾和单元音在不同韵母和调类下的辨认率,数据见表1、表2。

表 1　单字零声母音节中的前、后鼻尾和单元音在不同韵母下的辨认率

		a	ia	ua	e	i	u	y
n-ng	n	100.00%	100.00%	100.00%	100.00%	92.50%	100.00%	100.00%
	ng	100.00%	100.00%	100.00%	65.00%	100.00%	100.00%	100.00%
n-a	n	100.00%	100.00%	100.00%	100.00%	100.00%	/	100.00%
	a	100.00%	100.00%	97.50%	100.00%	100.00%	/	100.00%
ng-a	ng	88.33%	100.00%	100.00%	100.00%	100.00%	/	100.00%
	a	100.00%	100.00%	100.00%	100.00%	100.00%	/	100.00%

注:阴影部分代表前鼻尾或后鼻尾或者单元音在某一条件下辨认率/区分率的最小值,后文相同。

通过上表可以发现,在前、后鼻尾的比较中,只出现了 en-eng 和 in-ing 的相混,其中 en-eng 的相混程度相较更高,eng 的辨认率为 65%,en 为 100%,被试倾向于选择前鼻尾;在 in-ing 的比较中,被试则倾向于选择后鼻尾。在前鼻尾与单元音的比较中,只出现了 uan-ua 的轻微相混。在后鼻尾与单元音的比较中,只出现了 ang-a 的相混,且被试倾向于选择单元音。

表 2　单字零声母音节中的前、后鼻尾和单元音在不同调类下的辨认率

		阴平	阳平	上声	去声
n-ng	n	98.89%	98.57%	100.00%	98.75%
	ng	96.11%	100.00%	100.00%	100.00%
n-a	n	100.00%	100.00%	100.00%	100.00%
	a	100.00%	100.00%	100.00%	98.75%
ng-a	ng	100.00%	100.00%	100.00%	93.57%
	a	100.00%	100.00%	100.00%	100.00%

在四个调类中,去声最容易出现前、后鼻尾和单元音的相混现象,唯有在去声中,三种比较类型的辨认率都不足 100%,其中去

声后鼻尾与单元音的相混程度最高,去声后鼻尾的辨认率最低,为93.57%。

3.1.2 单字非零声母音节

表3 单字非零声母音节中的前、后鼻尾在不同条件下的辨认率

	a	ia	ua	e	i	u	y
n	100.00%	100.00%	100.00%	100.00%	98.75%	100.00%	100.00%
ng	100.00%	100.00%	100.00%	100.00%	96.88%	100.00%	100.00%

	塞音	擦音	塞擦音	鼻音	非鼻
n	100.00%	100.00%	99.44%	100.00%	100.00%
ng	99.12%	100.00%	100.00%	98.33%	100.00%

当以韵母元音作为变量时,只出现了 in-ing 的相混。其中,ing 的辨认率相较更低,被试对后鼻尾的听辨相对较差。当以声母作为变量时,在鼻音声母的条件下,最容易出现前、后鼻尾的相混现象。

3.1.3 双字组

表4 双字组中前、后鼻尾的辨认率

	前字组	后字组
n	99.11%	100.00%
ng	99.29%	100.00%

当以对比字位置作为变量时,被试对前字组的听辨情况相对差一些,后字组前、后鼻尾的辨认率均达到了100%,所以不再对双字组的后字组进行分析。

表 5　前字组中的前、后鼻尾在不同条件下的辨认率

	a	ia	ua	e	i	u	y
n	100.00%	100.00%	100.00%	100.00%	96.25%	97.50%	100.00%
ng	100.00%	100.00%	100.00%	100.00%	95.00%	100.00%	100.00%

	清无鼻尾	清有鼻尾	浊无鼻尾	浊有鼻尾
n	100.00%	100.00%	100.00%	96.43%
ng	100.00%	98.57%	98.57%	100.00%

在前字组中，当以韵母元音为变量时，只出现了 in-ing 和 un-ong 的相混。其中，in-ing 的相混程度更高一些，并且被试对后鼻尾的听辨要差于前鼻尾。而在 un-ong 的比较中，则是对前鼻尾的听辨要差一些。

当以参照字作为变量时，当参照字为浊声母或者是带鼻尾时，比较容易出现前、后鼻尾的相混现象，其中参照字为浊声母且带鼻尾时，最容易出现前、后鼻尾的相混现象，并且被试对前鼻尾的听辨相较更差。

3.2　区分实验分析

3.2.1　单字零声母音节

将 /-n/ /-ŋ/ 两分型 20 名被试的区分实验数据汇总，得到单字零声母音节中前、后鼻尾和单元音在不同主要元音和调类下的区分率。

表 6　单字零声母音节中的前、后鼻尾和单元音在不同条件下的区分率

	a	ia	ua	e	i	u	y
n-ng	100.00%	100.00%	100.00%	100.00%	96.25%	100.00%	100.00%
n-a	100.00%	100.00%	100.00%	100.00%	100.00%	/	100.00%
ng-a	93.33%	100.00%	100.00%	100.00%	100.00%	/	100.00%

	阴平	阳平	上声	去声
n-ng	100.00%	100.00%	100.00%	98.13%
n-a	100.00%	100.00%	100.00%	100.00%
ng-a	100.00%	100.00%	100.00%	97.14%

当以韵母元音作为变量时，只出现了 in-ing 和 ang-a 的相混现象，被试对 ang-a 的区分相较更差一些。当以调类作为变量时，只出现了在去声中的相混，被试对后鼻尾与单元音的区分相较更差一些。

3.2.2　单字带声母音节

表 7　单字带声母音节中的前、后鼻尾在不同条件下的区分率

	a	ia	ua	e	i	u	y
n-ng	100.00%	100.00%	100.00%	100.00%	100.00%	100.00%	100.00%

	塞音	擦音	塞擦音	鼻音	非鼻
n-ng	100.00%	100.00%	100.00%	100.00%	100.00%

由表 7 可知，在两分型这一类型中，无论是以韵母元音作为变量，还是以声母作为变量，在区分实验中，均未出现单字带声母音节的前、后鼻尾的相混现象，其区分率均达到 100%。

3.2.3　双字组

表 8　双字组中前、后鼻尾的辨认率

	前字	后字
n-ng	99.46%	100.00%

当对比字位于后字时,区分率达到100%,未出现前、后鼻尾的相混现象。这和双字组的辨认实验是结果一致的,所以在分条件分析部分不再对双字组后字的区分实验结果进行分析。

表9 前字组中的前、后鼻尾在不同条件下的区分率

	a	ia	ua	e	i	u	y
n-ng	100.00%	100.00%	100.00%	100.00%	96.25%	100.00%	100.00%

	清无鼻尾	清有鼻尾	浊无鼻尾	浊有鼻尾
n-ng	100.00%	100.00%	100.00%	97.86%

在前字组中,当以对比字的主要元音作为变量时,只出现了 in-ing 相混的现象。当以参照字作为变量时,只出现了参照字为浊声母且带鼻尾时的对比字的前、后鼻尾相混现象。

3.3 语流实验分析

表10 语流中的前、后鼻尾的区分率

前字组	后字组
100.00%	100.00%

在语流中,在两分型这一该类型中,被试对前、后鼻尾的区分没有出错的情况,无论对比字位于前字还是后字,前、后鼻尾的区分率均达到100%。

3.4 /-n//-ŋ/两分型小结

在两分类型中,被试在前、后鼻尾分混的听辨实验和区分实验中出错较少,但在听感上也未能达到完全区分,在某些条件下仍然存在相混的现象。

(1) 在单字组中,零声母音节的辨认实验中,en-eng 相混程度最高,其次是 ang-a,in-ing 也容易出现相混的现象;然而在区分实验中,en-eng 的区分率却达到了 100%,同样还是 ang-a 和 in-ing 的区分率低于其他音节。在声调方面,在辨认和区分两组实验中,都是去声的前、后鼻尾和单元音相混程度最高。在带声母的音节中,鼻音声母的 in-ing 相混程度最高。

(2) 在双字组中,前、后鼻尾的相混只出现在前字组参照字为浊声母带鼻尾时,容易出现 in-ing 的相混情况。

(3) 在语流中,没有出现前、后鼻尾的相混情况。

四、/-m//-n//-ŋ/三分型实验结果分析

4.1 辨认实验分析

4.1.1 单字零声母音节

将/-m//-n//-ŋ/三分型 20 名被试的辨认实验数据汇总,得到单字零声母音节前、后鼻尾和单元音在不同韵母元音和调类下的辨认率。

表 11 单字零声母音节在不同韵母元音下的辨认率

		a	ia	ua	e	i	u	y
n-ng	n	100.00%	100.00%	100.00%	100.00%	77.50%	100.00%	100.00%
	ng	100.00%	100.00%	100.00%	100.00%	93.75%	100.00%	100.00%
n-a	n	100.00%	100.00%	100.00%	100.00%	100.00%	/	93.75%
	a	100.00%	100.00%	100.00%	100.00%	100.00%	/	100.00%
ng-a	ng	81.67%	96.25%	100.00%	100.00%	100.00%	100.00%	100.00%
	a	100.00%	100.00%	100.00%	100.00%	100.00%	/	100.00%

在前、后鼻尾的比较中,只出现了 in-ing 的相混,被试对前鼻尾的听辨较差,并倾向于选择后鼻尾。在前鼻尾与单元音的比较中,只出现了 ün-ü 的相混,被试对前鼻尾的听辨较差。在后鼻尾与单元音的比较中,出现了 ang-a 和 iang-ia 的相混,都是被试对后鼻尾的听辨较差。

表 12　单字零声母音节在不同调类下的辨认率

		阴平	阳平	上声	去声
n-ng	n	96.67%	97.86%	98.57%	94.38%
	ng	98.89%	100.00%	100.00%	96.71%
n-a	n	98.75%	100.00%	100.00%	98.13%
	a	100.00%	100.00%	100.00%	100.00%
ng-a	ng	100.00%	100.00%	100.00%	87.97%
	a	100.00%	100.00%	100.00%	100.00%

当以调类作为变量时,在去声最容易出现前、后鼻尾和单元音的相混现象,三种比较类型中,在去声中的辨认率在各自比较类型中都为最低,以去声的后鼻尾与单元音的相混程度最高。

4.1.2　单字带声母音节

以图 1 可以看到,当以韵母元音作为变量时,只出现了 in-ing 的相混,被试对后鼻尾的听辨不如前鼻尾,被试更倾向于选择前鼻尾。当以声母作为变量时,几乎在所有的声母条件下,都是后鼻尾的听辨不如前鼻尾。在浊声母尤其是鼻音声母的条件下,最容易出现前、后鼻尾的相混现象。

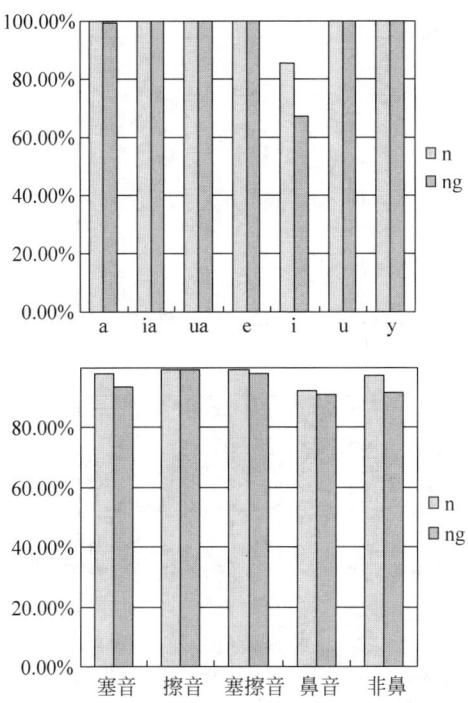

图 1 单字带声母音节中的前、后鼻尾在不同条件下的辨认率

4.1.3 双字组

表 13 双字组中前、后鼻尾的辨认率

	前字组	后字组
n	98.04%	97.86%
ng	97.50%	96.79%

当以对比字位置作为变量时,被试对后字组的听辨情况相对差一些。但无论是在前字组还是后字组中,都是对后鼻尾的听辨要更差一些。

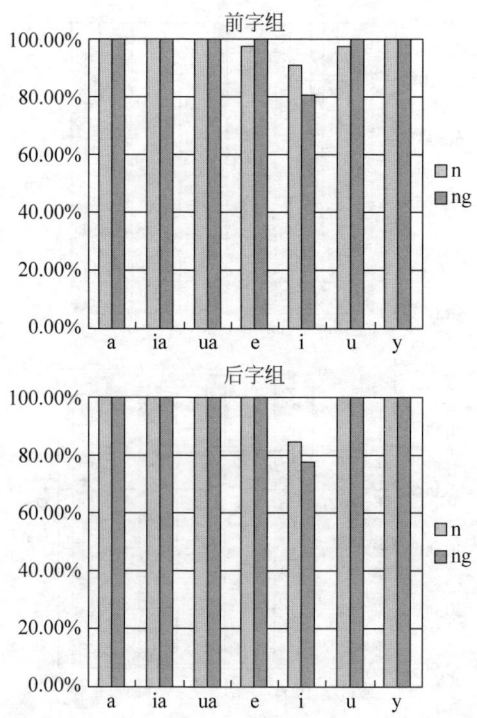

图 2 双字组中的前、后鼻尾在不同韵母元音下的辨认率

从图 2 中可以看到,当以韵母元音作为变量时,在前、后字组中,都是 in-ing 的相混程度最高,并且都是对后鼻尾的听辨不如前鼻尾。

从图 3 中可以看到,在前字组中,前鼻尾在浊声母带鼻尾的参照字前辨认率较差。后鼻尾正好相反,在浊声母带鼻尾的参照字前表现最好,辨认率为 100%。在后字组中,前鼻尾和后鼻尾都是在浊声母带鼻尾的参照字后面辨认率最高。

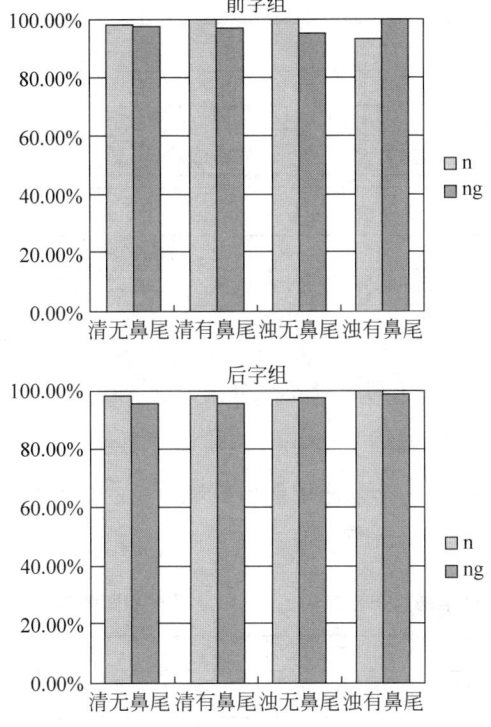

图 3 双字组中的前、后鼻尾在不同参照字下的辨认率

4.2 区分实验分析

4.2.1 单字零声母音节

将/-m//-n//-ŋ/三分型 20 名被试的区分实验数据汇总,得到单字零声母音节中前、后鼻尾和单元音在不同韵母元音和调类下的区分率。

表 14　单字零声母中的前、后鼻尾和单元音在不同条件下的区分率

	a	ia	ua	e	i	u	y
n-ng	100.00%	100.00%	100.00%	100.00%	100.00%	100.00%	100.00%
n-a	100.00%	100.00%	100.00%	100.00%	100.00%	/	100.00%
ng-a	83.33%	93.75%	100.00%	100.00%	100.00%	/	100.00%

	阴平	阳平	上声	去声
n-ng	100.00%	100.00%	100.00%	100.00%
n-a	100.00%	100.00%	100.00%	100.00%
ng-a	100.00%	100.00%	100.00%	89.29%

当以韵母元音作为变量时,只出现了 ang-a 和 iang-ia 的相混的现象,并且被试对 ang-a 的区分相较更差一些。当以调类作为变量时,只出现了在去声中的后鼻尾与单元音的相混。

4.2.2　单字带声母音节

表 15　单字带声母音节中的前、后鼻尾在不同条件下的区分率

	a	ia	ua	e	i	u	y
n-ng	100.00%	100.00%	100.00%	100.00%	85.63%	100.00%	100.00%

	塞音	擦音	塞擦音	鼻音	非鼻
n-ng	98.24%	99.33%	97.22%	97.50%	98.33%

当以韵母元音作为变量时,只出现了 in-ing 的相混。当以声母为变量时,在五种声母条件下均出现了前、后鼻尾的相混现象都没超过 3%。

4.2.3　双字组

表 16　双字组中前、后鼻尾的区分率

	前字	后字
n-ng	98.04%	100.00%

当对比字位于前字时,前、后鼻尾的区分率为 98.04%;当对比字位于后字时,区分率达到 100%。所以在分条件分析部分不再对双字组后字的区分结果进行分析。

表 17　前字组中的前、后鼻尾在不同条件下的区分率

	a	ia	ua	e	i	u	y
n-ng	100.00%	100.00%	100.00%	100.00%	86.25%	100.00%	100.00%

	清无鼻尾	清有鼻尾	浊无鼻尾	浊有鼻尾
n-ng	98.57%	100.00%	97.86%	95.71%

在前字组中,当以对比字的韵母元音作为变量时,只出现了 in-ing 相混的现象。当以参照字作为变量时,前、后鼻尾在不同参照字条件下的区分率排序为:浊声母有鼻尾＜浊声母无鼻尾＜清声母无鼻尾＜清声母有鼻尾。

4.3　语流实验分析

在语流中,后字组的前、后鼻尾区分率要低于前字组。以韵母元音作为变量时,无论对比字位于前字还是后字,都是 in-ing 的相混程度最高,并且后字组中的区分率更低。以参照字作为变量时,在前字组中,前、后鼻尾在不同参照字条件下的区分率排序为:清声母有鼻尾＜清声母无鼻尾＜浊声母无鼻尾＝浊声母有鼻尾;后字组的排序为:清声母无鼻尾＜浊声母无鼻尾＜清声母有鼻尾＝浊声母有鼻尾。

表 18　语流中前、后鼻尾在不同条件下的区分率

前字组	后字组
99.09%	96.96%

	a	ia	ua	e	i	u	y
前字组	100.00%	100.00%	100.00%	100.00%	93.75%	100.00%	100.00%
后字组	97.50%	100.00%	100.00%	100.00%	81.25%	100.00%	100.00%

	清无鼻尾	清有鼻尾	浊无鼻尾	浊有鼻尾
前字组	98.50%	97.86%	100.00%	100.00%
后字组	92.14%	100.00%	95.71%	100.00%

4.4　/-m//-n//-ŋ/三分型小结

从三分型的实验结果中可以发现,在两分型中出现的前、后鼻尾相混的地方三分型基本都涵盖,但正确率要比两分型低得多。从总体上看,三分型主要表现为 in-ing 的相混程度最高,并且在语流中,也出现了前、后鼻尾的相混情况。

(1) 在单字组中,零声母音节的辨认实验中, in-ing 的相混程度最高,其次是 ang-a,ün-ü 也出现了一定程度的相混。在区分实验中,还出现了 iang-ia 的相混。在声调方面,去声的前、后鼻尾和单元音的相混程度最高。在带清声母、浊声母的音节中,只出现了 in-ing 的相混,并且对后鼻尾的听辨较差。

(2) 在双字组中,当对比字位于后字时,相对较容易出现前、后鼻尾的相混,并且对后鼻尾的听辨要差一些。突出地表现为 in-ing 的相混程度最高,同时也伴随着 en-eng、un-ong 的轻微相混。在前字组中,当参照字为浊声母时,最容易出现前、后鼻尾的相混,其中对"前鼻尾字＋浊声母带鼻尾字""后鼻尾字＋浊声母无鼻尾字"这两类结构的双字词的听辨最差。在后字组中,则是当参照字为清声母时,最容易出现前、后鼻尾的相混,即对"清声母字＋前/后鼻尾字"这类结构的双字词的听辨较差。

(3) 在语流中,和双字组一样,同样也是对比字位于后字时,相对较容易出现前、后鼻尾的相混,并突出地表现为 in-ing 的相混程度最高,但伴随的是 an-ang 的轻微相混。

(4) 在三分型中,单字带声母音节前、后鼻尾的相混程度最高,其次是零声母音节,再次是双字组,语流中的前、后鼻尾的相混程度最小。

五、总结

将上述两个类型的实验结果进行对比,发现/-m//-n//-ŋ/三分型的各项实验结果均差于/-n//-ŋ/两分型,即三分型的被试对汉语普通话中前、后鼻尾的相混程度要更高一些。两个类型被试对前、后鼻尾的听辨有以下五个方面的异同:

(1) 在单字零声母音节中,两分型被试主要是出现了 en-eng 的相混,以及 ang-a 和 in-ing 的相混;而三分型被试则是 in-ing 的相混程度最高,其次是 ang-a。并且这两个类型的被试在相混的倾向性上是一致的,都是在 in-ing 的比较中倾向于选择后鼻尾,在 ang-a 的比较中倾向于选择单元音。在调类变量上,都同样表现为去声的前、后鼻尾和单元音的相混程度最高。

(2) 在单字带声母音节中,两个类型都表现为鼻音声母 in-ing 的相混程度在各自类型中为最高,三分型的相混程度要又比两分型高出许多。

(3) 在双字组中,两分型的前、后鼻尾相混情况只出现在对比字位于前字的情况下,当参照字为浊声母带鼻尾时,比较容易出现 in-ing 的相混情况;而三分型则是在前、后字组都出现了前、后鼻尾的相混现象,并且同样也是 in-ing 的相混程度最高,但三分型的相混程度要高出许多。

(4)在语流中,两分型没有出现前、后鼻尾的相混情况,前、后鼻尾在各个条件下的区分率均达到了 100%;而三分型在语流中,则出现了一定程度的前、后鼻尾相混情况,并且对后字组的听辨要更差一些,同样也是突出地表现为 in-ing 的相混程度最高。

(5)二分型的被试母语方言跟普通话的类型一致,所以前后鼻音的混淆只是个别的、轻微的。三分型的被试母语方言跟普通话不一致,所以混淆的范围更广些,程度也更大些。二者最大的共同点是,在单字组的听辨中最容易出现前、后鼻尾的相混,其次是双字组,语流中最不容易出现相混情况。由此可见,在双字组和语流当中语境会带来一定的提示信息,这会对前、后鼻尾的听辨产生积极影响。

参 考 文 献

安乐、梁洁 2005 维吾尔族学生对汉语声调和语调的感知实验研究，《新疆师范大学学报》增刊。

白涤洲 1934 北京话声调及变化，载罗常培、王均《普通语音学纲要》，北京：商务印书馆，1981。

鲍明炜 1980 六十年来南京方音向普通话靠拢情况考察，《中国语文》第 4 期。

北京语言学院语言教学研究所 1985《汉语词汇的统计与分析》，北京：外语教学与研究出版社。

蔡晓露 2015 普通话基础元音/i/-/a/听感分界初探，《实验语言学》第 1 号。

曹剑芬 2002 汉语声调与语调的关系，《中国语文》第 3 期。

曹文 2010a 汉语平调的声调感知研究，《中国语文》第 6 期。

曹文 2010b 声调感知对比研究——关于平调的报告，《世界汉语教学》第 2 期。

曹志耘 1998 汉语方言声调演变的两种类型，《语言研究》第 1 期。

陈畅 2014 普通话舌尖元音/ɿ/和/ʅ/的听感实验初探，《实验语言学》第 1 号。

陈嘉猷、鲍怀翘、郑玉玲 2003 普通话中塞音、塞擦音嗓音起始时间初探，载《语言与法律研究的新视野》，北京：法律出版社。

陈曦丹 2012 普通话阴平和上声之间的听感分界，《实验语言学》第 1 号。

邓丹 2007《普通话多音节韵律词的实验研究》，南开大学博士学位论文。

邓丹、石锋 2008 普通话双音节韵律词的音高分析，《南开语言学刊》第 2 期。

丁邦新 1982 汉语方言区分的条件，《清华学报》第 1、2 号；另载《丁邦新语言学论文集》，北京：商务印书馆，1998。

丁邦新 1998 汉语方言区分的条件，《丁邦新语言学论文集》，北京：商务印书馆。

丁云 2014 方言母语者对普通话元音/i/-/y/听辨的分析，《实验语言学》第 2 号。

丁云 2015 普通话一级元音/i/和/y/双字听感研究及单双字对比分析，《实验语言学》第 1 号。

丁云、黄荣俊 2014 普通话一级元音/i/和/y/单字听感边界初探及单双字对比研究，《实验语言学》第 1 号。

范金武 2007 汉语辅音实验研究述评,《文教资料》第 12 辑。
方庆蓉、施向东 2014 试论韵母 ong 和 iong 的实际音值,《语文学刊》第 8 期。
付瑜 2014 普通话舌尖塞音送气/不送气听感分界实验,南开大学语音学沙龙报告。
高洁 2005 不同汉语水平的维吾尔族学生对汉语声调的听辨实验,《新疆师范大学学报》第 4 期。
高美淑 2001 汉韩塞音、塞擦音的对比实验研究,《汉语学习》第 8 期。
高云峰 2004《声调感知研究》,上海师范大学博士论文。
耿爽爽 2013 普通话高元音/i/和/u/听感分界的初步试验,《实验语言学》第 2 号。
谷丰 2012《用听觉事件相关电位研究声调语言词的长时程记忆痕迹》,中国科学技术大学博士论文。
何江 2006a 不同汉语水平的维吾尔族学生对汉语声调的听辨实验,《新疆师范大学学报》第 1 期。
何江 2006b 汉族学生与维吾尔学生对普通话声调的范畴感知,《新疆师范大学学报》第 2 期。
胡明扬 1981《北京话研究》,北京:商务印书馆。
胡明扬 2011 北京话社会调查,载《胡明扬语言学论文集》,北京:商务印书馆。
胡艳梅、徐展 2011 汉语声调加工的脑神经机制评述,《心理科学》第 1 期。
胡泽颖 2013 普通话双唇塞音/b/-/p/的听感分界初探,《实验语言学》第 2 号。
黄荣佼 2013《汉语普通话元音/i/和/y/的听感实验》,南开大学硕士学位论文。
黄荣佼、石锋 2013 普通话元音/i/和/y/的听感实验,《实验语言学》第 2 号。
黄旭男、石锋 2014 普通话元音/ə/和/u/的听感分界,《实验语言学》第 1 号。
嵇天雨 2015 普通话塞音/p/-/t/的听感实验初探,《实验语言学》第 1 号。
江苏省地方志编纂委员会 1998《江苏省志·方言志》,南京:南京大学出版社。
江苏省上海市方言调查指导组 1960《江苏省与上海市方言概况》,南京:江苏人民出版社。
金健 2010 广州方言和东海方言平调的感知研究,《方言》第 2 期。
孔江平 1995 藏语(拉萨话)声调感知研究,《民族语文》第 3 期。
李林、董逸飞 2014 汉语塞音的知觉分辨线索:母语者与第二语言学习者的差异,《心理研究》第 1 期。

李倩、曹文 2007 日本学生汉语单字调的阳平与上声,《第九届全国人机语音通讯学术会议论文集》。

李书娴 2008 关于广州话阴去调和阳去调的听辨实验,《方言》第 1 期。

李舒 2012《普通话上声与去声的听感分界》,南开大学硕士毕业论文。

李舒、石锋 2013 The Perceptual Boundary of Mandarin Tone 3 and Tone 4,《实验语言学》第 2 号。

李小凡 2004 汉语方言连读变调的层级和类型,《方言》第 1 期。

李幸河 2012《普通话阴平阳平的听感分界》,南开大学硕士论文。

李幸河、石锋 2010 普通话阴平与阳平的听感分界,《南开语音年报》第一期。

梁磊 2001 舌根塞音声学特征初探,《保定师专学报》第 1 期。

梁之安 1963 辅音的送气特征及听觉辨认,《生理学报》第 2 期。

林焘 1989 汉语韵律特征和语音教学,载《林焘语言学论文集》,北京:商务印书馆,2001。

林焘、王理嘉 1992《语音学教程》,北京:北京大学出版社。

林焘、王士元 1984 声调感知问题,《中国语言学报》第 2 期。

林亦、覃凤余 2008《广西南宁白话研究》,桂林:广西师范大学出版社。

林仲贤、朱滢、焦书兰 1987《实验心理学》,北京:科学出版社。

刘复 1924《四声实验录》,上海:群益社。

刘广和 1991 唐代八世纪长安音的韵系和声调,《河北大学学报》第 3 期。

刘娟 2001《一些声调语言中的声调变化》,香港城市大学博士论文。

刘娟 2004 Perceiving the Boundary between the Lexical Rising Tone and the Falling-rising Tone,载《乐在其中——王士元教授七十华诞庆祝文集》,天津:南开大学出版社。

刘俐李 2004 二十世纪汉语声调理论的研究综述,《当代语言学》第 6 期。

刘俐李 2005 汉语声调的曲拱特征和降势音高,《中国语文》第 3 期。

刘荣 2006 维吾尔族学习者对汉语普通话塞音的范畴感知,《新疆师范大学学报》第 1 期。

刘掌才、石锋 2015 元音/a/和/ə/的听感边界,《中国语音学报》第 5 辑。

刘掌才、石锋 2016 普通话元音/y/和/ə/的听感边界初探,《中国语音学报》第 6 辑。

陆俭明 2007 谈语言事实的发掘与理论方法的更新,《南开语言学刊》第 2 期。

鹿牧 2013 汉语普通话元音/u/-/y/的听感分界初探,《实验语言学》第 2 号。

梅祖麟 1982 说上声,载《梅祖麟语言学论文集》,北京:商务印书馆,2000。
潘丹婧 2014《新派南京话元音系统的实验研究》,南京师范大学学位论文。
平井胜利 1982《Zhōngguóhuà》,日本:采华书林。
齐士钤、张家騄 1982 汉语普通话辅音音长分析,《声学学报》第 1 期。
冉启斌 2007 从音长论普通话舌尖后塞擦音声母的性质,《汉语学报》第 3 期。
冉启斌 2009 辅音声学格局研究,《当代外语研究》第 9 期。
冉启斌 2012 汉语送气声母的反向变化与听觉机制,载冉启斌著《汉语语音新探》,北京:中国社会科学出版社,2012。
冉启斌、石锋 2006 从音轨方程考察普通话不送气塞音声母的协同发音,《南开语言学刊》第 2 期。
冉启斌、石锋 2007 普通话单音节中爆发音的 VOT 分析,《南开语言学刊》第 2 期。
冉启斌、石锋 2008 塞音的声学格局分析,载《第八届中国语音学学术会议暨庆贺吴宗济先生百岁华诞语音科学前沿问题国际研讨会论文集》,北京。
任宏谟 1981《北京话塞音特性研究》,中国社会科学院语言研究所硕士论文。
荣蓉 2012 普通话阳平和上声的听感分界研究,《南开语言学刊》第 2 期。
荣蓉 2013 音高和时长对普通话阴平和上声听辨的影响,《语言科学》第 1 期。
荣蓉、石锋 2013 音高和时长对普通话阴平和上声的听感影响,《语言科学》第 1 期。
荣蓉、王萍、梁磊、石锋 2015 汉语普通话声调的听觉感知格局,《南开语言学刊》第 1 期。
沈家煊 1999《不对称和标记论》,南昌:江西教育出版社。
沈炯 1999 汉语音高载信系统模型,载石锋、潘悟云编《中国语言学的新拓展——庆祝王士元教授六十五华诞》,香港:香港城市大学出版社。
施其生 2004 一百年前广州话的阴平调,《方言》第 1 期。
石锋 1987 天津方言单字音声调分析,《语言研究论丛》第 4 辑,天津:南开大学出版社。
石锋 1988 试论天津话的声调及其变化,《中国语文》第 5 期。
石锋 1990a 论五度值记调法,《天津师范大学学报》第 3 期。
石锋 1990b 再论天津话声调及其变化,《语言研究》第 2 期。
石锋 1992 语音研究中的三个关系,《中国语文研究四十年纪念文集》,北京:北京语言学院出版社,1993。
石锋 1994 北京话的声调格局,载石锋、廖荣蓉《语音丛稿》,北京:北京语言学院出版社,1994。

石锋 2002a 北京话的元音格局,《南开语言学刊》第 1 期。

石锋 2002b 普通话元音的再分析,《世界汉语教学》第 4 期。

石锋 2007 汉语语音教学笔记,《南开语言学刊》第 1 期。

石锋 2008《语音格局——语音学与音系学的交汇点》,北京:商务印书馆。

石锋 2009《实验音系学探索》,北京:北京大学出版社。

石锋、刘艺 2001 香港粤语长短元音的听辨实验,载《东方语言与文化》,上海:东方出版中心。

石锋、麦耘 2003 广州话长短元音的听辨实验,《中国语文研究》(香港)第 2 期。

石锋、冉启斌 2011 普通话上声的本质是低平调——对《汉语平调的声调感知研究》的再分析,《中国语文》第 6 期。

石锋、冉启斌、王萍 2010 论语音格局,《南开语言学刊》第 1 期。

石锋、石林、廖荣蓉 1988 高坝侗语五个平调的实验分析,《民族语文》第 5 期。

石锋、时秀娟、冉启斌 2012 为什么有的方言/n、l/不分——通音声母的鼻化对比度,《实验语言学》第 1 号。

石锋、孙雪 2009 自然语言与国际音标元音的对比分析,《南开语言学刊》第 2 期。

石锋、王萍 2014 边界调和焦点调,*Journal of Chinese Linguistics* 42.1。

石锋、王萍 2006a 北京话单字音声调的统计分析,《中国语文》第 1 期。

石锋、王萍 2006b 北京话单字音声调的分组统计分析《当代语言学》第 4 期。

石锋、王萍 2008 北京话一级元音的统计分析,《中国语音学报》第 1 辑。

石锋、王萍 2010 元音的三维空间,《当代语言学》第 3 期。

石锋、王萍、梁磊 2009 汉语普通话陈述句语调的起伏度,《南开语言学刊》第 2 期。

石锋、王萍、荣蓉、梁磊 2016 汉语普通话阴平调的听感范畴,《当代语言学》第 1 期。

时秀娟、梁磊 2016 南京话通音声母的鼻化度,《南京师大学报》(社科版)第 2 期。

宋东安 1984 一种独特的民族弓弦乐器雷琴,《乐器》第 6 期。

孙华先 2008 赵元任《南京音系》研读,《语文研究》第 1 期。

唐作藩 2002《音韵学教程》,北京:北京大学出版社。

田弘瑶佳 2014 现代汉语普通话塞音/p/-/k/听感分界初探,《实验语言学》第

2号。

王晨骢、关英伟 2013 论塞音爆破段对塞音发音部位听辨的影响,《实验语言学》第 1 号。

王大佐 2012 阳平和上声的听感分界,南开大学硕士学位论文。

王洪君 2008《汉语非线性音系学》(增订本),北京:北京大学出版社。

王力 1979 现代汉语语音分析中的几个问题,《中国语文》第 4 期。

王力 2004《汉语史稿》,北京:中华书局。

王萍、石锋 2008 北京话基础元音的统计分析,《中国语音学报》第 1 辑。

王萍、石锋 2014 汉语普通话基础元音的统计特性,《南开语言学刊》第 2 期。

王萍、石锋 2017 汉语普通话基础元音三维空间的统计性研究,《中国语音学报》第 8 辑。

王萍、石锋、荣蓉、陈曦丹、李舒、王秀秀 2014 汉语普通话上声的听感范畴,《中国语文》第 4 期。

王萍、石林、石锋 2012 普通话陈述句中的音高下倾和降阶,《中国语音学报》第 3 辑。

王士元 1988 声调发展方式一说,《语文研究》第 1 期。

王士元 2008 演化论与中国语言学,《南开语言学刊》第 2 期。

王士元 2013《演化语言学论集》,北京:商务印书馆。

王士元、彭刚 2006《语音、语言与技术》,上海:上海教育出版社。

王秀秀 2012 普通话阳平和上声的听感分界初探,南开大学语音学沙龙报告。

王璇、于水源 2008 汉语塞音的送气特性与其 VOT 关系的实验分析,第八届中国语音学学术会议暨庆贺吴宗济先生百岁华诞语音科学前沿问题国际研讨会。

王丫珍 2014 汉语普通话元音/i/和/ə/的听感边界初探,《实验语言学》第 1 号。

王韫佳 1993《北京话声调微观变化的实验研究》,北京大学博士学位论文。

王韫佳 1995 也谈美国人学习声调,《语言教学与研究》第 3 期。

王韫佳、李美京 2010 调型和调阶对阳平和上声知觉的作用,《心理学报》第 9 期。

魏芳 2013 /i/-/ə/的听感实验,南开大学语音学沙龙报告。

吴宗济 1981 普通话语调的实验研究——兼论现代汉语语调规则问题,中国语言学会第一届学术年会论文;改定稿:普通话语句中的声调变化,载《吴宗济语言学论文集》,北京:商务印书馆,2004。

吴宗济 1986《汉语普通话单音节语图册》,北京:中国社会科学出版社。
吴宗济 1992《现代汉语语音概要》,北京:华语教学出版社。
吴宗济 2004 普通话语句中的声调变化,载《吴宗济语言学论文集》,北京:商务印书馆。
吴宗济、林茂灿 1989《实验语音学概要》,北京:高等教育出版社。
席洁、姜薇、张林军、舒华 2009 汉语语音范畴性知觉及其发展,《心理学报》第7期。
肖启迪 2010 韩国学生汉语塞音格局的习得分析,载《第九届中国语音学学术会议论文集》。
谢郴伟、石锋、温宝莹 2014 广州话单字音平调听感实验初探,载《第十一届中国语音学学术会议论文集》。
谢国平 1997 国语空韵音响特性之声谱分析,载曹逢甫,西槙光正编《台湾学者汉语研究文集》,天津:天津人民出版社。
谢建猷 1994 南宁白话同音字汇,《方言》第4期。
熊子瑜 2005 单念条件下作用于普通话两字组之上的音高降阶效应,载《第八届全国人机语音通讯学术会议论文集》。
薛鑫 2012《普通话阴平和去声之间的听感分界》,南开大学硕士学位论文。
杨荣志 2016 基础元音/i/和/y/孤立感知实验研究,《实验语言学》第1号。
杨玉芳、方至 1984 普通话送气和不送气塞音的音位界限及其范畴知觉,《全国第五届心理学学术会议文摘选集》,中国心理学会。
叶蜚声、徐通锵 2012《语言学纲要》(修订版),北京:北京大学出版社。
伊藤敬一 1986 在日本汉语教学上的两个问题,载《第一届国际汉语教学讨论会论文选》,北京:北京语言学院出版社。
尹怡萍 2013 汉语普通话舌根塞音/k/-/kh/的听感分界初探,《实验语言学》第2号。
余霭芹 1986 声调教法的商榷,载《第一届国际汉语教学讨论会论文选》,北京:北京语言学院出版社。
尉迟治平 1994 "上声厉而举"解,载《音韵学研究》,中国音韵学研究会。
袁家骅等 2001《汉语方言概要》(第二版),北京:语文出版社。
曾金金 2008《华语语音资料库及数位学习应用》,台北:新学林出版股份有限公司。
曾炎翔、陈军 2012《E-prime 实验设计技术》,广州:暨南大学出版社。
詹伯慧 2002《广东粤方言概要》,广州:暨南大学出版社。

张昊、石锋 2014 普通话一级元音/a/和/u/听感分界初探,《实验语言学》第1号。
张洪明 2012 跟形态句法相关的韵律问题,南开大学学术报告。
张家騄、齐士钤、吕士楠 1981 汉语辅音知觉结构初探,《心理学报》第1期。
张林军 2010a 母语经验对留学生汉语声调范畴化知觉的影响,《华文教学与研究》第2期。
张林军 2010b 日本留学生汉语声调的范畴化知觉,《语言教学与研究》第3期。
张燕芬 2009《中古阳声韵韵尾在现代汉语方言中的读音类型》,山东大学博士学位论文。
赵元任 1922 中国言语字调底实验研究法,《科学》第9期。
赵元任 1928 南京音系,《科学》第8期。
赵元任 1933 汉语的字调跟语调,收入《赵元任语言学论文集》,北京:商务印书馆,2002。
赵元任 1980《语言问题》,北京:商务印书馆。
郑秋晨 2014 汉语元音对声调感知边界的影响,《心理学报》第9期。
中国社会科学院语言研究所 2012《方言调查字表》,北京:商务印书馆。
中国语言生活状况报告课题组 2010《中国语言生活状况报告(2009)》(上编),北京:商务印书馆。
周燕飞 2004《普通话双音节词语声调的声学特征分析》,云南师范大学硕士学位论文。
Abramson, A. S. 1962 The vowels and tones in standard Tai: Acoustical measurements and experiments. *International Journal of American Linguistics*. V28, No. 2, Part 3.
Abramson, A. S. 1979 The noncategorical perception of tone categories in Thai. *Frontiers of Speech Communication Research*. Academic Press.
Alexander L. Francis et al. 2008 Perceptual learning of Cantonese lexical tones by tone and non-tone language speakers. *Journal of Phonetics* 36(2).
Bauer, R. S., Benedict, P. K. 1997 *Modern Cantonese Phonology*. Mouton de Gruyter.
Bladon, A. R. W., Fant, G. 1978 A two-formant model and the cardinal vowels. *Speech Transmission Laboratory Quarterly Progress Status Report* (STL-QPSR).

Bradley,C. 1915 The tone-accents of two Chinese dialects, *Journal of the American Oriental Society*(35).

Cao,Jianfen 2012 Pitch prominence and tonal typologr for low register tone in Manclarin, The 3rd lnternational Symposium on Tonal Aspects of Languages,Nanjing.

Chang,C. K. Hiki. S. ,Sone. T. ,and Nimura,T. 1971 The acoustical features and perceptual cues of the four tones of standard colloquial Chinese,*Pro of the 7th Inter Cong. Of Acoustics*(3).

Cheng,Chin-Chuan 1973 A quantitative study of Chinese tones. *Journal of Chinese Linguistics* 1.

Cheung,Yuk-Man（张玉敏）2003 The influence of acoustic properties on perception of apical vowels in Beijing Mandarin. Paper presented at the The 6th National Symposium on Modern Phonetics.

Chao, Yuen Ren 1932 A preliminary study of English intonation (with American variants) and its Chinese equivalent.

Chen, Fei et al. 2014 Effects of preceding contexts on the categorical perception of Mandarin tones. *9th ISCSLP*.

Clark, Johnand Yallop Colin 2000 *An Introduction to Phonetics and Phonology*. 北京：外语教学与研究出版社.

Cooper,F. S. , Delattre, P. C. , Liberman, A. M. , Borst, J. M. , and L. J. Gerstman 1952 Some experiments on the perception of synthetic speech sounds. *Journal of the Acoustical Society of America*(24).

Eimas P. D. 1963 The relation between identification and discrimination along speech and non-speech continua. *Language and Speech*(6).

Finney,D. J. 1971 *Probit Analysis*(3rd ed). Cambridge University Press.

Fox,R. A, Qi, Ying-Yong 1982 Context effect in the perception of lexical tones. *Journal of Chinese Linguistics*(18).

Francis,A. L. ,Ciocca,V. 2003 Stimulus presentation order and the perception of lexical tones in Cantonese. *The Journal of the Acoustical Society of America*, 114(3): 1611-1621.

Francis,A. L. et al. 2006 Extrinsic context affects perceptual normalization of lexical tone. *The Journal of the Acoustical Society of America*(3).

Francis,A. L. et al. 2008 Perceptual learning of Cantonese lexical tones by tone and non-tone language speakers. *Journal of Phonetics* (36).

Fry, D. B., A. S. Abramson, P. D. Eimas et al. 1962 The identification and discrimination of synthetic vowels. *Language and Speech* (5).

Fujisaki. H., Kawashima, T. 1968 The roles of pitch and higher formants in the perception of vowels. *IEEE Transactions on Audio & Electroacoustics* (AU16).

Fujisaki, H., Kawashima, T. 1970 Some experiments on speech perception and a model for the perceptual mechanism. *Annual Report of the Engineering Research Institute* (2).

Gottfried, T. L., Chew, S. L. 1986 Intelligibility of vowels sung by a countertenor. *Journal of the Acoustical Society of America* (79).

Hallé, P. A., Chang, Y. & Best, C. T. 2004 Identification and discrimination of Mandarin Chinese tones by Mandarin Chinese vs. French listeners. *Journal of Phonetics* (32).

Hart, J. 1975 Discriminability of magnitude of pitch movements in speech-like signals. Paper delivered at 8th International Congress of Phonetic Science. Leeds, August.

Howie, J. M. 1970 The vowels and tones of Mandarin Chinese: Acoustical measurements and experiments. Ph. D. Thesis at Indiana University.

Howie, J. M. 1972 Some experiments on the perception of Mandarin tones. In Arigault and R. Charbonneau (eds.). *Pro on the 7th Inter Cong. Of Phonetic Sciences*.

Jachson, G. 2012 Speech perception of i and y. *Memory and Cognition* (21).

Jeng, Heng-hsiung. 1985 A developmentalist view of child phonology. *Studies in Language and Literature* (1).

Jiang, C., Hamm, J. P., Lim, V. K. et al. 2012 Impaired categorical perception of lexical tones in Mandarin-speaking congenital amusics. *Memory and Cognition* (40).

Johnson K. 2008 Speaker normalization in speech perception. *The Handbook of Speech Perception*. Blackwell Publishing Limited.

Joos, M. 1948 Acoustic phonetics. *Language* (24).

Karlgren, Bernhard(高本汉)1915 *Studes sur la phonologie chinoise*,《中国音韵学研究》(赵元任、罗常培、李方桂合译),缩印版,北京:商务印书馆,

1995年。

Kirloff, C. 1969 On the auditory perception of tones in Mandarin. *Phonetica* (20).

Ladefoged, P. & D. E. Broadbent 1957 Information conveyed by vowels. *Journal of the Acoustical Society of America* (29).

Ladefoged, P. & K. Johnson 2014 *A Course in Phonetics* (5th edition). Cengage Learning.

Li, Shu(李舒) 2013 The perceptual boundary of Mandarin tone 3 and tone 4. *Experimental Lingustics*. Vol. 2. No. 1.

Liberman, A. M. 1957 Some results of research on speech perception. *Journal of the Acoustical Society of America* (29).

Liberman, A. M., Cooper, F. S., Shankweiler, D. P. & M. Studdert-Kennedy 1967 Perception of the speech code. *Psychological Review* (7).

Liberman, A. M., Eimas, P. D., Lisker, L., et al. 1961 An effect of learning on speech perception: The discrimination of durations of silence with and without phonemic significance. *Language and Speech* (54).

Liberman, A. M. & H. Hoffman 1967 The discrimination of vowel with and across phonemic boundaries. *Journal of Experimental Psychology* (3).

Liberman, A. M., K. S. Harris, H. Hoffman, B. C. Griffith 1957 The discrimination of speech sounds with and across phonemic boundaries. *Journal of Experimental Psychology* (5).

Liberman, A. M., Harris, K. S., Kinney, J. A., and H. Lane 1961 The discrimination of relative onset-time of the components of certain speech and non-speech patterns. *Journal of Experimental Psychology* (61).

Liberman A. M., P. C. Delattre, F. S. Cooper 1958 Some cues for the distinction between voiced and voiceless stops in initial position. *Language and Speech* (1).

Limberman, A. M., Pierre C. Delattre, Franklin S. Cooper, Louis J. Gerstman 1954 The role of Consonant-vowel transitions in the perception of the stop and nasal consonant. *Psychological Monographs: General and Applied*.

Lin, Maocan and Yan, Jingzhu 1991 Tonalcoarticulation patterns in quadrisyllabic words and phrases of Mandarin. *Proceedings of the 12th International*

Congress of Phonetic Sciences.

Liu, Juan. 2004 Perceiving Boundary between the Lexical Rising Tone and the Falling-rising Tone.《乐在其中——王士元教授七十华诞庆祝文集》。

Lotto, A. J. and K. R. Kluender 1998 General contrast effects in speech perception: Effect of preceding liquid on stop consonant identification. *Perception and Psychophysics* (60).

Maddieson, I. 1978 Universals of tone. *In* Greenberg (ed.) *Universals of Human Language*. Stanford University Press.《声调的共性》(廖荣蓉译、石锋校),《语言研究译丛》第二辑,天津:天津人民出版社,1988。

Mann, A. Virginia 1980 Influence of preceding liquid on stop-consonant perception. *Perception and Psychophysics* (5).

Lee, Yuh-Shiow et al. 1996 Tone perception in Cantonese and Mandarin: A cross-linguistic comparison. *Journal of Psycholinguistic Research* (8).

Ohala, J. J., W. G. Ewan 1973 Speed of pitch change, *Journal of the Acoustical Society of America* 53:345.

Peng, Gang, Hong-Ying Zheng, Tao Gong, Ruo-Xiao Yang, Jiang-Ping Kong, William S.-Y. Wang 2010 The Influence of language experience on categorical perception of pitch contours. *Journal of Phonetics* 38(4).

Peng, Gang & Wang, W. S-Y. 2005 Tone recognition of continuous Cantonese speech based on support vector machines. *Speech Communication* 45(1): 49-62.

Pisoni, D. B. 1973 Auditory and phonetic memory codes in the discrimination of consonants and vowels. *Perception and Psychophysics* (2).

Pisoni, D. B. 1975 Auditory short-term memory and vowel perception. *Memory and Cognition* (1).

Repp, Bruno H. 1984 Categorical perception: Issues, methods, findings. *Speech and Language: Advance in Basic Research and Practice* (10).

Repp, B. H., Healy, A. F. & Crowder, R. G. 1979 Categories and context in the perception of isolated steady-state vowels, *Journal of Experimental Psychology: Human Perception and Performance* 5:129-145.

Shen, Xiaonan, Lin, Maocan 1991 A perceptual study of Mandarin Tone 2 and 3. *Language and Speech* (34).

Shultz, A. A., Alexander L. Francis, Fernando Llanos 2012 Differential cue weighting in perception and production of consonant voicing. *Journal of the Acoustical Society of America* (132).

Slawinski, E. B. , Lau, N. L. 1996 Categorical perception of [ba] and [pa]: Integration of acoustical cues. *Journal of the Acoustical Society of America* (100).

So, Lydia H. , and B. J. Dodd 1995 The acquisition of phonology by Cantonese-speaking children. *Journal of Child Language*, 22 (3): 473-495.

Steinschneider, M. , Y. I. Fishman 2011 Enhanced physiologic discriminability of stop consonants with prolonged formant transitions in awake monkeys based on the tonotopic organization of primary auditory cortex. *Hearing Research* (27).

Stevens, K. N. , Liberman, A. M. et al. 1969 Cross language study of vowel perception. *Language and Speech* (12).

Sundberg, J. 1979 Maximum speed of pitch change in singers and untrained subjects, *Journal of Phonetics* 7:71-79.

Trask, R. L. 1996 *A Dictionary of Phonetics and Phonology*. London: Routledge.

Wang, W. S-Y. & Li, K. P. 1967 Tone 3 in Pekinese. *Journal of Speech and Hearing Research*.

Wang, H. Y. et al. 2012 Relative importance of tone and segments for the intelligibility of Mandarin and Cantonese. *Experimental Linguistics* (1).

Wang, W. S-Y. 1976 Language change. *Annals of the New York Academy of Sciences* (280).

Wong, P. C. M. , Diehl, R. L. 1999 The effect of duration on the perception of Cantonese level tones. *Journal of the Acoustical Society of America* 106 (4): 2150-2150.

Wong, P. C. , M. , R. L. Diehl 2003 Perceptual normalization for inter-and intra-talker variation in Cantonese level tones. *Journal of Speech Language & Hearing Research* (46).

Xi, J. , Jiang, W. , Zhang, L. J. and Shu, H. 2009 Categorical perception of VOT and lexical tones in Chinese and the developmental course. *Acta Psychological Sinica* (41).

Xu, Yi 1994 Production and perception of coarticulated tones. *Journal of the Acoustical Society of America* (95).

Xu, Yi 1997 Contextual tonal variations in Mandarin. *Journal of Phonetics* (25).

Xu, Y., Gandour, J. T., Francis, A. L. 2006 Effects of language experience and stimulus complexity on the categorical perception of pitch direction. *Journal of the Acoustical Society of America*. 2. 1063-1074.

Xu, Y. & Wang, Q. E. 2001 Pitch targets and their realization: Evidence from Mandarin Chinese. *Speech Communication* (33).

Yip, M. (叶莫拉) 2002 *Tone*. Cambridge University Press.

Zhu, Xiaonong. 2012. "Jiangdiao de zhonglei" [A classification of falling tones]. *Studies in Language and Linguistics*. 2.